U0142738

思想的・睿智的・獨見的

經典名著文庫

學術評議

丘為君	吳惠林	宋鎮照	林玉体	邱燮友
洪漢鼎	孫效智	秦夢群	高明士	高宣揚
張光宇	張炳陽	陳秀蓉	陳思賢	陳清秀
陳鼓應	曾永義	黃光國	黃光雄	黃昆輝
黃政傑	楊維哲	葉海煙	葉國良	廖達琪
劉滄龍	黎建球	盧美貴	薛化元	謝宗林
簡成熙	顏厥安 （以姓氏筆畫排序）			

策劃 楊榮川

五南圖書出版公司 印行

經典名著文庫

學術評議者簡介（依姓氏筆畫排序）

- 丘為君　美國俄亥俄州立大學歷史研究所博士
- 吳惠林　美國芝加哥大學經濟系訪問研究、臺灣大學經濟系博士
- 宋鎮照　美國佛羅里達大學社會學博士
- 林玉体　美國愛荷華大學哲學博士
- 邱燮友　國立臺灣師範大學國文研究所文學碩士
- 洪漢鼎　德國杜塞爾多夫大學榮譽博士
- 孫效智　德國慕尼黑哲學院哲學博士
- 秦夢群　美國麥迪遜威斯康辛大學博士
- 高明士　日本東京大學歷史學博士
- 高宣揚　巴黎第一大學哲學系博士
- 張光宇　美國加州大學柏克萊校區語言學博士
- 張炳陽　國立臺灣大學哲學研究所博士
- 陳秀蓉　國立臺灣大學理學院心理學研究所臨床心理學組博士
- 陳思賢　美國約翰霍普金斯大學政治學博士
- 陳清秀　美國喬治城大學訪問研究、臺灣大學法學博士
- 陳鼓應　國立臺灣大學哲學研究所
- 曾永義　國家文學博士、中央研究院院士
- 黃光國　美國夏威夷大學社會心理學博士
- 黃光雄　國家教育學博士
- 黃昆輝　美國北科羅拉多州立大學博士
- 黃政傑　美國麥迪遜威斯康辛大學博士
- 楊維哲　美國普林斯頓大學數學博士
- 葉海煙　私立輔仁大學哲學研究所博士
- 葉國良　國立臺灣大學中文所博士
- 廖達琪　美國密西根大學政治學博士
- 劉滄龍　德國柏林洪堡大學哲學博士
- 黎建球　私立輔仁大學哲學研究所博士
- 盧美貴　國立臺灣師範大學教育學博士
- 薛化元　國立臺灣大學歷史學系博士
- 謝宗林　美國聖路易華盛頓大學經濟研究所博士候選人
- 簡成熙　國立高雄師範大學教育研究所博士
- 顏厥安　德國慕尼黑大學法學博士

經典名著文庫098

經濟學原理（上）

Principles of Economics

阿弗瑞德·馬夏爾 著
（Alfred Marshall）

葉淑貞 譯　吳惠林 導讀

經典永恆‧名著常在

五十週年的獻禮‧「經典名著文庫」出版緣起

　　五南，五十年了。半個世紀，人生旅程的一大半，我們走過來了。不敢說有多大成就，至少沒有凋零。

　　五南忝為學術出版的一員，在大專教材、學術專著、知識讀本已出版逾七千種之後，面對著當今圖書界媚俗的追逐、淺碟化的內容以及碎片化的資訊圖景當中，我們思索著：邁向百年的未來歷程裡，我們能為知識界、文化學術界作些什麼？在速食文化的生態下，有什麼值得讓人雋永品味的？

　　歷代經典‧當今名著，經過時間的洗禮，千錘百鍊，流傳至今，光芒耀人；不僅使我們能領悟前人的智慧，同時也增深我們思考的深度與視野。十九世紀唯意志論開創者叔本華，在其「論閱讀和書籍」文中指出：「對任何時代所謂的暢銷書要持謹慎的態度。」他覺得讀書應該精挑細選，把時間用來閱讀那些「古今中外的偉大人物的著作」，閱讀那些「站在人類之巔的著作及享受不朽聲譽的人們的作品」。閱讀就要「讀原著」，是他的體悟。他甚至認為，閱讀經典原著，勝過於親炙教誨。他說：

　　　「一個人的著作是這個人的思想菁華。所以，儘管
　　一個人具有偉大的思想能力，但閱讀這個人的著作
　　總會比與這個人的交往獲得更多的內容。就最重要

的方面而言，閱讀這些著作的確可以取代，甚至遠
遠超過與這個人的近身交往。」

為什麼？原因正在於這些著作正是他思想的完整呈現，是他所
有的思考、研究和學習的結果；而與這個人的交往卻是片斷
的、支離的、隨機的。何況，想與之交談，如今時空，只能徒
呼負負，空留神往而已。

三十歲就當芝加哥大學校長、四十六歲榮任名譽校長的赫
欽斯（Robert M. Hutchins, 1899-1977），是力倡人文教育的
大師。「教育要教真理」，是其名言，強調「經典就是人文教
育最佳的方式」。他認為：

「西方學術思想傳遞下來的永恆學識，即那些不因
時代變遷而有所減損其價值的古代經典及現代名
著，乃是真正的文化菁華所在。」

這些經典在一定程度上代表西方文明發展的軌跡，故而他為
大學擬訂了從柏拉圖的「理想國」，以至愛因斯坦的「相對
論」，構成著名的「大學百本經典名著課程」。成為大學通識
教育課程的典範。

歷代經典·當今名著，超越了時空，價值永恆。五南跟業
界一樣，過去已偶有引進，但都未系統化的完整鋪陳。我們決
心投入巨資，有計畫的系統梳選，成立「經典名著文庫」，希
望收入古今中外思想性的、充滿睿智與獨見的經典、名著，包
括：

- 歷經千百年的時間洗禮，依然耀明的著作。遠溯二千三百年前，亞里斯多德的《尼克瑪克倫理學》、柏拉圖的《理想國》，還有奧古斯丁的《懺悔錄》。
- 聲震寰宇、澤流遐裔的著作。西方哲學不用說，東方哲學中，我國的孔孟、老莊哲學、古印度毗耶娑（Vyāsa）的《薄伽梵歌》、日本鈴木大拙的《禪與心理分析》，都不缺漏。
- 成就一家之言，獨領風騷之名著。諸如伽森狄（Pierre Gassendi）與笛卡兒論戰的《對笛卡兒『沉思』的詰難》、達爾文（Darwin）的《物種起源》、米塞斯（Mises）的《人的行為》，以至當今印度獲得諾貝爾經濟學獎阿馬蒂亞·森（Amartya Sen）的《貧困與饑荒》，及法國當代的哲學家及漢學家余蓮（François Jullien）的《功效論》。

梳選的書目已超過七百種，初期計劃首為三百種。先從思想性的經典開始，漸次及於專業性的論著。「江山代有才人出，各領風騷數百年」，這是一項理想性的、永續性的巨大出版工程。不在意讀者的眾寡，只考慮它的學術價值，力求完整展現先哲思想的軌跡。雖然不符合商業經營模式的考量，但只要能為知識界開啟一片智慧之窗，營造一座百花綻放的世界文明公園，任君遨遊、取菁吸蜜、嘉惠學子，於願足矣！

最後，要感謝學界的支持與熱心參與。擔任「學術評議」的專家，義務的提供建言；各書「導讀」的撰寫者，不計代價地導引讀者進入堂奧；而著譯者日以繼夜，伏案疾書，更

是辛苦，感謝你們。也期待熱心文化傳承的智者參與耕耘，共
同經營這座「世界文明公園」。如能得到廣大讀者的共鳴與滋
潤，那麼經典永恆，名著常在。就不是夢想了！

總策劃　楊榮川

二〇一七年八月一日

導　讀

「溫暖的心　冷靜的腦」
讀馬夏爾《經濟學原理》

　　眾所周知，迄二十一世紀的今日，「經濟學」已有二百四十多年的歷史了。自 1776 年由亞當・史密斯（Adam Smith, 1723-1790）的經典巨著《原富》（*An Inquiry into the Nature and Causes of the Wealth of Nations*，簡稱 *The Wealth of Nations*，較被人知的中文譯名是「國富論」，此譯名很容易被引入「經濟國家主義」，並不合適）開展經濟學成為一門可教、可學的學科以來，主流經濟學經過不同時期、不同人物的演變。

經濟學的演化

　　大致說來，先是「古典經濟學（學派）」，再是「新古典經濟學（學派）」，接著「凱因斯學派」登場，而「個體經濟學」和「總體經濟學」也在此後明顯區分。其間最大的演變是引入自然科學分析法，或者是數理化和經濟計量實證技術的引進，而且漸從分析工具成為主體，如今「經濟科學」已然奠定，而經濟學也在 1968 年被列入諾貝爾獎頒獎行列，1969 年開始頒授。

　　亞當・史密斯被尊爲「經濟學始祖」，意即史密斯開創了「經濟學」，而阿弗瑞德・馬夏爾（Alfred Marshall, 1842-1924）則有「現代經濟學之父」的稱呼，顧名思義，馬夏爾開啓了「現代經濟學」。也就是說，經濟學傳到馬夏爾時有了重大的變革，在馬夏爾之前被稱爲「古典經濟學（學派）」（Classical Economics（School）），之後則是「新古典經濟學（學派）」（Neoclassical Economics（School）），迄二十一世紀的今日仍居主流。

　　史密斯是因 1776 年出版的《原富》一書開創了「經濟學」，同樣的，馬夏爾也經由一本書開創了「現代經濟學—新古典經濟學」，就是這一本 1890 年出版的《經濟學原理》（*Principles of Economics*）。這本巨著所用的分析方法和術語（專有名詞）成爲此後基本經濟學教科書通用的標竿，尤其是數學和圖形的引用，對於老師寫書、教書和學生及一般大眾的學習都變爲容易和清楚、明白。不過，也因爲經濟學數理化愈來愈深化，激發了沒完沒了的批判。

　　德國財經記者烏麗克・赫爾曼（Ulrike Herrmann）在其 2016 年出版的暢銷書《除了資本主義，我們有更好的方法解決當前的經濟危機嗎？》中，對當前主流新古典經濟學作了嚴屬批評，她譴責的主流經濟學家及其學派就是「主要以數學模型爲基礎，所謂的『新古典學派』」，她認爲此學派主導經濟學教科書市場，確保自己不受任何批判：只要在學期間深深影響學生，就不愁沒有追隨者，就能在理論戰場上大獲全勝。

　　赫爾曼指出，主流新古典學派所建構的模型，彷彿工業化進程從未發生過，經濟純粹由物物交易構成，對於生活在一個

發展已經成熟，大集團主控，而銀行「無中生有」創造貨幣的資本主義社會中，究竟意味著什麼，現代主流經濟學家大多一無所知，難怪每當金融危機出現，這些經濟學家總是目瞪口呆又無能為力。

主流經濟學受撻伐

　　其實，對主流經濟學的批評，在數理化模型化以致於與現實社會脫節上，早已不是新鮮事。早在 1949 年，奧國學派或奧地利學派（Austrian School）第三代掌門人米塞斯（Ludwig von Mises, 1881-1973）在他的巨著《人的行為》（*Human Action*）第 235 頁裡，有這麼一句話：「當今大多數大學裡，以『經濟學』為名所傳授的東西，實際上是在否定經濟學。」

　　已故的臺灣自由經濟前輩夏道平先生（1907-1995）說的更明確：「這幾十年通用的經濟學教科書，屬於技術層面的分析工具，確是愈來愈多，但在這門學科的認識上，始終欠缺清醒的社會哲學作基礎。說得具體一點，也即對人性以及人的社會始終欠缺基本的正確認識。」

　　1986 年諾貝爾經濟學獎得主布坎南（James M. Buchanan, 1919-2013）也在 1982 年曾嚴厲批評說：「現代經濟學缺乏一個紮實的哲學基礎，因而無法使經濟理論與我們的人生發生適切關聯。」

　　雖然經濟學應用數理工具分析始於馬夏爾，但真正讓數理工具登堂入室成為主角、且成為流行的應是 1970 年諾貝爾經濟學獎得主薩繆爾遜（P.A. Samuelson, 1915-2009）花了三年

才完成、1948 年出版的《經濟學》（*Economics*）這一本書。
該書出版後洛陽紙貴，曾有一段不算短的時間，其在全球的銷
售量被認為僅次於《聖經》。

　　薩繆爾遜的這本基本經濟學教科書之所以暢銷，天時、地
利、人和齊備。一來當時第二次世界大戰結束，新的問題一籮
筐，經濟學面臨一種動態階段的挑戰，「馬歇爾計畫」所揭示
的政府強力策略抬頭，學生普遍渴望能有密切連結時勢的入門
教科書；二來薩繆爾遜在當時已有顯赫的學術地位，可以全力
撰寫教科書；三來薩繆爾遜精通數理，有充分能力在教科書中
以簡單明瞭的「數理模式」搭配撰文，讓學習者更易於研讀。
就在此種環境下，薩繆爾遜撰寫的基本經濟學教本轟動全球，
不但讓經濟學普及且成為顯學，也奠定經濟學在不久之後列入
諾貝爾獎頒授學門的基礎。

　　也就是薩繆爾遜的這本教科書，以及他在 1947 年出版的
《經濟分析基礎》（*Foundation of Economic Analysis*），讓
數理分析工具逐漸導入經濟學，而且也將凱因斯理論透過此一
工具傳達給世人。經過半個世紀的演化，經濟學數理化已然
喧賓奪主，成為主流。同時，「計量方法」也相應蓬勃開展，
使得經濟學可以從事實證，讓「數量化」的結果足以「提出證
據」、大聲說話；尤其重要的是，能評估政府公共政策之影響
效果，得到數字答案。

　　1982 年諾貝爾經濟學獎得主史蒂格勒（G.J.Stigler，
1911-1991）在 1964 年第 77 屆美國經濟學會（AEA）年會上，
以會長身分演說時興奮地說道：「數理分析新技巧之威力，就
像是用先進的大砲代替了傳統的弓箭手。……這是一場非常重

要的科學革命。事實上我認為，比起數量化愈來愈強大的勢力
及牽連之廣，所謂的李嘉圖（David Ricardo, 1772-1823）、
傑逢斯（W.S. Jevons, 1835-1882）或凱因斯（J.M. Keynes,
1883-1946）的理論革命，只能算是小小改革罷了。我認為，
經濟學終於要踏進它黃金時代的門檻了。不！我們已經一腳踏
入門內了。」史蒂格勒在演說辭的文末還篤定表示，經濟學家
將會變成民主社會的中堅人物、經濟政策的意見領袖！

實證經濟學的兩極評價

　　隨後歷史的發展，可說完全符合史蒂格勒的預期。在
1970 年代末期「停滯膨脹」（stagflation）來臨之前，經濟學
的發展的確達到頂峰。在此黃金時代，甚至有「從此經濟學家
和政府（客）之密切合作，能使經濟體系維持繁榮，不景氣
將永不再來」的豪語出現。而諾貝爾經濟學獎在 1969 年首次
頒發，得主就是兩位著名的「經濟計量學家」；隔年第二屆
得主公布，又由薩繆爾遜這位「數理經濟名家」獲得。這就
更印證：經濟學成為顯學，是因具備了「實證經濟學」的特
色。而 2000 年諾貝爾經濟學獎得主之一的黑克曼（James J.
Heckman）更堅信：「將經濟學置於可供實證的基礎上……，
如此一來，經濟學就可能會有所進展。」

　　可以這麼說，讓政府扮演經濟舞臺要角的總體經濟學，
加上數量方法日新月異促使實證經濟學發揮重大影響，是經濟
學能夠取得如日中天般地位的重大要因。但世事的多變複雜，
卻也讓經濟預測愈來愈失準，致經濟學家受到嘲弄，而數理化

走向愈深化，喪失經濟學本質，也讓人擔心經濟學的迷失。所以探索經濟學數理化的原委並予以返本歸眞，不啻是很重要的事。那麼，對於最先引入數理化經濟分析的馬夏爾及其巨著《經濟學原理》，就有進一步了解的必要了。

1842 年出生於英國倫敦近郊的馬夏爾，父親是英格蘭銀行的一名出納，是篤信福音派新教的虔誠教徒，爲人嚴正，希望兒子能成爲傳教士。可是，馬夏爾喜愛的是數學，19 歲時就毅然違背父親的期望，放棄牛津大學古典文學獎學金，在叔父的贊助下，進入劍橋大學修習數學。由於成績優異，馬夏爾畢業後獲聘留在劍橋任教。

在這段期間，馬夏爾一方面對貧窮階級抱持著強烈的人道關懷；另一方面在社團友人的影響下，開啓了對形而上學、倫理學、政治經濟學等社會科學的興趣，終而全心投入經濟學的研究，以期在經濟學裡找到減少貧窮、增進人類福祉的解方，也在此刻埋下一部經濟學巨著的種籽。

馬夏爾在假日時走訪了幾個城市中最貧窮的區域，從街頭走到街尾，看到許多最貧窮人的面容，就決定要盡可能將政治經濟學研讀透徹。自 1868 年被邀請擔任劍橋大學聖約翰學院的研究員兼任講師之後，馬夏爾一方面認眞研讀政治經濟學，一方面協助校方使政治經濟學成爲院中一門獨立的重要研讀學科。

1875 年，馬夏爾赴美考察四個月，爲的是要了解美國經濟情況，他遊歷整個美國東部，並到西部舊金山。他拜訪哈佛、耶魯等大學，與經濟學家暢談，並承介紹與許多產業界領袖會晤，主要目的是想要「研究這個新興國家的保護貿易問題」。

　　馬夏爾最主要的行程是參觀工廠，他在筆記本裡記滿訪問商人和勞工的內容，以及機器的圖像。馬夏爾確定，流動性是美國生活的最主要特點。不只是鐵路與電報，一波波的新移民，或是許多人從東北部製造中心移到西部新城鎮。最值得注意的是經濟、社會、心理上的行動自由，他很驚訝一般美國人能如此輕易地離開親友，前往新城鎮，轉換職業與領域，接受新信仰與行事方法。而美國人那麼樂於接受都市化的態度，也讓他印象深刻。

　　馬夏爾對物質和科技進步很關心，但他較感興趣的是，這些進步對人的思想和行為有什麼影響。我們如何保證你我個人的選擇加總起來就能促進社會的利益？高流動性伴隨而來的傳統連結的鬆動，究竟是好或壞？馬夏爾是屬於樂觀派，他見識到美國沒有嚴格的階級劃分。他認為美國的高流動性創造了平等的條件──幾乎所有人都受同樣的學校教育，這有助於個人能力的發展，也形塑了自然能享有真正民主的社會，雖然巨大的財富差距還是存在，但並無明顯的階級劃分，沒有涇渭分明的不同等級勞工。

　　馬夏爾闡述了兩種道德教育，一是英國特有的「溫和的人格形塑，讓一個人與周遭的環境和諧共處。」，另一是美國高流動性開放的「堅定意志的教育，講求克服困難，這樣的意志會依據理性的判斷引導每一項行為。」

　　當時的社會評論家，多數都擔憂工業體系不僅會破壞傳統的社會關係與生計，更會透過「無知、殘酷與道德敗壞」扭曲人性。馬夏爾在美國看到的卻是另一種可能：美國人面對道德問題時會比英國人更刻意、謹慎、自由，且大膽地運用自己的

判斷力。

自美返回英國劍橋後，34 歲的馬夏爾和 26 歲的「新經濟學」明日之星瑪莉‧帕雷（Mary Paley, 1850-1944）結婚。夫妻倆投入《產業經濟學》（*The Economics of Industry*）的寫作，於 1879 年出版，書中傳達的主要訊息是：「本世紀初英國經濟學家的主要盲點並非忽略歷史與統計⋯⋯他們等於將人類視為一個定量，沒有費心研究其變化。因此，在他們眼裡，供需因素的表現比實際上更加機械化，也更固定。不過，這些人最大的盲點，是忽略了產業特性和制度有多麼容易改變。」

這本書雖然無任何新的理論，篇幅也不多，但文筆簡單直接，很適合初學者，而其內容也包含了馬夏爾新經濟學的要義。

馬夏爾專心探究企業的運作，發現在競爭市場裡，企業的經濟功能並非只為或主要為業主創造利益，而是為顧客與勞工創造更高的生活水準。是以更低的成本和更少的資源去生產、銷售更高品質的產品和服務。因為競爭迫使業主與管理者不斷追求小改變——改善產品、製造技術、銷售與行銷。企業不斷努力提高效率、節省資源、發揮事半功倍的效果，慢慢地便能以同樣或更少的資源達到更大的效益。整個經濟體的千萬家企業都如此作為，長期下來，漸進改良的累積效果便能提高平均生產力與工資。也就是說，競爭迫使企業提高生產力以維持有利可圖。競爭迫使業者透過提高工資將成果分享給管理階層及員工，同時透過提高商品品質或降價，與顧客分享成果。

企業是工資提升的引擎

這種「企業是促進提高工資與生活水準引擎」的說法，是與當時知識分子普遍的「反商心態」相抵觸的，即使是經濟學始祖亞當・史密斯，也只形容競爭的益處恰似有如「一隻看不見的手」，來引導生產者在不自知的情況下為消費者服務，並不認為屠夫、麵包師傅、大型股份公司的角色是要提高生活水準。而馬克思（Karl Max, 1818-1883）雖認為企業能驅動科技改良與提升生產力，但不認為企業主可能提供方法讓人類得以逃離貧窮，反認為企業剝削勞工、壓榨勞工。

1879 年春，馬夏爾被診斷出罹患腎結石，當時無法以手術或藥物治療，醫生告訴他「不能再長時間散步，不能再打網球，唯有完全休息才有治癒可能。」不過，疾病雖重創其身體，卻也讓他明白必須專注精力繼續寫書，希望能寫出一本超越密爾（J.S. Mill, 1806-1873）的《政治經濟學原理》（*Principles of Political Economy*）和馬克思的《資本論》，結合新理論以及從現實世界觀察到的現象。在對自己的力不從心懷著恐懼下，卻也因視野的寬廣，馬夏爾放棄出版貿易方面的書，1881 年在義大利西西里島的巴勒摩市內的一處屋頂，開始撰寫《經濟學原理》。

1880 年代初正逢大蕭條，許多人提出解決之道，美國記者亨利・喬治（Henry George, 1839-1897）提出的土地稅最受矚目，他在 1879 年出版的《進步與貧窮》（*Progress and Poverty*）成為暢銷書，立論基礎是：貧窮增速比財富更快，這要歸咎地主。由於地租的上漲，讓商人沒資金可投資，因

而壓低獲利和實質工資。亨利・喬治提議對土地課徵高額租金，有了土地稅之後，不但不需再課其他稅，而且能提高工資、增加資本盈餘、根除接受救濟者，貧窮就可消除。

馬夏爾不認同亨利・喬治的說法，兩人在 1884 年曾於牛津的克萊倫登飯店作公開辯論。馬夏爾也在其他場合批評亨利・喬治，就其提出的「隨著財富的增加，貧苦的人反而更多」，以統計資料來反映事實。馬夏爾夫妻倆蒐集了許多資料，呈現出「只有最底層的勞工階級被推向最下層，而該階層的人數比先前更少，所占人口比例較世紀初少一半以上，而整體勞工階級的購買力則增三倍，成長的果實極大部分落在勞工身上。」

提高生產力才是良藥

對於「支付低薪的雇主要為貧窮負責」的說法，馬夏爾深不以為然，他認為「雇主無法決定勞工的工資，就像他們無法控制棉花或機器的價格。雇主支付的是市場的水準，生產力較高的勞工所得較高，反之則較低。」馬夏爾也發現，很多英國勞工階級沒有得到適當的營養，極少人獲得適當的教育。他認為「很多英國人工資太低，不少人陷入真正的貧困，原因就在生產力太低。」他表示：「沒有任何方式能神奇地立即解決貧窮問題，我們必須尋求較不那麼譁眾取寵的藥方。」這個藥方就是：提高生產力，方法是「透過最廣泛意義的教育，讓無技能與無效率的勞工消失」。要讓無技術勞工數量減至合理程度，必須提供那些從事無技術工作者不錯的工資。「如果總生

產量沒增加，這些額外的工資必須從資本家與較高階勞工那裡支付，不過，如果無技術勞工減少是因為勞工效率提高之故，生產力就會提高，也就有更多的資金可供分配」。

馬夏爾並不反對工會、累進稅、甚至是某些相當激進的土地改革提案，但他認為這些都無法創造出「更多的麵包與奶油」，這需要「競爭」、「時間」，以及社會、政府、窮人各方面的合作。他指責亨利・喬治「不該胡亂開藥方」，問題不只是「喬治先生主張，『如果你想變富有，從土地下手』」，而是這會讓人把關注焦點從教育訓練、努力工作、以及節儉上移開。

1890 年，馬夏爾的《經濟學原理》終於出版，論者認為該書為搖搖欲墜的經濟學注入了新生命，而馬夏爾的學術領袖地位也因此確立，他也同時成為當局尋求意見的權威對象。

這本書具體展現了馬夏爾反對社會主義的立場，擁護的是「私產」與「競爭」，樂觀相信人類和其境況是能改善的。本書呈現的經濟學不是一種「教條」，而是「思考的工具」，馬夏爾讓經濟學奠基在更健全的科學基礎上，讓經濟學更人性化，注入了「人性的光輝、人性的溫度」，他認為「經濟學研究財富，也研究人的行為」。馬夏爾主張「經濟學家應該具有溫暖的心、冷靜的腦（warm heart, cool head）」，這在他與亨利・喬治的論辯上，已充分的表現出來。

馬夏爾在這本書中的見解反映出他在美國遊學的心得：企業在私產和競爭制度下，不斷承受壓力，需以相同或更少的資源發揮更大的效益，生產力提高後也使人民生活水準提升。在所有的社會制度裡，美國的企業較其他國家重要，占有更高地

位，同時也在形塑美國人的思想與文明上扮演重要角色。美國的企業不只是財富的主要創造者，也是促進社會改變的最重要催化劑。

在大文豪狄更斯筆下的商人，各個有如白痴或掠奪者，勞工則像機器人，成功的製造業是僵硬的一再重複。但馬夏爾看到的美國企業，卻是生產力以難以想像的超速成長，經理不斷尋找小小的改良，而且勞工同樣努力不斷尋求更好的機會和有用的技能，勞資雙方都一心一意想充分利用自己所掌控的資源。

馬夏爾知道，企業的存在為的是創造業主的利益、高階主管的薪酬與勞工的工資。亞當·史密斯指出，企業面對競爭的壓力，若要追求本身最大的收入，必須壓低成本和增加生產來造福消費者。馬夏爾則引入「時間」因素，長期而言，企業必須愈來愈有生產力，才可能獲利存活下去。在競爭下，求生存不只要不斷調適，若企業要爭取有生產力的勞工，就要由提高生產力帶來的獲益與勞工分享。

這種說法是密爾和其他政治經濟學者否定的，他們認為生產力的提高給予勞工階級的利益很少，甚至沒有，而工作條件還會隨著時間更加惡化。馬夏爾看到的事實並非如此，畢竟競求勞工迫使業者將得自效率與品質改良的利益與勞工分享，而勞工先是賺取工資的勞工身分，接著換以消費者的身分去分享這些果實。數據證明馬夏爾是對的，工資在 GDP 的占比是上升而非下跌，工資和勞工階級的消費水準也是上升的。事實顯示，自 1848 年《共產黨宣言》和密爾的《政治經濟學原理》問世之後，大部分年份的表現都是這樣的。

最先創用「經濟學」名稱

馬夏爾將書名取爲《經濟學原理》，棄用「政治經濟學原理」，一來要避免與馬克思學派的瓜葛，他們都稱經濟學爲政治經濟學；二來還經濟學是一種科學的本質。馬夏爾是「經濟學」這一名稱的最先使用者，此後大家也都跟著用了。

這本書的寫法是綜合理論的、數學的與歷史的方法，卻引起兩方的批評，偏於經濟史研究的經濟學家認爲「過於抽象」，主張使用抽象的數學方法論的倡導者，則因爲他對歷史方法的讚美，以及他對於理論與數學之限制的率直評論感到不快。馬夏爾是數學家，充分了解數學在經濟學家手中做爲工具的力量，但他認爲要「將數學翻譯成爲文字」，然後「以實例來說明它們在實際生活中的重要性」。馬夏爾就以此原則撰寫這本書，是爲了任何受過教育的讀者而寫的，所以書中的數學都放在附註或附錄中。本書分上下冊，共六篇，下冊除了第六篇外，其他近二分之一的篇幅都是附錄。

馬夏爾利用「部分均衡（partial equilibrium）分析法」寫這本書，爲了分析經濟中複雜的交互關係，他就先假設這些變數中有些保持不變（ceteris paribus, with other things being equal）。在任何分析開始時，許多因素都保持不變，當進行分析中，逐漸的讓較多的因素變動，因而與實際情況較爲接近。這種分析法與馬夏爾對時間長短的處理是相對應、相符合的。在「市場時期」，有時稱爲立即時期或非常短期，許多因素保持不變，隨著時間延伸從短期、長期與永久時期（非常長期），「被准許變動的時期」、「短期」、「長期」和「永久

時期」，不是按年、月、日、鐘點多少計算，是按經濟學上對
於廠商與供給的解釋來區分的。

最著名的供需平面圖

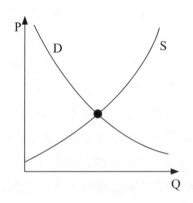

　　在這本書中，最有名的是「馬夏爾交叉線」（Marshallian
Cross），也就是當今大家耳熟能詳的「供需簡圖」，在一個
二度空間的平面圖中，垂直軸表示價格（P），水平軸表示
產品量（Q），D線為需要線，S線為供給線。書中第三篇，
係以人的欲望與滿足或者需要與消費做為主題，以「邊際效
用遞減法則」導出邊際效用線或需要線，亦即：在其他條件
不變下，一物的價格與需要量呈反向關係，也就是：價格下
跌，需要量增加，價格上漲，需要量減少。需要線的形狀也
反映「彈性」大小，所謂「彈性」是因物品價格變動會引起
物品數量的變動，其變動的大小就稱為彈性，也稱為「價格
彈性」。馬夏爾利用價格與效用的關係，提出了「消費者剩

餘」（Consumer's Surplus）的概念。至於供給線，馬夏爾利用「邊際報酬遞減法則」導出邊際成本遞增的「供給線」，並得到：在其他條件不變下，一物的價格與供給量呈正向關係，亦即，價格上升、供給量上升，價格下跌、供給量減少。同樣的，由價格和成本的關係可獲得「生產者剩餘」（Producer's Surplus）。

　　供需線的交點就是「均衡點」，供需雙方都最滿意，而價格的自由調整會自動向此均衡點趨近，也是「價格機能」、「市場機能」或亞當・史密斯所說的「一隻看不見的手」機能的顯現。馬夏爾在本書第五篇就以「需要、供給與價值的一般關係」為篇名，討論了「市場」、「供需均衡」、「資源配置」、「長短期」、「邊際成本與價值的關係」等等課題。

　　馬夏爾在第六篇中討論了「國民所得分配」這個重大課題。生產要素分為土地、勞動、資本與組織或企業精神等四種，每種都有供給面和需要面，生產要素被使用是受該要素之供需相關的一般情況所控制的，且假定每一要素都會使用到它的邊際生產力與邊際成本相等為止。每一要素有它的需要價格，它是由其邊際生產力決定的。與此相對的是它的供給價格，是由其邊際成本決定的。勞動工資、資本利息和地租都是這種方式決定的，唯有利潤不是。

　　利潤是隨價格的變動而變動，其多寡由許多因素決定，利潤也不是企業家保證可獲的所得，資本之投入企業大部分是投資者所「預期利得」的多寡所決定的，其中必須有些利潤是企業家希望他的長期投資可以得到的。因此，管理的賺得（超過利息的利潤），在長期間會納入真實的供給價格。照現在一

般的說法，必要的或最低的利潤（這一數量等於它們在其他行業中可以獲得的數量）要算入生產成本之中，而純粹的利潤則代表超過此一數量的收益。馬夏爾的處理方式也將所謂的必需的利潤算作長期供給價格的一部分。

對於一種生產要素的需要，是一種引申的需要，係由一種生產要素的邊際生產價值決定的。不過，邊際生產卻是難以分辨清楚的，因為在生產技術上，要增加一個生產要素，往往要有其他生產要素的合作。馬夏爾為了解決邊際生產的測度問題，就採用了核算他所謂的到達邊際時的「淨生產」的方法。譬如，若要增加一個工人，同時就要增加一把鐵鎚，那麼勞動的淨生產就是勞動對於生產總量的增加數中減去新增的這把鐵鎚的成本。馬夏爾認為，生產要素之結合的比例，將取決於它們的邊際生產和它們的價格。一個企業家有興趣增加生產使其利潤為最大，將會生產到一個水準，其所花的成本盡可能為最低，生產要素的邊際生產實物量與它們的價格會趨於相等。

生產要素報酬的決定

對於生產要素的支付，究竟是決定產物價格的還是受產物價格所決定的，馬夏爾認為要看考慮這一問題時的時期長短，以及分析時所採的特別觀點。就地租來說，馬夏爾認為，一般來說，從整個經濟社會來看，土地的租金是其產物的價格來決定的，不是一種生產成本，但從個別農人或廠商的觀點看來，地租卻是生產成本，因此是用來決定產物價格的。但在某種情形下，即使是從整體經濟社會的觀點，地租也是決定產物價格

的，例如十九世紀時的美國，有一大批土地沒開墾，可免費使用。但是原始的拓荒者仍會認爲其從墾荒中所獲的收益並非完全從墾植中所產生。一部分是由於他們將艱困的環境加以改良，以減少邊疆生活的困難，結果吸引移民進來，地價因而上漲。這種預期的地價上漲，因而是必須支付的供給價格之一部分。這種上漲的地價，等於是上漲的地租資本化後的價值，可考慮爲社會成本。在此情況下，就是從整個社會的觀點來看，地租也是決定產物價格的，是一種生產成本。

　　就工資而言，對於某種勞動（如會計人員）工資，在長期均衡時所支付的必須足以吸引足夠人員安於其位。這種長期工資是供給價格，必須是社會支付的，因而是決定價格的。若對會計人員的需要增加，他們的工資自然上漲，在短期，他們的供給彈性比長期小，工資的增加不能吸引較多人來，所以短期工資會比長期工資漲得多。這種較高的短期工資與必須吸引足夠人員去擔任這項工作無關，因此是被價格決定的，不是決定價格的。對於這些問題的理解，關鍵在於供給曲線的彈性。

　　至於利潤，馬夏爾運用他的「準租」（quasi rent）概念來分析短期利潤。在完全競爭市場長期均衡時，每個廠商只賺取「正常利潤」，它是一種生產成本，如正常工資之必須支付一樣。因此，在長期，正常利潤是必須的生產成本，是決定價格的關鍵因素，短期的利潤可稱爲「準租」，是被價格決定的。和工資一樣，利潤可以是決定價格的或者被價格決定的，必須看時期的長短。

　　關於利息，也可用準租概念分析。在長期，有正常的利率，它是必須支付的生產成本，所以是決定價格的。短期內由

於資本是固定的，或已投資了的，它的收益是一種準租。「準租」是馬夏爾最先使用的，指的是一種固定生產素在短期的報酬，是一種有限生命資產的淨收益，此一概念已被證明爲不太有用。

馬夏爾秉持溫暖的心，以冷靜的腦，用手寫出這一本承先啓後的《經濟學原理》經典巨著。全書共六篇，十二則附錄和一則數學附錄，分成上下兩冊出版，上冊共有五篇，第一篇爲「概論」，分成四章，第一章是「序言」，第二章是「經濟學的本質」，第三章是「經濟學的普遍原理或法則」，第四章是「經濟研究的順序和目的」。

第二篇爲「基本概念」，也分成四章，第一章「序言」，第二章「財富」，第三章「生產、消費、勞動、必需品」，第四章「所得、資本」。

第三篇「論欲望及其滿足」，共有六章，第一章「序言」，第二章「欲望與活動之間的關係」，第三章「消費者需要的等級」，第四章「需要彈性」，第五章「同一物品不同用途間的選擇：立即使用及延後使用」，第六章「價值及效用」。

第四篇爲「生產要素：土地、勞動、資本及組織」，共有十三章，第一章「序言」，第二章「土地的肥沃度」，第三章「土地的肥沃度（續）、報酬遞減傾向」，第四章「人口的成長」，第五章「人口的健康與強壯」，第六章「產業訓練」，第七章「財富的成長」，第八章「產業組織」，第九章「產業組織：分工、機械的影響」，第十章「產業組織：把專門的產業集中在特定的地方」，第十一章「產業組織：大規模生產」，第十二章「產業組織：企業管理」，第十三章「結論：

報酬遞增與報酬遞減傾向之間的關係」。

　　第五篇是全書的靈魂，講的是「需要、供給與價值的一般關係」，分爲十五章，第一章「序言：論市場」，第二章「需要和供給的暫時均衡」，第三章「正常需要與正常供給的均衡」，第四章「資源的投資和配置」，第五章「正常需要與正常供給的均衡（續）：關於長期和短期」，第六章「連帶需要和複合需要、連帶供給和複合供給」，第七章「連帶產品與主要成本與總成本的關係、營銷成本、風險保險、再生產成本」，第八章「邊際成本與價值的關係：一般原理」，第九章「邊際成本與價值的關係：一般原理（續）」，第十章「邊際成本與農產品價值的關係」，第十一章「邊際成本與城市土地價值的關係」，第十二章「正常需要與正常供給的均衡（續）：關於報酬遞增的法則」，第十三章「正常需要與正常供給變動理論與最大滿足理論之間的關係」，第十四章「獨占的理論」，第十五章「供需均衡一般理論的彙總」。

　　本書下冊的正文只有第六篇，談的是「國民所得的分配」，分爲十三章，一是「分配的初探」，二是「分配的初探（續）」，三是「勞動的報酬」，四、五都是「勞動的報酬（續）」，六是「資本的利息」，七是「資本和經營能力的利潤」，八是「資本和經營能力的利潤（續）」，九是「地租」，十是「土地的租佃」，十一是「分配概論」，十二是「經濟進步的總體影響」，十三是「進步與生活水準的關係」。另有十二則附錄和一則數學附錄，附錄依序剖析「自由產業與企業的發展」、「經濟學的發展」、「經濟學的範圍與方法」、「經濟學中抽象推理的用途」、「資本的定義」、

「物物交易」、「地方稅的歸宿及政策的一些建議」、「關於報酬遞增靜態假設使用的限制」、「李嘉圖的價值理論」、「工資基金學說」、「幾種剩餘」，以及「李嘉圖關於稅收及農業改良的學說」。

這本分成上下兩冊的《經濟學原理》，內容非常豐富，涵蓋經濟學的本質、經濟成長和所得分配諸種基本課題，但它實際上是馬夏爾在 1881 年開始撰寫時所預期完成的兩大卷的第 1 卷，第 2 卷則始終沒出版，因為涉及的是對外貿易、貨幣、經濟理論、賦稅、集體主義，以及將來的目的等等，實在太浩大了。不過，他在 1919 年出版的《產業與貿易》（*Industry and Trade*）和 1923 年出版的《貨幣、信用與商業》（*Money, Credit and Commerce*）兩本書應可算是補充吧！

這本書在 1890 年 7 月甫一出版，立即掀起一股熱烈讚美之聲，建立了馬夏爾在世界上的學術領導地位，熊彼得（Joseph Schumpeter, 1883-1950）就說：「馬夏爾創造出了一個真正的學派」，其中的分子都是以涵義明確的「科學研究方法」來思考問題。這個學派就是「新古典學派」，將數學工具引入經濟分析，引導往後數理經濟成為主流，並喧賓奪主讓經濟學逐漸喪失人文社會哲學作基礎，因而飽受詬病，箭頭直指馬夏爾。其實這是搞錯對象，研讀這本經典巨著之後就會清楚、明白矣！

最後，必須一提的是，這本中譯本是由臺大經濟系資深教授葉淑貞翻譯的，葉教授自 1983 年開始教授「經濟學原理」基礎課程，迄今已三十七年，對經濟學原理相當熟悉，加上她在〈譯者序〉中詳述的翻譯態度及過程之嚴謹，又花用兩年半

的時間持續工作勉力完成，其可讀性和正確性可見一斑，任何
受過教育的讀者應都可看懂，盍興乎來？

參考文獻

1. 施建生，《偉大經濟學家馬夏爾》，天下文化，2016 年 1
月 29 日。
2. 西爾維亞・娜薩（Sylvia Nasar）原著，張美惠譯，《偉大
的追尋—經濟學天才與他們的時代》（*Grand Pursuit: The
Story of Economic Genius*），第一部，時報出版，2013 年
3 月 15 日。

吳惠林

中華經濟研究院特約研究員

2021 年 1 月 22 日

譯者序

　　有幸能夠閱讀阿弗瑞德・馬夏爾（Alfred Marshall）的《經濟學原理》（*Principles of Economics*）一書，並將之翻譯爲中文，首先要感謝吳惠林教授的引薦。記得大約在兩年半以前，吳教授問我要不要翻譯這本書，當時考量自己快要退休了，接下這個工作，一方面正好可以利用退休的時間來做這個工作；再者，若能仔細閱讀該書，應該可以得知吳教授一直強調要走回傳統，這個想法在經濟學上所代表的意義。基於這些目的，我接下這個工作。

1. 翻譯前所認識的馬夏爾

　　在接下這個工作之初，我對馬夏爾的認識是很粗淺的。第一次知道有這個人是在大三修習張漢裕老師的西洋經濟思想史時。記得當時張老師提到馬夏爾是第一次有系統用圖形及數學來表達經濟學理論的人。接著在大學畢業後又聽到華嚴老師跟我說，經濟模型中的供需圖形之所以把價格放在 Y 軸，交易量放在 X 軸是始自於馬夏爾。因爲一般說來價格是自變數，應該放在 X 軸才對。

　　最後爲了籌備 2000 年 3 月在臺大經濟系召開的張漢裕教授紀念研討會，並爲了在研討會上發表〈張漢裕老師的學術貢獻〉一文，[1]

---

[1] 請見葉淑貞（2001），〈張漢裕老師的學術貢獻〉，臺灣大學經濟研究學術基金會編，《張漢裕教授紀念研討會論文集》，頁 47-107，臺北：臺灣大學經濟研究學術基金會。

我讀了張老師文集中的大部分文章。②在文集三有一文，張老師提到他受到亞當‧史密斯（Adam Smith）及馬夏爾的影響最大，③其中關於馬夏爾的部分，張老師提到：「他主張經濟學家應具有 warm heart（溫暖仁慈的心），cool head（冷靜的頭腦）。」

2. 馬夏爾書中的分析工具

翻譯這本書的過程中，譯者充分認識到以上前人所說的這些事情。首先是關於研究方法，馬夏爾書中確實有不少地方以圖表及數學做為分析工具。經濟學的分析工具就是文字的推理、圖表及數學，然而，事實上馬夏爾書中最重要的分析工具是文字的推理，圖表及數學式子只是次要的輔助工具，因此圖表都放到註解中，而數學式子則都放在數學附錄當中。

他在第一版序倒數第二段提到：「如果沒有數學符號或圖表的協助，要獲得連續性清晰完整的觀點並不容易。圖表的使用並不需要特殊的知識，而圖表通常比數學符號更準確、也更容易表達出經濟生活的條件；因此，圖表將放在本書的註解中，作為補充說明。正文的論述完全不依賴這些圖表，因而圖表可以省略；但經驗似乎顯示，相較之下，有這些圖表的協助，更能確實地掌握許多重要的原理；而且有許多純理論的問

---

② 這一套文集全名為張漢裕博士文集，總共有六冊，由張漢裕博士文集出版委員會發行。

③ 該文標題為〈師生問答——「一位經濟學人的成長歷程」〉，收錄於張漢裕博士文集（三），頁 328-337，臺北：張漢裕博士文集出版委員會。

題，任何人一旦學會使用圖表，就都再也不願意改用其他方式來處理了。」

關於數學工具的運用，他在第一版序最後一段寫到：「純粹數學在經濟問題中的主要用途似乎是幫助一個人快速、簡短、準確地寫下他的一些想法，以供他自己使用；並確保他的結論有足夠的，而且是剛好足夠的前提（即他的方程式數量要等於未知數的數目，不能多，也不能少）。但是當必須使用大量符號時，除了作者本人之外，這些符號對任何人都變得十分麻煩。……但是，是否有任何一個人願意花相當的時間，來閱讀不是他自己所改寫的，冗長的經濟學說的數學符號，這似乎頗值得懷疑。」因此，他把幾個對他的討論最有用的數學語言的實例，移到書後的數學附錄之中。

但他在第三篇第一章第 2 節說明需要或消費為何受到忽視的其中一個原因時，卻也提到了使用數學的好處。他說：「人們已養成了經濟學中精確思考的習慣，這使得他們在推論時，能更謹慎地清楚說明出所依據的前提。之所以會更加謹慎，部分是由於有些學者應用了數學語言和數學思維的習慣。使用複雜的數學公式，是否可以獲得很大的益處，的確是令人懷疑的。但數學思維習慣的應用，已帶來巨大的幫助；因為這讓人在不太確定問題是什麼之前，先不去考慮這個問題；而在進一步分析問題之前，堅持要知道什麼是需要假定的，和什麼是不需要假定的。」

在翻譯到數學附錄時，才知道馬夏爾數學造詣深厚，完全有能力用數學模型做為分析的工具。在該附錄中，他使用了相當高深的微積分做為分析工具。在驚訝於他數學造詣如此深

厚時，上網查了之後才知道他大學（1861-1865）時，在劍橋大學聖約翰學院（St. John's College）主修的就是數學，並在1865年以高分通過數學科的榮譽考試。

3. 馬夏爾具有溫暖仁慈的心、冷靜的頭腦

此外，張漢裕老師說馬夏爾主張經濟學家應該要具有溫暖仁慈的心、冷靜的頭腦。馬夏爾在本書第一篇就主張經濟學家從事經濟研究時，要具有同情心。他在第一篇第四章第 5 節強調，在探究經濟問題時，「除了最需要智力之外，有時甚至也需要批判的能力。但是經濟研究也需要有開發同情心的能力，尤其是那種不僅能為自己的夥伴，還能為其他階級的人設想的罕見同情心。」

接著在同一章的第 6 節，他又提到：「事實上，幾乎所有現代經濟學的創立者，都是善良、富有同情性格，為人道熱情所感動的人。他們很少關心自己的財富；相反地，他們卻非常關心廣大人民群眾之間財富的分布情形。他們都反對反社會的獨占組織，無論這些組織有多強大。他們幾代人都支持反對階級立法的運動，這個立法反對工會享有雇主協會所享有的那些特權；他們為補救舊的〈濟貧法〉（Poor Law）灌輸到農業和其他勞動者心中與家庭中的毒藥而奮鬥；儘管一些政客和雇主以他們的名義，發出了強烈的反對，但他們還是支持〈工廠法〉（Factory Acts）。他們無一例外地奉行著：全民的福祉應該是所有私人努力和公共政策追求的最終目標這樣的一個信念。」

馬夏爾本人就具備了這樣的胸懷，因此當他看到倫敦貧民窮困的情形時，激發了他的同情心，想使他們脫離貧困，因而

走向經濟研究的路途。在第六篇第四章第 2 節討論到許多工人階級的慘況時，他提到：「許多工人階級的子女，連吃、穿都不足；他們的住所既無法促進身體的健康，也無法促成精神的健康；他們接受的學校教育，……，極為有限；他們沒有機會獲得較廣闊的生活觀或洞察企業、科學或藝術等較高級工作性質的內含；他們在人生的道路上，很早就過著艱辛和疲憊不堪的日子，且大部分人終生都得如此。至少他們是帶著未發揮的能力和才能進入墳墓的。」

雖然抱著這種同情心，但他卻用冷靜的頭腦分析各種問題。他在第一篇第一章第 1 節最後一段說，儘管那些伴隨著貧困普遍而來的不幸，並非是貧困必然的結果，但總的來說，「摧毀窮人的就是貧窮」，因此對於貧困原因的研究，就是研究人類中一大部分人墮落的原因。而馬夏爾本書的主旨，就在於分析如何脫離貧困。

他在第六篇第四章第 2 節提到，如果能夠讓貧困的工人充分發揮他們的才能的話，那麼從中所增加的國家物質財富就會是提供他們發展適當機會所需費用的好多倍。為了要使國民所得能長期不斷的提高，以解決貧困的問題，不僅要使工資能提高，還要使之能持續不斷地提高。而要達到這個目標，則除了要善用所得與閒暇外，還要設法提高勞動的效率。

為了要提高勞動的效率，他主張要教育非技術性勞工及其子女，使其變為技術性勞工；教育技術性勞工及其子女，使其成為技術或管理人員。因此他認為他們那一代人最重要的義務，在於使年輕人從機械性勞動中掙脫出來，使其有充分的閒暇上學，並有適當的娛樂，以發展更高的品格與健康的身體，

而成為高效率的生產者。也就是說，他提出教育是解決貧困的一個法寶。

4. 本書主要的分析方法

馬夏爾的分析方法是由簡而繁，一步步地逼近問題的核心，也就是他在第八版序中提到的從靜態分析到動態分析。在介紹本書的分析方法時，他提到一開始先把某特定商品的供給、需要和價格的主要關係孤立起來。在其他條件不變的假定下，先分析某些因素對某一現象的影響。到了第二階段，原來假定不變的更多因素發揮作用了；從此可以觀察到這些複雜因素之間的相互作用；動態問題的範圍逐漸擴大；而暫時的靜態假設所涵蓋的範圍逐漸縮小；最後，擴展到國民所得在眾多不同的生產要素中分配的重大核心問題。與此同時，動態的「替代」（Substitution）原理一直在發揮著作用，導致任何一組生產要素的需要和供給，都間接受到其他要素相關的供、需變動的影響，即使這些生產要素是屬於毫無關係的產業部門，其所受到的影響亦復如此。換言之，他的研究方法是從部分均衡，到總體動態過程的分析。

馬夏爾這本書的主要分析工具是嚴謹的文字推理，在每一篇的分析中，他都一層一層詳盡地分析所要討論的問題。例如在第三篇第四章討論需要彈性的決定因素時，他詳盡地分析了各種不同性質物品或不同情況的彈性大小，與下列因素有關：

(1) 一物是否為大家所普遍使用。若是，則任何物品價格的大幅下降，都會引起對該物品需要的大幅增加。

(2) 有一些商品，人們容易達到滿足的飽和點，而另一些商品，主要是用來炫耀的東西。後者無論價格下降到如何低，

需要的彈性仍然相當大，而前者只要低價一達到之後，需要就幾乎完全喪失彈性了。

(3) 有些商品需要彈性的大小與是富人或窮人有關：以肉類、牛奶與奶油、羊毛、菸草、進口水果和普通醫療用品的現行價格來說，工人和中下階層者對這些商品的直接需要彈性非常大，但是富人的需要並非如此。較好的魚類及其他中等昂貴奢侈品的現行價格，每一下降，就會使中產階級的消費量增加很多；換句話說，中產階級對這些物品的需要彈性非常大；富裕階級和工人階級對這些物品的需要彈性要小得多，

(4) 有些諸如罕見的酒、非當季的水果、高科技的醫療和法律服務等這些物品，現行價格仍然如此之高，以致於除了富人之外，人們對這些物品的需要甚微。但是，若一旦有需要的話，則這些物品的需要彈性往往都相當大。

(5) 對某些較昂貴食物的部分需要，實際上是獲得社會榮譽感的一種手段，對其需要幾乎是永不飽和的，但是，必需品的情況卻不是這樣。當小麥價格很高或很低時，需要彈性都非常小，但是，如果是一種非必需品，又是易腐壞的，且其需要又無彈性的物品，則其價格的變動可能較諸上述那個小麥的情況還要劇烈；例如魚可能在某一天非常昂貴，但兩、三天之後就便宜到當作肥料出售了。

(6) 水是我們能夠觀察到的，從最高一直到一文不值的任何價格之下，都要消費的少數物品之一。在適中的價格之下，對水的需要非常有彈性。但是水的所有用途都能得到完全的滿足，因此當其價格下降到接近於零時，則對水的需要就失去彈性了。鹽可以說幾乎也是這種情況，鹽在英格蘭的價格是如

此之低，以致於作為一種食物，對鹽的需要彈性很低；但在印度，則其價格比較高，且需要彈性也較大。

(7) 另一方面，在一個社會環境健康，且對整體的繁榮無阻礙的地方，由於房屋提供了便利性和社會榮譽感，因此對房屋的需要似乎總是有彈性的。而對那些不是用來炫耀之各種衣著的欲望是會飽和的；因此當這類衣服的價格很低時，對其需要幾乎沒有任何的彈性。

(8) 對高品質物品的需要主要取決於人們的感受；有些人不在乎酒的風味是否精美，只要能夠獲得足夠的量就可以了；另外，有些人則渴望高品質的酒，但其欲望卻很容易飽和。

(9) 用途多寡與彈性的關係：一般說來，對於那些諸如水等有許多不同用途物品的需要，都是最具有彈性的。另一方面，需要彈性非常低的物品有兩類，一是絕對的必需品（與習慣上的必需品和維持效率的必需品不同）；二是不會花費富人很多錢的某些奢侈品。

他也提到在討論彈性的大小時，有些困難是必須要考慮到的。其中之一是，經濟因素與其影響之間所經歷的時間。要讓一種商品價格的上漲，對消費產生全面的影響需要時間。因為消費者需要時間來熟悉漲價物品的替代品，而生產者也需要時間，才能養成生產足夠數量替代品的習慣。而熟悉新商品習慣的養成和節約使用這些新商品方法的發現，也都需要時間。比如，當木材和木炭在英格蘭變貴了的時候，人們是慢慢熟悉以煤炭作為燃料，也緩慢養成壁爐使用煤炭的習慣。

另一個要考慮到的困難是有許多物品的購買，可以很容易地在短時間內推延，但卻無法長時間推延下去。逐漸磨損的衣

著和某些其他的物品等這些在高價格的壓力下，可以比平常使用時間長一些的物品，往往會出現這種情況。

如此詳盡地討論彈性，恐怕迄今都還很少見。不僅彈性的分析如此，在其他各項問題的討論也都是如此。他的書總共有六篇，十二個附錄及一個數學附錄。全書的架構如下：第一、二篇為概論及一些基本觀念的介紹；第三篇討論需要，即欲望與滿足，第四篇討論供給面的土地、勞動、資本與組織；第五篇探究需要、供給與價值的一般關係；第六篇論述國民所得的分配；最後這兩篇是綜合第三篇及第四篇的研究。在每一篇中，對每一個問題的分析都是這麼詳盡且有系統。

5. 馬夏爾學識淵博

在翻譯這本書的過程中，譯者深深領悟到馬夏爾之所以能成就一家之言，不僅在於他獨特的研究方法，更重要的是在於他學識的淵博。他的書中不僅徵引了超過 100 名學者的書，這些書所使用的語言雖然以英文為主，然而卻也有很多是以德文及法文，甚至也有義大利文寫成的。

他書中提到的經濟事項雖然以英格蘭地區為主，但是也提到了諸如德國、法國、美國、加拿大、澳洲、印度、日本及中國等等許多其他地區的經濟問題。此外，他不只關心他那個時代的經濟問題，也關心過去經濟史上的問題。除了正文所引用的歷史問題之外，他在附錄一完整描繪了自由產業與企業發展的過程。

在這個附錄中，他從野蠻人開始，然後談到腓尼基人開啟了早期的商業及製造業。他說腓尼基人是依海而生的民族，他們為許多民族間的自由交往鋪路，並在書寫、算術和度量衡知

識的傳播上，做出了很大的貢獻；但他們把主要的精力，投入到商業和製造業當中。

接著又依次論述了希臘人、古羅馬人、條頓族及封建主義等的起落；中世紀的城市如何成為現代工商業文明的先趨；印刷術的發明、文藝復興、宗教改革、通向新大陸和印度新航路的發現等等如何為世界開創了新紀元；航海利益如何從西班牙擴及到荷蘭、法國及英格蘭。

最後，又分別討論了美國如何培養最佳企業人士的精力、創造力和膽識；澳大利亞人民如何透過他們各種各樣的經歷和思維習慣，相互刺激彼此的思想和企業精神；德國如何因其發展晚於英格蘭，而受益於英格蘭的經驗，並避免許多英格蘭所犯過的錯誤，又如何因其政府擁有的多過於世界上其他國家訓練有素的高級人才，而促進其發展。這些都為新的時代開啓了新紀元，促成了自由產業與企業的發展。這個附錄可以說是論及到整個西方的經濟史了。

此外，附錄二在論述經濟學的發展時，馬夏爾一開始談到現代經濟學直接從古代思想受惠者少，而間接受惠者多，接著依次討論了十七世紀後半葉興起的重商主義如何使經濟學初步成形，及重商主義如何鬆綁了貿易的束縛；重農學派為何對目前經濟學地位的間接影響如此之大，「首先是因為他們論證的清晰和邏輯上的一致性，使他們對後來的思想產生了極大的影響；其次是因為他們研究的主要動機，並不像他們大多數的前輩那樣，是要增加商人的財富，以擴大國王的財源，而是在於減少極端的貧困，所造成的苦難和墮落。因此，他們為經濟學奠立了追求有助於提高人類生活質量的知識這個現代的

目標。」

其次，他指出了亞當・史密斯的偉大，在於「他有無與倫比的觀察力、判斷力及推理能力，使他看到了我們現代所知道的幾乎所有經濟學的真理」。他認為「亞當・史密斯是第一個就所有主要社會層面，撰寫財富論著的人，僅憑這個理由，他就足以被譽為現代經濟學的創始人了。」且亞當・史密斯大力闡揚自由貿易學說，不過他的主要成就在於為價值理論找到統一經濟學的一個共同的核心。

接著，他提到亞當・史密斯同時代及不久之後的直接後繼者，雖然都沒有像亞當・史密斯那樣開闊和有條不紊的頭腦，但也都有他們的貢獻。在十八世紀的其餘時間裡，主要的經濟著作都關注工人階級，特別是農業區工人階級的生活狀況。他舉了亞瑟・楊格（Arthur Young）、艾登（Eden）及馬爾薩斯（Malthus）為例加以說明。不過，他認為總的來說，亞當・史密斯不久之後的直接後繼者中最有影響力的人是邊沁（Bentham）。邊沁反對所有在沒有正當理由之下，對貿易習俗所設下的限制和管制，他嚴格要求這些限制和管制必須要證明其存在是正當的。這在十九世紀初大大地影響了英格蘭的經濟學家。

而後，他討論了「經濟學家對貨幣和國外貿易的卓越研究，而接下來的經濟學家也注重統計與工人階級狀況的調查，但他們卻缺乏比較方法的知識」。他指出「李嘉圖（Ricardo）及其追隨者有時認為全人類與城市的人都具有相同的思維習慣，並且未充分考慮到人性對環境的依賴。」然後，他介紹了社會主義學者，認為他們並未對其所攻擊的學說加以研究；同

時也未曾了解現有社會經濟組織的性質和效率。但是，由於他們對經濟學家未曾考慮到的人的行為所隱藏根源的了解，使得他們的影響逐漸開始顯露出來。其間，如孔德（Comte）、約翰·斯圖亞特·密爾（John Stuart Mill）都深受他們的影響。

後來在十九世紀後半葉，由於人性快速的變化，使經濟學家把人性的可變性納入考慮的趨勢日益增長，其中如約翰·斯圖亞特·密爾的書，就顯示了這種新變革的第一個重要跡象。此後的經濟學開始關心人性的可塑性，以及人性對財富的生產、分配和消費盛行方法的影響，同時也日益關注後者對人性的影響等這些課題。

其後，諸如克里夫·萊斯利（Cliffe Leslie）、白芝浩（Bagehot）、卡尼斯（Cairnes）、湯恩比（Toynbee）和其他許多人的著作都朝這個方向繼續前進，使經濟學中人的因素變得日益重要。但以傑逢斯（Jevons）的著作最為顯著，他把許多最優異的特點巧妙地結合起來，而在經濟史上獲得了永垂青史的地位。

接著，他敘述了之後的法國經濟學家、美國學派、李斯特（List）等德國的經濟學家。他說，「德國人支持國家主義的主張，一方面反對那些個人主義者的主張，另一方面也反對世界主義者的主張」。同時，德國經濟學家在以比較法研究經濟史，和在研究經濟史及通史等與法理學之間的關係這方面，有偉大的成就，他認為，這些分析對我們的知識貢獻良多，同時也大大擴展了經濟理論的範圍。

從以上的描述中，可以看到馬夏爾在他的《經濟學原理》這本書中，把他之前的經濟史和經濟思想史都介紹了。此外，

他的書中還提到許多其他學科的東西，例如歷史學、物理學、化學、天文學、地球科學、醫學以及生物學等等，足見他學識的淵博。

6. 翻譯中遇到的困難

在接下這個工作的初期，遇到不少困難，其中最大的困難是語言的問題。馬夏爾這本書撰寫時期是十九世紀下半葉，因此行文是古典的英文，有時一句話的主要句子當中有子句，子句當中又有子句，接著又有子句，如此好幾層關係子句，因此有時一句話長達好幾行，甚至一句話就是一整段，很難弄懂其間各子句之間的關係。再加上因為無法進入作者的思想體系當中，對於有些抽象的東西，實在難以觸及其所真正要表達的意思。特別是在翻譯第一篇第二章時，更是難以繼續下去。

後來就從第二篇開始翻譯，因為該篇討論的是經濟學的一些基本概念，諸如財富、生產、消費、勞動、必需品，所得及資本，這些東西比較具體，因此比較容易掌握。最後在翻譯完第二、三、四篇後，再回過頭來翻譯第一篇第二到第四章。

後來之所以能夠順利完成，主要還有以下幾個原因。首先是因為隨著日漸接觸，逐漸熟悉了這種行文的方式，摸索出如何解析各子句之間的關係；其次是找到了幾本過去別人的譯本；最後是得到林典寰小姐及樊家忠教授的協助。特別是林典寰小姐，除了解答了不少英文的問題之外，還幫我翻譯了附錄一及附錄五。在此，要特別向他們致上我最誠摯的謝意，不過文中若有任何錯漏之處，仍是我一人的責任。

7. 其他翻譯本

以下依次介紹一下個人所找到的幾個譯本，其間各自的特色及問題，以及本翻譯本的特點。

市面上關於馬夏爾經濟學原理一書完整的中文翻譯，目前有三本。最早的一本是 1965 年臺灣的王作榮所翻譯，由臺灣銀行經濟研究室出版，編在臺銀經濟學名著翻譯叢書第三種；接著是 2007 年中國的劉生龍先生翻譯，由中國社會科學出版社出版；最後是 2017 年中國的廉運杰先生翻譯，由華夏出版社出版。這三個版本中，王作榮版本出版的最早，當時還沒有網路，因此翻譯者遇到的所有問題都要靠自己去解決，實屬不易。而中國所出的兩個譯本，文字上比較接近，不過劉生龍那個版本的特點是有中、英文對照，這樣讀者若想知道原文，很是方便。不過，這三個版本有少數地方可能有問題，以下試舉幾例加以說明：

（1）在第一篇第二章第 5 節第 3 段原文有一句為：the accumulation of wealth to be enjoyed after the death of him by whom it has been earned. 三個人的翻譯如下：

王作榮簡單譯為：「遺產的累積」。

劉生龍譯為：「將賺來的錢積累起來以留作身後之用」。

廉運杰譯為：「將他賺來的財富積累起來留作身後使用」。

個人認為此處不是只講遺產的累積而已，因為文中的前一句是在講家庭情感的作用，因此該句講的是在家庭感情的作用之下，所產生的一些行為。同時應該也不是留作身後使用，因為若是這樣，就不牽涉到家庭情感的問題，而最重要的是人已

經去世，就無法使用累積的財富了。

個人認爲該句話可以改爲 the accumulation of wealth after the death of him to be enjoyed by whom it has been earned。因此本譯本將之翻爲「他把賺來的財富累積起來，並決定這些財富在他身後由誰來享用」。

(2) 第五篇第十一章第 2 節第三段的最後幾句爲 And that the gains resulting from such ventures are not much more than sufficient for this purpose is shown by the fact that they are not as yet very common. They are however likely to be more frequent in those industries which are in the hands of very powerful corporations. A large railway company, for instance, can found a Crewe or a New Swindon for manufacturing railway plant without running any great risk.

其中第一句的 they，王作榮譯爲「冒險」，另外兩人譯爲「它們」，但是如果從前後文來看，指的應該是利得（gains）才對。因爲王作榮將之譯爲冒險，緊接著那句中的 They 也就譯爲冒險。因此他把這三句譯爲：「從這些冒險所產生的利得除了足以補償外，並不太多，這可以從這些冒險並不很普遍的事實得到證明。不過，在掌握於少數有力的公司手中的那些產業裡面，這種冒險的次數也許多些。例如，一個大的鐵路公司可以開闢一個克魯（Crewe）或一個紐斯文頓（New Swindon）以製造鐵路設備，而不致冒任何大的風險。」這樣語意前後似乎不太一致。前一句說掌握在大公司的產業，這種冒險的次數也許多些，但是後面那句卻是大型鐵路公司不致於冒任何大的風險。

本譯本把 they 譯為「利得」，所以把這三句譯為「因此，從這些冒險事業而來的利得，超過抵補其麻煩與支出並不多，這可以從這些利得並非很常見這個事實得到證明。然而，在那些掌握於非常強大公司手中的產業，這些利得卻可能較常見到。舉例來說，一家大型鐵路公司不必冒任何大的風險，就可以為製造鐵路設備，造一個克魯鎮（Crewe）或一個紐斯文頓鎮（New Swindon），而獲有利得。」

(3) 第六篇第六章第 4 節第一個註最後一句原文是 If they could always be realized without a loss, and if there were no broker's commissions to be paid on buying and selling, they would not yield a higher income than money lent "on call" at the lender's choice of time; and that will always be less than the interest on loans for any fixed period, short or long.

王作榮譯為「假如證券可以無損失的脫手求現，假如買賣時不需要付佣金，則他們所產生的收入將不會較貸款人可以隨時收回的「拆款」為高；而且必然會較任何長、短期的貸款利率為低。」

劉生龍譯為「如果這些證券總能夠變現且不會虧損，而且不必向經紀人支付佣金，那麼這些證券提供的收入就比"活期"放款要高一些，但總是要比任何定期（短期或長期）放款的利息要低。」

廉運杰譯為「如果這些證券總能出售而且不虧本，還不用支付經紀人的佣金，那麼這些證券提供的收入要比活期放款多一些，而這種收入總小於任何定期（短期或長期）放款的利息。」

　　三者的差距主要在於這些證券提供的收入要比「活期」放款多一些或少一些。因為原文是 not yield a higher income，所以應該是不會較高，因此王作榮翻譯的應該是正確的。而且因為後面一句是「and」，不是「but」，因此無論是活期或是定期貸款的收入，都小於證券所提供的收入。

　　因此本譯本將之翻譯為「如果這些證券總能在沒有損失之下變現，且如果在買賣中不需要支付經紀人佣金，則這些證券所賺的收入不會比「隨時」（on call）可收回的貸款（譯者註：應該是指活期貸款）高；且其收入總是低於任何短期或長期定期貸款的利息。」

　　(4) 第六篇第八章第 7 節最後一段末的註中有一句話，原文是：

More than nine-tenths of them began life as journeymen; and less than ten per cent. of the sons of those who were on the list of manufacturers in 1840, 1850 and 1860, had any property in 1888, or had died leaving any.

　　王作榮譯為「十分之九以上都是從職工開始；那些在 1840、1850 和 1860 年列入製造商人名單，在 1888 年還有任何財產，或已經死去遺有任何財產的人士，其子嗣還佔不到 10%。」

　　劉生龍譯為「其中，超過十分之九以上的工業家都是從雇工開始起家的；而在 1888 年擁有財產或過世後留有任何遺產的工業家，還不到 1840 年、1850 年和 1860 年上榜工業家的後代的 10%。」

　　廉運杰譯為「其中十分之九以上的人都是從雇工起家的；

在 1888 年擁有任何財產或留有任何遺產的不到 1840 年、1850 年和 1860 年那些工業家的兒子的 10%。」

本譯本將之翻譯爲「他們之中超過十分之九是從職工起家的；那些在 1840、1850 和 1860 年列入製造業者名單的人中，其子女在 1888 年還有財產或是死後留有遺產者不到 10%。」也就是說 the sons of those who were on the list of manufacturers 是指列入製造業者名單的人中的子女，且 the sons 是 had any property in 1888, or had died leaving any 的主詞。因爲該句是在舉例說明前一句提到的富不過三代。

(5) 附錄九倒數第七段中的一句話，原文爲 From this it appears that demand and supply govern the fluctuations of prices in all cases, and the permanent values of all things of which the supply is determined by any agency other than that of free competition. 其中的 is determined by any agency other than that of free competition，王作榮譯爲由自由競爭以外的任何因素決定；劉生龍將之譯爲除了自由競爭決定以外，是不能由其他媒介來決定的；廉運杰則譯爲只能由自由競爭，而不能由其他中介因素決定；但應該是王作榮的翻譯較正確。

雖然如此，個人還是從這三個譯本獲得很大的助益，如果沒有這三個翻譯版本的幫助，本譯本不可能完成。

8. 本譯本的特色

本譯本除了修正前人翻譯可能有的問題之外，爲了做好原書作者與讀者之間的橋梁，本書還做了兩項工作。一是在註中指出原書可能有的少數幾個誤植，但是正文仍然保持原書的敘述。

　　二是把原書中大量的地名盡量寫出所在的地方；人名盡量寫出該人是什麼樣的人物；許多名詞，例如：〈穀物法〉、〈濟貧法〉、〈工廠法〉、生育率、生殖率等等所隱含的意義，都以譯者註的方式放在註解中，這樣的註解大概有 150 個以上，這主要是拜網路查詢工具發達之賜。

　　此外，有四點要補充說明。其中的第一點是馬夏爾書中對於一些法案名稱，有時整個名稱的英文字都用小寫，例如第一篇第一章第 5 節的〈濟貧法〉是 poor law、第三篇第四章第 4 節的〈穀物法〉是 corn laws；有時整個法案名稱只有第一個字的第一個字母是大寫，例如第四篇第四章第 6 節的〈定居法〉用的是 Settlement laws；而有時則名稱的所有字的第一個字母都大寫，例如很多地方的〈濟貧法〉寫爲 Poor Law、〈穀物法〉寫爲 Corn Laws。爲了統一起見，本譯本正文中，在這些名稱第一次出現時，中文翻譯後面都附上英文名稱；所有英文字都改爲斜體；每個字的第一個字母都改爲大寫。

　　第二點要說明的是原書中的名詞，有些每個字的第一個字母都用正體大寫，有些整個字都是斜體，而有些則整個字都用英文引號（" "）標起來。經過摸索及推敲之後，譯者揣摩出原書作者的一些用意，以下略爲說明譯者所揣測的原書作者的用意及本譯本的處理方式：

　　(1)第一個字母是大寫者：大多都是專有名詞；也有一些是諸如 Substitution 或者是 Normal 等的重要名詞。若是專有名詞，則在第一次出現時，中文翻譯後面附上英文字。若是重要的名詞，則不管出現多少次，中文翻譯後面都附上英文且都用中文引號括起來。

(2) 一般的名詞，原文用英文引號標起來者：代表特別指稱的語詞。既然是特別指稱的語詞，譯者決定不管出現多少次，只要原文用引號標起來，中文都用中文的引號標起來且後面都附上原文。

(3) 原文是斜體字者；是強調的語詞，不過其中有一種除了強調外，又意味著特別的含意。既然斜體字都有強調之意，因此無論出現多少次，中文翻譯之後都附上英文字。不過，若只做為強調之用，則只翻出中文，不做其他處理；若還有特別含意者，則中文都用引號括起來。

第三點是關於標點符號的問題，可能因為原書是古典英文的著作，所以有許多標點符號與現代中文的使用方式有違。例如，有不少地方雖然不是用於總起下文（標題、引文、稱呼、或列舉人、事、物），也不是用於舉例說明上文，但卻用冒號；也有許多地方雖然不是用於分開複句中平列的句子，但卻用分號。譯者原本雖然處理了不適用冒號的問題，但卻維持了分號的情況。後來，經過五南圖書出版公司的特約編輯張碧娟小姐的幫忙，才將之修正。

第四點是關於註碼的安放位置：網路上有兩種馬夏爾原書的版本，一種是 word 版，請見下面網址：

https://www.econlib.org/library/Marshall/marP.html?chapter_num=3#book-reader

另一種是 pdf 版，請見下面網址：

https://b-ok.global/book/2667475/e58f1b?regionChanged=&redirect=2749858

　　這兩種版本註碼的排放位置不同，word 版把註碼放在標點符號之前，而 pdf 版是按一般的方式，放在標點符號之後。譯者原本下載的是 word 版，但是翻完正文及十二個附錄後，要翻正文中所提的數學附錄時，才發現該版本缺數學附錄的部分，幾經尋覓之後，才找到有數學附錄的 pdf 版。因此，一開始註是照原文 word 版的安放格式，後來經過張碧娟小姐的指正，才改放在標點符號之後。

　　在此，要向張碧娟小姐致上我最誠摯的謝意。她不只是提出並指正上面所說的幾個大問題，還指出不少翻譯不妥之處。眞是多虧了她的指正，才使本書閱讀起來更通順且更容易明白。此外，也要感謝五南圖書出版公司侯家嵐主編及其他許多不知名人士的協助，特別是在最後排版階段，他們敬業的精神及專業的態度，也是本書得以順利出版的重要元素。

9. 結語

　　最後要回到一開始提到的吳惠林教授所說的回歸傳統，個人認爲所謂經濟學的傳統，應該就是馬夏爾在書中一開始就點出的：「經濟學一方面是研究財富，更重要的另一方面是研究人的行爲。」因此，無論使用何種分析工具，研究者都不能忘記自己是在處理人的經濟行爲。絕不能爲了建構複雜的模型，而忘了這一最重要的目的。

　　既然是要研究人的經濟行爲，就要以人爲討論的中心。人有感情、有思想，人的行爲受到制度及習俗所規範，這些東西各個社會都不同。由於這些方面的不同，在面對同樣的經濟問題時，不同的行爲會有不同的反應，最後會帶來有不同的結

果。因此，無論使用何種分析工具，討論各種經濟問題，最後都要回歸到人的身上，而這應該就是馬夏爾這本書最根本的精神所在。

臺大經濟系教授 葉淑貞

2021 年 1 月 22 日

第一版序

　　經濟環境不斷地在變化著，而每一代人都以自己的方式，看待自己的問題。在英格蘭（England）①以及歐洲大陸和美國，現在比以往任何時候都更加積極地在進行經濟研究；但所有這些活動都更清楚地指出，經濟學必定是緩慢而持續成長的學科。當代有些最好的著作，乍看之下，的確與前人著作的論點不相容；但是當我們隨時間而把這些著作，安放到適當的位置，且其瑕疵也逐漸消除之後，就會發現這些著作並沒有真正違反該學科發展的連續性。新的學說補充了舊的學說，且擴展、發展，有時也糾正這些舊的學說，並透過重新整理其重點，而賦予不同的學說不同的觀點；但卻很少推翻舊的學說。

　　本書的主旨在於藉助我們這個時代的新著作，並參考我們這個時代的新問題，提供一個現代版本的舊學說。關於本書的

---

① 譯者註：關於英國的國名與領土簡介如下：一般所稱的不列顛或英國（Britain），包括四個部分，分別是英格蘭（England）、蘇格蘭（Scotland）、威爾斯（Wales）和北愛爾蘭（Northern Ireland）。而一般所說的大不列顛（Great Britain）包括了英格蘭、蘇格蘭及威爾斯。大不列顛加上北愛爾蘭，稱為大不列顛與北愛爾蘭聯合王國（United Kingdom of Great Britain and Northern Ireland），簡稱為聯合王國（UK），就是英國。因此，本書凡是原文為 England 者，一律譯為英格蘭；而 English 如果是指地方，則譯為英格蘭的；只有在原文是 United Kingdom 或 Britain 時，才譯為英國。

一般範圍和目的，見第一篇所述。在該篇的最後會扼要地介紹經濟研究的主要課題，及對這種研究有影響的主要實際問題有哪些。根據英格蘭的傳統，認爲這門學科的功能是蒐集、整理和分析經濟事實，並應用透過觀察和經驗所獲取的知識，來確定各類不同的原因中，可能促成的直接和最終的結果是什麼；且認爲「經濟法則」（Laws of Economics）是以陳述的語氣來表達傾向的陳述，而不是以命令的語氣來表達道德的戒律。事實上，經濟法則和推理僅僅是素材的一部分，用這些材料來解決實際問題及建立生活準則時，必須要轉而考慮到良知和常識。

但是，道德的力量也是經濟學家必須考慮的因素之一。的確，經濟學家曾經嘗試建構一個與「經濟人」（economic man）的行爲有關的抽象學科，這個經濟人不受道德的影響，但卻小心翼翼且積極、呆板而又自私地追求金錢利益。不過，這種嘗試既未成功，甚至也未曾徹底地實現。因爲這樣的經濟人從未眞正被當做是完全自私的；每個人都能以無私的欲望，忍受辛勞和犧牲，提供其家人所需；他的正常動機一直被默默地假設爲包括家庭情感。但是，如果其動機包括這些，爲什麼就不應該包括所有其他利他的動機呢？這些利他動機的行爲在任何時候和地點，在任何階級都是如此地一致，以致於可以變成通則。這樣似乎沒有任何的理由不包括這些利他的動機；本書把正常的活動視爲是在某些條件下，從一個工業集團的成員中，可以預期得到的活動；並未僅僅因爲任何動機是無私的，就試圖排除這些規律性動機的影響。如果這本書有其自身的任何特殊之處的話，那或許可以說是在於本書對該點和連續性原

則其他應用的重視。

　　此一原則不僅適用於影響一個人選擇其目的的那些動機的道德特性，而且也適用於他追求這些目的的機智、精力和進取心之上。因此，要強調這樣一個事實，亦即從「城市人」（city man）的行爲到普通人的行爲，從城市人那種基於深思熟慮和長遠的計算，進而以活力和能力來加以執行這些計算的行爲，到普通人那種既無能力，也不是以商業方式來處理事務的行爲，是一種連續逐漸的變化。正常的儲蓄意願、正常的爲某種金錢報酬，而作出某種努力的意願，或正常尋求最佳的買賣市場，或爲自己或子女尋覓最有利職業的機敏，所有這些和類似的用語，都必須在給定的地點和時間，相對於特定類的成員來說。但是，一旦理解了這一點，那麼正常的價值理論就可以用相同的方式，應用於非企業階級的行爲上，雖然在細節上不像應用於商人或銀行家的行爲那樣的精密。

　　就像正常的行爲和暫時被忽略的異常行爲之間，沒有鮮明的界線一樣，正常價值與「現行的」（current）、「市場的」（market）或「偶然的」（occasional）價值之間也沒有任何鮮明的界線。後者是一時的偶發事件發揮壓倒性影響的價值；如果所考慮的經濟條件，在不受干擾之下，有時間充分發揮效果的話，那麼正常價值就是最終達到的價值。但這兩者之間無不可逾越的鴻溝，而是漸次的融合在一起。如果考慮的是「農產出交易」（Produce Exchange）時時刻刻的變化時，則我們所認爲的正常價值，以一年的歷史而論，只不過指出現行的變化而已；而關於一年歷史的正常價值，以一個世紀的歷史來看，也只不過就是現行的價值而已。因爲幾乎所有經濟問題的

主要困難核心的時間因素，其本身是絕對連續的；大自然並不知道把時間絕對劃分為長期和短期；但是這兩個長短不同的時間，透過難以察覺的逐漸變化，漸次融為一體，因此對於一個問題而言是短期的，而對於另一個問題來說，卻可能是長期的。

因此，例如，「地租」（Rent）和資本「利息」（Interest）之間的區別，儘管不是全部，但大部分取決於我們心目中期間的長短。我們視為是「自由」（free）或「流動」（floating）的資本或新資本投資的利息，將之視為一種舊資本投資的租金更為恰當，本書後面將之稱為「準租」（Quasi-rent）。而且流動資本與為特殊生產部門所投入「無法回收（沉沒）」（sunk）的資本之間沒有顯著的區別，資本的新、舊投資之間也沒有顯著的區別；每一類逐漸與另一類融為一體。因此，即使是土地的地租，本身也不能視為是一種單獨的東西，而是一大類中的主要一種；雖然地租的確無論從理論和從實務的角度上來看，都具有非常重要的特點。

此外，儘管人本身與他使用的工具之間存在著明顯的界線；雖然對人類努力和犧牲的供給和需要都具有各自的特點，但這種供給與需要並不同於物質產品的供給和需要；然而，這些物質產品本身畢竟都是人類努力和犧牲的結果。勞動價值理論和由勞動所製造東西的價值理論是不可分的；這兩者都是一個大的整體的兩個部分，即使在細節問題上其間存在著差異，但經過研究之後，會發現絕大部分都只是程度上的，而不是種類上的差異。正如，無論鳥類和四足動物之間存在著多麼巨大的差異，但都有一個「基本觀念」（Fundamental Idea）貫穿

其所有的身軀之中，因此需要和供給均衡的一般理論，便是貫穿於分配和交換核心問題所有各個不同部分架構的一個基本觀念。[2]

「連續性原則」（Principle of Continuity）的另一個應用，是名詞的使用。一直以來都有一種誘惑，去把經濟商品分為明確界定的類別，對於各類別都可以提出一些簡短而明確的陳述，以滿足學者對邏輯精確度的要求，以及大眾對看似深奧，但卻易於掌握的教條的喜愛。但是，由於遷就於這種誘惑，以及在大自然沒有劃出任何界線的情況下，卻人為地劃出了寬廣的界線，這似乎就已經出現了巨大的弊端。如果一種經濟學說所指的分界線在現實生活中找不到，那麼該經濟學說愈簡單、愈絕對，在將之應用到實際時，所帶來的混亂就會愈大。現實生活中並沒有是否是資本，是否是必需品，或是否是具有生產力的勞動等這類東西明確的分界線。

關於發展的連續性概念，是現代所有經濟思想學派所共有的，無論對這些學派產生作用的主要影響是像赫伯特·史賓賽（Herbert Spencer）的著作所代表的那些生物學的影響；或者是如黑格爾（Hegel）的《歷史哲學》（*Philosophy of*

---

[2] 我和內人於 1879 年出版的《產業經濟學》（*Economics of Industry*）中，努力說明這種基本一致性的本質。在討論分配理論之前，我們對於供、需關係先作簡短的說明；然後，再把這個一般推理方法接續應用到勞動收入、資本利息和管理報酬中。但是，這種安排的主旨說明得還不夠清楚；本書已根據尼科爾森（Nicholson）教授的建議，對此作了更清楚的說明。

History），及最近對歐洲大陸（Continent）和其他地方的倫理學歷史研究所代表的那些歷史和哲學的影響。這兩種影響比其他任何的影響，對本書所表達的觀點所起的實質影響更大；但是本書這些觀點，在形式上受到連續性數學概念的影響最大，如庫爾諾（Cournot）的著作《財富理論之數學原理的研究》（*Principes Mathématiques de la Théorie des Richesses*）所代表的那樣。他指出，有必要面對這樣的困難，亦即不要把經濟問題的各種因素，視爲是在一連串的因果關係中，甲決定乙，乙決定丙等等，這樣一個個依序決定的，而是要把所有這些因素看作是彼此相互決定的。大自然的行爲是很複雜的；如果硬把這種行爲假想爲很簡單，並試圖用一連串初步的陳述來加以描述，從長期來看，將會一無所獲。

在庫爾諾及在程度較小的馮・邱念（von Thünen）引導之下，我非常重視這樣一個事實，即無論是在精神和物質世界中，我們對大自然的觀察與數量總量的關係，並不如與數量增量的關係那麼多，尤其是對一物的需要是一個連續的函數，其「邊際的」③（marginal）增量在穩定均衡時，與其生產成本的相應增量相互抵消這一點更是如此。在這方面，如果沒有數

---

③「邊際」增量這個詞是我從馮・邱念在 1826-1863 年陸續出版的《孤立國》（*Der isolirte Staat*）那裡借來的，這個詞現在已經爲德國經濟學家所普遍使用了。當傑逢斯（Jevons）的《政治經濟學理論》（*Theory of Political Economy*，簡稱爲《理論》（*Theory*））問世時，我採用了他的「最後的」（final）這個詞；但我逐漸相信「邊際的」這個詞更好。

學符號或圖表的協助，要獲得連續性清晰完整的觀點並不容易。圖表的使用並不需要特殊的知識，而圖表通常比數學符號更準確，也更容易表達出經濟生活的條件；因此，圖表將放在本書的註解中，作為補充說明。正文中的論述完全不依賴這些圖表，因此圖表可以省略；但經驗似乎顯示，有這些圖表的協助，相較之下，更能確實地掌握許多重要的原理；而且有許多純理論的問題，任何人一旦學會使用圖表，就再也不願意改用其他方式來處理了。

純粹數學在經濟問題中的主要用途似乎是幫助一個人快速、簡短、準確地寫下他的一些想法，以供他自己使用：並確保他的結論有足夠的，而且是剛好足夠的前提（即他的方程式數量要等於未知數的數目，不能多，也不能少）。但是當必須使用大量符號時，除了作者本人之外，這些符號對任何人都變得十分麻煩。雖然庫爾諾的天才必定為每個得到他啓發的人，提供一種新的智力活動，雖然與他同樣天才的數學家，可能用他們最得意的武器，來為自己敞開一條道路，以通往經濟理論那些只觸及到外緣難題的中心；但是，是否有任何一個人願意花相當的時間，來閱讀不是他自己所改寫的、冗長的經濟學說的數學符號，這似乎頗值得懷疑。然而，幾個對我自己的討論最有用的數學語言的實例，都移到書後的數學附錄之中了。

1890 年 9 月

第八版序

本版是第七版的再版，只增加了一些細微問題的討論而已；序則幾乎與第七版相同；而第七版又幾乎是第六版的翻版。

自從我在本書第一版問世後，私下作出了一個承諾，在適當時間之內出版第二冊，以便及早完成這一論著。然而，我把計畫訂得太大，迄今已三十年過去了，這個計畫的範圍，特別是在實際的一面，隨著當代「工業革命」（Industrial Revolution）的變動而擴大。這個工業革命無論是在推動的速度和廣度上，都遠遠超過了一個世紀以前的情況。所以在不久之後，我就放棄了以兩冊來完成本書的希望。隨後，我的計畫幾經改變，部分是出於事態的發展，部分是由於其他事務，以及自己精力的衰退。

本人於1919年出版的《產業與貿易》（*Industry and Trade*）一書，實際上是本書的續篇。第三本書《論貿易，金融和產業的未來》（*On Trade, Finace and the Industrial Future*）則遠遠超過了這兩本書。透過這三本書，作者想盡一己之力，嘗試探究經濟學所有的主要問題。

因此，本書仍然是經濟學研究的一本入門書籍；儘管不是在所有的各方面，但在某些方面卻類似於那些「經濟學基礎」（*Foundations*，德文為*Grundlagen*）知識的書，羅舍爾（Roscher）和其他的經濟學家都已把那些書，擺在經濟學半

獨立相關書類的最前面了。本書避開了諸如通貨和市場組織等這類特殊的主題；而對於產業結構、就業和工資等等這類的問題，主要也只論述了其正常的情況而已。

經濟的發展是漸進的，其進步有時因政治災難而停滯或倒退；但其向前發展從來就不是突然發生的；因為即使在西方世界和日本，經濟的發展也是立基於習慣，部分是有意的，部分是無意的。儘管一個發明家，或一個組織者，或一個天才的金融家，似乎一下子就能改變一個民族的經濟結構；然而，進一步的探索之後，就會發現他所做的那部分，所發揮的影響不僅只是表面的，而且是暫時的，除了使一個長期以來一直在醞釀的廣泛建設的運動時機成熟之外，並沒有造成太大的影響。那些發生得如此頻繁而又有序，以致於可以密切的觀察和仔細研究的各種自然現象，才是經濟學以及大多數其他學科著作的基礎；而那些突發的、少見的和難以觀察到的自然現象，通常都留待稍後階段，再進行專門的探究；自然界不能跳躍發展（*Natura non facit saltum*）這句格言，特別適用於「基礎經濟學」（Economic Foundations）的書。

從本書與《產業和貿易》（*Industry and Trade*）一書，對大企業分布的研究之間，可以得出上述這種對比的例證。當任何一個產業部門對於提升到一流，也許一段時間之後又衰退的新企業，提供新的發展機會時，這個產業部門可以參照「一個代表性廠商」（a representative firm），來估算其正常的生產成本。這個代表性廠商享有相當份額的下面兩種經濟：一種是屬於組織良好的個別企業的那些內部經濟；另一種則是由整個區域的集體組織，所產生的一般性的或外部經濟。對這樣一

家廠商的研究，完全屬於基礎經濟學研究的書。因此，對於那種由政府部門或大鐵路公司牢固建立的獨占企業，在訂定價格時，所依循的原則的研究，也是屬於基礎經濟學研究的範疇。這個獨占企業的確主要是根據其自身的收入，來訂定其價格；但也或多或少考慮了顧客的福利。

但是，當「托拉斯」（Trusts）正力求控制一個大市場時、當利益團體在設置和解散時、更重要的是，當任何特定企業政策的制定可能並非著眼於其自身企業是否成功，而是順從於一些大證券交易所的策略，或一些控制市場的活動時，正常的行為就失去其重要性，而不為人所注意了。這些問題無法在基礎經濟學一書中來討論；而是要在某些較高深經濟學的書中討論。

經濟學家嚮往之處，在於經濟生物學，而不是在於經濟動態學。①但是生物學的概念比力學的概念更複雜；因此，一本討論基礎經濟學的書，相對上必須更重視力學的類比；而經常使用「均衡」（equilibrium）一詞，以表示某種靜態的比擬。這個事實再加上目前這本書特別關注現代生活的正常狀況，就已經指出了本書的中心思想是「靜態的」（statical），而不是「動態的」（dynamical）。但是事實上，本書自始至終關注的都是引起變動的力量；其基調是動態的，並非靜態的。

然而，要探討的因素如此之多，最好一次只探討少數幾個

---

① 譯者註：該處原文為 economic dynamics，指的是經濟動態學，相對於此，有經濟靜態學，第二句末尾所指的 statical 即是靜態的；然而 dynamics 也有力學的含意，與下一句的 mechanics 同義。

因素，從中得到若干部分的解答，作爲我們主要研究的輔助。
因此，我們首先把某特定商品的供給、需要和價格的主要關係
孤立起來。我們用 「其他條件不變」這句話，使所有其他的
因素都不產生作用，但是我們並非認爲所有其他的因素都不產
生作用，而只是暫時忽略這些因素的活動。這種科學方法比科
學更早出現；這種方法自古以來一直都是聰明的人，有意或無
意地解決日常生活中每個難題的方法。

在第二階段中，原來假定不變的更多因素，發揮作用
了；特定類別商品的需要和供給條件的變化開始產生作用；
可以開始觀察到這些複雜因素的相互作用。動態問題的範圍
逐漸擴大；而暫時的靜態假設所涵蓋的範圍逐漸縮小了；最
後，擴展到國民紅利（national dividend）②在眾多不同的生
產要素中分配的重大核心問題。與此同時，動態的「替代」
（Substitution）原理一直在發揮著作用，導致任何一套生產
要素的需要和供給，都間接受到其他要素相關的供、需變動的
影響，即使這些生產要素是屬於毫無關係的產業部門，其所受
到的影響亦復如此。

因此，經濟學的主要關注點，是爲了無論是好或壞，而被
迫改變及進步的人類。我們把片段的靜態假設，或者毋寧說是
生物學的概念，用來暫時輔助動態；但經濟學的核心思想，即

---

② 譯者註：此處的國民紅利，根據第六篇第一章第 10 節第二段的說法，
國民紅利與國民所得（national income）是可以互換的，因爲國民所
得比較普遍使用，因此以下凡是提到國民紅利一詞，均翻爲國民所
得。

使僅僅是基礎經濟學的討論中，也必須是活生生的力量和變動的概念。

在社會歷史中，曾有一些階段，土地所有權所產生的所得支配了人與人之間的關係；這些特徵也許還會再次嶄露鋒芒。但在當今這個時代，新土地的開發，加上較低的水陸運輸費用，幾乎中止了馬爾薩斯和李嘉圖所說的「報酬遞減」（Diminishing Return）傾向了，在當時英格蘭勞工每週工資往往低於半蒲式耳③上等小麥的價格。然而，如果人口即使只以目前四分之一的速度，持續很長時間成長的話，那麼所有各種用途土地地租的總價值（假設像現在一樣，未受到主管當局限制的話），可能會超過從其他所有形式的物質財產所獲致的總所得；即使那些財產的總所得所體現的價值是現在勞動的20倍。

本書直到目前該版為止，在所有版本中，都愈來愈重視上述這些事實以及下面這樣一個相關的事實，即在每個生產和貿易的部門都有一個邊際，直到這個邊際為止，增加任何要素的使用，在一定條件下都有利可圖；但超過這個邊際以後，再增加該要素的使用，都會產生報酬遞減，除非有需要的增加，以及與該要素合作所需的其他生產要素也伴隨著適度增加。同時，也不斷強調下面這個補充事實，即這種邊際概念不是始終一致，也不是絕對不變的；而是隨著手邊問題條件的變化而變化，特別是隨著所討論時間長短的變化而變化。以下幾個法則是普遍採用的，亦即：(1)邊際成本不決定價格；(2)只有在

---

③ 譯者註：在英國，1 蒲式耳等於 36.368 升。

邊際上，那些決定價格的力量，所發揮的作用才能清楚顯現出來；(3)那些必須根據長期和持久的結果來進行研究的邊際，與那些必須依據短期、一時的波動的結果來研究的邊際，在性質和範圍上都有所不同。

邊際成本性質的不同，的確是造成下面這個眾所周知的事實的主要原因，亦即一個經濟原因所導致的那些不易追查的結果，往往比那些表面上的，且吸引草率觀察者目光的結果更重要，且與這些結果的方向相反。這是潛伏在過去經濟分析當中，並帶來麻煩的根本困難之一；這種困難的全部旨趣也許還未得到普遍的認識，因此可能還要做更多的工作，才能完全了解其意義。

在材料性質大不同的情況所允許之下，一種新的分析正在努力逐步嘗試把那些微小增量的科學方法（通常稱為微分學）帶到經濟學中，人類在近代之所以得以控制大部分大自然的性質，都直接或間接地歸因於這種方法。這種新方法目前仍處於起步階段；還沒有信條，也沒有正統的標準，且到目前為止，尚未有時間獲得完全確定的名稱；有關名稱的最佳使用和其他附屬問題的一些差異，只是經濟學茁壯發展的一個標誌。然而事實上，在那些透過新方法積極工作的人之間，對於精要之點有著出奇的和諧及一致；特別是那些學過比較單純、明確，及因而較先進的物理學問題者之間更是如此。在下一代人過去之前，此一新方法對於有限，但卻重要的經濟研究領域的應用，所占有的支配地位，可能就已不再有爭議了。

在本書各個再版的每一階段，我內人都給了我幫助和建議。在每個版本中，她都提出了很多的建議、關懷和判斷。凱

因斯（Keynes, 1883-1946）博士和布萊斯（L. L. Price）先生校閱了第一版，助我良多；而佛魯克斯（A. W. Flux）先生也爲我盡了很多心力。在有些情況下，在一些特別問題上，那些不只在一個版本幫助過我的人當中，特別要提的有：艾胥列（Ashley）、坎南 （Cannan）、艾吉沃思（Edgeworth）、哈佛費爾德（Haverfield）、庇古 （Pigou）和陶希格（Taussig）等教授；還有培利（Berry）博士、費伊（C. R. Fay）先生和已故的斯德威克（Sidgwick）教授。

1920年10月於
劍橋馬丁利路6號
巴利爾小農場

目　次

第一篇

概　論

第一章

序　言

第1節

　　政治經濟學或經濟學是研究人的日常生活事務的一門學問；是對個人及社會活動當中，利用與取得促成人類物質福利的必需品有密切相關那部分的檢視。

經濟學是對
財富及部分
人的行為的
研究。

　　因此，經濟學一方面是研究財富，而更重要的另一方面是研究人的行為。因為除了受到宗教信仰的影響之外，人類的性格由日常工作，及因此而取得的物質資源所塑造，要大過其他因素的塑造；因而世界史構成的最有影響力的兩大因素一直是宗教與經濟。在這個世界上，雖然軍事的狂熱或藝術的精神在各地都有一段時間居於支配地位；但宗教和經濟影響之優勢地位卻從未曾在任何一個地方被取代過；且這兩者合起來，幾乎一直都比其他項目合起來要來得更重要。宗教動機比經濟動機的影響更為強烈，但其直接的作用卻很少能像經濟那樣，擴大到人生活那麼廣大的層面。一般說來，在一個人心智最好的時間裡，謀生的事物占滿了他大部分的心思。在這段期間裡，

人的日常工
作形塑了他
的性格。

他透過運用自己的才能於工作的方式、透過在工作所得到的思想和感受，以及透過他與同事，亦即與其雇主或雇員之間所建立的關係，型塑了他的性格。

貧困造成墮
落。

　　而且，即使所得的多寡對於一個人性格所產生的影響不大，但是往往也不會比賺取所得方式的影響小太多。對一個家庭來說，無論年所得是 1,000 英鎊，或是 5,000 英鎊，其生活的豐盛程度沒有太大的差異。但對於所得是 30 英鎊，或是 150 英鎊的家庭，就有很大的差異，因為

一個擁有 150 英鎊的家庭能過豐富的生活，而一個擁有 30 英鎊的家庭就不具備這樣的條件了。誠然，在宗教上、在家庭情感和友誼方面，即使窮人也可以找到許多發揮其才能之處，這些才能是他們最高幸福的泉源。但是，環繞在極端貧困的環境之下，特別是在那些人口稠密的地方，即便是較高的才能也會退化。那些在我們大城市被稱為「賤民」（Residuum）的人幾乎沒有交友的機會。他們對於高雅、安靜是何物，甚至對於融洽的家庭生活都一無所知，而宗教往往無法觸及到他們。無疑地，他們的身體、精神和道德上的不健康，部分是由於其他非貧困的因素造成的，但貧困卻是主因。

除了賤民之外，在城市或鄉村都有大量的人，是在食、衣、住不足的環境下長大的，他們在很小時就被剝奪受教育的機會，以便為了賺錢而工作，且必須以營養不足的身體長時間參與辛勞的工作，他們也就沒有機會培養較高的智力。他們的生活未必就不健康或不快樂；他們從對上帝和人類的愛得到喜樂，且甚至可能擁有一些自然高雅的情感，他們可能比那些擁有更多物質財富的多數人，生活更加完善。但是，儘管如此，貧窮對他們來說卻是巨大的、且幾乎是純粹的罪惡（unmixed evil）。即使他們是健康的，他們的疲倦往往等於痛苦，而他們卻少有快樂；當疾病降臨時，貧窮造成的痛苦增加了 10 倍。而且儘管知足的精神能夠大大有助於排解這些不幸，但還有一些是這種精神所無法排解的。由於過度的勞累及低度的教育、疲倦及焦慮、無安寧及無閒暇，使他們沒有機會充分發揮自己的本領。

儘管那些伴隨著貧困而來的不幸，並非是貧困必然的結

我們不能超越「貧困是必然的」這種信念嗎？

果，但總的來說，「摧毀窮人的就是貧困」，因此對於貧困原因的研究，就是研究人類中一大部分人墮落的原因。

第2節

亞里士多德（Aristotle）認爲奴隸制度是一個自然注定的事，所以在古代的奴隸可能本身也是這樣認爲的。人類的尊嚴是基督教所頌揚的，在過去百年裡，人們愈來愈強烈地這樣主張著；但是，卻只有在相當近代，透過教育的傳播，我們才開始感受到這句話充分的含義。最後，我們現在才終於要認眞地來探究，是否應該有所謂的「下層階級」（lower classes）。也就是說，是否需要有大量的人，從出生後就命中注定要努力爲他人提供精緻，而文明生活所必備的物品；而他們自己卻爲貧困和勞累所阻，無法享有那種生活當中的任何一部分。

貧困和無知可能逐漸消除的期望，的確從十九世紀工人階級的穩步發展中，就受到大力的支持。蒸汽機減輕了他們筋疲力竭而低賤的工作；工資上漲了；教育改善且變得日益普及了；鐵路和印刷機使得全國各地同行業之間能夠輕易溝通，得以制定並執行廣泛而有遠見的政策；對智力工作的需要日益增長，使技術工階層增加得如此迅速，以致於超過了完全無技術的工人。從「下層階級」這個術語最初使用的意義上來看，大部分技術工已不再屬於「下層階級」了，而且他們中的一些人，甚至已經比一個世紀以前的大多數上層階級者，過著更加高雅和高尚的生活。

　　這樣的進步比任何其他事物，更能激起對於以下這個問題實際的關注，亦即在世界上所有的人，都開始有公平的機會過文明生活，以擺脫貧困的痛苦及過度機械化生活的呆板影響，這是否真的不可能達成？而在這個時代，對這個問題關心的熱忱在日益增長，現在該問題已被推到首位了。

　　經濟學無法完全回答這個問題，因為答案部分取決於人性的道德和政治的能力，而在這些事情上，經濟學家沒有特殊的方法，他必須像其他人那樣盡可能去推測。但答案在很大程度上，還是取決於經濟學領域內的事實和推論；正因為如此，人們對經濟學的研究才產生了主要的和最大的關注。

第3節

　　人們可能曾經期待過，處理人類福利如此重要問題的學科，一定會吸引各個時代最有才幹的許多思想家的注意力，因此該學科現在應該已經發展到快成熟的階段了。但事實上，相對於要完成工作的難度來說，科學的經濟學家在數量上一直是比較少的，因此該學科仍然幾乎還處於起步的階段。其中的原因之一就是，忽視了經濟學與提高人類福利之間的關聯。一門討論財富課題的學科，的確對許多學者來說，乍看之下往往是一件令人厭惡的事；因為對那些最想要擴展知識界限的人來說，他們不太會去關心為財富本身而擁有財富的問題。

經濟學發展遲緩的原因。

經濟狀況的
變遷。

　　而一個更重要的原因是，現代經濟學所關心的工業生活的那些環境，以及生產、分配和消費那些方法當中，有許多本身也是最近才出現的。的確，在某些方面實質上的變化不如外形上的變化那麼大；而現代經濟理論研究比最初出現的理論，更可以適用於落後民族的狀況。但是，在許多不同的外形之下，實質上的一致是不易察覺出來的；而外形上的變化卻使得所有各年代的學者，從他們前輩的著作中所得到的益處，少於外形上無變化下的情況。

　　現代生活的經濟情況雖然比以前要複雜，但在許多方面卻較之前的時代更為確定。企業與其他事業劃分得更清楚了；在個人與個人之間、個人和社會之間的權利，界定的更清楚了；最重要的是由於從習俗當中的解放、自由活動的擴展、不斷的未雨綢繆和永無休止的企業精神等等這些方面，都對那些不同事物和不同種類勞動相對價值的決定因素，注入了新的精確度和新的重要地位。

第4節

現代產業生
活基本的特
質不在於競
爭，

　　人們經常說，現代工業社會的生活方式與以前比較，其差異在於現代的生活方式競爭更為激烈；但這個描述不很令人滿意。競爭的嚴格意義似乎是指一個人與另一個人之間的競賽，特別是指買賣任何東西的競價。無疑地，這種競賽與過去那種相比，既更為強烈，又更為廣泛；但人們可能會說，這在現代工業社會生活基本特徵中，不僅只是一種次要的，而且可以說是附帶的結果。

　　沒有一個名詞能充分表達出這些特徵。正如我們稍後就會看到的那樣，這些特徵是一個人為自己選擇人生的方向時，有一定的獨立性和習慣；在做選擇與判斷時，雖深思熟慮，但卻敏捷快速，有預測未來，並參照遙遠的目標，來型塑自己方向的習慣。這些習慣一方面，可能且確實經常會使人相互競爭；但另一方面，卻也可能會，且現在就已經使人朝向合作，且沿著各種善與惡結合的方向在邁進。但是，這種集體所有和集體行動的傾向，與以前的那些傾向相比差異很大，因為這些傾向既非習俗的結果，也非被動地與鄰居合作的結果，而是每個人經過仔細審思後，自由選擇的結果。每個人都認為這種選擇結果，最適合達到自己的目的，無論這些目的是自私的或是無私的。

而是在於自力更生、獨立、審慎的選擇及深謀遠慮。

　　「競爭」（competition）這個詞彙聚集了邪惡的味道，隱含了一種自私和漠視他人幸福的意味。的確如此，早期的工業社會慎思後的自私，比現代工業社會要少，但慎思後的無私也較少。現在這個時代的特徵應該是慎思，而不是自私。

　　例如，在原始社會，雖然風俗習慣擴展了家庭的範圍，且規定了每個人都要對鄰居負起某些後來文明中所摒棄的義務，但同時風俗習慣也要求對陌生人要懷有敵意。在現代社會中，雖然對家庭和善的責任範圍較狹窄，但卻較強烈；而對鄰居和陌生人的態度看來都差不多。若把兩個時代的人與其跟鄰居與陌生人的普通交易相比，現代社會與其鄰居之間的交易，公正和誠實的標準較原始社會要低得多；但與陌生人的交易標準卻要高得多。因此，在

競爭的含意有時太多，有時又太少。人類並不比其過去更自私。

現代只是與鄰居之間關係變得鬆散而已；家庭關係在許多方面，卻比以前緊密得多了，家庭的愛使人比以前做出更多的自我犧牲和奉獻；而對陌生人的同情，是一種無私的來源，這是在現代之前從未有過的。那個現代競爭發源地的國家，[①]比其他國家貢獻了更大部分的所得於慈善事業上，且花了兩千萬元贖回了西印度群島（West Indies）奴隸的自由。

每一個時代的詩人和社會改革者，都試圖透過古代英雄美德的故事，激起他們這個時代的人追求更高尚的生活。但是，經過仔細的研究，卻可以發現，無論是歷史的記錄，或當代對於落後民族的觀察，都無法支持以下這樣的說法：整個說來，現代人比以前更加苛刻和冷酷；或者在習俗和法律允許人自由選擇自己道路的情況下，過去的人比現在更加願意犧牲自己的快樂，以成全他人的利益。在那些知識能力在各方面似乎都不曾發達，且無現代商人創新能力的種族當中，會發現許多人在市場上，甚至與他們鄰居的交易都拼命殺價，顯露出他們令人厭惡的機敏。沒有哪個商人比東方的穀物商人和放高利貸者，更加不擇手段地趁人之危。

人類並不比過去更不誠實。

還有，現代這個時代無疑地已為交易的詐騙提供了新的機會。知識的進步已經誘發出許多新穎且造假的方法，並使得許多新的摻假方式成為可能。一個老死在家鄉的

---

① 譯者註：指的是英格蘭。

人，當他耍弄詐欺鄰居時，會受到人頭落地的懲罰；現在
生產者與最終消費者相距遙遠，他錯誤的行為不會受到這
種快速及嚴厲的制裁。詐騙的機會肯定比以前多很多；但
沒有理由認為現在的人比過去的人更會利用這種機會。相
反地，現代交易的方式一方面隱含著信任的習慣，另一方
面也有一種抵抗不誠實誘惑的力量，而這種力量不存在於
落後地區的人當中。在所有的社會環境中，都會有質樸的
誠實和個人的忠誠；但是在落後國家試圖建立現代化企業
的人，都會發現他們幾乎無法依賴當地人擔任需要受到信
任的工作。對於那些要求強烈道德品格的工作，甚至比那
些要求較高超技能及智能的工作，如果離開了外來人的協
助，甚至會更加困難。當我們考慮到那個時代，因為未偵
測到，而使這類錯誤行為難以發現時，則在中世紀交易摻
假和欺詐，簡直猖獗到了令人難以置信的程度。

　　在金錢力量占優勢的每一個文明階段，詩人總喜歡
在其作品中，描繪過去真正的「黃金時代」（Golden
Age），那種還未感受到物質黃金壓力之前的生活。他們
詩中所勾勒出的畫面是美麗的，且激發了人們對高尚生活
的想像和追求的決心；但這些描繪卻少有歷史的真實性。
有些欲望很少的小社會，自然界富饒的資源，足以充分滿
足其欲望，因此有時幾乎確實毫不關心物質的需要，且也
不會為貪婪的野心所誘惑。儘管每當我們透視自己這個時
代，在落後的環境下擁擠人群內部的生活時，就會發現比
在遠處所看到的還要貧困、更小氣、更冷酷的狀況；但是
我們卻也從未找到比當今西方社會所享有的舒適更普及、

對過去黃金
時代的夢想
是美好的，
但卻容易誤
導。

且苦難更少的環境。因此，我們不應該把一個隱含罪惡的
名字，烙印在造就現代文明的那些力量上。

現代的競爭
有兩種：建
設性的與破
壞性的。

把這種惡意的隱含加在「競爭」這個詞上，可能是
不合理的；但卻加上去了。事實上，當競爭遭到控訴時，
其反社會的形式變得很突出；但卻很少有人去探究是否還
有其他維持活力和自發性的形式是如此重要，以致於若缺
少這些形式，恐怕會對社會福利的損害更大。當商人或生
產者看到競爭對手提供較低價的財貨，因而使自己賺到錢
較少時，即使是那些購買便宜貨的人真的比自己更貧乏，
而其競爭者的幹勁和機智也對社會是有利的，他們仍會
對競爭對手的入侵感到憤怒，並抱怨受到損失。在許多情
況下，「限制競爭」（regulation of competition）是一個
讓人誤解的用語，這個詞掩護了一個特權階級生產者的形
成，他們經常用自己的聯合力量，阻撓一個有能力的人，
從較低的階級中崛起的企圖。在壓制反社會競爭的藉口之
下，他們剝奪了這個有能力的人為他自己創造新事業的自
由，透過這個事業，他為商品的消費者所提供的服務，大
過於對那些反對他競爭的較小群體所造成的損害。

即使是建設
性的競爭，
其利益也不
如理想的利
他主義的合
作來得多。

如果把競爭與無私的為公益事業進行全力合作對比
的話，那麼即使是最好的競爭形式也是比較有害的；而若
採用更嚴酷和更低劣的競爭形式，則更是可恨的。若在一
個世界裡，人人都是完美的，則競爭是無法立足的；而在
這種情況之下，私人財產和各種形式的私人權利也無法存
在。人人都只想到盡自己的本分；沒有人想比其鄰居享有
更多舒適和奢侈的生活。強大的生產者容易忍受困苦的折

磨；因此他們會希望，即使生產較少時，其弱小的鄰居仍然可以消費較多的東西。當他們對這樣的想法感到高興時，將以他們所有的全部力量、創造力和熱切的進取心，致力於公共利益；這樣人類在與大自然每一回合的競賽中，都將無往不利。這就是詩人和夢想家所嚮往的黃金時代。但是，在負責處理實際事務時，忽視人性的不完善，仍然是愚蠢至極的。

一般的歷史，尤其是社會主義者的事業史都顯示了，一般人很少能夠在相當長的時間內，繼續奉行純粹理想的利他主義；因此，只有一小部分宗教熱愛者出於對宗教高度的虔誠，使得與崇高的信仰相比，物質的利益變得毫無價值時，才可能出現。

無疑地，即使是現在，人們也能提供無私的服務，且遠比他們通常所提供的要多的多；而經濟學家的最高目標是去發現，這種潛在的社會資產如何能夠最快地發展起來，並且最明智地為人所利用。但是，他不應在沒有分析之下，就一味地譴責競爭；他必須要對競爭的任何特殊表現都保持中立的態度，直到他確信人性確實是如此，遏止競爭對反社會所產生的作用，絕不會比競爭本身更大為止。

那麼我們可以得出以下的結論，亦即「競爭」這個　經濟自由
詞不太適合於描繪現代工業生活的特質。我們需要一個不隱含好或壞的任何道德判斷的名詞，而卻可表明一個不爭的事實，即現代商業和工業的特點是，更加依靠自己的習慣、更多的深思熟慮、更為慎重和自由的選擇。沒有任何

一個名詞足以達到這個目的；但「產業和企業的自由」（*Freedom of Industry and Enterprise*），或者更簡短的「經濟自由」（*Economic Freedom*），指出了正確的方向；在沒有更好的用語之下，只好使用該名詞。當然，當合作或聯合似乎是達到所想要的目的之最佳途徑時，這種慎重和自由的選擇，在某種程度上可能會偏離個人自由。而這些經過慎重選擇的聯合形式，可能會破壞從這些形式所發源的自由程度有多大，以及這些形式對公眾福利有利的程度有多大等等這些問題，都超出了本書的範圍。②

第5節

關於經濟自由的成長及經濟學發展的粗略描述，已從本篇移到附錄一及附錄二了。

　　本書先前的版本中，序言之後還有兩章短文：一章與自由企業的發展和一般的經濟自由有關；另一章與經濟學科的發展有關。這兩章無論如何概括，都不能稱為是有系統地闡述了相關的歷史；其目標只是指出，經濟結構和經濟思想走到目前地位的一些里程碑而已。這兩章現在移到本書末尾的附錄一和附錄二，部分原因在於，對經濟學的主題有所了解之後，才會知悉這兩章的全部意義；而另一部分原因則是從這兩個篇章最初完成到現在的二十年來，興論對於經濟學和社會學的研究在普通教育中應占有的地位，已有長足的進展了。現在比較不需要像以前那樣強調

---

② 這些問題在本人即將出版的《產業和貿易》一書中占有相當大的篇幅。

現代的經濟問題從近期的技術及社會變革中獲得了許多題材，也比較不需要強調這些問題的形式及急迫性與大多數人實際的經濟自由息息相關。

許多古希臘人和羅馬人與其家中奴隸的關係都是和諧且合乎人道的。但即使在阿提卡③（Attica），大部分居民的物質及精神上的幸福，都不被認為是公民首要追求的目標。雖然生活的理想崇高，但這只與少數人有關；只要當時所有的體力勞動的工作，都能被自動化機器所取代，而這些自動化的機器只需要一定量的蒸氣動力和原料就可以做到了，但卻與一個美滿公民生活的要求無關，則在那時可能早已出現現代這種極為複雜的價值學說了。在中世紀的城市裡，可能確實早就預見許多現代經濟學的內容，在那裡聰明而勇敢的精神，首次與堅忍勤奮相結合。但這些城市未能順利發展他們的事業，這個世界才不得不等到新經濟時代的曙光出現，直到全體國民都準備好迎接這種經濟自由的考驗，才結束這種等待。

經濟自由的成長。

特別是英格蘭逐漸在準備擔當起這個任務；但到十八世紀末，這種緩慢而漸進的變革，才突然變得迅速而劇烈。機械的發明、工業的集中和為遙遠市場而大規模製造的制度，打破了舊的工業傳統，讓所有的人都能為自己的利益，盡其所能地去討價還價；同時這些也刺激了人口的增長，但這些增加的人口只能在擁擠的大、小工廠裡，找

英格蘭早期經濟自由的粗暴。

---

③ 譯者註：古希臘以雅典為統治中心的地區，在今希臘的東南部。

到他們立足的空間。因此，自由競爭，或者更確切地說，工業和企業的自由，就好像一隻未受過訓練的巨大怪物一樣，不受拘束地狂奔。有能力，但沒有文化的商人，濫用他們新的力量，造成了到處充斥的罪惡；讓母親無法盡其職責，並使孩子爲過度工作及疾病所壓垮；也使很多地方的人都墮落了。與此同時，帶有善意，但卻輕率的〈濟貧法〉（*Poor Law*），④甚至比工業紀律的冷酷輕率更降低了英格蘭人的精神和身體的精力；因爲該法剝奪了適合人們適應新秩序的那些特質，從而增加了因自由企業的出現而帶來的弊端，減少了其帶來的好處。

經濟學的發展。

然而，就在自由企業表現出不近人情的苛刻之際，卻正是經濟學家對自由企業濫加讚揚的時候。這個一部分

④ 譯者註：英國政府從 1601 年正式負起濟貧責任，到 1834 年爲止的〈濟貧法〉稱爲舊的〈濟貧法〉。該法集都鐸王朝多年以來處理貧困、流浪、失業等問題的立法內容，正式確立了政府救濟窮人的責任。該法首次確認了政府負有對沒有工作能力的貧困者提供諸如救濟津貼的幫助，幫助貧困的孩子做學徒，提供身體健全者工作，以及保障窮人的最低生活水平等方面的責任和義務。該法並規定每戶要固定繳納貧困基金；並建立貧民教養院、貧民習藝所，組織貧民和孤兒習藝所等措施，以開展救濟。
1834 年開始進入了一個〈新濟貧法〉（*New Poor Law*）的時代，不僅限制了對貧民的救濟津貼，而且強迫救濟對象參與勞動，實行苦役制度，規定救濟對象必須進入濟貧院才能獲得救濟，並取消了救濟者在政治上的選舉權和被選舉權。該法對被救濟者在自由、人格等方面進行了嚴格的限制，受到當時的廣泛批評。

是因為他們清楚看到，自由企業已經取代了殘酷習俗和嚴苛法令的束縛，而這些卻為我們這一代大部分的人所遺忘；一部分則是因為當時英格蘭人普遍傾向於認為，除了失去安全之外，為取得所有政治和社會上的自由，無論付出任何代價都是值得的。但部分原因也在於，自由企業帶給國家的生產力，是當時能夠成功抵抗拿破崙侵略的唯一手段。因此，經濟學家認為自由企業並非純然是好的，只是較諸當時所實施的其他制度不那麼壞而已。

李嘉圖及其追隨者從中世紀商人所首倡的，而在十八世紀後半葉由法國和英格蘭哲學家所繼承的思想路線，發展出自由企業行為的理論（或如他們所說的自由競爭的理論），這個理論含有許多真理，其重要性可以說將永世長存。他們的著作在其所涵蓋的狹窄範圍內，可以說是出奇的完美；但其中許多最好的部分，都涉及到與地租和穀物價值有關的問題；當時英格蘭的命運，似乎取決於這些問題的解決；但其中有許多是由李嘉圖以特殊方式解決的，與目前的情況幾乎沒有直接的關係。

他們著作的其餘部分，由於太過注重英格蘭當時的特殊狀況，使其範圍變狹窄了；這種狹窄已經造成了一種反作用。那麼，現在當有更多的經驗，更多的閒暇和更多的物質資源，使我們得以多少控制自由企業，減少其作惡的力量，並增加其為善的力量時，許多經濟學家反而興起了一種厭惡自由企業的氣氛。有些人甚至傾向於誇大其罪惡，並將無知和苦難都歸諸於自由企業；其實這些無知和苦難是過去時代的暴政和壓迫所造成的，或是對經濟自由的誤解和誤用所造成的。

一大群經濟學家處於這兩個極端的中間，他們在許多不

同的國家以相同的方法同時進行研究，他們秉持著公正追求眞理的願望，並以一種承受長期繁重工作壓力的意志從事研究，因爲唯有如此，才能獲得任何有價值的科學成果。不同的才智、性情、訓練和機會，促使他們以不同的方式工作，並使他們把主要的注意力放在問題的不同部分。所有的人都或多或少地蒐集並整理與過去和現在有關的事實和統計數據；並且所有的人都必須或多或少地根據手頭所有的那些事實，進行分析和推理。但有些人認爲前者的工作較具吸引力，而另一些人則認爲後者較有吸引力。然而，這種分工意味著彼此之間並非對立的，而是相互調和的。他們所有人的工作，都增添了這種知識一些東西，使我們能夠了解人類謀生的方法和那種生活的性質，對人類生活品質和風貌的影響。

第二章

經濟學的本質

第1節

　　經濟學是一門研究人類日常生活事務的活動和思考等行為的學科；但主要關注的是在這些事務當中，影響人的行為最有力、最持久的那些動機。每個稍有價值觀的人，都會把他高尚的品格融入到他的日常事務當中，但和在別處一樣，在日常事務上，他也受到個人的情感、責任的觀念和崇高的理想所影響。的確，那些最能幹的發明家和從事改良方法和工具的組織者，之所以會發揮最大的能力，主要是受到高貴的好勝心所鼓舞，而不是受到對財富本身的熱愛所鼓勵。但是，儘管如此，從事日常事務活動最堅定不變的動機，還是希望從工作中，獲得物質報酬的薪資。這些薪資可能花在自私的或無私的途徑上，用於高尚的或卑鄙的目的上；而在這一點上，人性的多樣性就發揮了作用。但是這種動機可以由一定數量的貨幣來衡量；正因為在日常生活事務中，這種最堅定不移的動機，可以用明確及精密的貨幣加以衡量，才使經濟學遠遠超越了所有其他研究人類的學科。正如化學家精準的天平，使化學比其他大多數自然科學準確一樣；所以儘管經濟學的這種貨幣天平粗糙和不完善，卻使經濟學比任何其他社會科學都更精確。當然，經濟學不能與精確的自然科學相比；因為其所處理的是人性不斷的變化及微妙的因素。①

---

① 有關經濟學與社會科學整體的關係，請參考附錄三第 1、2 節的說明。

　　經濟學之所以比其他社會科學具優勢，似乎源於其特殊的工作領域，使之比其他任何社會科學，都更有機會應用精確方法的這個事實。經濟學主要關注的是人性的欲望、抱負和其他的喜好，而這些東西的外在表現形式就成為行為的誘因，這些誘因的力量或數量，在其表現形式上，可以用某種接近精確的方法加以估計與衡量；因此在某種程度上，這些行為的誘因就適合用科學方法來處理。只要一個人動機所生的力量，而不是動機的本身，可以大致上用一筆金錢來衡量，而這筆錢是他為了獲得想得到的滿足，所恰好必須放棄的；或是為讓他承受某種勞累，恰好要付給他的，那麼就可用科學的方法和科學的檢定來處理相關的問題了。

　　必須要注意的是，經濟學家並未主張可以衡量心中任何喜好的本身，也不主張可以直接衡量喜好；喜好僅能透過其效果來間接衡量。即使對自己不同時間內心的喜好狀態，也難以進行彼此之間精確的比較和衡量；而對於他人內心的喜好狀態，除了間接推測其結果之外，更是難以直接衡量。當然，有些喜好在類別上是屬於人類較高尚的，有些則屬於較低下的，因此在種類上有所不同。但是，即使我們將注意力只集中到同一類物質的快樂和痛苦上，我們會發現也只能透過其效果，間接對其進行比較。事實上，除非這種快樂與痛苦是在同一時間點，存在於同一個人身上，否則即使這種間接的比較，在某種程度上也必然是推測性的。

　　例如，兩個人從吸菸中獲得的快樂是無法直接比較

即使是共同的苦與樂也只能透過造成行為誘因的強度來進行比較，

的；即使是同一個人在不同時間，從中所獲得的快樂也無法直接比較。但是，如果我們發現一個人猶豫於到底是否要花幾便士的錢去買一根雪茄、或買一杯茶，或是騎車、而不走路回家，那麼我們就可以遵循一般的說法，說他期望從這些項目當中獲得同等的快樂。

那麼，即使我們想要比較物質上的滿足感，我們也不應該直接進行比較，而是要間接比較這些滿足對行為所提供的誘因。如果為了獲得兩種快樂中的任何一種，會促使處於類似情況下的每個人恰好都做一小時的額外工作，或者誘使處於相同地位及相同財富的人，每人分別都為此而支付一先令；那麼我們可以說，就我們的目的而言，這些快樂是同等的，因為對於在類似條件下的人來說，為了得到這些快樂的欲望，所採取的行為誘因同等強烈。

而且這種間接的比較能夠應用到所有類別的欲望上。

因此，如同人在日常生活中所做的那樣，我們透過激發行為的原動力或者激發行為的誘因，來衡量一種精神狀態，都不會造成新的困難，儘管我們所必須要考慮的某些動機中，有些是屬於人類較高尚的類別，而其他則屬於較低下的，但也不會因此而引入新的困難。

假如我們看到有一個人，正在猶豫不決於幾種小滿足之間的選擇，過了一會兒，忽然想起來，在他回家的路上，他會遇見一個可憐的病人；他花了一些時間，來決定自己是否要選擇物質上的滿足，或者做一件善事，因而從他人的快樂中得到快樂。因為他的欲望在這兩者之間轉來轉去時，他的精神狀態的性質也會有所改變；哲學家必須要研究這種變化的本質是什麼。

　　但是，經濟學家對人精神狀態的研究，是透過這些精
神狀態的表現，而不是研究精神狀態的本身；如果他發現
這些精神狀態提供行為相同的誘因，那麼就其研究目的來
說，這些精神狀態初步看來（*primâ facie*）是相等的。事
實上，他所依循的是每個人在日常生活中每天都在用的方
式，只不過他採用的是更有耐心、更周到的，及更加謹慎
的方式。他並不想以人類本性中那些較高尚情感的真正價
值，來權衡那些較低下者的真正價值；他也不比較對美德
的喜好與對可口食物的欲望。正如人在日常生活中所做的
方式那樣，他以誘因的結果來估計促成行為的誘因。他依
循平常談話的方式，所不同的只是當他進行研究時，必須
更加謹慎去弄清自己知識的範圍。他透過對一般人在特定
條件下的觀察，得出臨時結論，而不試圖去探索個人心理
和精神的特徵。不過，他也不忽視生活上心理和精神層面
的因素；相反地，即使在經濟學研究較狹隘的應用上，了
解那些盛行的欲望是否有助於建立堅強而有正義感的性格
也是重要的。而在較廣泛上，當把經濟學研究應用於實際
問題時，經濟學家和其他每一個人都一樣，必須關注人類
最終的目標，並考慮各種滿足之間實際價值的差異。這些
滿足對於促成行為有同等強度的誘因，因而也適用相同的
經濟學之度量。對這些度量的研究只是經濟學的起點，但
這種研究確實就是個起點而已。②

---

② 一些哲學家對於在任何情況下，兩種快樂都是相等的說法所提
　　出的反對意見，看來似乎只適用於與經濟學家用語無關的那些

用法。然而不幸的是，經濟學名詞的習慣用法，有時會讓人以爲經濟學家是「享樂主義」（Hedonism）或「功利主義」（Utilitarianism）哲學體系的擁護者這樣的看法。因爲，經濟學家普遍都把最大的快樂是從努力履行自己的職責而得來的這種看法，視爲理所當然，但他們同時又提到「快樂」（pleasures）和「痛苦」（pains）是引發所有行爲的動機；因此他們就把自己置於那些哲學家的譴責之下了，對於這些哲學家來說，堅持盡責的欲望，與從中得到快樂的欲望是兩件不同的事，這是原則問題。人在盡責當中，如果偶然想到這一點的話，就可能會期望從盡責當中獲得快樂；雖然把這種欲望描述爲「自我滿足」（self-satisfaction）或「永久自我滿足」（the satisfaction of the permanent self）的欲望，可能也沒什麼不妥。（參見葛林（T. H. Green），《倫理學的序言》（*Prolegomena to Ethics*），頁 165-166。）

顯然地，加入倫理學的爭論，並非經濟學研究的一部分；且因爲一般都同意，只要是有意識的欲望，所有行爲的誘因都可以簡稱爲「滿足」（satisfaction）的欲望，這種說法並無任何不妥之處。當提到所有欲望的目的時，無論那些欲望是屬於人類較高尚的，或是較低下的類別，使用滿足這個詞代替「快樂」可能更合適。與滿足最簡單的對立是「不滿足」（dissatisfaction）；但使用簡短且無色彩的字「損害」（detriment）來取代之，也許更好。

然而，我們可能會注意到，一些邊沁的追隨者（雖然也許不是邊沁本人）大量使用「痛苦與快樂」（pain and pleasure），作爲從個人主義的享樂主義，過渡到徹底的倫理教條的一個橋梁，卻沒有認識到必須要引入一個獨立的大前提；儘管對於其形式是什麼，意見也許永遠有分歧，但對於這樣一個大前提，似乎是絕對必要的。有些人會認爲這

第2節

　　這裡還要討論幾個用貨幣衡量動機的其他限制。其中第一個限制是必須要考慮到同一筆數額的貨幣，對不同人在不同的情況下，所代表的快樂或其他滿足的程度不同。

　　即使是對同一個人來說，一先令所衡量的快樂（或其他滿足），在某一時間比另一時間要大；因為他可能有較多的錢，或者因為他的感覺可能發生變化了。[3] 而那些經歷、外表相似的人，類似的事件往往對他們產生的的影響非常不同。例如，當一群城裡學童到鄉下去一日遊時，很可能其中的任何兩人從中所得到的愉快感，在種類上及程度上都不同。相同的外科手術給不同的人造成的疼痛，在程度上不同。就我們所知，有兩對充滿同樣慈愛的父母對於失去愛子，所遭受痛苦的程度不同。有些人雖然不太敏感，但對於某些特殊種類的快樂和痛苦卻特別敏感；而性格和教育的差異，會使一個人的快樂或痛苦的總承受力，遠遠超過另一個人。

即使對於有相等所得的人，同一個價格所衡量的滿足程度也不同；

　　因此，若說任何兩個有相同所得的人，都能從其所得

　　個前提是「絕對的命令」（Categorical Imperative）；而其他人則把這個前提視為是一種單純的信念──無論我們道德本能的起源是什麼，這種本能的象徵已為人類經驗的判斷所證實了，即若無自尊，就無真正的快樂，而只有在努力促進人類進步的條件下，方才能獲得自尊。

[3] 請參考艾吉沃思的《數學心理學》（*Mathematical Physics*）。

的使用獲得同等的利益，或會因所得的同等減少，而遭受相同的痛苦，這種說法都會引起爭議。假如對年所得 300 英鎊的兩人，都課徵 1 英鎊的稅，雖然每個人都要放棄他最容易放棄的價值 1 英鎊的快樂（或其他滿足），亦即每個人都要放棄恰好以 1 英鎊來衡量的東西；但每個人所放棄的滿足程度，可能都不相等。

但是當我們考慮的是大量人的平均值時，這些差異一般可以忽略。

儘管如此，如果我們採取的平均值，廣泛到足以抵消每個人彼此之間的特性，那麼所得相等的人，為獲得某種利益或避免某種損害所付出的錢，是衡量這種利益或損害的一個好方法。如果有住在謝菲爾德（Sheffield）的 1,000 個人，另有在利茲（Leeds）的 1,000 個人，他們每人每年大約都有 100 英鎊，並且對他們所有的人每人都課徵 1 英鎊的稅；我們可以確定，這一英鎊的稅對謝菲爾德的居民所造成快樂的損失或其他傷害，與利茲的居民所造成的差不多一樣大；而任何會增加兩個城市所有人所得 1 英鎊的東西，也會使這兩個城市獲得同等的快樂及其他好處。如果兩個城市的所有成年男子都從事同一行業，因此推測如果他們在感覺和性情上，以及在嗜好和教育方面大概都差不多相似，則獲得這種同等快樂的可能性就更大了。如果我們以家庭為單位，比較這兩個地方每年都有 100 英鎊的 1,000 個家庭，其所得減少 1 英鎊所帶來快樂損失的多少，則這個可能性也不會減少多少。

對於窮人來說，特定價格的意義比對於富人來說要大。

接下來，我們還必須考慮到這樣一個事實，亦即相對於一個較富有的人來說，一個較窮的人需要有較強的誘因，才能誘使他為任何東西支出一定的價錢。對於一個富

人來說，1 先令所衡量的任何種類的快樂或滿足，較一個窮人要少。一個猶豫是否要花費 1 先令買 1 支雪茄的富人所權衡的快樂，要少於一個猶豫於是否要花 1 先令買菸草供他一個月之用的窮人所權衡的快樂。一個有 100 英鎊收入的職員，會比有 300 英鎊收入的職員冒更大的雨，走路去上班；因為對窮人來說，搭電車或公車的花費，所衡量的利益要大於富人。如果窮人花掉這筆錢，之後他會因為缺少這筆錢，而遭到較富人為多的損害。在窮人心目中，那筆花費所衡量的利益，大於在富人心目中那筆花費所衡量的利益。

但是，當我們考慮到一大群人的行為和動機時，造成這種錯誤的來源就會減少了。比方說，如果我們知道因為某家銀行的倒閉，利茲人會損失 20 萬英鎊，而謝菲爾德人會損失 10 萬英鎊，那麼我們可以明白地假設，對利茲城所造成的痛苦，大約是謝菲爾德城的兩倍；除非的確有特殊的理由，讓我們相信一個城市的銀行股東階級比另一個城市的股東更富有；或者相信這件事情對這兩個城市工人階級所造成失業損失的壓力，在比例上不相等。

但在比較由相同比例的富人與窮人所構成的兩個群體時，這種差異就不重要了。

迄今為止，經濟學所研究的大多數事件，對社會上不同的階層，影響比例大致上都是相同的；所以如果兩個事件所引起的快樂，以金錢來衡量相等的話，那麼就把這兩種事件下的快樂視為相等，這不但合理，同時也合乎習慣的用法。進一步說，如果從西方世界任何兩個地區無特別偏見地選取任何兩大群體的人，這些人把大致相同比例的錢，轉用到較高尚的生活用途，那麼甚至於存在一種表面

物質財富的增加有時是實際進步的一個好的衡量指標。

上的可能性，亦即假如他們的物質資源都等量增加的話，那麼他們生活的充實程度及人類的眞正進步也將大致同量增加。

第3節

行爲大多由
習慣所支配，

現在再轉而說明另外一點。當我們說到透過行爲形成的誘因，來衡量欲望時，並不是說我們假設每一個行爲都是經過深思熟慮的，且都是盤算過的結果。因此，在這一方面正如在其他方面一樣，經濟學把人視爲就像日常生活中的人一樣；在日常的生活中，人不會都事先權衡每一行爲的結果，不管促成行爲的動力是來自於其較高尚的種類，還是較低下的種類。④

---

④ 這對於有時稱爲「追逐的快樂」（the pleasures of the chase）這類的滿足來說，尤爲正確。這類滿足不僅包括遊戲和消遣、狩獵和野外賽馬等這類輕鬆的競賽，而且還包括較嚴肅的職業和商業生活的競爭。待我們討論決定工資和利潤的原因，及產業組織形式時，再特別回頭來關注這類的滿足。

有些人性情反覆無常，甚至對自己行爲的動機，也無法講清楚。但是，如果一個人是堅定且細心的，則他的衝動也多少都是愼思後所養成習慣的產物。而且，無論這些衝動是否是他較高尚性格的表現；無論是否是從良心的要求、社會關係的壓力，或是他身體需要的要求出發，他當時都在沒有深思之下，便順應某一個相關的先例去做；因爲他在以前都是經過審愼的思考後，才決定順

經濟學所特別關注的就是人類在生活方面最深思熟慮的行為，且在開始做某件事之前，他通常會先估量此一行為利弊得失的這一方面。再者，人生活的另一方面，當他遵循習慣和風俗，且在沒有計算的那一刻之下，每個瞬間在著手某件事時，幾乎可以肯定的是，習慣和風俗本身是從仔細和謹慎觀察不同行為過程的利弊得失後產生的。一般人不會正式計算資產負債表的兩邊；但是在工作一天後回家，或在社交場合中，總會彼此說：「這樣做不合適，那樣做會較好」等等。人未必一定是為了自私的利益，也未必是為了物質的利益，才非要使一件事做得比另一件好；且人經常會爭辯說，「儘管這個或那個計畫省了一點小麻煩或一點小錢，但這對別人卻不公平」，且這「會讓人看起來卑鄙」，或「會讓人感到卑鄙」。

特別是考慮到日常行為時更是如此。

的確，當在一組條件之下，所產生的習慣或風俗，影響另一組條件下的行為時，則迄今為止所付出的努力與因努力而達到的結果之間，並沒有確切的因果關係。在落後的國家，仍然有許多習俗，與那些促使一隻在囚禁中的海狸，為自己築堤的習俗相似；這些習俗對歷史學家充滿了啟發性，而立法者也必須考慮到這些習俗。但在現代社會的商業事務上，這樣的習俗迅速消失了。

因此，人生活中最系統的部分，通常就是他們謀生的

_____

應那個先例的。某一種行為相對於其他行為來說，更具有顯著的吸引力，即使不是當時的計算結果，也是他在以前的某些類似情況下，或多或少經過審慎決定的結果。

那部分。這可以從那些從事任何一種職業者的工作中得到觀察；並對這個觀察做出一般性的陳述，再透過與其他觀察的結果加以比較，而給予檢定；對這些人提供足夠誘因所需的金錢或一般購買力的大小，也可以從數字當中估計出來。

　　不願意推遲享樂，以及因而不願爲將來而儲蓄，這可以透過所累積財富的利息來衡量，而該利息正好提供了一個足夠讓人爲未來而儲蓄的誘因。然而，這種測量方法存在一些特殊的困難，因而對此研究必須留待後面再來進行。

第4節

促成追求金
錢的動機本
身，也許是
高尚的。

　　和其他地方一樣，在此我們必須記住，即使賺的錢是花在自己身上，賺錢的欲望本身也不一定是出自於低等的動機。金錢是達到目的的手段，如果目的是高尚的話，則對手段的欲望也並非是不光彩的。那個渴望得到錢，以便之後能夠讀得起大學，因而盡其所能努力工作的青年，他的渴望就不是卑鄙的。總之，金錢是一般的購買力，且可作爲達到無論是高尚或低下的，無論是精神的或物質的各式各樣目的之手段。⑤

---

⑤ 請參閱克里夫・萊斯利〈金錢之愛〉（The Love of Money）這篇精彩的文章。我們的確聽說過，那些爲了賺錢而賺錢，卻不關心這些錢可以買到什麼的人，尤其是在商場上度過一生者，更是

因此，雖然「貨幣」（money）或「一般購買力」（general purchasing power）或「對物質財富的掌握」（command over material wealth）的確都是經濟學所聚焦的中心；但是，之所以如此，並非是因爲貨幣或物質財富，被認爲是人類努力的主要目標，甚至也不是因爲貨幣或物質財富提供了經濟學家研究的主要課題，而是因爲在我們這個世界裡，貨幣或一般購買力是一種大規模測量人類動機的方便方法。如果老一輩的經濟學家弄清楚這一點的話，他們就會擺脫許多令人遺憾的曲解；是故，卡萊爾（Carlyle）和羅斯金（Ruskin）關於人類努力的正確目標以及財富的正當用途的出色闡述，就不會因爲人們對經濟學尖銳的攻擊而受到損傷了。這些攻擊是立基於錯誤的認識，認爲除了對財富自私的欲望之外，經濟學不關心任何其他的動機，或甚至認爲經濟學灌輸了骯髒的自私政策。⑥

　　再者，當說到一個人由所賺取的錢，促成其行爲的

一般認爲經濟學把人視爲貫注於自私的追求財富，這種觀點並不正確。

對金錢的渴望並不排除其他的影響；諸如工作本身及權力本能所提供的快樂。

如此；就像在其他情況下一樣，在這種情況下，一個人在做一件事的最初目的已不復存在之後，做這件事的習慣依然會保持下去。財富的擁有使這種人覺得自己比別人更有權力，並使他們受到羨慕及尊重，他們在這種尊重當中，會感到苦澀的，但卻強烈的快感。

⑥ 事實上，我們可以設想一種世界，在這個世界裡的經濟學，非常像我們的經濟學，但其中卻沒有任何一種貨幣。見附錄三第 8 節和附錄四第 2 節。

動機時，這並不意味著除了利得之外，他的心裡都無其他的考慮了。因爲即使是最純粹的生活事務關係，也要講求誠實和誠信；而其中的很多這種關係，即使不把慷慨看成是理所當然的，但至少也不認爲吝嗇是理所當然的；且每個誠實的人，都對自己的表現而感到很自豪。再者，人賴以謀生的許多工作本身就是快樂的；社會主義者主張可以使更多人在工作中感到愉快，這也是一個事實。的確，即使是乍看起來毫無吸引力的日常事務工作，透過使人發揮他們的才能及爭強鬥勝的本能，往往也可以得到巨大的快樂。正如一匹賽馬或一名運動員緊繃著每一根神經，以便勝過競爭對手，且樂於承受這種壓力一樣；所以一個製造商或一個貿易商受到贏過其競爭對手這個願望的鼓舞，往往要大於增加財富這個願望的刺激。[7]

第5節

經濟學家通常不是以物質利得來計算一種職業的利益；

經濟學家的工作的確一直都是認眞思索著吸引人選擇一種職業的所有利益，無論這些利益是否以貨幣的形式來呈現。在其他條件相同的情況下，人會較喜歡那種不需要沾手，又享有良好社會地位的職業等等；因爲這些利益對每一個人的影響方式，並非都完全相同，但卻以大致相同的方式影響著大多數人，因此這些利益的吸引力可以透過

---

[7] 對於像德國所構想出的大範圍經濟學，將在附錄四第 3 節中加以介紹。

貨幣工資來估計和衡量，這些利益被認爲是貨幣工資的同等物。

其次，想獲取周圍的人贊同，避免周圍的人鄙視的欲望，也會對其行爲產生一種刺激。這種行爲的刺激在一定的時間和地點之下，對任何階層的人往往都會產生某種一致性的作用；雖然局部的和暫時的情況，不僅大大地影響了這種贊同欲望的強度，也大大地影響著贊同者的範圍。例如一個自由職業者或一個技術工，對於同一類職業人員的贊同或不贊同非常敏感，而很少在意其他類人的贊同與否；若不注意觀察這些動機的方向，對其作用力也未做仔細的估計，那麼對許多這類經濟問題的探討就完全不眞實了。

他們也考慮了階級的同情，

當人們希望做一些似乎有利於其同事的事情時，可能會有一種自私的想法在內，當他希望在生前和身後，他的家庭都會昌盛時，其願望中也有一種個人自豪的因素在內。但是，家庭情感一般說來仍然是一種純粹的利他主義的形式，因此如果不是家庭關係本身具有一致性的話，則家庭情感的作用，恐怕不會表現出什麼規律性。但是事實上，家庭情感的作用是相當有規律的；因此經濟學家總是充分體認到這一點，特別是關於家庭所得在各成員之間的分配，爲子女未來的事業準備費用，及他把賺來的財富累積起來，並決定這些財富在他死後由誰來享用等等問題，均格外注意到這種規律。

與家庭的情感。

因此使經濟學家不去考慮這類動機的作用，不是因爲缺乏意願，而是缺乏能力；他們對於下列這樣的事實欣

然接受，亦即如果計算平均數的範圍足夠大的話，某些種類的慈善行為可以用統計表來描述，且在一定程度上可以把這些行為歸納成一種法則。因為事實上幾乎沒有任何動機是如此反覆無常和不規則的，以致於我們只要透過廣泛和耐心的觀察，就能查明與這種動機有關的法則。即使是現在，也可以在可容忍的誤差範圍之內，精準預測出財富在平均水準的 10 萬名英格蘭人，想要捐款支持醫院、教堂和傳道團體的金額；要是能做到這一點的話，就可提供經濟學一個討論有關醫院護士、傳教士和其他宗教牧師服務供、需情形的基礎了。不過有一點，也是毋庸置疑的，就是那些出於責任感及愛護鄰居之心，所引起的大部分行為，無法分類、也難以歸納出法則，並加以衡量；所以正是出於這個原因，而不是因為這些行為不是建立在利己的基礎上，經濟學的方法無法對這些行為進行分析。

第6節

集體行為的動機，其重要性是巨大的且在日益成長之中。

　　也許早期的英格蘭經濟學家，把他們的注意力過於聚焦在個人行為的動機上。但實際上，和所有其他的社會科學家一樣，經濟學家主要是把個人作為社會有機體的一個成員來研究。就像作為一座大教堂，不只是由建造教堂的石材所構成的那樣，一個人也不只是有一系列的思想和感受，所以社會生活也不僅是各個成員生活的總和而已。的確，整體的行為是由其各組成分子的行為所構成的；而對於大多數經濟問題，最好是從影響個人的動機出發，不

把個人視爲一個孤立的分子，而是當做某個特定的行業或產業集團的一員；但也正如德國學者所強調的那樣，經濟學對集體財產所有權以及集體追求重要目標的動機，有極大的和愈來愈多的關注。這個時代日益增長的熱忱、人民大眾日益增加的智慧，以及電報、新聞媒體和其他通訊工具日益發展的力量，已經不斷擴大了大眾利益集體行爲的範圍；這些變化加上合作運動和其他類型的自願協會的擴散，正受到除金錢利益之外的各種動機的影響，而日益在發展中。這些都爲經濟學家打開了衡量動機的新機會，這些動機的行爲似乎不可能歸納出任何形式的法則。

　　但事實上，動機的多樣性、衡量動機的困難，以及克服這些困難的方法，都是我們這本書中的主要議題。幾乎在本章所涉及到的每一點，在今後討論到某個或更多個經濟學的主要問題時，都需要再更詳細地討論。

第7節

　　暫作結論如下：經濟學家研究個人的行爲，但重點在於個人行爲與社會生活的關係，而不是個人行爲與個人生活的關係；因此雖然關心個人的行爲，但卻極少關注個人脾氣和性格的特點。他們仔細觀察整個一群人的行爲，有時是一整個國家的人、有時只是那些住在某個地區的人，更多的時候，是那些在某個時間和地點，從事某種特定行業者的行爲；而藉助統計學或其他方法，他們得以查明所觀察的那個特定群體的成員，對某一件想要的東西，平均

經濟學家把個人當作是一個產業集團的一分子，來加以研究；

每個人所恰好願意支付的價格是多少錢，或者必須支付多少錢，才能誘使其付出原先不想付出的努力或犧牲。但這樣所獲得的對動機之測量，並不完全精準；因爲如果精準的話，經濟學就會與最先進的自然科學並列，而不像實際上那樣，與最不先進的自然科學並列了。

首先一開始以簡單的情況，來衡量動機在需要與供給所發揮的作用，

然而，這種衡量卻已經準確到足以讓有經驗的經濟學家，得以相當準確地預測變革所帶來的結果，而在這些變革當中，其動機是最受關注的。例如，如果要在任何地方開辦一種新行業時，經濟學家可以非常仔細地估算出需要付出多少工資，才能取得所需的從最低到最高級別任何勞動的充分供給量。當他們參觀一個從未見過的工廠時，只要觀察某個工人的工作技術如何，以及這個工作對他的身體、精神和道德能力造成什麼樣的壓力，就能夠分辨出任何特定工人一週內賺取工資中 1 先令或 2 先令之間的差

之後，再及於較複雜的情況。

異。而且他們還可以非常準確地預測某物供給的減少會使價格上漲多少，以及這個價格的上漲會反過來如何影響該物的供給。

而且，從這種簡單的研究出發，經濟學家就可以進一步分析決定各種不同產業區域分布的原因，以及生活在遙遠地方的人之間，彼此交易貨物的條件等等；他們也能夠解釋和預測信用的波動如何影響對外貿易；或者研究稅的轉嫁程度，這種轉嫁是把稅從繳納者，轉移到那些花費這

他們主要討論的是人類生活的一面，但通常是眞實的人，而不是一個虛構的人的生活。

些稅，而使欲望獲得滿足者的身上等等。

在所有這些問題當中，經濟學家研究的是實實在在的人；不是一個抽象的人或「經濟的」（economic）人；而

是一個有血有肉的人。他們在很大程度上，討論的是以下這樣一個人，亦即在日常生活中，受利己主義動機影響如此之大，以致於在很大程度上都得考慮這些動機；他們既非不虛榮魯莽，也不是不喜歡爲工作而工作，或不願爲自己家庭、鄰居或國家的利益，而犧牲自己；這個人因爲熱愛道德高尚的生活，而熱愛道德高尚的生活。他們討論的是一個實實在在的人，但主要關注的是生活中，隨著動機而來的行爲中，如此有規則的，以致於可以預測的那些方面，且以結果來驗證對激發行爲原動力的估計，所以他們已經把他們的工作，建構在科學的基礎上了。

　　因爲首先，他們所探討的是可以觀察到的事實，所探討的數量是可以測量和記錄的；這樣當對於這種事實和數量的意見有分歧時，這些分歧可以透過公開的和完善的記錄來檢定；如此，經濟學就獲得堅實的工作基礎了。其次，有些問題之所以被歸類爲經濟學的問題，是因爲這些問題與受到動機影響的人的行爲特別有關，而這些動機可以用貨幣價格來衡量，所以這類問題是相當齊一的。當然，這些問題有許多題材是共通的；從這種事例的性質上來看，這一點是很明顯的。但是，儘管先驗上（à priori）不那麼明顯，但也可以發現下面這個事實，即所有這些問題的主要部分都有基本統一的形式貫穿於其間；因此，就好像派一名郵差，在某條街道上發送所有的信件，而不是每個人把信件都交給不同的郵差發送一樣，把這些問題放在一起研究可以省時省力。我們常常會發現，對於這些問題之中的任何一類，所需要的分析和有組織的

經濟學之所以被稱爲是一種科學，在於其具有接受外部明確檢定的能力和內部的同質性。

推理過程，對其他類的問題也是有用的。

　　我們愈少自找麻煩地以學者的態度，去探究某種問題是否屬於經濟學的範疇，這樣就愈好。如果某一事件是重要的，就讓我們盡己所能地去研究。如果某一事件存有分歧的觀點，且不能透過精確可靠的知識去檢定的；或者如果這事件，一般經濟分析和推理方法都無法掌握，那麼在我們純粹的經濟研究之中，就先把這些問題放在一邊。而我們之所以這樣做，只是因為若企圖把這些問題納入我們的分析之中，會降低經濟知識的確定性和準確性，卻沒有任何相應的好處；且始終要牢記的是，當我們把倫理的直覺和常識作為最終的公斷標準，進而把從經濟學和其他學科所獲得，並經過整理的知識，應用到實際問題時，還必須要採用這樣的直覺和常識，來考慮這些問題。

第三章

經濟學的普遍原理或法則

第1節

經濟學同時
使用歸納法
及演繹法，

　　幾乎與其他所有的學科一樣，經濟學的工作是蒐集、整理和解釋事實，並從中得出結論。「觀察和描述，定義和整理是準備工作，但我們希望達到的是對經濟現象相互依賴關係的知識……。科學思想同時都需要採用歸納法和演繹法，就好像走路同時都需要右腳和左腳一樣。」[1]同時使用這兩種工作所需要的方法，並非經濟學所獨有，而是所有學科的共同特性。在討論科學方法的專著中所提到的所有用來發現因果關係的那些方法，都應該依次為經濟學家使用。沒有任何一種研究方法，可以適當地稱為是經濟學的方法；但每種方法無論是單獨使用也好，或是與其他方法一起使用也好，都應該在適當的地方恰當地使用。而且就像下棋一樣，棋盤上組合數量如此之多，以致於從未有過兩場棋賽是完全相同的。因此學者在探索大自然所隱藏的真理時，即使這些真理都是值得研究的，但也從未有兩次研究完全採用相同的方法。

但對於不同
的目的，使
用的比例也
不同。

　　但是在經濟學研究的某些部分，以及為了某些目的，探究新事實比費心了解並解釋那些已有事實的相互關係更為緊迫。而在其他部分的研究上，對於仍然難以確定任何事件的那些表面上的或乍看之下的原因，是否既是真正

---

[1] 引自史穆勒（Schmoller）的〈國民經濟〉（Volkswirtschaft）一文，此文刊載於康拉德（Ｃｏｎｒａｄ）編的《辭典》（*Handwörterbuch*）。

（true）的原因，又是唯一（only）的原因時，那就更迫切需要對已知事實的推理加以仔細檢閱，而不只是尋求更多的事實。

由於上述的和其他種種的理由，過去一直需要，而未來可能也一直都需要，具有不同能力和不同目標的學者並肩努力。其中一些人主要專注於事實的探究，而另一些人則主要專注於科學的分析；也就是說，把複雜的事實拆開來，然後研究各個部分彼此之間的關係，及其與同類事實之間的關係。希望這兩學派永遠都存在；各學派都做好各自的工作，並且都可彼此相互利用對方的研究成果。如此，我們才得以從過去獲得合理的歸納，且從中獲得對未來可靠的指引。

> 分析學派與歷史學派兩者都有需要，且彼此相互補充。

第2節

那些發展程度已經遠遠超越了希臘的天才所達到的自然科學，嚴格地說，並不都是「精確的科學」（exact sciences）。不過，這些自然科學都追求精確性。也就是說，他們的目的都在把大量觀察的結果，作成一個臨時性的陳述，這些陳述是足夠明確的，且可以經由大自然的其他觀察來加以檢定。這些陳述在最初提出時，很少具有很高的權威性。但是經過許多獨立觀察加以檢定後，特別是在成功地應用於未來事件或新實驗結果的預測之後，這些陳述就晉升為「法則」（laws）。一門學科的進步是透過以下步驟完成的，即法則數量的增加和精確度的提高；這

> 對事實進行有組織研究發生作用的想像力，形成一般性的陳述；其中有些被選來作為「法則」。

些法則不斷接受日益嚴格的檢定；並且這些法則範圍不斷擴大，以致於擴大到變成單一廣泛的法則，最後包含並取代了一些狹窄的法則，而這些狹窄的法則都是這個單一廣泛法則的許多特例。

任何學科只要做到這樣之後，這門學科的學者在某些情況下，就能夠以大於他自己所擁有的權威（或許比任何無論多有才能，但只依靠自己的才能，而忽視前人所獲得結果之思想家的權威還要大），來說明在某些情況下會有什麼樣的結果，或者造成某個已知事件的真正原因是什麼。

儘管某些進步的自然科學，其內容至少到目前還不能完全準確地衡量；然而其進步仍取決於眾多學者之間相互廣泛的合作。他們盡可能精確地衡量事實，並解釋他們的陳述；這樣每個研究者都得以盡可能地從那些先前學者停止的地方開始研究。經濟學渴望在這一類學科當中占有一席之地；因為儘管其衡量少有精確的，也絕不是最終的，但因為始終致力於使所衡量的更為精確，從而擴大了個別學者以其研究領域中的權威，來說明某些事件的範圍。

第3節

幾乎所有科學的法則都是對傾向的陳述。

那麼，讓我們更仔細地探究經濟法則的性質及其局限性。如果沒有任何事情阻礙的話，每一個原因都傾向於產生一個確定的結果。因此，萬有引力往往使物體掉落到地上；但是當一個氣球充滿了比空氣還輕的氣體時，雖然萬

有引力會使氣球下降，但是空氣的壓力卻會使其升高。萬
有引力定律說明了任何兩個物體如何彼此吸引；他們如何
彼此相向運動，且如果沒有任何阻力阻止的話，他們彼此
會相向運動。因此萬有引力定律是一種傾向的說明。

　　這是一個非常精確的陳述，如此精確，以致於數學家
可以計算出一個航海年曆，這個年曆顯示了木星的每顆衛
星隱藏在木星之後的時刻。數學家在許多年以前，就能作
出這種計算；導航員把航海年曆帶到海上，就可以用該年
曆來找出他們所在的位置。現在沒有任何經濟學的傾向可
以像萬有引力那樣穩定地發揮作用，並且可以像萬有引力
那樣精準地測量；因此沒有任何經濟學法則的精確度可以
媲美萬有引力的定律。

簡單科學的精確法則。

　　但是，讓我們來檢視一下精確度不如天文學的科學。
潮汐的科學解釋了潮汐如何在日月的作用下，每天都有兩
次的起落；新月和滿月的潮汐如何強大，上弦月和下弦月
的潮汐如何弱小；潮水流入一個像塞文河②（Severn）那樣
通道狹小的河流，會如何高漲等等的問題。如此，人們研
究了位在不列顛群島③（British Island）周圍的地形和水勢
之後，可以預先計算出任何一天，潮汐在倫敦橋（London

複雜科學的不精確法則。

───────────

② 譯者註：英國西南部地方的一條河。

③ 譯者註：是大西洋上靠近歐洲大陸海岸的群島。包括愛爾蘭島、
　　大不列顛島和曼島。群島內也包含數以千計的小島或較大的島，
　　像是設德蘭群島和奧克尼群島等。

Bridge）或格洛斯特④（Gloucester）可能（*probably*）漲最高的時間，以及會有多高。他們必須使用「可能」（*probably*）這個字，而天文學家在討論木星衛星蝕⑤時，就不需要使用這個字。因為儘管許多力量對木星和其衛星產生作用，但這些力量當中的每一個，都能以明確的方式起作用，且都能預測出其作用；然而沒有人對天氣有足夠的認識，因此難以事先說出天氣將會產生何種作用。在泰晤士河（Thames）上游一場傾盆大雨或在德國海洋（German Ocean）一股強勁的東北風，都可能會使倫敦橋的潮汐與預測的大不相符。

研究人的科學是複雜的，其法則也是不精確的。

　　經濟學的法則可以與潮汐規律相比，卻不能與簡單而確切的萬有引力定律相比。因為，人的行為是如此的多變且不確定，以致於在研究人的行為的科學中，對於傾向所做的最好的陳述，也必然是不精確的，且是有瑕疵的。這一點可以做為反對針對人的行為作任何陳述的一個理由；但那樣幾乎就等於是放棄生活。生活就是人的行為，以及圍繞這些行為而產生的思想和感情。由於人類本性中的基本衝動，我們所有的人，無論是高尚還是低下的，有學識或是沒學識的，都在不同程度上，不斷努力了解人的行為的方向，並使這些方向符合我們的目的，無論這些目的是自私還是無私的，是高尚還是低下的。同時由於我們必須

---

④ 譯者註：英國英格蘭西南部的一個郡。

⑤ 譯者註：木星的衛星繞木星公轉時，當木星處於衛星和太陽中間，也會發生像月蝕一樣的現象，稱為木星衛星蝕。

（must）要爲自己形成某些關於人的行爲傾向的概念，所以我們就必須在輕率的形成這些概念與仔細的形成這些概念之間作選擇。這個工作愈艱難，就愈需要耐心不斷地去琢磨；就愈需要借助於較先進的自然科學所獲得的經驗；就愈需要我們盡可能周密地估計人的行爲的傾向，或形成暫時性的法則。

第4節

「法則」（law）這個詞不過是對一個命題或傾向進行或多或少可靠的與明確的一般性陳述而已。在每一門學科中，都有許多這樣的陳述；但是我們並未，的確也無法給所有的這種陳述一個正式的地位，並把他們都稱爲法則。我們必須要選擇；而選擇不是純粹地以科學的考慮爲導向，而更要以實際的方便性來考慮。如果我們需要如此頻繁地引用任何一個一般性的陳述，以致於當需要詳盡引用全文時，在討論時加上一個新的正式陳述，並給一個專有名詞的話，麻煩會比較小，此時還不如給這個一般性的陳述一個專有名稱，否則就不需這樣做了。⑥

---

⑥ 紐曼（Neumann）在 1892 年的《社會科學雜誌》（*Zeisschriftfürdie für die gesamte Staatswissenschaft*, 1892）中詳盡地討論了「自然法則和經濟法則」（natural and economic laws）的關係，他得出下面的結論（頁 464），即除了「法則」（*Gesetz*）之外，沒有其他字可以表達在自然科學和經濟學中都居如此重要地位的傾向的陳述。另見瓦格納（Wagner）《政治經濟學的基礎》（*Grundlegung*），頁 86-91。

「社會法
則」的定義，

　　因此，一個社會科學的法則，或一個「社會法則」
（*Social Law*）是對社會傾向的陳述；也就是說，對某些
社會團體的成員，在某些條件下，所能預期到的某種行為
的陳述。

以及「經濟
法則」的定
義。

　　「經濟法則」（Economic laws）或是經濟傾向的陳
述，是那些與一序列行為有關的社會法則當中，能夠以貨
幣價格來衡量的人類主要動機的強度。

　　如此，那些被視為經濟法則的社會法則，與不被視
為經濟法則的社會法則之間，並無嚴格與鮮明的區別。因
為從幾乎完全可以用價格來衡量的動機有關的社會法則，
到這種動機不太重要的社會法則，其間的變化是持續，且
逐漸的；因此後一種社會法則通常遠不如經濟法則那麼精
確，就好像經濟法則遠不如自然科學的法則那麼精確一
樣。

「正常經濟
行為」的定
義。

　　與「法則」（law）這個名詞對應的形容詞是「合
法的」（legal）。但只有把「法則」（law）這個詞解
釋為政府法令時，才與「合法的」（legal）這個詞有
關；而若把「法則」（law）解釋為因果關係的一種陳述
時，則與合法的這個詞就無關了。為法則這個目的而使
用的形容詞，源自於「正常」（norma），這個詞幾乎
等同於「法則」（law），且在科學討論中用正常來取代
法則是有利的。根據我們對經濟法則的定義，我們可以
說，某一個工業集團的成員在某些條件下（*under certain
conditions*），所預期到的某一行為，是該集團的成員在
那些條件下「正常的行為」（*normal action*）。

　　「正常的」（Normal）這個詞的用法一直遭到誤解；因此最好對在異中的統一性（unity in difference）說幾句話，這個異中的統一性是使一個詞有幾種不同用法的基礎。當我們談到一個「好」（Good）人或一個「強壯」（Strong）者時，我們指的是在上下文中，所暗示的那些在身體、精神或道德品質上，具有獨特的優越性或強度者。一個強壯的法官和一個強壯的划船者很少有一樣的特質；一個騙子絕不會具有特別的美德。同樣地，對正常的這個詞的每一種用法，都意味著那些在行為中看起來多少都有不變的且持久的傾向，較那些在行為上例外的和間歇的傾向具有優勢地位。疾病是人類的一種不正常的狀態；但在漫長的一生中，從來都不生病也是不正常的。在冰雪融化期間，萊茵河（Rhein）的水上升到高出正常水位；但在寒冷乾燥的春季，當河水不像往常那樣高出正常水位時，就可以說（在一年中的這個時間）水位是反常地低。在所有這些事例當中，正常的結果就是指按上下文所暗示的那些傾向當中，可以預期得到的結果；或者換句話說，這些結果就是那些與上下文符合的「傾向的陳述」（statements of tendency）、「法則」（Laws）或「規則」（Norms）。

「正常的」一詞隱含了在討論之下的任何情況均一致之意。

　　從這個觀點來看，所謂正常的經濟行為就是在一定條件下（如果這些條件是持續不變的話），某個產業集團的成員長期說來，可以被預期得到的經濟行為。在英格蘭大部分地區，磚瓦匠願意為每小時 10 便士而工作，但拒絕為 7 便士而工作，這是正常的。在約翰尼斯堡

因此，正常情況可以隱含高工資或低工資；

（Johannesburg），一個磚瓦匠拒絕爲每天低於 1 英鎊很多的工資而工作，這也是正常的。如果不論一年中哪一個季節，眞正的新鮮雞蛋的正常價格可能是一個 1 便士；然而在 1 月時，城市的正常價格也許是一個 3 便士；而由於天氣「反常地」（unseasonable）溫暖，那麼一個 2 便士可能就是異常的低價。

也可以隱含有或無激烈的競爭。

另一個需要防範的誤解是來自於這樣一種觀念，亦即認爲只有未受干擾的自由競爭行爲，所造成的那些經濟結果才是正常的。但是正常這個詞往往必須用於完全自由競爭不存在，甚至不能假定其存在的情況下；即使在自由競爭最占優勢的地方，每一種事實和傾向的正常條件所包括的重要因素，都不屬於競爭的一部分，甚至與之毫無關係。因此，舉例來說，在零售和批發商以及「證券和棉花交易所」（Stock and Cotton Exchanges），許多交易的正常安排都立基於即使沒有證人的口頭契約，仍然得以誠實地履行的假設；而在那些不能合理地作這種假設的國家中，西方的正常價值學說的某些部分就不適用了。同樣地，各個證券交易所證券的價格不僅正常地受到普通買者的，同時也受到經紀人自身的愛國情緒等等所影響。

正常的行爲並非總是正確的行爲。

最後，有時還有一種錯誤的假設，認爲經濟學的正常行爲，就是道德上正確的行爲。但這只在有上下文暗示，這個行爲已經過倫理觀點判斷之後，才能這樣理解。當我們從事實是什麼，而不是就事實應該是什麼樣，來考慮世界上的各種事實時，就我們目前所處的環境來說，有許多我們應該盡全力來制止的許多行爲，不得不視爲是「正常

的」。舉例來說,大城市裡許多最貧窮居民的正常狀況是缺乏進取心,也不願意利用其他地方所提供的較健康和較不骯髒的生活機會;他們沒有擺脫悲慘環境所需要的身體、精神和道德的力量。在存有大量勞動供給的情況下,願意以非常低的工資率製造火柴盒,這是正常的,正如四肢扭曲是服用馬錢子鹼[7]的正常結果一樣。這是那些傾向的一個結果,一個可悲的結果,而這些傾向的法則是我們必須要研究的。這說明了經濟學與其他少數學科所共有的一個特點,其題材的性質在一定程度上,可以透過人類的努力而加以改變。科學可以提出一種道德的或實用的規則,來改變這種性質,從而改變自然法則的作用。比如說,經濟學可以提出以能幹的工人取代那些只能做火柴盒工人的可行方法;就好像生理學可以提出改良牛隻品種的方法,不僅使牛早熟,也使骨輕而肉多。因為預測能力的提升,信用和價格波動的法則大大改變了。

再者,當把「正常的」價格與臨時的或市場的價格作對比時,正常這個名詞指的是在特定條件下,長期居於優勢地位的某些傾向。但是這引起了一些困難的問題,這將留待以後再討論。[8]

---

[7] 譯者註:這是一種中樞神經系統的興奮劑。

[8] 在本書第五篇中,特別是在該篇第三章和第五章,我們將討論這些問題。

第5節

所有科學的學說都隱含了某些假設條件，從此一意義上來說，這些學說都是假定的。

　　我們有時會把經濟學的法則說成是「假設的」（hypothetical）。當然，就像所有其他的學科一樣，經濟學也試圖研究由某些原因產生哪些結果，但這種因果關係並非絕對的，而是受限於以下的條件，亦即其他條件不變（*other things are equal*），以及這些原因能夠不受干擾地產生某些結果。在進行謹慎且正式的說明時，幾乎所有學科的學說都會包含一個但書，大意是其他條件不變；假定討論中的那些原因，所發揮的影響是孤立的；這樣某些結果就可以歸因於這些原因，但必須假設除了那些明確考慮的原因之外，其他的原因都不能加入。然而，從原因到產生結果，需要考慮到時間的因素，這的確是經濟學上一大困難的來源。因為在一段時間裡，原因發揮作用所依據的素材，甚至連原因本身可能都已經改變了；因此所要描述的那些傾向已無足夠「長」的時間，來完全發揮自己的作用。這個困難也要留待以後再來討論。

但在經濟學中，這種隱含的假設必須要予以強調。

　　在一個法則中所暗指的條件子句不會不斷重複出現，但讀者憑常識可以知道其存在。在經濟學中，必須較其他學科更常重複這些條件子句，因為經濟學的學說比任何其他學科，都更容易為那些沒有接受過科學訓練的人所引用，而那些人可能只是輾轉聽到的，且在沒有上下文的情況下引用的。何以日常的對話在形式上比一篇科學論文簡單，原因之一是在日常對話中，我們可以安全地省略條件子句；因為如果聽者不知道這些條件子句的話，我們很快

就會知道有誤解了，並隨即糾正誤解。亞當・史密斯（Adam Smith）和許多早期的經濟學家透過對話的方式，省略了條件子句，而達到了簡化的目的。但這卻導致他們不斷受到誤解，並陷入無益爭論之中，而導致大量時間的浪費，並引起了許多麻煩；他們爲了取得表面上的簡單，卻付出太大的代價了。⑨

　　儘管經濟分析和一般推理應用範圍廣泛，然而每個時代以及每個國家都有自己的問題；每當社會狀況發生變化時，都可能需要經濟學說有一個新的發展。⑩

---

⑨ 請參閱本書第二篇第一章。

⑩ 因爲經濟學主要關注的是廣泛的一般命題，所以在某些部分上比較抽象或純粹；爲了讓一個命題能廣泛的應用，必然要包含很少的細節；命題不能適應特殊的情況；且如果命題指出任何的預測，那麼這個命題必須受一個強有力的條件子句所限制，其中賦予「其他條件不變」（other things being equal）這個詞重大的意義。

經濟學的其他部分屬於比較「應用性的」（applied），因其比較詳細的處理了較狹窄的問題；考慮了較多的局部和臨時的因素；也考慮了經濟條件與其他生活條件之間更全面及更密切的關係。因此，從較廣泛意義的應用銀行學，到一般銀行業務技術的廣泛法則或規則，只不過一小步而已；而從實用銀行學某一個特殊的局部問題，到相對應的銀行實務法則或技術規則，其間的距離可能就更短了。

第四章

經濟研究的順序和目的

第1節

　　我們已經了解經濟學家必須講求事實；但事實本身
並無法教導我們任何事情。歷史講述的是先後發生和同時
發生的事情；但是只有經過推理，才能對這些事實加以解
釋，並從中吸取教訓。由於要做的工作如此多種多樣，以
致於大部分的工作，都必須由訓練有素的常識來處理，而
這種常識是每個實際問題的最終仲裁者。經濟學只不過是
借助於有組織的分析和一般的推理方法，應用常識來處理
問題，以便於蒐集、整理事實，並從個別的事實當中，推
得結論的學科。雖然經濟學研究的範圍總是受到限制，雖
然若沒有這種常識的幫助，經濟學的研究工作就會變成徒
勞，然而其研究工作卻使常識得以更進一步說明困難的問
題，否則的話，就無法做到這一點。

　　經濟法則是在一定的條件下，對於人的行為傾向的
陳述。經濟法則是假設的，只有在這個意義之下，這些法
則才與自然科學的定律相同；因為自然科學的定律也包含
或隱含了一些條件。但是要使條件清楚明確，在經濟學所
遇到的困難要較自然科學大得多，且若無法使條件清楚明
確，危險也會比自然科學大。人的行為的法則的確不像萬
有引力定律那麼簡單、那麼明確、或那麼容易查明；但其
中也有許多法則可以與處理複雜問題的自然科學的定律相
提並論。

　　經濟學之所以能成為一門獨立的學科，理由是
（*raison d'être*）因為經濟學主要研究人的行為中，最受

到可測量的動機所支配的那部分；因此這部分的行為比任何其他部分都能更有系統的推理和分析。的確，我們實際上無法衡量任何種類的動機本身，無論是高尚的，還是低下的；我們只能衡量動機的動力。貨幣從來就不是這種動機完美的衡量標準；除非仔細考慮其發揮作用的一般條件，尤其所討論的是富人或是窮人的行為，否則貨幣甚至不是一項好的衡量標準。但若謹慎小心的話，貨幣能夠提供形成人類生活很大一部分動機的動力相當好的衡量標準。

　　理論的研究必須與事實的研究同時進行；對於大多數現代問題的研究，最有用的還是現代的事實。因為遙遠過去的經濟記錄，在某些方面是微不足道且靠不住的；而早期的經濟狀況與現代這個時代的自由企業、普及的教育、真正的民主、蒸汽機，以及廉價印刷品和電報等等經濟狀況也已迥異了。

第2節

　　那麼，經濟學的目的首先是為了獲得知識而獲取知識，其次則是為了解決實際的問題。但是，儘管在進行任何研究之前，我們必須仔細考慮其用途是什麼，然而我們卻不應該直接根據這些用途，來規劃研究工作。因為這樣做時，當某一思路與當時呈現在我們眼前的特定目的無直接關係時，我們就會中止這種思路，直接追求實際的目的。這樣雖然會促使我們把各種片段的知識匯集在一起，

科學的探究不是參照要達到的實際目的來安排的，而是依據所研究相關課題的性質而安排的。

但這些知識除了為當前的目的，而匯集在一起之外，彼此之間沒有任何的關聯；而且也無助於我們了解彼此之間的關係。我們的心力就耗用於從一個到另一個知識上，而無法徹底的想出什麼東西來；也無法獲得真正的進步。

因此，為了科學的目的，最好的分類方法是把所有那些性質相似的事實和推理都匯集在一起；如此一來，對每一問題的研究，也得以了解其周邊的問題。這樣透過對某一組事實長時間的研究，我們就會逐漸接近於那些被稱為自然法則的基本統一的現象；我們先探索這些法則單獨的作用，然後再探究這些法則聯合的作用；從而緩慢而穩妥地取得進步。經濟學家永遠不能忘記經濟學的實際用途，但他的特殊任務是研究和解釋事實，並找出各種不同的原因單獨或聯合發揮的效果。

第3節

經濟學家所
研究的問
題。

這一點可以列舉經濟學家自己所提出的一些主要問題來說明。經濟學家探究：

什麼原因影響了特別是在現代這個世界中，財富的消費和生產、分配和交換；產業和貿易的組織；貨幣市場；批發和零售交易；對外貿易以及雇主和雇員之間的關係？所有這些活動如何相互影響，並相互產生作用？這些活動的最終傾向與當時的傾向有何不同？

以任何東西的價格衡量對該物欲望的程度，受到什麼樣的限制？如果社會上任何一個階層的財富都有某一數量

的增加，表面上福利會如何增加？假如社會任何一個階層的所得不足，對其生產效率的傷害有多深？任何一個階層的所得如果一旦增加的話，則透過提高效率及報酬能力，可以讓這種增加維持多久？

經濟自由對任何地方、任何社會階層，或任何特定工業部門的影響，事實上達到何種程度（或在特定時間之內，其影響已達到什麼程度）？還有哪些其他影響，其力量是最強大的；所有這些影響如何聯合起來發揮作用呢？尤其是經濟自由透過其自身的作用，建立聯合和獨占組織的傾向有多大，這些聯合與獨占組織的影響如何呢？在長期，社會各階層的行為如何受到經濟自由的影響；當經濟自由的最終結果正在逐漸形成時，其中間的效應是什麼；在考慮到這些影響擴散開來的時間因素時，最終和中間這兩類的影響的相對重要性為何？任何一種稅制的歸宿是什麼？會給社會大眾帶來什麼樣的負擔，會給國家帶來什麼樣的收入？

第4節

以上是經濟學所必須要直接研究的主要問題，根據這些問題，進而蒐集資料、分析事實，並從中推得結論。這些實際問題的大部分，儘管是在經濟學的範圍之外，然而卻在工作背景上，為經濟學家提供了一個主要的動機，這些問題時時、處處都在發生變化，甚至比構成經濟學家研究材料的經濟事實和條件的變化還要多端。目前在我們自

激勵當前英格蘭經濟學家對實際問題的研究，雖然這些問題並非全然屬於經濟學的範疇。

己的國家，以下這些問題似乎特別緊迫：

我們應該如何採取行動，才能提高經濟自由在其最終結果中，以及其進展過程中好的影響，並減少其壞的影響呢？如果最終結果的影響是好的，而進展過程中的影響卻是壞的，但是那些在進展過程遭受壞影響者，卻未在最終結果享受好處，則他們就會爲他人的利益而受苦，其正當性又如何呢？

由於人理所當然地希望財富分配能較平均，即使財產制度的改變或自由企業的限制可能會減少財富的總量，卻仍合理化這些改變或限制，其合理的程度有多大呢？換句話說，若我們以增加貧困階層的所得，並減少他們的工作爲目的，即使這樣做會使國家物質財富減少一些也在所不惜，但要增加多少他們的所得及減少多少他們的工作呢？如果這樣做，不會減損公平，也不會鬆懈那些進步領導者的精力的話，那麼這種做法又能達成多少目的呢？租稅的負擔應該如何分配到社會的不同階層當中呢？

我們應該滿足於現有的分工形式嗎？是否有必要讓大量的人完全從事於沒有升遷機會的工作呢？是否有可能逐漸教育大量工人從事較高級工作的新能力；特別是否有可能教育他們以合作方式，自我經營管理企業的新能力呢？

在我們這樣的文明階段中，個人行動和集體行動之間的關係究竟怎樣才是合適的呢？各種新、舊形式的志願組織，應該在多大程度上爲那種具有特殊利益目的之行動，提供集體的行動？社會本身應該透過中央政府或地方政府，來進行什麼樣的商業事務呢？舉例來說，對於開放空間、藝術作品、教學、娛樂手段以及那些諸如煤氣、水，和鐵路等，需要集體行動才能

提供的文明生活必需品，這些事業或物品收歸集體所有的
計畫，是否已經達到我們所應該達到的程度？

　　當政府本身不直接干預時，應該允許個人和公司隨心
所欲地處理他們自己的事務到什麼程度？對於鐵路的管理
和其他一些在某種程度上處於獨占地位的事業，以及土地
和其他人類無法增加其數量的東西，政府要管制到什麼程
度呢？是否有必要全面保留現有的財產權呢？或只保留那
些原來必須要保留，但在某種程度上現在已經消失的部分
呢？

　　現行的財富使用方法是否完全合理呢？在那些經濟關
係當中，如果政府強硬及猛烈干預是弊大於利的話，社會
輿論的道德壓力對個人行為的約束和指導，其程度有多大
呢？國家彼此之間在經濟事務上的責任，與同一國家的成
員彼此之間的責任在哪些方面不同？

　　因此，經濟學是研究人的政治、社會和私人生活的經
濟面向和經濟情況的學科；但更重要的是對社會生活的經
濟面向與經濟情況的研究。這項研究的目的是為知識本身
而獲取知識，且是為了要獲取實際生活，特別是為獲得社
會生活行為的指導。對這種指導的需要，從未像現在這麼
迫切；下一代可能比我們有更多的閒暇時間進行研究，好
弄明白在抽象的推測或在過去的歷史中一些晦澀的，但對
目前的難題並未提供立即幫助之處。

　　但是，儘管經濟學在如此大的程度上，受到實際需
要所主導，但仍然盡可能避免討論那些政黨組織的緊迫問
題，以及那些國內外政治策略的問題，這些都是政治家在

在當前的這
一代，經濟
學的首要目
的是致力於
社會問題的
解決。

決定提出何種措施，以求得最接近他所想要確保國家安全的目標時，所必須要考慮的。的確，經濟學的目的不僅在幫助政治家決定應該持有何種目的，更要決定為了實現這個目的所應該採取的廣泛政策中最佳的方法是什麼。但經濟學避開了很多務實者不能忽視的政治問題；因此經濟學是一門純粹的及應用的學科，而不是一種藝術。且以「經濟學」（Economics）這個廣義的用語，比用「政治經濟學」（Political Economy）這個狹義用語來描繪來得好。

第5節

洞察力、想像力和推理能力在經濟學中的功能。

　　經濟學家需要具有三大智力上的才能，亦即洞察力、想像力和推理能力；其中最重要的是想像力，以使他能夠探索那些遙遠的或潛藏在表面下那些看得見的原因，以及這些原因的影響。

　　以自然科學，特別是其中的物理學這一類的學科做為所有研究人的行為的一種訓練，具有很大的優勢，亦即在這類學科的研究當中，研究者必須要經由後續的觀察或實驗，得出可以驗證的精確結論。如果他滿意於表面的那些因果關係，或者忽略了自然力量的相互作用，在其中，每一個運動都會改變其周遭的一切力量，同時也會為其周遭一切力量所改變，則他的錯誤很快就會被發現。一個嚴謹的物理學研究者不僅僅滿足於一般性的分析；他也一直在努力於把一般性的分析量化，並為其問題中的每個因素，定出適當的比例。

　　在與人有關的學科中，精確性就較難以達到。阻力最小的路有時是一條唯一暢通的路；儘管這條路總是不可靠的，且即使透過果斷的工作，可以打開另一條更暢通的路，但依循這條路的誘惑力卻仍然很大。科學的歷史學者因爲無法進行實驗而受到阻礙，甚至對於他所估計的各種歷史事實的相對重要性，缺乏可以印證的客觀標準，而受到更大的阻力。這樣的估計幾乎潛伏在他論證的每個階段當中；在沒有對一個原因或一組原因的相對重要性進行一些隱含的估計時，他不能下結論說另一個或另一組原因比這個原因或這組原因重要。然而只有付出極大的心力，才能覺察到他是如何依賴自己的主觀印象。經濟學家也同樣受到這種困難的阻礙，但程度不若其他研究人的行爲的學者；因爲他的確與自然科學家的工作同樣享有一些精確性和客觀性的優點。無論如何，只要他關心的是當前和近期發生的事件，就能夠把許多事實歸類，以便做出明確的陳述，且這種陳述以數字呈現出來，往往幾乎接近於精確的程度。這樣，經濟學家在尋找那些潛藏在表面下，且不易看到的原因和結果，及在分析複雜的情況，把這些情況拆解爲各個因素，再把這些因素形成一個整體等等這些方面，會有一些優勢。

經濟學家也獲得了一些外在衡量標準，以鞏固其判斷。

　　的確，在許多較小的事情上，單憑經驗就可讓人看出那些看不見的因素。比如說，憑經驗就可以讓人了解到，對浪費者粗率的捐助，會傷害到一個人的骨氣和家庭生活；即使表面看起來，這對他來說是有幫助的。但要找出提高就業穩定的許多可行計畫的眞正效果，就需要更大的

但他最主要的依憑還是在於訓練有素的想像力上；

努力、更寬廣的視野和更有力的利用想像力了。爲此，有必要
了解信用、國內貿易、國外貿易競爭、收穫和價格變動之間的
密切關係；以及所有這些對就業穩定性好和壞的影響如何。也
需要注意到，在西方世界的任何一個地方，幾乎每一個重要的
經濟事件，會如何影響至少每個其他地區的某些行業的就業。
如果我們只研究近在咫尺的失業原因，那麼很可能無法消除我
們所看到的弊害，且還可能會引起我們看不到的弊害。如果我
們要尋找那些遙遠的原因，又要衡量其重要性，那麼擺在我們
面前的工作是一種腦力的高度訓練。

　　此外，當任何一個行業，透過「標準規則」（standard
rule）或任何其他手段，把工資保持於特別高的水平時，這時
就要發揮想像力，才能探求出那些因爲標準規則的高工資所阻
止，而無法做他們願意接受別人支付較低工資而工作的人，
他們的生活如何。他們的生活提升了，還是沉淪了呢？如果就
像經常發生的那樣，某些人的生活提升，但有些人的生活沉淪
了，是否提升的人是多數，而沉淪的人是少數，或者是相反的
情況呢？如果只看表面的結果，我們可能會認爲是多數人提升
了。但是，如果運用科學的想像力，我們會想像到無論來自於
工會當局或是在其他方面的權威所採取的禁止方式，以使人無
法盡其所能地賺得最大的報酬時，我們往往會得出的結論是：
沉淪的是多數，而提升的則是少數。部分受到英格蘭的影響，
某些澳大拉西亞（Australasia）①的殖民地，正在從事大膽的冒

---

① 譯者註：澳大利亞、紐西蘭及附近的太平洋諸島的總稱。

險事業，似是而非地承諾工人立刻獲得較舒適和安逸的生活。澳大拉西亞的廣闊土地確實儲備了巨大的籌款能力，因此如果這種捷徑，導致某些行業的衰微，那麼這個衰微可能也只是輕微且暫時的。但也有人已經力主英格蘭應該採取類似澳大拉西亞那樣的路線了；這對英格蘭來說，衰微程度會較嚴重。我們所需要的，以及所希望的，就是在不久的將來，以判斷一艘軍艦的新設計，在惡劣氣候下是否會穩固那樣的心力，來對這類計畫做更多的研究。

　　在探究這類問題的時候，所最需要的就是純粹的智力，有時甚至需要批判能力。但是經濟研究也需要，並且也要有開展同情心的能力，尤其是那種不僅能為自己的夥伴，還能為其他階級的人設想的罕見同情心。比如說，因為對下列各種日益迫切問題的研究，這類罕見的同情心已大為發展起來了。這類問題是性格和報酬、就業方法和消費習慣彼此之間有何相互的影響；如何透過各個經濟團體的成員，亦即同一家人、同一個企業的雇主和雇員、同一國家公民之間，所擁有的信任和情感，來增強一國的效率，以及這種信任和情感如何為一國的效率所增強；個人的無私與職業成規和工會習俗所形成的階級自私混雜在一起的善與惡是什麼；以及我們如何採取行動以利用日益增加的財富和機會，來增進這一代和下一代的福祉。[2]

他需要有積極的同情心。

────────────

[2] 本節摘自本書作者在 1902 年，向劍橋大學（University of Cambridge）提出的「開設一門經濟學與政治學相關學科課程的請求」（*Plea for the creation of a curriculum in economics and*

第6節

經濟學家為了開展自己的理想，特別需要想像力。但最需要的是謹慎和虛心，以使他對理想的倡導，不會超出他對未來的理解。

經過許多世代以後，我們目前的理想和方法，似乎仍然處於人類的嬰兒期，尚未進入到成熟階段。不過，已經取得一定的進展了。我們已經了解到，除非能證明一個人是極度的軟弱或是惡劣外，否則他都值得擁有充分的經濟自由；但我們無法有信心地猜測從此開始的進步，最終會領我們往何處去。在中世紀後期，大致上已經開始對工業有機體進行過研究了，這些研究認為這個有機體包含了所有的人性在內。接下來的每一代人都看到了這種有機體的進一步成長；但沒有任何一代看到的成長像我們這一代這麼快。對於這個工業有機體研究的熱忱，隨著其發展而成長；但是為理解這個有機體而做的努力，其廣泛度和多樣性在早期是找不到的。不過最近研究的主要結果，讓我們比任何前一代，都更加充份地認識到，我們對進步形成原因所知道的是何其的少，以及我們對這個工業有機體最終命運的預測能力又是何其的少。

在上個世紀早期，一些為絕對階級的特權而辯護的苛刻雇主和政客，發現聲稱自己有政治經濟學家的權威很方

---

associated branches of political science）申請書，該申請在次年批准了。

便；且他們經常說自己是「經濟學家」（economists）。甚至在我們這個時代，那些反對把大量支出用於大眾教育的人，也取得經濟學家的頭銜，儘管在世的經濟學家都一致認爲這樣的支出是眞正的經濟，且也認爲從一個國家的觀點來看，拒絕這樣的支出既是錯的，同時也是拙劣的主意。但是，卡萊爾和羅斯金及其後其他許多沒有他們那麼傑出且理想崇高的追隨者，在未加檢閱之前，就認爲那些偉大的經濟學家要爲他們反對的言行負責，結果對那些偉大經濟學家的思想與聲望產生了一種普遍的誤解。

　　事實上，幾乎所有現代經濟學的創立者，都是善良、富有同情性格，爲人道熱忱所感動的人。他們很少關心自己的財富；相反地，他們卻非常關心廣大人民群眾之間財富的分布情形。他們都反對反社會的獨占組織，無論這些組織有多強大。他們幾代人都支持反對階級立法的運動，這個立法否決了工會享有雇主協會所享有的那些特權；他們爲補救舊的〈濟貧法〉灌輸到農業和其他勞動者心中與家庭中的毒藥而奮鬥；儘管一些政客和雇主以他們的名義，發表了強烈的反對，他們還是支持〈工廠法〉（*Factory Acts*）。③他們無一例外地奉行著全民

---

③ 譯者註：1844 年制訂的〈工廠法〉限制婦女和兒童在工廠工作的時間長度，以及設立了初始的機器安全標準。工業革命的時代英國還沒有義務教育的制度，小孩子被迫以極低的薪資長時間勞動。兒童在惡劣的環境中，工作得滿頭大汗、疲憊不堪；甚至在礦業中因爲勞動太過嚴苛，致使許多小孩的身心發育遲緩，甚至命喪黃泉。直到 1833 年，才制定出英國〈工廠法〉，禁止嚴苛的兒童勞動。

的福祉應該是所有個人努力和公共政策追求的最終目標這樣的信念。儘管他們有堅強的勇氣，但卻很謹慎；他們也很冷靜，因為他們不願擔負起在未經嘗試的道路上，主張快速前進的責任。為了快速前進所提供的唯一安全保證，只不過是那些既缺乏知識，也沒有嚴謹的思想訓練做為基礎的想像力熱切者，自信的希望而已。

生物學已經給未來的人類，提供了新希望。

他們的謹慎或許有點多於必要；因為即使在那個時代，最偉大先知的視野，在某些方面比目前大多數受過教育的人的視野還要狹窄；現在部分是受到生物學研究的啟示，在社會科學中，一般認為環境是型塑性格的主要因素。相應地，經濟學家現在已經學會對人類進步的可能性，採取更廣大、更有希望的觀點。他們也已經學會相信人類的意志，在縝密思考的引導下，很大程度上可以像改變性格那樣去改變環境；從而帶來對性格的發展更有利的新生活環境；因此也對人民群眾的經濟上的和精神上的健康幸福更有利。一如既往，反對所有可能達到那個偉大目標的似是而非的捷徑，是他們的職責，這些捷徑將使人們的精力和創新力的泉源乾枯。

但是捷徑是危險的這一點仍然是正確的；進步的獲取都必須是謹慎的。

像今日這樣的財產權並未為那些建立經濟學的大師所尊崇；但一些誤以為自己是經濟學權威的人，卻把既得利

〈工廠法〉有幾項規定，第一是未滿 9 歲的小孩禁止勞動；第二是未滿 13 歲的小孩，一週最多只能工作 48 小時；第三是未滿 18 歲的小孩，一週的工作時間最多為 69 小時；第四是安排監督者，視察業主是否有守法。

益的主張推到極端及反社會的用途上。因此，應該注意的是，
縝密經濟研究的**趨勢**，是不把私有財產權立基於任何抽象原則
之上，而是立基於過去私有財產權與堅實進步密不可分的觀察
之上；因此有責任感的人，即使在廢除或修改看起來不適合社
會生活理想狀況的這種權利時，也應該要以謹慎的和嘗試性的
態度去做。

第二篇

基本概念

第一章

序　言

第1節

我們已經知道，經濟學一方面是一門研究「財富的學科」（Science of Wealth），另一方面則是研究人類社會行為之社會科學的一部分，這個學科是處理人為了滿足其「欲望」（Wants）所做的「努力」（Efforts），只要此一努力和欲望可以用財富或其一般性的代表，亦即金錢，來衡量。在本書中，我們將花相當的篇幅，來探討這些欲望與努力；以及用於衡量欲望的價格與用於衡量努力的價格達成均衡的原因。為此，我們將在第三篇中探究財富與其所要滿足的人各種欲望之間的關聯；而在第四篇要探討財富與人經由各種各樣的努力，所生產出來的物品之間的關係。

但是在本篇中，我們必須要探究所有經由人努力所生產的，並能滿足人欲望的物品當中，有哪些可以算作財富；且要如何把這些物品加以分類。因為與財富本身及資本有關的名詞有一群，對其中每一個的研究都有助於了解其他的名詞；而把這些名詞整體結合起來一起研究，才能與我們前面所進行的經濟學範圍和方法的研究連貫起來，且在某些方面也才能說是完成此一研究。因此，雖然從分析欲望及與欲望直接相關的財富開始，看來似乎是比較自然的過程，但整體說來，似乎還是從立即討論這組用語著手較好。

在這樣做的時候，我們當然要考慮到各種各樣的欲望和努力；但是我們並不想採用任何不明顯，且不是大家

所共知的用語。我們工作的真正困難在於，在各種學科當中，只有經濟學需要在幾個通用的名詞之間轉來轉去，以表達許多微妙的差別。

第2節

正如詹姆斯・密爾（James Mill）所說的那樣[1]：「當把研究的對象分類後，從中可以得出更多的一般性命題，而且若把同樣的這些對象歸入任何其他類別，所能得出的命題，前者比後者更多且更重要，這樣，科學分類的目的就已經達到了。」但是，我們首先就遇到以下的困難，那就是那些在某一經濟發展階段中最重要的命題，如果也的確適用於另一階段的話，則這些命題可能就變得最不重要了。

分類的原則

在這一方面，經濟學家從最近的生物學經驗中學到了很多東西；而達爾文（Darwin）對這個問題的深入討論，[2]對我們理解面前的困難，提供了強而有力的幫助。他指出那些決定自然經濟每種生物的生活習性及一般生活地點的那些結構當中，通常不是最能闡明其起源的部分，而是最不足以闡明其起源的部分。一個動物飼養員或園丁注意到的非常適合使動物或植物在其環境中茁壯成長的特性，就是因為這個理由，才可能使這些特性於最近時期發展起來。同樣的情形，某個經濟制度在適應現在要進行的工作

對於那些性質與用途不斷發生變化的物品，進行分類有困難。

---

① 密爾，《邏輯體系》（*Logic*），第四篇第七章第 2 節。

② 見達爾文《物種的起源》（*Origin of Species*），第十四章。

上，能夠發揮最重要作用的特性，就是因爲這個理由，才可能使這些特性在最近發展起來。

我們可以從雇主與雇員、中間商及生產者、銀行家與其他借、貸者這兩群顧客之間的許多關係中找到很多例子。相應於貸款性質的一般變化，「利息」（interest）一詞取代了「高利貸」（usury），這個轉變使我們在分析和分類構成一個商品生產成本的不同分子上，有一個全新的主題。同樣地，把勞工分爲技術性的和非技術性的一般方法，也正在逐漸發生變化，「地租」（rent）這個詞的範圍在某些方面正在擴大，而在其他方面卻正在縮小等等。

但在另一方面，我們必須時刻牢記我們使用的名詞的歷史。因爲，首先，這種歷史就其自身來說就很重要；且因爲這種歷史也間接說明了社會經濟發展的歷史。其次，即使研究經濟學的唯一目的，是爲了要獲得指導我們達到當前實際目的之知識，仍然應該盡量使名詞的用法，符合過去的傳統；以使我們得以迅速理解前輩的經驗所提供的作爲指導的這些間接暗示和微妙而溫和的警告。

經濟學在使用名詞時，必須要盡可能貼近日常生活中的習慣。

第3節

我們的工作很困難。的確，在自然科學當中，每當看到一組事物有某組共同的特性，且經常被放在一起討論時，這些事物就形成了一個具有特殊名稱的一個種類；且當新概念一出現時，就會發明一個新的專門用語來表示此

一新概念。但經濟學不能冒險這樣做。經濟學的推理必須
用一般大眾可以理解的語言來表達；因此必須要努力與大
眾在日常生活中熟悉的那些名詞一致，並盡可能像平常那
樣使用這些名詞。

在普通的用法當中，每個字幾乎都有很多不同的含
意，因此需要根據文章的脈絡來解釋。正如白芝浩所指出
的那樣，即使是最重形式的經濟學者也不得不遵循這一做
法，否則他們就不會有足夠的字，以供他們使用。但不幸
的是，他們總是不承認自己在使用這些用語時太草率；有
時也許甚至連他們自己都不知道這個事實。他們從大膽且
嚴格的闡述科學定義開始，使讀者陷入一種錯誤的安全感
之中。在他們未警告讀者，必須要看上下文，以從中尋找
特殊的解釋子句之下，讀者所理解的意思與作者心目中的
本意不同；也許會對作者產生誤解，從而在作者沒錯時，
指責作者是錯的。③

但那並非總
是一致的，

---

③ 我們「所寫的應當比在日常生活中所說的要多些，因爲在日
　常生活中，上下文可以使用一種未明確表達的『解釋子句』
　（the interpretation clause）；在「政治經濟學」（Political
　Economy）中，我們要說明的事情，比平常的談話要難，所以對
　於任何的改變，我們都必須要更加小心、更加警惕；有時對書中
　的某頁或某個討論，我們必須要寫出『解釋子句』，以免出現任
　何的錯誤。我知道這是一件艱難且棘手的工作，我之所以必須要
　爲此辯護，是因爲實際上這種辦法較諸那種採用無彈性的定義的
　辦法要安全。任何一個想要以意思固定的少數詞彙，對複雜的東

也非確定的。　　　其次，大多數經濟學名詞所指出的主要不同點，不是種類上的，而是程度上的差別。乍看之下，這些用語的不同似乎是種類上的差異，而且可以清楚地標示出界線；但更仔細的研究，卻會發現其連續性並未真正的中斷過。且經濟學的進步，幾乎很難發現任何新的真正種類上的差異，但卻不斷地把表面上種類的差異變成為程度上的差異，這個事實是很顯著的。我們將會碰到許多這樣令人不舒服的例子，亦即可能在自然界沒有這種分界線的東西之間，試圖劃出一條廣泛、嚴格的，及牢固的分界線，並在他們之間形成確定的命題。

西表達各種不同含意的人，都會發現他的文體變得累贅而不準確，因為他必須用很長的迂迴說法，來表達平常的想法，最後他還是無法表達出正確的想法，因為他有一半的時間，還是要回到最適合手中那種情況的意義上，這些含意有時是這樣，有時又是那樣，且幾乎總是與他『固定不變的』（hard and fast）含意不同。在這樣的討論中，我們應該學習如何隨時改變所需要的定義，正如我們在不同的問題中說『令 x, y, z 代表』（let x, y, z, mean）這個或那個一樣；這正是那些最明白且最有效的作者所採用的辦法，儘管他們總是不承認這一點。」（白芝浩，《英格蘭政治經濟學的主張》〔Postulates of English Political Economy〕，頁 78-79。）卡尼斯，《政治經濟學的邏輯方法》（Logical Method of Political Economy）第六講也反對「一種定義的屬性不應該容許有程度上差別的假設」；並認為「容許有程度上的差別是一切自然事實的特性。」

第4節

因此，對於我們所要討論的各種東西，必須仔細分析其眞正的特性；如此，我們會發現，每一個用語都有某種用法，這個用法比其他任何用法更能稱之爲主要用法，因爲就現代科學的目的來說，這種主要用法所代表的差別，比其他任何普通用法還要重要，而且也較符合普通的用法。當上下文中沒有任何相反的陳述或暗示時，這種用法就可用來定爲是這個用語的意思了。當想要把這個用語用作其他任何意義時，無論其意義是較廣泛的，或是較狹窄的，都必須指出這個改變。

即使在最謹愼的思想家中，對於至少一些定義的分界線應該劃在什麼正確的位置，總存在著意見的分歧。這種有爭論的問題，一般說來必須根據實用方便的程度，來加以判斷並解決；這種判斷不可能總是透過科學的推理來建立或推翻；總是留有爭論的餘地。但是在分析的本身，卻沒有這種爭論的餘地：如果兩個人對分析有意見上的差異，那麼他們兩個人就不可能都是對的。我們可以期待科學的進步，能夠逐漸把這種分析建立在一個堅不可摧的基礎上。④

對於觀念必須要清楚地界定，但名詞的用法卻不能是僵硬的。

---

④ 當想要縮小一個名詞的含義（即用邏輯學的語言來講，就是增加這個名詞的內涵，以縮小其外延）時，通常加上一個限定性的形容詞就足夠了，但是若要把名詞的意義作反向的變動，一般說來就不那麼容易了。關於定義的爭論往往是以下這樣的：甲和乙

是許多事物共有的特性，這些事物當中，有許多都具有特性丙，可能
另外有許多也具有特性丁，而且有些事物同時都具有丙和丁這兩種特
性。那麼我們就可以主張整體上來說，最好是定義一個名詞，以包括
具有甲和乙特性的所有事物，或者只包括具有甲、乙、丙特性的所有
事物，或只具有甲、乙、丁特性的所有事物。對於這些不同路徑之間
的決定，必須考慮到實際的便利性，而且作這種決定比仔細研究甲、
乙、丙、丁的特性及其相互之間的關係更不重要。但不幸的是，在英
格蘭的經濟學領域中，對這項研究所占的篇幅，遠遠少於對定義方面
的爭論；這種爭論雖然偶爾也間接促成了科學真理的發現，但卻總是
採用迂迴的路線，且浪費了大量的時間和人力。

第二章

財　富

第1節

財富包含了
所想要的東
西或財貨。

所有的財富都包括了人想要擁有的東西，即直接或間接滿足人類欲望的東西，但並非所有想要擁有的東西都能視為是財富。比如說，友情是幸福的一個重要因素，但是除了詩歌中比喻性的用法之外，友情不能算作是財富。那麼，讓我們從把想要的東西分類開始，然後再看看其中有哪些應該算作是財富的要素。

在缺乏任何通用的簡短名詞，可用來代表所有想要的，或滿足人類欲望的東西之下，我們就用「財貨」（*Goods*）這個詞來表示之。

物質財貨。

人想要的東西或財貨可以分為物質財貨、個人財貨以及非物質財貨。物質財貨包括所有有用的有形物質，以及對有形物質的占有權、使用權、或從其中取得收益，或者是在未來獲得這些東西的所有的權利。因此，物質財貨包括大自然的物質秉賦，即土地和水、空氣和氣候；農業、礦業、漁業和製造業的產品；建築物、機器和工具；抵押品和其他債券；公、私營企業的股票、各種獨占權利、專利權、版權；還有道路的使用權和其他的使用權。最後，旅行的機會，觀賞美景，參觀博物館等都是人外在物質便利的體現，儘管對這些物質的觀賞能力是屬於內在的和個人的。

外在的與內
在的財貨。

一個人的「非物質」（*non-material*）財貨分為兩類。一類是他自己的行為和享受上的素質和才能；例如經營能力、專業技能或從閱讀或音樂獲得娛樂的能力等等都

是。所有這些都在他自己身上，所以都稱爲「內在的」
（*internal*）。第二類稱爲「外在的」（*external*），因爲
這類財貨涉及到有利於他與其他人關係的部分。例如，統
治階級曾經從其農奴和其他下屬那裡，索取各種各樣的勞
役和個人勞務，就屬於非物質的外在財貨這類。但是這些
都已經過去了；現在這種對他們所有者有利的關係的主要
例子，就是商人和自由職業人士的商譽和商業聯繫。①

　　其次，財貨也可以分成「可轉讓的」（*transferable*）
與「不可轉讓的」（*non-transferable*）。後者包括一個人在
行動和享樂上的本領和能力（即他內在的財貨）；諸如其
商業聯繫依賴於對他個人的信任而無法轉讓的部分，也就
是他有價值商譽的一部分；還有氣候、陽光、空氣的好處，
以及他的公民特權，和他利用公共財產的權利和機會。②

可轉讓的與
不可轉的財
貨。

---

① 因爲赫爾曼（Hermann）在他精湛的財富分析中一開始就說：
　「對個人來說，有些財貨是『內在的』（*internal*），有些則是
　『外在的』（*external*）。內在的財貨是自然賦予他的，或是以
　他自己自由的活動所培養出來的，諸如體力、健康、心智上的造
　詣等東西。每個外在世界提供給他，滿足他欲望的東西都是一種
　外在的財貨。」

② 因此上述對於財貨的分類可以列示如下：

$$
財貨
\begin{cases}
外在的
\begin{cases}
物質的
\begin{cases}
可轉讓的 \\
不可轉讓的
\end{cases} \\
個人的
\begin{cases}
可轉讓的 \\
不可轉讓的
\end{cases}
\end{cases} \\
內在的 —— 個人的 —— 不可轉讓的
\end{cases}
$$

自由財。

那些不需經過人的努力，就可以得到的，是大自然賦予人的，且不能據爲己有的這些財貨就是「自由」（*free*）財。原始狀態的土地是大自然免費賜予的禮物。但在有人定居的國家，從個人的角度來看，土地就不是自由財。在一些巴西的森林裡，木材仍然是自由財。海洋的魚類一般也是自由財，但有些海洋的漁場爲某個國家的人民所專用，並精心守護，因而可以歸爲國家的財產。人工培養的牡蠣養殖場，在任何意義上，都不是自由財；而那些自然而然生長起來的，如果未被占用的話，在任何意義上，則都是自由財；即使他們是私人的財產，但從國家的角度來看，這些財貨仍然是自由財。但是，既然國家已經允許把這些財貨的權利歸給私人，所以從個人的角度來說，他們就不是自由財了；河裡捕魚的私有權也是如此。但是，在自由的土地上種植的小麥，和從自由漁場捕到的魚就不是自由財了，因爲這些財貨都是人經由勞動而獲得的。

第2節

個人的財富
包括兩類財
貨，

現在我們可以談談一個人的哪種財貨類別可視爲是

爲了某些目的，更爲方便的另一種分類方法如下：

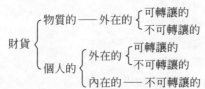

他財富的一部分這個問題了。對於這個問題，意見有些分歧，但是權衡各種爭論及權威的說法，似乎都明顯地偏向於以下的答案：

一個人的「財富」（wealth），在沒有上下文任何解釋的子句時，簡單地說，就是他所持有以下的兩類財貨：

第一類是他透過法律或習俗，而擁有私有財產權的那些物質的財貨，因此這些財貨可以轉讓和交換。要記住的是，這些財貨不僅包括土地和房屋、家具和機器，以及其他可以單獨擁有的私人所有權的財貨，還包括了任何上市公司及個人公司中的股票、債券、抵押品及其持有的其他契約，這些契約可以要求別人向其支付金錢或財貨等。另一方面，他欠別人的債務，可視爲是他的負財富；必須從他的財富當中扣除，才能得到他眞正的淨財富。

物質的財貨，

勞務和其他在產生的那一瞬間就不存在的財貨，當然就不是財富存量的一部分了。③

第二類是那些屬於他個人，存在於其身外的，且直接作爲他獲得物質財貨手段的非物質財貨。這樣，非物質財貨就排除了他所有個人的本領和能力，即使那些本領和能力能夠讓他謀生；因爲個人的本領和能力都是內的的。同時，也不包括他個人的友誼，只要這種友誼無直接的商業價值。但是，這種財貨卻包括了他的商業和職業的聯繫、

及諸如可用
來獲得物質
財貨的非物
質外在的財
貨。

---

③ 在一家貿易公司的股票價值當中，由於主持業務的個人名譽和聯繫而產生的那部分價值，應該以個人的外在財貨列入第二類。但是這一點無多大的實際重要性。

企業組織，以及如果仍有奴隸及勞役的所有權等等存在的話，這些東西也包括在內。

這兩類財貨共同組成了經濟財。

「財富」（Wealth）這個名詞的這種用法與日常生活的用法是一致的，同時如本書第一篇定義的，其所包括的那些，且只有那些，才顯然屬於經濟學範圍之內的財貨；因此這些財貨可以稱之爲「經濟財」（*economic goods*）。因爲這類財貨包括一切屬於人外在的東西，這些東西：(1) 是屬於某一個人的，而不同時屬於他鄰居的，因此明顯地是他的東西；(2) 能夠直接以貨幣來衡量的，這種衡量一方面代表了生產這些財貨所付出的努力和犧牲，另一方面代表了這些財貨所滿足的欲望。④

---

④ 這並不意味著如果可轉讓財貨的所有者出售該財貨，總能獲取這些財貨的全部貨幣價值。舉例來說，一件由昂貴裁縫師所製的合身外套對購買者來說可能是值那個價錢的，因爲他想要並且無法以較少的價錢得到。然而若購買者要出售的話，可能還賣不到一半的價格。一位成功的金融家，花了 5 萬英鎊蓋了一間符合自己特殊愛好的房子和花園，從某一個角度來看，就是以該物品的成本價計入他的財產目錄中；但是，萬一他事業失敗了，這些資產對債權人來說，就值不到那個價錢了。

從同樣的觀點來看，我們可以用如果一個律師或醫生、商人或製造商失去他的商業聯繫的話，則以若無這種聯繫，他所得的損失，來計算這種商業聯繫的價值；然而我們卻必須認識到，這種商業聯繫的交換價值，即透過出售這種商業聯繫所能獲得的價值，卻遠遠低於前述所計算的那個價值。

第3節

出於某種目的，我們的確需要採用一個更廣泛的財富觀；但是爲了避免混淆，我們必須要依靠一個特殊的解釋子句。例如木匠的技術，就好像他工作箱中的工具一樣，是一種既能使他直接滿足別人的物質需要，又能間接地滿足自己物質需要的手段；因此如果有一個用語，可以把這種技術納入財富更廣泛的用法當中，那可能就會方便許多。我們可以按照亞當・史密斯所指出，[5] 且爲大多數歐洲大陸經濟學家所遵循的路線，把「個人的財富」（*personal wealth*）界定爲，包括所有那些直接有助於人從事工業生產效率的精力、才能和習慣；還包括任何形式的商業聯繫和組織，我們已經把這些都算作是狹義財富的一部分了。產業的才能也可以進一步視爲是經濟的範圍之內，因爲這些財貨的價值多少可以間接地衡量出來。[6]

關於是否值得把產業才能都說成是財富的這個問題，雖然好像很多的討論都將其視爲是一個原則的問題，但其實這僅是個方便與否的問題而已。

當我們想要把一個人的產業才能納入財富時，使用「財富」（wealth）這個名詞的本身必會造成混淆。「財

> 「財富」這個名詞有時需要較寬廣的用法。

> 個人的財富。

---

⑤ 請參見《原富》（國富論）（*The Wealth of Nations*），第二篇第二章。

⑥ 十七世紀戴夫南特（Davenant）說：「人的身體無疑是一個國家最有價值的財富」；每當政治發展的趨勢，使人渴望想要增加人口時，這一類的話就常常會出現。

富」（wealth）應該只指外在的財富。但是偶爾使用「物質的和個人的財富」（material and personal wealth）這個詞，看起來似乎不但沒有什麼害處，反而還會有些好處。

第4節

但是我們還要考慮一個人和他鄰居所共有的那些物質財貨；當把他的財富與鄰居的財富作比較時，就不必提起這種財貨了，儘管為了某些目的，考慮這些財貨也許是重要的，尤其是在比較遙遠地方或遙遠時代的經濟狀況時，這種考慮就更重要了。

這些共有的財貨包括一個人在某個時間，作為某個國家或社會的一分子，從居住的某個地方所獲取的利益；這些利益包括民事的和軍事的安全，以及利用道路、煤氣燈等各種公共財和公共組織的權利和機會，以及得到法律的保護或免費受教育的權利。城市和鄉村的居民都有許多這種不必花錢就可得到的利益，但是這些利益是其他地區的人根本無法得到，或者只能以巨大的代價才能取得的。在其他條件不變的情況下，如果一個人居住地方的氣候、道路、水質都較好、有較合乎衛生的排水設施，且有較好的報紙、書籍、娛樂及教育場所，那麼從最廣義的財富來說，這個人就比其他人擁有較多實質的財富。在寒冷的氣候下，房屋、食品和衣服可能都嫌不足，但在溫暖的氣候下，可能都是充足的；相反地，降低人物質需要的溫暖氣候，雖然使得他們以少量的物質財富就感到富足了，但卻

也會使他們缺少獲得財富的精力。

這些東西中有許多是「集體財貨」（*collective goods*），也就是說，並非私人所有的財貨。這使得我們必須轉而從社會的角度，而不是從個人的角度來討論財富。

集體財貨。

第5節

那麼，讓我們來看一看，當我們在估計構成一國財富中的個人財富時，那些通常被忽略的國家財富因素。這類財富最明顯的形式是各種公共物質財產，諸如道路和運河、建築物和公園、煤氣廠和水廠；不過不幸的是，其中許多不是靠公共儲蓄而獲得的，而是靠公共借款而取得的，這是很重的「負」（*negative*）財富，因為這類財富會為一大筆債務所抵銷。

從國家財富的廣泛角度來看，

但是泰晤士運河比英格蘭所有其他的運河，都為英格蘭帶來更多的財富，甚至可能比所有英格蘭的鐵路還要多。雖然泰晤士河是大自然的天賜之物（除了改良過的航道之外），而運河是人所開鑿的，但是為了很多的目的，我們應該把泰晤士河視為英格蘭財富的一部分。

必須要考慮到自由財

德國經濟學家經常強調國家財富中的非物質因素；在處理與國家財富有關的一些問題上，這樣做是正確的，但是並非在所有問題上都應該這樣做。的確，無論哪裡發現的科學知識，都很快地成為整個文明世界的財產，因此可以認為是世界性的財富，而不是專屬於哪一國的財富。同樣的，機械的發明和許多其他生產技術的改良，以及音樂

也要考慮到社會及國家的組織。

也都是如此。但那些因為翻譯不當，而失去原來力量的文學作品，則在特定意義上，可以視為是以該國家的文字所寫出來的國家財富。而為了某些目的，一個自由和井然有序的國家組織，也可以視為是國家財富的重要因素。

　　但是國家財富包括個人的以及其國民集體所有的財產。在估算國家的個人財富的總額時，我們可以把一國之內國民相互之間的所有債務略去，以省掉一些麻煩。比如說，到目前為止，英格蘭的國債和英格蘭鐵路的債券只要是本國人所擁有的，我們可以用簡單的方法，把鐵路本身計為國家財富的一部分，而完全忽視鐵路債券與政府債券。但是我們還必須要扣除由英格蘭政府或英格蘭私人發行的，而由外國人所持有的那些債券；還要再加上那些英格蘭人所持有的外國債券等等。⑦

> 一個國家當中，一個人對另一個人的債務可以略去不計。

---

⑦ 一個企業的價值也許在一定程度上由於獨占權而產生，這或許是由於專利權而取得的完全獨占；或者是其商品比其他同等好的商品更有名，而擁有部分的獨占；如果是這種情況的話，這種企業並不會增加國家的真正財富。如果打破這種獨占，由於獨占價值的消失，而導致的國民財富的減少，一般說來會小於由於競爭企業價值的增加，以及由於代表社會其他成員財富的貨幣購買力的增加，所帶來的國民財富的增加（但是，應該補充的是，在一些例外的情況下，一種商品的價格可能由於生產被獨占而下降，但是這種情況非常罕見，目前可以暫時忽略）。

再者，商業關係和信譽也會增加國民的財富，只要這些因素能夠使那些購買者與在一定的價格下，最能充分滿足他們真正欲望的

　　世界財富不同於國家財富，就好像國家財富不同於個人財富一樣。在計算世界財富時，可以方便地把一國的國民，對另一國國民的債務，從帳戶的收支雙方略去。此外，正如河流是國家財富的重要組成份子一樣，海洋也是世界上最寶貴的財產之一。世界財富的概念，實際上只不過是把國家財富的概念，延伸到整個地球而已。

世界財富。

　　個人和國家對於財富的權利立基於國內法和國際法，

世界權利的
法律基礎。

那些生產者建立關係；或者換句話說，只要這些因素能夠增加整個社會努力的程度，以滿足整個社會的欲望，就會增加國民的財富。然而，當我們不是直接，而是間接以個人財富的加總，估計國家的財富時，我們必須要以這些企業的全部價值來計算，即使這個價值有一部分是由不是用作公共利益的獨占所構成的。因為這些企業對與其競爭的生產者所造成的傷害，在計算這些競爭企業的價值時，已經考慮了；這些企業透過抬高產品的價格，給消費者造成的損失，就這種特定的商品而言，在計算消費者財產的購買力時，也已經考慮了。

關於這方面的一個特例是信用組織。信用組織提高了國家的生產效率，從而增加了國家的財富。而獲得信貸的能力，對於任何商人來說，都是寶貴的資產。但是，如果任何意外事故使他的企業倒閉，那麼國家財富的損害，會低於該資產的全部價值；因為本來是他要做的生意當中，現在至少有一部分會由別人來做，而別人至少也可借得他原本要借的一部分資本。

關於在什麼程度上，把貨幣計算為國家財富的一部分這個問題上，也有類似的困難；但要徹底研究這一問題，我們要預先討論很多貨幣的理論。

或至少是立基於具有法律效力的習俗之上。因此若要對任何時間和地點的經濟狀況進行詳盡的研究，就需要對法律和習俗進行探究；而經濟學從在這方面進行過研究的學者當中獲益良多。但經濟學的範圍已經很廣大了；而財產概念的歷史和法律基礎，又是巨大的課題，因此最好能在單獨的專著中加以討論。

第6節

價值。暫時用價格來代表一般的購買力。

「價值」（*Value*）的概念與財富的概念之間有密切的關係；關於價值這裡可以略加說明一下。亞當·史密斯說：「價值這個字有兩種不同的含意，有時表示的是某個特定物品的效用，有時則是表達擁有該物品以購買其他物品的能力。」但經驗顯示，把價值一詞用作前面那個含意是不宜的。

在任何地點和時間，一種物品以另一種物品表示的價值，亦即交換價值，就是在那裡和那時，以第一種物品交換第二種物品時，可以取得的第二種物品的數量。因此，價值這個名詞是相對的，表示在某個特定的地點和時間，兩種物品之間的關係。

文明國家一般採用黃金或白銀或兩者兼用，作為貨幣。我們不是用鉛、錫、木材、穀物和其他東西之中的任何一種來相互表示彼此之間的價值，而是首先用貨幣來表達這些物品的價值；並把這樣表示的每種物品的價值稱之為「價格」（*price*）。如果我們知道一噸鉛在任何地點

和時間，都可以換得 15 英鎊，而一噸錫可換取 90 英鎊，那麼我們就可以說兩物的價格分別是 15 英鎊和 90 英鎊，且我們知道用鉛來表示，在當時當地一噸錫的價值就是 6 噸鉛。

每樣東西的價格隨著時間及地點的不同，而隨時有起落；而且隨著每次這種價格的變化時，貨幣的購買力也會隨之而發生同等程度的變化。如果貨幣的購買力相對於某些物品上升，同時相對於同等重要的其他物品也有同等程度的下降，那麼貨幣的一般購買力（或是人購買物品的能力）就會保持不變。這句話隱含了一些我們以後必須要研究的難題。但同時我們也可以用通俗的含意來理解這句話，那麼其含意就足夠清楚了；本書從頭到尾，我們都忽略了貨幣的一般購買力可能發生的變動。如此，可以把任何東西的價格，都視為代表該物品相對於一般物品的交換價值，或者換句話說，代表該物品的一般購買力。⑧

但是，如果發明大大增加人類對大自然的控制力，那麼為了某些目的，貨幣的真正價值用勞動來衡量，比用商品來衡量來得好。但是此一困難對本書的工作沒有多大的影響，因為本書只是經濟學的「基礎」（Foundations）研究而已。

---

⑧ 正如庫爾諾在《財富理論之數學原理的研究》第二章所指出的那樣，天文學家假設有一個「平太陽時」（mean sun），是指太陽在統一的時間穿過子午線，因此時鐘能與這個假設的平太陽時的速度一致，而實際上，太陽有時在中午之前，有時在中午之後，穿過子午線，這是真太陽時（actual sun）；我們可以像天文家那樣假設存在一個統一的購買力標準來衡量價值，從中可以得到同樣的便利。

第三章

生產、消費、勞動、必需品

第1節

人類不能生
產物質，只
能生產物質
所含有的效
用。

　　人類不能創造物質的東西。雖然在精神和道德的世
界裡，人的確可以產生新的觀念；但說到生產物質的東西
時，他實際上生產的只是效用而已；或者換句話說，他的
努力與犧牲的結果，只是改變物質的形式或安排，使該物
質更能滿足欲望而已。在物質的領域中，人所能做的一
切，只是重新調整物質，使之更為有用，就像把一塊木材
做成一張桌子一樣；或是透過一種方法，由自然的力量使
物質變成更加有用的東西，或像把種子放在一個地方，經
由自然的力量，使之爆發出生命一樣。[1]

商人生產效
用。

　　有時候我們會說商人不從事生產；家具製造工生產
了家具，但是家具商只銷售已經生產出來的東西而已，但
是這種區別沒有科學的依據。他們都生產效用，兩者都不
能生產出效用以外的任何東西，家具商人移動並重新安
排物質，使之比以前變得更有用，而木匠做的也只是如
此而已。在地面上運送煤炭的船員或鐵路工人，就好像礦
工把煤炭從地下挖出一樣，都是在生產煤炭；魚販把魚從

---

[1] 培根在《新工具》（*Novum Organum*）第一卷第一章第 4 節說：
「在獲得成功方面，人所能做的一切只是把一些自然物體加以分
合，除此之外則是自然自己在其內部去做了（以上譯者參考青蘋
果數據中心製作之世界名著百部中的培根《新工具》）。（這
句話為伯納〔Bonar〕在《哲學及政治經濟學》〔*Philosophy and
Political Economy*〕頁 249 所引用）。

比較沒用的地方，搬運到較有用的地方；漁夫做的也只是
如此而已。誠然，商人的數目往往超過所需要的；且無論
何時，只要當有這種情況出現時，就是一種浪費。但如果
兩個人犁的田，一個人就可以犁得很好的話，也是一種浪
費；在這兩種情況下，所有從事工作的人，他們都在生
產，但可能都生產得很少。有些作者又再次對中世紀的貿
易進行攻擊，理由是貿易不具生產性。但他們沒對準目
標，他們應該攻擊的是不完善的貿易組織，尤其是零售貿
易組織，而不是貿易的本身。[2]

　　「消費」（Consumption）可以視為是負生產。正如
人類只能生產效用一樣，他所能消費的也只是效用而已。
他可以生產勞務和其他非物質的產品，他也可以消費這些
東西。但正如他在生產物質產品時，實際上只不過是把物
質重新安排，使之帶來新的效用而已；消費也只不過是擾
亂物質的安排而已，以減少或破壞物質的效用。的確，往
往當我們說，他要消費東西時，他只是持有這些東西，供
自己使用而已，正如西尼爾（Senior）所說的，這些物品
「是被我們統稱為時間的那些眾多漸進因素所破壞」。[3]
就像小麥的「生產者」（producer），只是那個把種子播

人類只能消
費效用，正
如他僅能生
產效用一
樣。

---

[2] 從狹義上來說，生產改變了產品的形式及性質，而貿易及運輸則
　改變了產品的外部關係。

[3] 參閱西尼爾的《政治經濟學》（*Political Economy*）頁 54，
　他喜歡用「使用」（to use）這個動詞來代替「消費」（to
　consume）這個動詞。

種在大自然中能生長之處的人一樣，照片、窗簾，甚至房子或遊艇的「消費者」（consumer）他自己本身不會消耗這些東西太多；他只是使用了這些東西，但是時間在損耗這些東西。

消費者的財貨與生產者的財貨。

　　另外，有一種一直都很顯著，但現在卻很模糊，也許無多大實際用途的區別，是「消費者的財貨」（*consumers' goods*）與「生產者的財貨」（*producers' goods*）之間的區別。消費者的財貨，也稱爲「消費財」（*consumption good*），或「第一級財貨」（*goods of the first order*），諸如食物、衣服等等，可以直接（*directly*）滿足欲望。而生產者的財貨（也稱爲「生產財」〔*production goods*〕，或是「工具財貨」〔*instrumental*〕，或是「中間財貨」〔*intermediate goods*〕），例如犁、織布機和原棉，有助於第一級財貨的生產，以間接（*indirectly*）滿足欲望。④

④ 因此某些人把消費者家中做蛋糕的麵粉，視爲是消費財；當在糖果商手中時，不僅是麵粉，連蛋糕本身，都視爲是生產財。卡爾・孟格（Carl Menger）（《國民經濟學》（*Volkswirthschaftslehre*），第一章第 2 節）說，麵包屬於第一級，麵粉屬於第二級，麵粉廠屬於第三級財貨等等。如果一列火車載著旅客去旅遊，車上同時還有一些餅乾、製麵粉機及製造製麵粉機的機器，那麼那列火車同時是第一、第二、第三和第四級財貨。

第2節

　　所有勞動的目的都是爲了產生某種結果。雖然有些勞動只是爲勞動而勞動，就像爲娛樂而玩遊戲一樣，這些不能算作是勞動。我們可以把「勞動」（labour）定義爲付出體力或腦力，以獲得部分或全部的利益，而不是直接從工作中獲得快樂。⑤如果我們必須要給一個新的定義的話，最好把勞動看作是除了那些無法達成既定的目的，因而無法產生效用的勞動之外，所有的勞動都是具有生產性的。但是，「生產性」（productive）這個詞的含意已經發生了很多的變化，在這許多變化當中，這個詞特別與積存的財富有關，而相對上比較忽視即時和暫時的享樂，有時甚至完全排除；⑥而幾乎有一種未曾間斷的傳統，迫使我們

幾乎所有的勞動都是具有生產性的。

---

⑤ 這是傑逢斯的定義（《理論》，第五章），不過他只包括了痛苦的努力。但是他自己又指出，懶惰往往是多麼的痛苦。如果只考慮工作帶來的直接快樂，那麼大多數人都會多做一些工作；但是在有益於健康的狀態下，即使是受僱用而工作，大部分工作的快樂仍然超過痛苦。當然這個定義是有彈性的；一個晚間在自家花園工作的農業勞動者，主要想到的是他的勞動成果；經過一天久坐而辛勞回家的機械工人，在其花園的工作中，也會獲得十足的快樂，但他主要在乎的還是他勞動的成果；而一個同樣在花園中工作的有錢人，雖然也會爲做得好，而感到驕傲，但他可能不會太在意由此而得到的任何金錢上的節省。

⑥ 把貴金屬看成比任何東西都更具財富意義的重商主義者

但是那些為了滿足未來的欲望，而非目前欲望的勞動，一般說來被認為特別具有生產性。

把這個詞的中心概念看作是為供應未來欲望所需，而非為提供目前欲望所需。事實上，所有有益的享受，無論奢華與否，都是公共和私人行為正當的目的；而且，奢侈品的享受的確是激發努力的一種誘因，因而促成了多方面的進步。但是如果從事短暫性奢侈品的生產，與致力於較堅實和持久資源的獲取，這兩種不同性質的產業的效率及精力都相同的話，後者將有助於產業未來的運作，並能夠在不同的方面更加豐富了生活，那麼如果一國把前者置於次要

（Mercantilist），部分由於這些貴重金屬不會毀壞，而把不是用來生產出口財貨以換取金及銀的勞動，都視為是無生產性的或「無益」（sterile）於生產的。重農學派（Physiocrats）把所消費的價值與所生產的價值相等的所有勞動，都認為是無益於生產的；而把農民看作是唯一有生產性的勞工，因為只有農民的勞動才能（就像他們所認為的）增加儲存財富的淨額。亞當·史密斯不像重農學派學者那樣強調農民的生產性，但他仍舊主張農業勞動比其他勞動更有生產性。他的信徒摒棄了這個區別，然而即使在細節上有很多不同之處，他們仍普遍堅持生產性勞動就是那些會增加累積財富的勞動。這個概念雖未明示，但卻隱含於《原富》（國富論）中著名的一章（〈論資本的累積，或論生產性的和非生產性的勞動〉On the Accumulation of Capital, or on Productive and Unproductive Labour）之中（請參照特拉弗斯·崔斯〔Travers Twiss〕所著《政治經濟學的發展》〔*Progress of Political Economy*〕第6節，及約翰·斯圖亞特·密爾在他的《論文集》〔*Essays*〕及《政治經濟學原理》〔*Principles of Political Economy*〕）中對生產性一詞所討論的內容）。

的地位，一般就得以增進其眞正的利益。這個一般的概念
已經融入到所有階段的經濟理論之中了；並由不同的學者
對這個概念進行各種嚴格和明確的區分，經由這些區分，
把某些行業劃爲生產性的，某些行業則劃爲非生產性的。

例如，即使在近代，仍有許多學者還是堅持依循亞
當・史密斯的方法，把家庭僕人納爲非生產性的。毫無疑
問地，許多大家庭的僕人過多，如果把其中一些人的精力
轉移到其他用途上，可能對社會是有益的。同樣的事實
是，如果把那些靠釀造威士忌謀生者的一大部分精力，
轉移到其他用途上，也會對社會有益，但從未有經濟學家
把他們歸爲非生產性的。爲家庭提供麵包的麵包師，其工
作和一個煮馬鈴薯廚師的工作之間，在性質上沒有任何區
別。萬一麵包師成爲一個糖果師，或一個別出心裁的麵包
師，那麼他很可能至少要花費和家庭廚師一樣多的時間在
勞動上，而這種勞動從普遍意義上來講是非生產性的，因
爲他提供的是不必要的享樂品。

家庭僕人的
工作未必是
非生產性
的。

無論何時只要我們單獨使用「生產性的」
（*Productive*）這個詞時，指的都是「生產工具的生產力」
（*productive of the means of production*）和「耐久性享樂
來源的生產」（*of durable sources of enjoyment*）。但這
是一個含糊的用語，不應當將其用在需要精確之處。⑦

生產性的暫
時定義。

---

⑦ 在生產資產當中，包含有勞動的必需品，但不包括短暫的奢侈
品；因此無論冰的製造者是爲糕點廚師工作的人，還是爲鄉間
別墅工作的私人的僕人，都歸類爲非生產性的。但是從事建築劇

如果我們想把這個名詞用在不同的意義上時，必須要
這樣說：比如，我們可以把勞動說成是生產「必需品的生
產要素」（*productive of necessaries*）等等。

生產性的消
費。

當把「生產性的消費」（*Productive consumption*）用
作一個專有名詞時，通常是指用這種財富，從事更多財富
的生產；這不包括所有生產性勞動者的消費，而只包括維
持他們的效率所需要的那部分消費而已。這個用語在研究
物質財富的累積方面也許是有用的，但這個用語容易招致
誤解。因爲消費是生產的目的，一切有益的消費都能產生
利益，而其中有許多最有價值的消費，對物質財富的生
產，並無直接的貢獻。⑧

_____

場的瓦工，則歸類爲有生產性的。毫無疑問地，永久性的和短暫
性的享受來源之間的劃分是模糊的，且不切實際。但是這個困
難在於事物的性質，不是以任何文字所能完全避免的。我們可以
說相對於矮個子的人來說，高個子的人增加了，而無法決定是否
所有那些 5 呎 9 吋以上的人都歸爲高個子，還是只有 5 呎 10 吋
以上的人才算是高個子。我們可以說，生產性勞動是以犧牲非生
產性勞動爲代價而增加的，而不能在生產性的與非生產性勞動之
間，劃定任何刻板的，因而武斷的區別界線。如果爲了某種特殊
的目的，而需要劃定這種人爲的分界線，在這情況下，就必須明
確地進行劃分。但事實上這種情況很少或根本就不會發生。

⑧ 對於使用生產性這個詞的所有區別都非常空洞，且有一種不眞實
的樣子。現在介紹這些區別，似乎有點不值得；但是這些區別的
進行卻有久遠的歷史了；因此較好的做法，可能應該是逐漸不

第3節

　　這使得我們須要考慮必需品這個用語。對「必需品」（necessaries）、「舒適品」（comforts）和「奢侈品」（luxuries）之間的區分很常見；第一類包括所有滿足必須（must）要滿足的欲望的東西，而後兩類則包括那些滿足不太急切的欲望的東西。但是這裡又有一個令人傷腦筋的含糊之處。當我們說某一必須要滿足的欲望時，如果不能滿足的話，則在我們的觀點中，會有什麼後果呢？他們包括死亡嗎？還是僅僅只是減弱一個人的力量和精力呢？

必需品是那些滿足必須要滿足的欲望之物品。但是這種說法是含糊的。

用，而不是突然完全棄之不用。

試圖要在原本沒有真正中斷的地方，劃定一條一成不變的區分界線，雖然與對「生產性」（Productive）這個用語下嚴格的定義相比，經常會造成較多的損害，但也許不會比這些定義導出更離奇的結果。例如，其中有些定義得出這樣的結論，亦即歌劇中的演唱家是非生產性的，歌劇入場券的印刷者是生產性的；而把聽歌劇者引導入座者，除非剛好也出售節目單，否則他是非生產性的。西尼爾指出：「我們不會說廚師製作烤肉，而說他烹煮烤肉；但我們卻又會說他製作布丁……。我們說一個裁縫師傅把布料作成外套，而不說染房工把未染布料，製成染色布。染房工對產品生產所做的變化，可能大過於裁縫師所做的，但是經由裁縫師之手，布料的名稱改變了；而經染房工之手，布料的名稱卻未改變：染房工並未生產一個新的名稱（new name）的產品，因此也就未生產一件新的東西（new thing）。」（《政治經濟學》（頁51-52）。

換句話說，所謂的必需品是指生命所需要的物品，還是指維持效率的必需品呢？

必需品是一個簡略的用法。

「必需品」（Necessaries）這個用語，有如「生產性」一詞一樣，都是一種簡略的用法，其所指的東西仍然要由讀者來補充；既然這種隱含的東西是多變的，往往讀者加上的東西並不是作者所指的那個，從而誤解了作者的大意。在這一點上，正如前面的情況一樣，可以在每一關鍵之處，清楚交代想要讀者理解的東西，這樣就可以消除混淆的主要來源。

生存必需品與效率必需品。

「必需品」一詞舊時的用法，總的來說，僅限於那些足以讓勞工維持自己和他們家庭生計的東西。亞當·史密斯和他較謹慎的追隨者，的確已注意到舒適和「體面」（decency）標準的不同；他們也認識到氣候和風俗的差異，使得一些東西在某些情況下是必需的，但在其他情況下卻是多餘的。[9] 但是亞當·史密斯受到重農學派推理的影響；他們是立基於十八世紀法國人的狀況，其中當時大多數的人除了知道那些維持生存的必需品之外，根本就不知道還有任何其他必需品的概念。然而，在較幸福的時代，仔細的分析就會清楚，在任何時間和地點，每一種行業都有或多或少明確界定僅足以維持其成員生活所必要的所得水準；同時，還有另一個維持其完全的效率所必需的

---

[9] 參見卡佛（Carver），《政治經濟學原理》（*Principles of Political Economy*），頁 474；這本書引起了我對亞當·史密斯以下觀察的注意，即習俗上得體的物品實際上也是必需品。

較高的所得水準。⑩

　　也許以下的事實是對的，亦即任何一個工業階級的勞工，如果都能以十足的智慧花用工資的話，那麼其工資可能就都足以維持較高的效率。但是，對必需品的每一個估計都必須要考慮地點和時間；除非有相反的特別解釋子句，否則可以假設討論中的產業階級，其對實際流行工資的花用，正好與經由智慧、深謀遠慮和不自私的態度所決定的數額相同。有了這樣的理解，我們就可以說，如果任何所得的增加，最後都會使效率增加的比例超過所得增加的幅度的話，那麼任何一個產業各種等級的所得都低於必需的水準。改變習慣可以達成節約消費的目的，然而對於任何必需品的節制都是浪費的。⑪

必須要考慮時、地和生活習慣等這些條件。

必需品。

⑩ 因此，在最近的一百年裡，即使不考慮移民，英格蘭南部的人口也已經增加得相當快速了。但以前與英格蘭北部一樣高的勞動效率，現在卻低於北部了；所以南部低工資的勞動，往往比北部高工資的勞動更貴了。除非我們知道必需品一詞到底使用的是這兩種意義當中的哪一種，否則就無法因此而得知南部的勞工是否得到了足夠的必需品。他們僅僅只有維持生存及增加的人口所必需的物品，但顯然沒有維持效率所必需的物品。不過必須記住，南部最強壯的勞動者，不斷遷移到北部，北部較高的經濟自由度及升遷到較高位置的希望，使北部人的幹勁增大了。見麥克（Mackay），在 1891 年 2 月發表於《慈善組織期刊》（*Charity Organization Journal*）的文章。

⑪ 如果我們考慮一個具有特殊能力的人，就應該要考慮到這樣一個

第4節

當我們要探究有效率勞動供給的決定因素時，就必須要較詳盡地研究維持不同階層勞工效率的必需品。但是如果我們在這裡研究英格蘭這一代，維持一個普通農業勞動者或一個無技術的城市勞動者及其家庭效率的必需品時，那麼我們的觀念就會變得比較明確。這些必需品可以說，應該包含有幾個房間和排水良好的房子、保暖的衣服及一些更換的內衣褲、潔淨的水、豐富的糧食及適量的肉類和牛奶，以及一點點的茶等等，還要有相當的教育和娛樂活動，最後還要讓妻子可以不從事其他工作，而有充分的自由時間，得以善盡母親和料理家務的責任。如果在任何一個地區，剝奪了非技術勞工這些東西中的任何一種，其工作效率受到的損害，就像一匹沒有得到適當照顧的馬匹，

事實，即他為這個社會工作的真正價值，和他從這個工作所賺取的所得之間的對應關係，可能不會像任何工業階級的普通工人那樣在這兩者之間的關係那麼密切。因此我們必須要說，只要減少其中任何一部分的消費，其效率就會降低，而減少的這部分效率對他或世界其他人的真正價值，都超過他所省下的消費，則他所有的消費都是絕對生產性的和必要的。如果一個牛頓（Newton）或一個瓦特（Watt）透過增加兩倍的支出，就可以提高百分之一的效率，那麼他的消費的增加就是真正具有生產性的。正如我們後面會看到的，這種情況類似於增加高地租肥沃土地的耕種，雖然報酬不及以前的支出所得到的報酬，但可能仍是有利的。

或像一部煤炭供量不足的蒸汽機一樣。所有達到這個程度的消費都是嚴格的生產性消費；對這種消費的任何節制都不是經濟，而是浪費。

另外，也許一些菸酒的消費，以及一些時髦服飾的追求，在許多地方都已成為習慣，以致於這些東西可以稱為「習慣上的必需品「（*conventionally necessary*），因為為了要獲得這些東西，一般人都要犧牲一些維持效率的必需品。因此除非他們的工資不僅可以讓其獲得「嚴格必需品」（*strictly necessary*）的消費外，還能夠提供某一定數量的習慣上的必需品，否則他們的工資仍然低於維持效率所必需的水準。[12]

> 習慣上的必需品。

生產工人對習慣上的必需品的消費，通常納為生產性消費這一類，但嚴格說來不應該這樣做；在文章的關鍵地方，應該加上一個特別的解釋子句，來說明這些物品是否包括在生產性消費品之中。

然而，我們還應該要注意的是，有許多理所當然地視為多餘奢侈品的這類東西，在某種程度上已變成必需品了；當生產者消費這類東西時，就那個程度上來說，對這些東西的消費也是生產性的。[13]

---

[12] 參照詹姆斯．斯圖亞特（James Steuart）1767 年的《政治經濟學原理探究》（*Inquiry*）第二篇，第二十一章中對「物質的必需品和政治的必需品」之間的區分。

[13] 因此，一盤在三月可能要花費 10 先令的青豆，就是一種多餘的奢侈品，但卻仍是有益的食物，其作用也許和只值 3 便士的捲心

菜一樣；或甚至變換一下花樣，因為有益於健康，所以比 3 便士的捲心菜要值多一點。因此可能把 4 便士的價值列在必需品項下，而把 9 先令 8 便士的價值列在奢侈品項下；其支出的 1/40 可以嚴格地視為生產性（譯者註：英國 1 先令 =12 便士，10 先令 =120 便士，用 3 便士的捲心菜來計算，是一盤青豆 10 先令的 1/40）。在例外的情況下，例如當青豆送給病人吃時，則整個 10 先令可能都充分利用，並重現了其價值。

為了明確這些觀念，可以嘗試對生活必需品進行估算，雖然這種估計是粗略的且隨意的。也許在現行價格下，一個普通農家的嚴格必需品每週要花費 15 到 18 先令，而對習慣上的必需品要再多支出 5 先令。對於一個城市的非技術工人來說，每週嚴格必需品必須要再加上幾先令。對於生活在一個城市的技術工人家庭，每週嚴格必需品可能要 25 到 30 先令，而習慣上的必需品可能需要 10 先令。對於一個不斷強力用腦的人來說，如果是一個單身漢，則嚴格必需品每年可能要花 200 或 250 英磅，但是如果他有家人需要接受昂貴的教育，那麼就需要兩倍的錢。他的習慣上的必需品則取決於他的職業的性質。

第四章

所得、資本

第1節

廣義用法的
所得。

在一個原始社會，每個家庭幾乎都自給自足，自己提供了大部分的衣食，甚至是家具。家庭所得或收入中只有很小一部分是貨幣的形式；當我們想到他們的所得時，就得把他們從炊具中所獲取的利益，和從耕犁中所獲取的利益一樣，都計算進來；我們對他們的資本和從炊具和耕犁之類所累積的財貨之間不做任何的區分。[1]

與貨幣所得
相對應的，

但隨著貨幣經濟的發展，我們就有一種強烈的傾向，把所得的概念局限在那些貨幣形式表示的收入；這些收入包括作為受僱員工薪資報酬一部分的「實物工資」（payments in kind）（例如：免費使用的房屋、煤炭、煤氣、水），以代替貨幣工資。

有營業資本。

為了與所得的這個含意一致，一般市場的用語，都把一個人用來獲得貨幣所得的那部分財富；或者更一般地說，透過交易手段所獲取（德文 *Erwerbung*）的東西，都視為是他的資本。為了方便起見，有時把這一部分財富稱為是他的「營業資本」（*trade capital*），這部分資本可

---

[1] 由於這個以及類似的事實，使得有些人不但認為分配和交換的現代分析中，有某些部分不能適用於原始社會（這是正確的）；同時也認為這個現代分析的重要部分，沒有什麼可以適用的（這是不正確的）。這是可以表現出種種危險一個顯著的例子，這些危險是如果我們不努力做必要的辛苦工作，以發現潛藏在文字的不同形式下內容的一致性，就會讓自己成為文字的奴隸。

以定義爲一個人用來營業，所使用的那些外在的財貨，他
或是把這些外在財貨拿來賣，以換取貨幣，或用這些財貨
來生產東西，然後出售以換得貨幣。其中最引人注目的構
成分子，是諸如那些製造商的工廠和設備等東西；亦即他
的機器、原料、可供其員工使用的任何食物、衣著、房間
及他的商業信譽等等。

其中最引人
注目的構成
分子。

　　對於一個人所擁有的東西，還要加上他的權利，以
及從該權利中獲取所得的東西，包括他以抵押或其他方
式借來的款項，以及在現代這個「貨幣市場」（money
market）的複雜形式之下，他可以掌控的所有資本。另一
方面，他所欠的債務，必須從資本中扣除。

　　從個人或企業的角度來看，資本的這種定義在普通的
用法中已經牢固地確立了；無論何時，當我們討論與一般
企業有關的問題時，特別是在公開市場上出售任何特定類
別的商品時，本書從頭到尾都將採用這個定義。本章的前
半部分，將從個人企業的角度，來討論所得和資本；之後
再從社會的角度來討論。

第2節

　　如果一個人從事企業的活動，爲了要購買原料、僱用
勞動等等，他肯定需要某些開支。在這種情況下，他眞正
的所得或「淨所得」（net income）要從「毛所得」（gross
income）中扣除那些「屬於生產的開支」（the outgoings

淨所得。

that belong to its production）。[2]

　　一個人做任何事情，而直接或間接獲得貨幣報酬，都會增加他的「名目所得」（nominal income）；而他為自己提供的勞務，通常不計入其名目所得之中。當這些勞務是細微的事情時，雖然一般情況下最好是不計入，但是有一類勞務，通常人們需要付錢才能得到，則為了一致起見，雖然是為他們自己做的，還是要計入。因此，一個女人為自己縫製衣服，或一個男人在自己的花園中挖掘或修理自己的房屋，都在賺取所得；就好像僱用裁縫、園丁及木匠，做這項工作需要支付工資一樣。

淨利益的暫時性定義。　　關於這方面，在這裡要介紹一個我們此後經常要用到的用語。之所以需要這個用語，是因為除了工作疲勞之外，每一項職業都有其他的不利之處，且每一項職業除了貨幣工資的收入以外，也有其他的有利之處。計算一項職業提供給勞動的真正報酬，必須從各種有利之處的貨幣價值中扣除所有不利之處的貨幣價值；我們可以把這個真正的報酬稱為該職業的「淨利益」（*net advantages*）。

資本的利息。　　一個借款人為了使用一年的借款，需要支付一筆款項，這筆款項為借款金額的某一比例，稱為「利息」（*interest*）。這個用語也用來更廣泛地表示，從資本所獲得的全部貨幣所得的等價物。利息通常表示為借款的「資

---

[2] 參見 1878 年英國學術協會委員會（Committee of the British Association）關於所得稅的一份報告。

金」（capital）總額中的某一定比例。無論何時，當出現
這種情況，就不能把資本視為一般東西的存量。而必須視
為貨幣這種特殊東西的存量。如此，100 英鎊若以 4% 的
利率借出，也就是每年利息為 4 英鎊。而如果一個人經營
企業，使用估計價值 1 萬英鎊的各種資本存量，那麼假設
構成這些資本的那些東西，其總貨幣價值保持不變，則若
以 4% 的利率來計算，每年利息為 400 英鎊。然而，除非
他預計從經營企業所得到的總的淨利得超過現在的利息，　　利潤。
否則他將不願意繼續經營這個企業。這些利得稱為「利
潤」（*profits*）。

　　對於具有一定的貨幣價值，可用於任何用途的財　　自由或流動
貨，通常稱為「自由」（free）或「流動」（floating）資　　資本。
本。③

　　當一個人經營企業時，他某一年的利潤就是在這一年
中他從該企業所獲取的收入超過他為該企業支出的部分。
他的工廠設備、原料等存量的價值，在年底和年初之間的　　管理報酬
差額，根據價值的增減，是他收入或支出的一部分。從他
的利潤中扣除按現有利率計算的資本利息（在必要時，還
要扣除保險）後，剩餘的部分通常稱為「經營或管理企業

---

③ 克拉克（Clark）教授曾提出區分「純粹資本」（*Pure Capital*）
　及「資本財」（*Capital Goods*）的建議：前者是相當於一個不
　增減的瀑布；而資本財是流進與流出企業的特殊東西，就好像流
　過瀑布的水滴一樣。他當然會把利息與純粹資本，而不是把利息
　與資本財聯繫起來。

的報酬」（*earnings of undertaking or management*）。某一年度他的利潤與其資本的比率稱為「利潤率」（*rate of profits*）。但是這個語詞，與關於利息的相應語詞一樣，都假設已經估算構成資本那些東西的貨幣價值了，而這樣的估算經常會有很大的困難。

地租及準租。 當出租像房屋、鋼琴、縫紉機等任何這種特定東西時，所收到的報酬，稱為租金（*Rent*）。當經濟學家從個別商人的角度來探討所得時，也可以遵循這種做法，而不會有任何的不便。但是，正如現在所要指出的那樣，當從個人的角度轉到從整個社會的角度，來討論企業業務時，在權衡利弊之後，似乎最好還是保留地租這個詞，以表示從大自然的免費賜予所取得的所得。基於這個理由，本書把用機器和其他人類製造的生產工具，所獲得的所得稱為「準租」（*Quasi-rent*）。也就是說，任何特定的機器都可能創造一種具有地租性質的所得，這有時稱為租金；儘管總的來說，將之稱為準租似乎更恰當，但是我們不能說利息是機器所產生的，這種說法並不恰當。如果無論如何我們一定要使用「利息」（interest）這個詞，根本上也與機器本身無關，而是與機器的貨幣價值（*value*）有關。舉例來說，如果一臺成本為 100 英鎊的機器，工作一年所得的淨產值是 4 英鎊的話，那麼這部機器產生的準租是 4 英鎊，按其原始成本計算，相當於 4% 的利息；但是，如果這部機器現在只值 80 英鎊，那麼這個準租就是現有價值的 5%。然而，這一點引出了一些難以解決的原則性的問題，這留待第五篇再來討論。

第3節

接下來要討論一些與資本有關的細節問題。資本可分為兩類，即「消費資本」（Consumption capital）及「輔助」（Auxiliary）或「工具」（Instrumental）資本，雖然這兩類資本之間沒有明顯的界線，但如果能理解其間的模糊的話，則在使用這些名詞時，有時可能會比較方便。在需要明確的地方，我們要避免使用這些名詞；並要清楚明白的加以說明。我們可以從以下的近似定義中，得到這兩個用語所要表明的一般性區別的概念。

「消費資本」（*consumption capital*）包含可以直接滿足欲望的財貨；即諸如食物、衣服、房屋等，這些直接維持工人生活的財貨。

消費資本。

之所以有「輔助」（*Auxiliary*）或「工具」（*instrumental*）資本這類的名詞，是因為這類資本所包括的所有財貨都可以幫助勞動從事生產。這類資本有工具、機器、工廠、鐵路、船塢、船舶等等；和各種原料。

輔助或工具資本。

但是，一個人所穿的衣服，當然有助於他的工作，且是他保暖的工具；同時他從工廠廠房的庇護，所得到的直接好處，就像從他住家所得到的庇護是一樣的。④

我們可以遵循密爾對「流動資本」（*circulating capital*）與「固定資本」（*fixed capital*）的區分。他認

流動資本與固定資本。

___

④　參見第二篇第三章第 1 節。

為流動資本「是只用一次，就完成了其所從事的全部生產任務」；而固定資本「則存在一個持久的外形，其報酬分散在相對持久的時間當中。」⑤

第4節

轉而從社會的觀點來看所得。

在討論為市場而生產的財貨，及決定交換價值的原因這些問題時，對經濟學家來說，採用企業人士習慣的觀點是最方便的。但是，當在研究決定整個社會物質福利事業的原因時，與經濟學家一樣，企業人士必須採取更廣泛的觀點。平常的談話不需要對任何正式的轉變加以說明，就可能從一個觀點轉到另一個觀點；因為如果出現誤會，很容易就能釐清；而混淆由一個問話或主動加以解釋就可以解決了。但是經濟學家不能冒這樣的風險；他必須對於他的觀點或用語使用上的轉變，做出明顯的說明；如果他毫不交代就從一個用法，轉到另一個用法，那麼在當時看起來好像進行得較平穩，但是從長遠來看，最好是在每一個有疑慮之處，對每個用語的含意都清楚地說明，這樣可以

---

⑤ 亞當‧史密斯認為固定資本和流動資本的區分，取決於財貨是否「在不改變所有主的情況下產生利潤」。李嘉圖則認為取決於財貨是否「緩慢地消費掉，還是需要經常再生產」；但是他也確實認為，這是「一個不必要的區分，而且無法準確劃出界線」。密爾的修正則為現代經濟學家所普遍接受。

獲得較好的進展。⑥

那麼，讓我們在本章的其餘篇幅，有意地採納社會的（social）觀點，而不是個人的觀點：讓我們檢視整個社會的生產情況，及可用於所有目的之社會總的淨所得。也就是說，讓我們幾乎回到一個原始人的角度，他們主要關心的是希望得到的物品的生產，以及這些物品的直接用途；且他們也不太關心交換和行銷。

從這個觀點來看，人類從現在和過去任何時間的努力中，把自然資源作最好的利用，所獲得的所有利益，都應視為所得。從彩虹的美麗，或從早晨清新空氣的甜美感覺所產生的愉快，這些在計算時不考慮在所得之內，不是由於它們不重要，也不是因為包括它們，會損害到任何的估計；而僅僅是因為計入它們，不會有什麼好處，反而會增加我們語句的冗長和討論的囉嗦。出於類似的原因，分別考慮幾乎每個人都能為自己做的，諸如穿衣服等等這些簡單的勞務都是不值得的；雖然也有少數人選擇付錢給別人，好為他們做這樣的事情。但是把這些事情排除在外，並不涉及到原則的問題；而一些喜歡爭論的作者花時間討論這個問題，這其實是在浪費時間。這只不過是遵循了微罪不舉（De minimis non curat lex）的原則。一個沒注意到路上水池的司機，濺潑了一個路人，不需要負法律的傷害罪；儘管他的行為和另一個沒注意到，卻對別人造成了

對於實際的事務，理論的完整性所要付出的代價太過巨大。

---

⑥ 參見第二篇第一章第 3 節。

嚴重傷害者之間的行為，在原則上沒有區別，但後者要負法律責任。

　　一個人把目前的勞動，投入於己用時，會給他帶來直接的所得；如果他把勞動投入到為別人服務的話，他會期待從中獲取某種形式的報酬。同樣地，他過去所製造的或所得到的任何有用的東西，或者是在現有的財產制度下，由其他人製造或得到的任何有用而傳給他的東西，一般都是他直接或間接物質利益的來源。如果他把這些東西用在企業經營上的話，那麼這種所得通常會以貨幣的形式出現。但是有時需要更廣泛地使用所得這個用語，使之涵蓋一個人從無論如何使用其財產所有權，所得到的各種利益的全部所得。例如：他從使用自己的鋼琴中所得到的利益，與那些鋼琴經銷商，透過出租鋼琴所賺的所得的利益一樣，都要計入所得。即使在探討社會問題時，日常生活的用語與所得這個詞的廣義用法不同，然而這個用詞習慣上仍包含若干貨幣所得以外的其他形式的所得。

　　雖然一間房屋為所有者自己居住時，只是直接產生舒適的所得而已，但所得稅督察官（Income Tax Commissioners）卻仍把它算為應課稅所得的來源。他們這樣做，並非立基於任何抽象的原則；而部分是因為房屋的實際重要性，部分是因為房屋的所有權通常是以企業的方式來處理的，另外部分原因是由此而產生的實際所得，很容易分離並估計出來。在他們稅項規定中所含括的東西與不含括的東西之間，並不主張建立起任何種類上的絕對區分。

　　傑逢斯從純粹的數學觀點出發，把消費者手中的所有商品都歸類為資本的這個論點是合理的。但是有些學者卻以極大的

獨創力發展了這個觀點，已經把這個觀點當作一個重要的原理，這似乎是判斷上的錯誤。出於比例關係的考慮，我們不應該持續不斷地列舉次要的細節問題，來加重我們的負擔，在慣常的談話中不需要考慮這些細節問題，若要將其加以描述，甚至可能會違背大眾一般的常規。

第5節

　　這促使我們要從探究整個社會物質福利的觀點，來思考「資本」（*capital*）這個名詞的用法。亞當・史密斯說過，一個人的資本是他儲存物當中的一部分，他預期從其中獲取一種所得（*that part of his stock from which he expects to derive an income*）。而歷史上所知道的幾乎所有資本一詞的用法，都或多或少相當於所得這個名詞的用法，在幾乎所有的用法中，資本一直都是人類預期從中獲取所得的儲存物當中的一部分。

所得與資本的相互關係。

　　到目前爲止，資本一詞最重要的一般用法，從社會觀點來看，就是在探究三種生產要素：土地（即自然要素）、勞動和資本，如何有助於產生國民所得；以及國民所得如何在這三部分要素之間分配的情況。這也使得我們無論從個人觀點，或從社會的觀點來看，都把資本與所得這兩個名詞視爲有關聯的另一個原因。

從社會的觀點來看，本書中資本與土地的含意。

　　因此，在本書中，從社會觀點來看，按照日常的說法，把土地之外的所有可以產生所得的東西；再加上政府工廠等這一類公共所有的東西，都算作是資本的一部分；

「土地」（Land）這個名詞則用來包括諸如礦場、漁場等，可以獲得所得的所有大自然的免費恩賜。

這樣，資本就包括爲交易目的而持有的一切東西，無論是機器、原料還是製成品；劇院和旅館；供大莊園或企業自用的家用農場和房屋都是；但不包括使用者自己擁有的家具和衣服。因爲世界上普遍都認爲前者可以產生所得，而後者卻不能，正如所得稅督察官的做法那樣。

資本這個名詞的這種用法，與經濟學家在處理社會問題時，從討論大概的輪廓開始，接著再研究細部問題的這種一般做法是一致的；也與經濟學家把產生廣義所得來源的那些活動，且只有那些活動，才納入勞動之中的慣常做法是一致的。勞動與在如此定義下的資本和土地，是一切所得的來源，在計算國民所得時，通常都要納入計算。⑦

第6節

社會所得的構成分子有重複計算或被遺漏的危險。

把討論中的社會裡所有個人的所得加起來，就可得到社會的所得，這個社會可以指一個國家或是任何其他一個

---

⑦ 正如爲了實際的目的，我們最好不要詳列像一個人早上從刷他帽子的勞動所獲取「所得」（income）那樣的利益一樣，最好也忽略投下他刷子的資本要素。但是，在僅是抽象的討論中，就不會有這樣的問題；因此，傑逢斯關於消費者手中的商品都是資本這句名言，具有邏輯上的簡易性，且對於以數學來描述經濟學說，也是有利而無弊的。

群體。然而，我們不可以把同樣的東西重複計算兩次。如果我們計算一塊地毯的總價值，那麼我們已經把用來製造地毯的紗線和勞動的價值全都計算在內了；這些東西不得再次納入計算了。此外，如果地毯是以年初庫存的羊毛製成的，那麼羊毛的價值必須從地毯的價值中扣除，才能得到該年的淨所得；而對於用來製造地毯的機器和其他設備的耗損，也必須進行類似的扣除。這是根據我們一開始所提出的一般法則的要求，即從總所得中扣除屬於產生總所得的支出，才可以求得真正的所得或淨所得。

但是，如果地毯是由家庭僕人或蒸汽洗滌工廠清洗的，花在清洗勞動的價值必須要單獨計算；否則的話，在計算構成該國真實所得的那些新生產商品及便利品時，這些勞動的工作成果都會從該些產品的清單中完全遺漏掉。從技術的意義上來看，家庭僕人的工作總是被歸類為「勞動」（labour）；因為這些僕人工作的價值，可以用金錢和實物的價值作完全（en bloc）的估算，而不必詳細的逐一列舉，那麼把他們納入計算，在統計上就不會有太大的困難。然而，若省略無僕人家庭的婦女及其他成員完成的繁重家務，這多少會產生一些不一致。

此外，假設有一個年所得為 1 萬英鎊的地主，以 500 英鎊的薪資僱了一名私人祕書，這名祕書又以 50 英鎊工資僱了一名僕人。如果把這三個人的所得都計算為一個國家的淨所得的一部分，看起來其中有些似乎重複計算了兩次，有些則重複計算了三次。但實際情況並非如此。地主從其土地的生產所取得購買力的一部分移轉給他的祕書，以換取祕書的協助；祕書又

把其中的一部分移轉給他的僕人，以換取僕人的幫助。農
場所產生的價值，作為地租流向地主，而地主從祕書的工
作中得到協助，最後祕書又從僕人的工作中得到協助，這
三部分都是這個國家實際淨所得的獨立部分；因此，當我
們計算這個國家的所得時，所有這 10,000 英鎊、500 英
鎊以及 50 英鎊都是他們勞動的貨幣價值，所以都必須計
算在內。但是，如果地主每年給兒子 500 英鎊的生活費，
這就不能算作是獨立的所得了；因為這不是他提供勞務的
報酬。因而所得稅的稅基，也不會含括這筆錢。

把別人欠錢付給他的利息，扣除那些他欠別人錢，而
應支付利息之後的淨（*net*）收入，也是他所得的一部分，
所以一個國家從其他國家收到的貨幣和其他東西，也是該
國所得的一部分。

第7節

用國民所得
比用國家財
富來衡量一
般的經濟繁
榮要好。

財富的貨幣所得或財富的流量，是一國繁榮程度的衡
量方法，雖然不可靠，但在某些方面要比以財富存量的貨
幣價值所提供的衡量方法要好。

所得主要由直接帶來滿足的商品所構成；而國家財
富的大部分則是由生產資料所組成，這些生產資料只有在
生產供消費用的商品時，才對國家有貢獻。而且，雖然這
是一個小問題，但由於消費品便於攜帶，在世界各地的價
格，比生產這些消費品的東西更接近一致；馬尼托巴省

（Manitoba）⑧和肯特郡（Kent）⑨一畝優良土地的價格相差遠較兩地 1 蒲式耳小麥價格相差要大。

　　但是，如果我們主要討論的是一國的所得，就必須要扣除產生該所得那些來源所派生出來的折舊。從一棟木屋的所得所要扣除的折舊，比從一棟石屋的所得所要扣除的折舊要多；雖然石屋與木屋給人同樣好的住宿條件，但石屋比木屋對一個國家真正財富的貢獻要大。同樣地，一個礦場在某一段時間之內，可以產生很大的所得，但在之後幾年便告枯竭；因此在這種情況之下，我們必須把礦場視為與每年產生較少的，但卻會永久產生所得的油田或養魚場一樣。

第8節

　　在純抽象的，特別是在數學的推理中，除了因為某些目的，而把嚴格意義上的「土地」（land）排除在資本之外，資本和財富這兩個名詞幾乎無可避免地用作同義詞。但是有一種很清楚的傳統，就是當討論的是作為生產要素的東西時，那我們就必須說該物是資本，而當我們討論的是生產的結果、消費的主體和占有該物以取得滿足的物品時，我們都必須說該物是財富。因此，對資本的主要「需要」（demand）來自其生產性，以及所提供的勞務，例

前瞻性與生產性決定了資本的需要與供給。

---

⑧　譯者註：加拿大中部的一個省。

⑨　譯者註：是英格蘭東南部的一個郡。

如，因為使用資本，可以使紡織羊毛較徒手紡織要容易，或者
使用資本，能讓水自由地流到任何需要的地方，而不是用桶子
辛苦地運送（雖然資本還有其他的用途，但把資本借給一個揮
霍無度的人，這種情況不能放在這個標題之下來討論）。另一
方面，資本的「供給」（*supply*）卻受到下列事實所決定，亦
即為了累積資本，人必須有前瞻性；他們必須「等待」（wait）
和「節省」（save），他們必須為了未來，而犧牲現在。

在本篇開頭之處提到，經濟學家必須放棄藉助於一整套
專有名詞的想法。他必須藉助於限制性形容詞或其他上下文的
指示，使普通的用語達到表達精確思想的目的。如果他武斷地
給一個字，指定一種僵硬嚴格的用法，而這個字在市場上有或
多或少含糊不清的用法時，則他不但會把商人弄糊塗，同時也
會讓自己處於某種站不住腳的危險之中。因此對於像所得及資
本這類名詞，必須要選擇一種經得起實際運用檢驗的正常用
法。⑩

---

⑩ 在這裡，我們可對所得及資本提出一個簡短的預測。從此，我們會了
解要如何考慮資本的兩個（*both*）面向，即從使用此資本所體現的利
益的總和，以及生產此資本所體現的努力與儲蓄的成本的總和；而且
我們也將討論這兩個總和如何趨於平衡。因此，在某種程度上，在可
作為本章之延續的第五篇第四章中，我們會看到，在魯濱遜這樣的個
人的預測，這兩個面向如何直接取得平衡；也可以看到——至少大部
分——在一個當代商人以貨幣形式表現的預測中，這兩個面向如何取
得平衡。無論哪種情況，這兩個總和的計算都需立基於相同的時間。
在那個時間點後發生的要「折現」（discounted），而在那個時間點

前發生的要「累計」（accumulated）上去。

雖然由於財富分配的不均，從社會的觀點來看，這兩個總和的計算無法如同魯濱遜或是當代商人這樣的個人，那樣清晰的劃分出來，但是有關整體資本的利益和成本類似的平衡，將是社會經濟的主要基石。

在討論決定生產資源的累積以及使用各種資源的因素時，這種討論的每一部分都表現出以下各種事實似乎沒有一個普遍的規則：關於採用迂迴生產方法比直接方法更有效率；為了滿足將來的欲望，而費力投資，以獲得機械與昂貴的設備，長期來說是經濟的，而在其他情況下則是不經濟的；資本的累積一方面與人們的前瞻性成正比，另一方面則與採用那些迂迴方法所吸收的資本成正比，而這個迂迴方法的生產力足以支付採用這種方法的酬勞。參見第四篇第七章第 8 節、第五篇第四章、第六篇第一章第 8 節及第六篇第六章第 1 節。

在第四篇第七章、第九章到十一章，我們將討論一般決定資本的生產及其對國民所得貢獻的較廣泛因素；而在第三篇第三章到第五章、第四篇第七章及第四篇第三到八章，主要將探討利益與成本的貨幣衡量與其實質價值不完善的調整；而在自然資源的協助下，資本在勞動和資本所生產的總產出中所占的份額，主要將在第六篇第一章、第二章、第六到八章、第十一及第十二章中闡述。

對於資本定義史上的一些主要演變，將在附錄五中討論。

第三篇

論欲望及其滿足

第一章

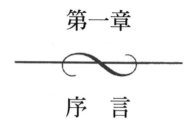

序　言

第1節

經濟學較早的定義把經濟學描述爲研究財富的生產、分配、交換和消費的學科。後來的經驗顯示，分配問題和交換問題是如此緊密相關，以致於將其分開來探討，是否會有好處，實在令人懷疑。然而，關於需要與供給的關係則有大量的一般性推論，這種推論成爲探討價值的實際問題的基礎，且是一個重要的支柱，使經濟學推論的主體具有整體性及連貫性。由於這種需要與供給一般性推論的廣泛性和普遍性，對於較具體的分配與交換問題的分析很有用，但卻使其有別於後者；因此本書把這種一般性的推論以「需要與供給的一般理論（The General Theory of Demand and Supply）」爲題，一起放在第五篇中，以爲第六篇「分配與交換，或價值」（Distribution and Exchange, or Value）的討論鋪路。

但是首先要在本篇中，對欲望與其滿足，亦即需要與消費進行研究；接著在第四篇中探討滿足欲望的生產要素，包括作爲主要的生產要素與生產唯一目標的人本身在內。第四篇，在性質上大致上是生產的討論，對於這種討論幾乎在上兩代所有一般經濟學的英文論著中都占有極重要的地位；儘管其與需要及與供給問題的關係還未十分清楚。

第2節

　　直到最近，需要或消費的問題都還有點受到忽視。因為如何把我們的資源作最好的利用這一問題的研究雖然重要，但就個人的支出這一點而言，這種研究卻不適合於經濟學的分析方法。在這些問題上，一個生活經驗很豐富的人所具有的常識給他的指導，比從精細的經濟分析中所給的指導還要多；而直到最近，經濟學家對這個主題的討論還很少，因為對於不是所有具有常識者所共同的東西，他們實在說不上什麼。但是最近有幾個原因結合起來，使這個問題在經濟學的討論顯得格外重要。

促成消費的研究引人注目的幾個原因。

　　其中的第一個原因是人們愈來愈相信，在分析決定交換價值的原因時，李嘉圖太過強調生產的成本面，因而造成了損害。儘管他本人和他的主要追隨者，都意識到在決定價值時，需要的條件與供給的條件都同等重要，但並未足夠清晰地表達出他們的意思，因此除了最細心的讀者以外，所有的人都誤解了他們。

第一個原因。

　　第二個原因是，人們已養成了經濟學中精確思考的習慣，這使得他們在推論時，能更謹慎地清楚陳述出所依據的前提。之所以會更加謹慎，部分是由於有些學者應用了數學語言和數學思維的習慣。使用複雜的數學公式，是否可以獲得很大的益處，的確是令人懷疑的。但數學思維習慣的應用，已帶來巨大的幫助；因為這讓人在不太確定問題是什麼之前，先不去考慮這個問題；而在進一步分析問題之前，堅持要知道什麼是需要假定的，和什麼是不需要

第二個原因。

假定的。

這又反過來迫使我們對經濟學所有主要的概念，尤其是需要這個概念，進行更仔細的分析；因爲僅僅試圖清楚陳述一個物品的需要要如何衡量，就已開闢經濟學主要問題的新領域了。且儘管需要理論還處於起步階段，但我們已經看到，也許透過蒐集和整理消費的統計數據，就有可能對公共福利的難題提出非常重要的解釋。

第三個原因。　　最後一個原因在於時代精神，使我們更加關注於日益增加的財富是不是可以用來進一步促進整體福利的這個問題；而這個問題則又促使我們去檢視另一個問題，亦即無論是供全體使用，還是供個人使用的任何財富的交換價值，在多大程度上能準確代表幸福和福利的增加。

我們的研究將從欲望與努力之間的關係開始。　　我們在本篇要從人類各種欲望簡短的研究開始，探討這些欲望與人類的努力和活動之間的關係。因爲人類的進步在本質上是一個整體。我們對人類生活的經濟面進行單獨的研究，只能得到暫時的好處；我們應該要仔細地把所有生活相關的層面放在一起，整體進行分析。現在我們需要特別堅持這一點，因爲對李嘉圖和其追隨者比較疏忽欲望的研究，已有跡象顯示走到相反的極端去了。不過，維護李嘉圖等人有點太過沉湎的重要眞理，仍然是重要的；這個重要的眞理就是欲望是低等動物生活的主宰者，但在探詢人類歷史的主要動向時，我們必須要轉而關注努力和活動方式的變化。

第二章

欲望與活動之間的關係

第1節

　　人的欲望（wants 或 desires）以數量計算是無窮無盡
的，在種類上也是繁多的；但一般說來還是有限的，也都
能夠滿足。野蠻時代的人，欲望確實比野獸多不了多少；
但是每向前進一步，人需要的種類及滿足需要方法的多樣
性，都會隨之而增加。人不僅想要更多習慣性的消費品，
也希望這些物品具有更好的品質；他還渴望對物品有更多
的選擇，也渴望有能滿足他不斷增長的新欲望之物品。

　　因此，儘管野獸和野蠻人都同樣偏好於選擇少量的佳
餚，但他們都不注重為多樣化本身而追求多樣化。然而，
隨著人類文明的興起，隨著人智力的開發，甚至人的情欲
開始與精神活動聯繫在一起時，人的欲望很快就變得更加
精緻、更加多樣化；在人意識到要擺脫習俗的枷鎖之前，
早就開始在生活的細節裡，為了改變而渴望改變了。朝著
這個方向邁出的第一步，就是隨著生火技術的發展，人類
逐漸習慣於以各種不同方式烹煮各種不同的食物和製作飲
料；很快地，人就開始對單調的飲食感到厭煩，且當偶然
因素迫使人類長期以一、兩種食物維生時，人就會覺得這
簡直就是一種虐待。

　　隨著人財富的增加，他的食物與飲料也變得愈來愈多
樣，且愈來愈昂貴；但是他的胃口是受到自然所限制的，
當他對食物花費過多時，此時滿足好客和炫耀的欲望，會
多過於滿足自己官能的欲望。

　　這使我們注意到西尼爾所說的。他說：「對於多樣性

的欲望雖是強烈的，但若與追求榮譽的欲望相比卻是微弱的；如果我們考慮到追求榮譽的普遍性及不變性，會發現這種感覺從出生以後，直到進入墳墓，永遠都不會離開我們，且隨時都會影響我們所有的人，這可以說是人類最強烈的情感了。」這個重要的半真理，可以透過與選擇各種食物的欲望和選擇各種服飾的欲望相比較，而得到充分的闡明。

但是他對榮譽的追求卻是無限的，

第2節

隨著氣候和一年中季節的不同，人對衣著的需要也有所不同，這是自然因素造成的，不過這種需要也與一個人職業的性質有一點關係。但是，對於衣著的欲望，習俗上的需要卻蓋過了自然的需要。因此，在許多文明的初期階段，法律和習俗都禁止奢侈浪費，嚴格規定每個階級或職業等級的成員，其衣著的款式和費用的標準，超過這個標準就不行了；儘管這些規定的內容現在已經迅速發生變化，但其中有些部分直到現在還保存下來。例如在亞當・史密斯的時代，蘇格蘭習俗上允許許多人出門可以不穿鞋襪，但現在他們也許不會這樣做了；不過，在蘇格蘭可能有許多人仍然這樣做，但在英格蘭卻不這樣做了。同樣地，英格蘭現在一個富裕的工人可望在星期天穿著黑色外套，戴絲質帽子，出現在某個地方；儘管不久之前這身打扮會讓別人恥笑。關於多樣性與昂貴性，無論是習俗所要求的最低限度，或所能容忍的最大限度，都不斷地在提

這種榮譽的追求是對昂貴衣著欲望的主要來源。

高；而透過衣著獲得榮譽感的努力，已擴展到整個英格蘭
社會的下層階級了。

　　但是在英格蘭上層階級中，儘管女性的衣著仍然變化
多端且昂貴，然而男性的衣著，與不久之前的歐洲及今天
的東方相比，則較簡單且廉價。因為那些靠自己的本事而
真正與眾不同的男人，自然不喜歡以他們的服裝吸引別人
的注意，他們已經開創這一風潮了。[1]

第3節

住屋。

　　房屋滿足了遮風蔽雨的重大需要；但這種需要對房屋
的有效需要，起不了什麼大的作用。因為雖然一間小而精
心建造的小屋，就足以提供極好的庇護之處，但是令人窒
息的空氣、無法避免的不潔淨，以及缺乏生活上的高雅和

---

[1] 一個女人可能藉由衣著來炫耀其財富，但卻不可能僅憑衣著，就
　　能炫耀她的財富。她還必須要有某種風格以及財富來暗示某種優
　　越感；因為雖然她的衣著歸功於她的裁縫師，比歸功於自己還要
　　多，但還是有一個傳統的假設，就是她不比要處理外面事務的男
　　人那麼忙，因此能有較多的時間來思考她的衣著。即使在現代時
　　尚的影響下，「穿得好」……不是「穿得昂貴」……對那些渴望
　　以其才能和能力，表現其出類拔萃的人來說，也是一個合理的次
　　要目標；而如果那種肆意妄為變態的令人不舒服的服裝消失了，
　　則情況更是如此。因為把服飾整理得很漂亮、樣式多，且又很適
　　合於需要，是一個值得高度重視的目標；這就像畫一幅好的畫一
　　樣，雖然不是這一類當中的同一等級，但都屬於同一個種類。

寧靜，都有很大的害處。這些害處造成身體上的不舒適，不像阻礙人的能力及限制人更高尚的活動那樣大。隨著這些活動的每一增加，就會更加迫切需要較大的房屋。[②]

因此，即使對社會最底層的人來說，較寬敞且設備齊全的房屋，也是「維持效率的必需品」（necessary for efficiency），[③] 同時這也是在物質方面求得社會榮譽感的最方便及最明顯的方法。即使那些都已有足夠的家庭空間，來滿足自己和家庭從事較高尚活動的階層者，仍然渴望自己的家庭空間進一步和幾乎無限制地擴充，因為這是許多較高尚的社會活動不可或缺的。

第4節

其次，社會各階層的人，也都有從事和發展活動的欲望，這種欲望不僅使人為了追求科學、文學和藝術的本身，而追求科學、文學和藝術，更促使從事科學、文學和藝術等職業的人，其作品之需要快速的增加。把閒暇時間僅僅用在什麼也不做的機會愈來愈少；人對於諸如體育運動和旅遊等娛樂活動的需要不斷增強，並把這些開展成活

由活動而產生的欲望。

[②] 的確，許多活力充沛的工人，寧可住在一個狹窄的城市住所，也不願住在鄉下寬敞的房屋裡；但那是因為他們對一些活動有著濃厚的興趣，而鄉村生活卻未提供那些活動。

[③] 參見第二篇第三章第 3 節。

動，而不是僅滿足任何感官上的欲望。④

　　為了追求卓越感本身而追求卓越感的欲望，其範圍的確與追求榮譽感這種較低的欲望一樣寬廣。追求榮譽感的欲望可分等級，上者例如那些希望他們能聲名遠播和留芳萬年者的欲望，而下者比如鄉村少女希望在復活節所配戴的新絲帶，不要為鄰居所忽視的欲望等等都是。為卓越感本身而追求卓越感的欲望，一樣也分等級，上者如牛頓或史特拉第瓦里（Stradivarius）對卓越感的追求，⑤ 而下者如那些即使在沒人注意，也不繁忙的時候，為能把小船操作得很好及把小船建造得很好而高興的漁夫的欲望等等都是。這種欲望對高級人才及最偉大發明的供給，都產生了巨大的影響；而在需要方面也一樣是重要的。因為對於最高度技能的專業勞務和機械技術工最好產品的大部分需要，來自於人們從訓練他們自己的才能，以及藉由最精緻工具的幫助，以運用這些才能當中，得到一種喜樂。

　　因此，廣泛說來，儘管在人類最初發展的階段，是欲望引起了他的活動，然而在隨後，每一個新的進步當中，

---

④ 有一個次要之點，可以在這裡介紹一下，就是那些刺激精神活動的飲料，正在大量取代那些僅僅滿足味覺的飲料。茶的消費正在快速成長，而酒類的消費卻是停滯不變的；在社會各階層中，對於較濃烈的且較容易即刻讓人麻醉的酒類，需要也正在減少。

⑤ 譯者註：全名為安東尼奧‧史特拉第瓦里（Antonio Stradivari），是義大利名弦樂器製造師，同時也是歷史上最偉大的弦樂器製造師之一。

都是新活動的發展引起新的欲望，而不是新的欲望引發了新的活動。

　　如果拋開新活動不斷發展的健康生活條件來看，我們就會清楚地了解到以下的這一點。我們看到了西印度群島的黑人，不是用新自由和財富，去獲得滿足新欲望的方法，而是用在不能算是休息，而只是偷懶不動的生活上；或者再看看英格蘭工人階級中正在迅速減少的那一部分人，他們對自己才能和活動的開展，胸無壯志，也無自豪或喜悅之感，而把他們的工資除了用在維持低下的生活必需品之外，剩下的都花在酗酒上。

　　因此，「消費理論是經濟學的學科基礎」這句話是不正確的。⑥ 因為在探討欲望的學科當中，主要令人感興趣

欲望原理的地位並不能超過努力的原理。

────────────

⑥ 這個理論是由班菲爾德（Banfield）提出，並爲傑逢斯採納爲其主張的要點。不幸的是，在此處與其他地方一樣，傑逢斯喜歡強調自己的主張，使得他所得到的結論不但不準確，還因爲暗示早期的經濟學家所犯的錯，較他們實際上犯的錯大，因而造成了傷害。班菲爾德說：「消費理論的第一個命題就是，每一個較低層次欲望的滿足，都會創造出一個較高層次的欲望。」如果這一點是正確的，那麼他以這一點爲基礎，所推得的上述理論也將是正確的。但正如傑逢斯所指出的那樣（《理論》，第二版，頁59），這是不正確的；且他用了以下這個陳述來取代上述這個論點，亦即一個較低層次欲望的滿足，允許透過較高層次欲望的滿足來將之顯現出來。那是一個正確的，且的確是相同的命題，但並不足以支持消費理論是至上的主張。

的許多東西都是從探究努力和活動的學科中借來的。這兩者[7]
彼此相輔相成；缺乏其中之一，另一個就不完整。但是，無論
是在經濟方面，或在其他方面，如果任何一者比另一者更可能
解釋人類歷史的話，則是活動的學科，而不是欲望的學科。麥
克洛克（McCulloch）在討論「人進步的本質」時，[8] 指出這兩
者的真正關係。他說：「人類一種欲望或一種渴望的滿足，僅
僅是邁向某一新追求的一個步驟而已。在人類進步的每一個階
段，他肯定都會去設計和發明，去從事新的事業；且當這些事
業都完成時，接著又以新的精力，從事其他的事業。」

　　從這一句話可以得知，在本書的此一階段，我們對需要
的這種討論，必須局限於幾乎是純粹形式的初步分析。消費的
較高層次的分析，必須放在經濟分析的主體之後，而不是在之
前；且雖然對於消費較高層次的分析，必須從經濟學適當範圍
之內開始，但卻無法從那裡得到結論，而必須遠遠超出那個範
圍。[9]

---

[7] 譯者註：即欲望的學科與活動的學科。

[8] 見麥克洛克，《政治經濟學》（*Political Economy*）第二章。

[9] 欲望的正式分類並非是一項無趣的工作；但這對我們的研究目
的來說是不需要的。在這方面大部分近代研究的基礎，可見於
赫爾曼（Hermann）《國家經濟研究》（*Staatswirthschaftliche
Untersuchungen*）的第二章。這一章把欲望劃分爲「絕對的及相對的、
較高級的和較低級的、急迫的和可推遲的、積極的和消極的、直接的
和間接的、一般的和特殊的、不斷的和中斷的、永久的和暫時的、普
通的和特別的、現在的和將來的、個人的和集體的、私人的和公共

─────────────

的」。

甚至在上一代的絕大多數法國和其他歐陸的經濟學著作中，都可以看到關於欲望（wants）和渴望（desires）的分析；但是英格蘭學者對自己學科的嚴格界線，排除了這種討論。在邊沁（Bentham）的《政治經濟學綱要》（*Manual of Political Economy*）中，沒有提及想望和欲望，儘管他在《道德與立法原則》（*Principles of Morals and Legislation*）和《人類活動之起源表》（*Table of the Springs of Human Action*）中的深刻分析，造成了廣泛的影響。赫爾曼研究過邊沁，而另一方面，班菲爾德的講座也許直接承襲自德國的經濟思想，他首次在英格蘭大學的講座上，特別承認他受益於赫爾曼良多。在英格蘭，為傑逢斯在欲望理論（theory of wants）方面的出色著作鋪路的是邊沁本人、還有西尼爾（他對這個主題所作的簡短評論，有意義深遠的暗示），與班菲爾德和澳大利亞的赫恩（Hearn）。赫恩的《致力滿足人類欲望的經濟學或理論》（*Plutology or Theory of the Efforts to satisfy Human Wants*）既簡單又深奧，這本書提供了一個令人欽佩的例子，其中詳細的分析方法，可以用來提供青年一個高級的訓練，並使他們對生活的經濟環境有所熟悉，而不是強迫他們解決那些他們還沒有能力獨立判斷的難題。幾乎在傑逢斯《理論》問世的同時，卡爾・孟格極力地促進了奧地利學派經濟學家對於欲望和效用的細緻而有趣的研究；正如本書的序所指出的那樣，這種研究已經由馮・邱念開始了。

第三章

消費者需要的等級

第1節

消費者的需
要決定了商
人的需要。

當一個商人或製造商購買任何用於生產、或者轉售的
東西時，他的需要是立基於預期可以從中獲取利潤。這些
利潤在任何時候，都取決於投機風險和其他原因，這些風
險及原因之後還會再分析。但從長期來看，一個商人或製
造商對於一個物品所願意提供的價格，取決於消費者對此
物，或是藉由此物所能製造的東西，所願意支付的價格。
因此所有需要的最終決定者是消費者的需要。本篇將幾乎
完全探究消費者的需要。

效用與欲望
作為相關的
名 詞 而 使
用，沒有倫
理上的或慎
重考慮的含
意。

效用與欲望這兩個名詞是相關的。前面已談過，欲
望無法直接衡量，只能間接地由其所產生的外在現象來衡
量；而在經濟學主要關心的那些情況當中，是以一個人為
實現或滿足他的欲望，所願意支付的價格來衡量。可能有
些欲望和願望，不是他有意要滿足的；但是目前我們主要
關心的是那些我們有目的要從中得到滿足的欲望和願望；
而且我們假設由此而產生的滿足，大體上與購買物品時所
預期得到的滿足相當。①

---

① 我們不能過於強調以下這一點，即直接從其本身衡量欲望，或從
欲望的實現所獲得的滿足來衡量欲望，即使不是不可想像的，也
是不可能的。即使能夠這樣做的話，我們也應該從兩個方面著
手，一個是欲望，另一個則是已實現的滿足。而這兩者可能有
很大的差別。因為，不要說那些較高的抱負，就是一些經濟學主
要關心的欲望，尤其那些與好勝心有關的欲望，其中有些是衝動

　　欲望的種類無窮無盡，但每個單獨的欲望都有一個極限。人性的這種熟悉的而又基本的傾向，可以用「欲望飽和的法則」（*law of satiable wants*）或者「效用遞減的法則」（*law of diminishing utility*）來陳述：一個物品對任何人的總效用（也就是說，此物所帶給他的總快樂或其他利益），隨著他對此物持有量的增加而增加，但增加的速度不如該物持有量的增加那麼快。如果他的持有量以相同的比率增加，那麼從中所獲得的利益也以遞減的比率增加。換句話說，一個人從某物持有量一定量的增加中，所獲得的額外利益，隨其已持有量的每一增加而減少。

欲望的飽和或效用遞減法則。

總效用。

　　他只是受到刺激，而願意購買的那部分，可以稱為

邊際購買量。

　　的；許多是因習慣的力量而產生的；有些則是病態，只會造成傷害；而且有許多是立基於從來都無法實現的期望（見第一篇第二章第 3、4 節）。當然，有許多滿足並不是普通的快樂，而是屬於人類較高級本性的發展，或者用一個好的古老語詞來表達，是屬於人類的「幸福」（*beatification*）；而有些滿足甚至可能部分來自於自我克制（參見第一篇第二章第一節）。那麼，這兩方面的直接衡量可能會有所不同。但是，既然這兩方面中的任何一種直接的衡量都不可能，所以我們還是得借助於經濟學提供的對行為的動機或動力的衡量方法；而這個衡量方法雖然有缺點，但是我們仍可用作衡量活動的欲望，以及用作衡量這些欲望所產生的滿足等等的方法（請參見庇古教授在 1903 年 3 月《經濟期刊》〔*Economic Journal*〕上的〈關於效用的一些評論〉〔*Some remarks on Utility*〕）。

是他的「邊際購買量」（*marginal purchase*），因為他
對是否值得花錢來獲得該物，還處於猶豫不決的邊緣。

邊際效用。邊際購買量的效用，可以稱為此物對他的「邊際效用」
（*marginal utility*）。或者，如果不是購買，而是自己製
造該物，那麼該物的邊際效用，就是他認為恰好值得去製
造的那部分的效用。因此剛剛所提的法則，可以改用下面
的句子來陳述：

　　一物對任何一個人的邊際效用，隨著他已有數量的每
一次遞增而遞減。②

這個法則隱
含了消費者
的性格或嗜
好不變的假
設。　　然而，這個法則中有個隱含的條件要說清楚。那就
是我們假設，在這段期間之內，人本身的性格或嗜好不會

---

② 請參閱本書末尾數學附錄中的註 1。這個法則在地位上領先於土
地「報酬遞減法則」（law of diminishing return）；儘管土地報
酬遞減法則在提出的時間上是先於邊際效用遞減法則；但具有半
數學性質的嚴密分析首先用於邊際效用遞減法則。如果我們預借
一些土地報酬遞減法則數學上的名詞，那麼我們可以說，某人從
每增加一份商品獲得快樂的「報酬」（return）會遞減，直到最
後達到一個邊際，以後就不再想要獲有更多的這個商品了。

奧地利的維塞爾（Wieser）是最早把「邊際效用」（*marginal
utility*，德文為 *Grenz-nutz*）一詞，使用在這方面的人；其後威
克斯帝德（Wicksteed）教授也曾採用過這個名詞；而傑逢斯所
使用的「最後」（*Final*）效用這個用語與邊際效用這個詞是相
符的，維塞爾在序文中（英文版的頁 23）對傑逢斯致上謝意。
而他學說的先行者名單，以 1854 年的戈森（Gossen）為首。

發生任何的改變。因此這個法則不存在以下的例外，即一個人聆聽的優美音樂愈多，他對音樂的嗜好就愈強烈；貪婪和野心往往是無法達到飽和的；愛潔淨的美德和酗酒的惡習，愈滿足或愈餵養，就愈膨脹。因為在這些情況下，我們的觀察涉及了一段時間；而這個人的性格或嗜好，在開始和結束時已有不同了。如果我們討論的是同一個人，他的性格或嗜好不會隨著時間的經過，而發生任何改變的話，那麼一物對他的邊際效用，就會隨著該物供給量的每一次增加，而不斷地減少。③

第2節

現在讓我們以價格來說明這個效用遞減法則。讓我們以茶

---

③ 雖然以下這個事實沒什麼實際的重要性，這裡可能還是要注意，亦即某種商品若數量很少，可能不足以滿足某種特殊的欲望；而當消費者獲得足夠的數量，使他能夠達到欲望滿足的目的時，快樂增加的比例就會超過商品數量的增加。例如，如果 12 張的壁紙，才可能貼滿房間的整面牆壁，而 10 張的壁紙則作不到，那麼任何人都會從 10 張的壁紙中獲得比 12 張的快樂要少。或者如果舉行短暫的音樂會或假期，無法使其達到舒緩和消遣的目的，則雙倍時間的音樂會或假期可得到的總效用可能是兩倍以上。這種情況相當於我們以後要研究的與報酬遞減傾向有關的下列事實，亦即已經使用於任何一塊土地的資本和勞動，可能不足以發揮該土地全部的生產能力，以致於即使以現有的農業技術，使用較多的費用於該土地後，會帶來超過比例的報酬；且農業技術的進步可能會阻止報酬遞減趨勢的事實發生，所以我們會得到與本文正文所提到的效用遞減法則條件類似的條件。

這個隨時有需要，且可以少量購買的商品爲例來說明。比
如，假設有某種品質的茶，每磅只要 2 先令就能買到。
但一個人可能願意在一年之內一次性的以 10 先令買一磅
茶，而不願整年都沒有茶喝；而如果他能夠不必付出任何
代價，就可得到任何數量的茶，那在一年當中，他將不
在乎使用超過 30 磅。但事實上，也許在這一年中，他只
買了 10 磅茶；也就是說，他從購買 9 磅到 10 磅獲得的
滿足之間的差異，足以讓他願意支付 2 先令；然而，他不
買第 11 磅茶的事實表明了，他不認爲對他來說，這一磅
的茶值得額外花 2 先令。那就是一磅 2 先令，衡量了位於
購買邊際或終點或最後那部分茶對他的效用；這就衡量
了茶對他的邊際效用。如果把他只願意爲任何一磅茶支

付的價格，稱爲他的「需要價格」（*demand price*），那
麼 2 先令就是他的「邊際需要價格」（*marginal demand
price*）。因此這個法則可以表示如下：

一個人所擁有的一物數量愈多，在其他條件不變（即
貨幣的購買力及他可支配的貨幣數額相等）之下，則他爲
增加一點該物所願意支付的價格就會愈低；或者換句話
說，他對該物的邊際需要價格遞減。

只有當他願意出的價格，達到其他人願意出售的價格
時，他的需要才會是有效的（*efficient*）。

上一句話提醒了我們，亦即我們還沒考慮到貨幣或是
一般購買力邊際效用的變動。在同一時間內，一個人的物
質資源不變，對他來說，貨幣的邊際效用將是一個固定的
數量，因此他爲兩種商品所恰好願意支付價格的比率，與

那兩種商品效用④ 之間的比率相同。

第3節

　　如果一個人是窮人的話，則要促使他購買一物的效
用，要大於如果他是富人。我們已經知道，一個年收入
100 英鎊的職員，比年收入 300 英鎊的職員，願意冒較大
的雨，步行去上班。⑤ 但是，儘管在窮人心目中，以 2 便
士衡量的效用或利益比富人心目中要大；然而如果一個較
富者，每年搭 100 次車，而較窮者只搭 20 次，那麼引致
這個較富有者搭第 100 次車的效用，可以 2 便士來衡量；
而引致這個較窮者搭第 20 次車的效用也可用 2 便士來衡
量。那麼，對於他們兩人中的任何一人來說，邊際效用都
是用 2 便士來衡量；但這個較窮者的邊際效用大於這個較
富者。

　　換句話說，一個人變得愈富有，貨幣的邊際效用對他
來說就愈小；對於任何給定的利益，他的資產每增加一點，
他都願意付出較高的價格。同樣地，資產每減少一點，貨
幣對他的邊際效用就愈大，則他願意為了任何利益而付出
的價格也就愈低。⑥

貨幣的邊際
效用，對於
窮人要較富
人大。

---

④ 譯者註：此處的效用應該是指邊際效用。

⑤ 參見第一篇第二章第 2 節。

⑥ 參見數學附錄註 II。

第4節

　　爲了對任何物品的需要有全面的了解，我們必須要確定，在這個物品可能提供的每個價格之下，他願意購買多少該物；而他所需要之物，例如茶的情況，最好用他願意支付的價格表來表示；也就是說，以他對不同茶的數量，願意支付的不同需要價格來表示（這個表可以稱之爲「需要表」（*demand schedule*））。

　　比如，我們可能會發現他會購買的數量與價格如下表所示：

數量（磅）	每磅價格（便士）
6	50
7	40
8	33
9	28
10	24
11	21
12	19
13	17

　　如果在這個表中，我們把兩個需要量中間所有的價格與其對應的需要量都插入，就可以對這個人的需要作一

個精確的陳述了。⑦ 我們不能在未指出某人要購買某物的某一數量所願意支付的價格之下，就把此人對該物的需要，說成是「他願意購買的數量」，或者說成是他「急於買入一定數量的強度」。我們只有透過列出他願意購買的不同數量所相對應的不同價格，才能確切地表達出他的需要。⑧

---

⑦ 用一個現在所熟悉的方法，這樣的需要表可以改為一條曲線，這條曲線可以稱為他的「需要曲線」（*demand curve*）。令橫軸為 Ox，縱軸為 Oy。令 Ox 上每吋代表 10 磅的茶，Oy 上每吋代表 40 便士（亦即，Ox 上以 1/10 吋為單位，Oy 上以 1/40 吋為單位）。

取 $Om_1 = 6$，並畫 $m_1p_1 = 50$
取 $Om_2 = 7$，並畫 $m_2p_2 = 40$
取 $Om_3 = 8$，並畫 $m_3p_3 = 33$
取 $Om_4 = 9$，並畫 $m_4p_4 = 28$
取 $Om_5 = 10$，並畫 $m_5p_5 = 24$
取 $Om_6 = 11$，並畫 $m_6p_6 = 21$
取 $Om_7 = 12$，並畫 $m_7p_7 = 19$
取 $Om_8 = 13$，並畫 $m_8p_8 = 17$

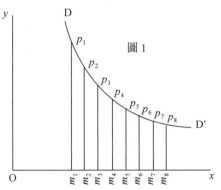

圖 1

m_1 在 O_x 上，m_1p_1 是 Om_1 垂直於 m_1 的線；以下其他的線也是這樣畫出的。那麼 p_1、p_2 .... p_8 就是他的茶需要曲線上的各點；或者我們可以稱其為「需要點」（*demand points*）。如果我們能夠以相同的方式，找到茶的每個可能購買量的需要點，則我們應該就可以得到如圖所示的整條連續曲線 DD'。需要表和需要曲線的這個說明是暫定的；與此有關的幾個難題，將在第五章再來說明。

⑧ 因此，密爾說，我們必須「把需要這個字表示為需要量，且記住這不是一個固定的數量，而整體上是隨價格的變動而變動的」（《政治經

濟學原理》，第三篇第二章第 4 節）。這個解釋大體上是科學的；但並未清楚地表達出來，且遭到很大的誤解。卡尼斯喜歡把「需要表達為對商品和勞務的欲望，透過提供一般購買力而達成其目的，並將供給表達為一般購買力的欲望，透過特定商品或勞務的提供而達到其目的」。他這樣做是為了能夠說明供、需的比例或供、需相等的概念。但是兩個不同人的兩種欲望的數量不能直接比較，對欲望的衡量是可以比較的，但欲望本身卻無法比較。而實際上，卡尼斯本人也被迫不得不把供給說成是「受到供出售的特定商品數量所限制」，而把需要說成是「受到購買這些商品所提供的購買力數量所限制」。但是賣者不會無論他們得到的價格如何，都無條件地賣出去一個固定數量的商品；而買者也不會無論他們支付多少錢，都把一個固定數量的購買力，花在該特定的商品上。為了要使卡尼斯的論述完整，無論在任何情況下，都必須要考慮到數量和價格之間的關係，並且在這樣做的時候，我們就又回到密爾所採用的方法上去了。卡尼斯的確說過，「密爾所定義的需要，不像我的定義所要求的那樣，被理解為用支撐商品的欲望所提供的購買力數量來衡量，而是要用這個購買力所提供的商品數量來衡量。」的確以下兩個說法有很大的差別：「我要買 12 個雞蛋」和「我要買價值 1 先令的雞蛋」。但是當「每個蛋要價 1 便士時，我要買 12 個，而每個蛋要 3 個半便士的銅幣（halfpenny）（譯者註：英國半便士的銅幣。）我要買 6 個」，與「每個蛋的要價 1 便士時，我要買 1 先令，而如果每個蛋要花 3 個半便士的銅幣時，我要花 9 便士」（譯者註：1 先令等於 12 便士，一個蛋是 1 便士，所以 12 個蛋是 1 先令；但每個蛋是 3 個半便士，所以 6 個蛋是 6*(3*0.5) 便士，為 9 便士。），這兩種說法之間就無實質上的差別了。儘管卡尼斯完整的說法與密爾的說法基本上是一致的，然而其現在的形式甚

當我們說某人對任何一物的需要增加時，我們的意思是指在同樣的價格之下，他購買該物的數量會比以前多，而當價格較高時，他的購買量會和以前一樣多。而他需要的普遍增加，則是指他願意購買的不同數量的整個價格表上，每個相對應的價格都提高，而不僅僅是指在現行的價格下，他願意購買較多的數量而已。⑨

需要增加這個詞的意義。

第5節

到目前為止，我們所檢視的都是單獨一個人的需要。而在像茶這類物品的特殊情況下，單獨一個人的需要就足以代表整個市場的一般需要；因為對茶的需要是一種經常性的需要，而且由於茶可以少量的購買，價格一有變化，都可能影響一個人所要購買的量。但是，即使在那些經常使用的東西當中，有很多東西單獨一個人的需要量，不會隨著價格的微小的變動，而連續的變動，只有在價格有大跳躍時，才會有變動。例如，帽子或手錶價格的小幅下

轉而說明一群人或一個市場的需要。

任何個人對某些物品的需要是不連續的。

至更易使人誤解。（參見本書作者在 1876 年 4 月的《雙週評論》〔*Fortnightly Review*〕中〈密爾的價值理論〉〔Mill's Theory of Value〕一文。）

⑨ 為了方便起見，我們有時可以把這說成是他的「需要表的上升」（*a raising of his demand schedule*）。這個說法用幾何圖形來表示，就是提高其需要曲線，或者以同樣的說法，就是把整條需要曲線往右移動，不過曲線的形狀可能會有些改變。

跌，不會影響每個人的行為；但會引起那些正在猶豫是否要買一頂新帽子或一只新手錶的人，下決定去買。

而有很多種類的物品，任何個人對其需要是不定的、間斷的、且不規則的。對於婚禮蛋糕或外科醫生的服務，沒有個人的需要價格表。但經濟學家幾乎不關注個人生活中偶發的特殊事件。他研究的是「在某些條件之下，一個產業集團的整體成員可以預期到的行為過程」，而這個行為的動機可以透過貨幣價格來衡量；在這些廣泛的結果當中，個人行為的多種多樣與變化無常都融合在許多比較有規則的集體行為當中了。

既然如此，在大的市場當中，貧者與富者、老與少、男與女、各種不同嗜好的人、各種性情和職業的人都混在一起，個人需要的特點，在比較有規則且逐漸變化的總需要當中，會彼此相互抵銷。然而，在其他條件不變的情況下，一般用途的商品，價格每有下滑，無論幅度多麼微小，都會增加該商品的總銷售量；正如有礙健康的秋天氣候，雖然有很多人不會受其傷害，但會增加一個大城市的死亡率一樣。因此，如果我們具有必備的知識，就能列出一個價格表，其中每一種價格都能透過特定的通路，在某期間之內，比如說在一年內，找到購買者。

在某個地方對某一物品，比如對茶的總需要，就是那裡所有個人需要的總和。有的人比我們前述需要表中列出的那個消費者富裕，有的較窮；有些人比他喜歡茶，而有的比他不喜歡茶。讓我們假設在某個地方有 100 萬個茶購買者，並假設在各個不同的價格下，他們的平均消費量都

但是很多人的總需要顯示了每一次數量的增加，都會使需要價格下滑。

等於前述列出的需要表中那個人的消費量。那麼，如果我
們是以 100 萬磅茶為單位，而不是以一磅茶為單位，那麼
那個地方的需要，就可以用與上述相同的那個價格表來表
示。⑩

　　那麼，就可以得到一個一般的「需要法則」（*law of demand*），就是出售的數量愈大，為了要找到買者，要價就愈低；或者換句話說，需要量隨著價格的下降而增加，並隨著價格的上漲而減少。價格下跌的幅度與需要增加的幅度之間沒有一致的關係。價格下降 10%，銷售量可能增加 5% 或 25%，或者可能增加一倍。但是隨著需要表左欄數字增加時，右欄中的數字必定會下跌。⑪

需 要 的 法 則。

---

⑩ 這個需要用與前面相同的曲線來表示，
　 現在只是以 1 吋的刻度代表 1,000 萬磅，
　 而不是代表 10 磅。因此市場需要曲線的
　 正式定義如下：在任何時間單位，對市
　 場上任何商品的需要曲線，都是需要點
　 的軌跡。也就是說，這是一條這樣的曲
　 線，如果從任何一點 *P*，畫出一條垂直
　 於 *Ox* 的直線 *PM*，*PM* 表示買者將購買 *OM*
　 數量商品的價格。

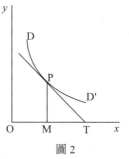

圖 2

⑪ 也就是說，如果有一個曲線上的點從接近 *Oy* 處向右移動，則該
　 點將不斷地接近 *Ox*。因此，如果一條直線 *PT*，與這條曲線相切
　 於 *P* 點，且在 *T* 與 *Ox* 相交，則角 *PTx* 是一個鈍角。我們可以用
　 一個簡短的方式來表達該事實；也就是 *PT* 是負斜率的（*inclined*

價格可以衡量商品帶給每個個別購買者的邊際效用；但是我們不能把價格說成是用來衡量一般的邊際效用，因為不同人的欲望和環境不同。

第6節

競爭性商品
的增長對需
要的影響。

在上述的需要表中，需要價格是在某一特定的時間和特定的條件下（*during a given time and under given conditions*），在某一市場上，某物能夠銷售的不同數量的價格。如果任何方面的條件發生變動時，價格可能也會改變；由於習俗的改變；或由於一種競爭商品削價競售；或由於一個新商品的發明等等，而導致對任何東西的欲望發生重大的改變時，需要價格就必然會跟著變動。例如，茶的需要價格表，是在咖啡的價格已知的假設下得出的；但是咖啡歉收便會使茶的價格上揚。電燈的改善可能會減少對煤氣的需要；同樣地，某一特殊種類茶的價格下跌，也可能使該種類的茶取代品質較低，但較便宜的另一種

---

negatively）。因此，需要曲線符合一個普遍的法則，就是該曲線在全部長度之中都是負向的。

當然很清楚的一點是，「需要法則」並不適用於投機者群體之間競爭的需要。這個群體想要把大量的東西傾銷到市場時，往往都是始於公開購買這一東西。當這東西的價格因此而提高時，再經由非慣常的途徑，悄悄地大量賣掉。請參閱陶希格（Taussig）教授發表於《經濟學季刊》（*Quarterly Journal of Economics*）的一篇文章（1921 年 5 月，頁 402）。

茶。⑫

　　我們下一步將以一些直接消費的重要商品為例，探究需要的一般性質。如此，我們將繼續前面章節中關於欲望的多樣性和欲望的滿足的探討；但是我們將從一個相當不同的角度，就是從價格統計的角度來探討該問題。⑬下一章與前面章節的關係。

---

⑫ 以下這種情況即使不太可能出現，但也是可以想像得到的，亦即所有茶的價格同時按同比例下降，如果因茶價格大降，導致以上等茶取代某種茶的人數，比以這種茶取代劣等茶的人數要多，則可能減少對該特殊類型茶的需要。不同商品之間的分界線要在哪裡劃定的問題，必須具體按討論是否方便而定。出於某些目的，最好把中國和印度茶，甚至是小種茶（Souchong，一種中國紅茶）和白毫茶（Pekoe，一種上等紅茶），視為不同的商品；並為其中的每一種都製作一個不同的需要表。而為了其他目的，有時最好將牛、羊肉等商品，甚至茶、咖啡等商品組合歸為一類，列出一個單一的表格，來代表兩者結合的需要；但是在這種情況下，當然必須要規定多少盎司的茶等於一磅咖啡。

同樣地，一種商品可能同時有好幾種用途（例如皮革可製鞋，也可製旅行皮箱，因此對於皮革可能就有「複合需要」（composite demand））；而對一種物品的需要，可能以某些另外物品的供給為條件，沒有後者，前者就沒有太多的用處（因此對原棉和紡織者的勞動，就是一種「連帶需要」（joint demand））。還有，商人購買物品是為了再出售，對於所購買商品的需要，儘管最終決定於消費者的需要，但仍具有其自身的一些特點。所有這些問題，最好留待以後再來討論。

⑬ 在當代，由於普遍採用半數學的用語，來表達一方面一種商品

的微量增加，另一方面為該商品支付的總價格也微量提高之間的關係，同時也由於正式把價格這些微量的提高，形容為是衡量快樂微量的增加，因此經濟思想方式發生了巨大的變化。庫爾諾（1838 年的《財富理論之數學原理的研究》）採取了前者這一步驟，是更重要的一步；杜普伊（Dupuit）在 1844 年的《橋梁和路面年鑑》（*Annales de Ponts et Chausses*）上發表的〈公共工程效用的衡量〉（De la Mesure d'utilité des travaux publics）和戈森（Gossen）（1854 年出版的《人際關係法則及由此而衍生的人的行為規則》〔*Entwickelung der Gesetze des menschlichen Verkehrs*〕）則採取了後一步驟。但是他們的著作都被遺忘了；其中的一部分著作在 1871 年，由傑逢斯和卡爾．孟格，稍後又由瓦拉斯（Walras）重新整理、闡述並發表。傑逢斯以其流暢清晰又有趣的文體發表的文章，幾乎立即引起了大眾的注目。他巧妙地運用了「最終效用」（*final utility*）這個新名詞，使那些對數學一無所知的人，能夠清楚理解兩種互為因果關係逐漸變動的物品微小增加的一般關係，甚至他的錯誤，也有助於他的成功。因為他真正相信李嘉圖和其追隨者由於忽略對欲望滿足法則的重視，致使他們對於那些決定價值原因的解釋徹底錯了，所以他使得許多人認為他糾正了重大的錯誤；然而他只是增加了非常重要的解釋而已。他堅定地指出一個重要的事實，那就是一個物品市場需要量的減少，表明消費者的欲望已漸感到飽足了，所以他的欲望強度有所減弱。因為他的前輩學者，甚至庫爾諾都認為這個事實太明顯了，以致於不需要明確指出，所以他在這方面的堅持，做了一件出色的工作。但是，傑逢斯誇大了他所喜愛語詞的應用，且毫無限制的把價格說成不只可以衡量該物對個人的最後效用（《理論》，第二版，頁 105），而且也可以衡量該物對「一個貿易團體」（a trading body）無法衡量的最後效用，而使

許多讀者混淆了「享樂學」（Hedonics）和「經濟學」（Economics）
這兩個領域的不同。這些觀點將在後面的附錄九，討論〈李嘉圖的價
值理論〉（Ricardo's Theory of Value）時再來闡述。應該補充的一點
是，塞利格曼（Seligman）教授（《經濟期刊》，1903 年，頁 356-
363）曾經指出，1833 年由牛津大學教授洛伊德（W. F. Lloyd）進行
的一場長久以來被遺忘的演講，都已預料到當前許多效用重要的觀念
了。

費雪（Fisher）教授曾提出一份出色的數理經濟學的書目，作爲培
根（Bacon）翻譯之庫爾諾《財富理論之數學原理的研究》一書的
附錄，而對於早期那些數理經濟學的著作，以及艾吉沃思、帕來圖
（Pareto）、威克斯帝德、愛斯比帝（Auspitz）、李班（Lieben）及
其他人的那些著作較詳細的說明，讀者可以參考那份書目。在潘塔列
奧尼（Pantaleoni）的《純粹經濟學》（Pure Economics）中，有很多
優異的內容，其中之一就是首次使戈森那種具獨創力，但有些抽象的
推理，容易爲人所理解。

第四章

需要彈性

第1節

需要彈性的
定義。

　　我們已經知道，一個人對某一種商品的欲望唯一的普遍法則是，在其他條件都不變之下，這種欲望會隨著他擁有該商品數量的增加而遞減。但是這種減少可以是緩慢的，也可以是迅速的。如果欲望的遞減緩慢，那麼他願意為此商品所付的價格，也不會因為該物供給的大幅度增加，而下降很多；而價格的小幅下跌，將使該物的購買較大幅度的增加。但是，如果欲望遞減速度很快，價格的微幅下滑，則其購買量增加的幅度就會很小。在前一種情況下，他購買該物品的意願，在一個很小誘因的作用下，就可以擴張很多；我們可以說，他的需要彈性很大。而後一種情況下，價格下降所帶來的額外誘因，幾乎不會造成購買欲望的任何擴張，則他的需要彈性就很小。如果每磅茶的價格從 16 便士下跌到 15 便士，會大大增加他的購買量，而從每磅 15 便士的價格上漲到 16 便士，將會大大減少其需要量。也就是說，當價格下跌時，需要是有彈性的（elastic），價格上升時，需要也是有彈性的。

　　就像一個人的需要那樣，整個市場的需要也是如此。我們可以概括地說：市場的「需要彈性」（或「需要的反應」）（elasticity〔or responsiveness〕of demand）是大或小，是依據價格下跌一定幅度時，需要量增加多少，及價

格上升一定幅度時，需要量減少多少而定。①

第2節

　　對於窮人來說，高得幾乎讓他們不會去買的價格，對於富人來說，卻幾乎感覺不到價格的高昂；例如，窮人從不品嚐葡

----

① 我們可以說，如果價格微幅下降，導致需要量增加相同的比例；或者我們可以粗略地說，如果價格下降 1%，使銷售量也增加 1%，則需要彈性就是 1。如果價格下降 1%，需要量分別增加 2% 或 0.5%，則需要彈性就是 2 或 0.5，其他的以此類推（這種說法很粗略，因為 98 對 100 與 100 對 102 的比例，並不完全相同）。利用以下的法

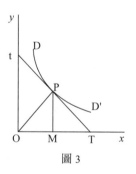

圖 3

則，我們可以在需要曲線上描繪出需要彈性。畫出一條直線與需要曲線相切於 P 點，與 Ox 相交於 T 點，而與 Oy 相交於 t 點；那麼 P 點的彈性就是 PT 與 Pt 的比率。

如果 PT 是 Pt 的兩倍的話，那麼當價格下降 1% 的話，需要量就會增加 2%；則需要的彈性就是 2。如果 PT 是 Pt 的 1/3，當價格下降 1%，需要量會增加 1/3%；則需要彈性為 1/3；其他的以此類推。另一種方法也可得到相同的結果，在 P 點的彈性以 PT 對 Pt 的比率來衡量，也就是 MT 對 MO 的比率（PM 垂直於 OM）；因此「當角 TPM 等於角 OPM 時，彈性等於 1；且當角 TPM 相對於角 OPM 不斷增大時，彈性就會不斷地提高，反之亦然」。見數學附錄註 3。

萄酒，但是很富有者只要喜歡，都可以隨意暢飲，而根本
不用考慮酒的費用有多高。因此，若我們只有討論在一定
時間內，社會的某一階層時，才能得到需要彈性法則最清
晰的概念。當然，在富人之間有許多不同的富裕程度，而
窮人之間也有許多不同的貧窮程度；但目前我們可以忽略
這些細小的區分。

當一種物品的價格對於任何一個階層來說都非常昂
貴時，他們只會購買少量；在某些情況下，即使該物的價
格大幅下降之後，風俗和習慣可能會阻止他們盡情享用該
物。該物可能會保留在一邊，而在有限的特殊場合下使
用，或在有嚴重疾病的情況下才使用。這種情況雖然並非
罕見，但並不構成一般的法則；總之，只要該物為大家所
普遍使用時，任何價格的大幅下降，都會引起需要量的大
幅增加。高價物品的需要彈性很大，而中等價格物品的需
要彈性也大，或至少是相當大；但隨著物品價格的下降，
需要彈性也會跟著下降；如果價格下降到滿足已達飽和
時，需要彈性就會逐漸消失。

這個法則幾乎適用於所有商品和各個階層者的需要；
只是在高價格終止的水平與低價格開始的水平，不同階層
有所不同；以及低價格終止的水平，與很低價格開始的水
平，不同階層也有所不同而已。然而，細節上卻有很多的
變化；主要是因為有一些商品，人容易達到滿足的飽和
點，而另一些商品，主要是用來炫耀的東西，人對該些物
品的欲望幾乎是無窮的。對於後者來說，無論價格下降到
如何低，需要的彈性仍然相當大，而對於前者來說，只要

低價一達到之後，需要就幾乎完全喪失彈性了。②

────────────

② 讓我們以下列情況為例說明之，亦即所有的蔬菜都在一個市場中進行
買賣的城市，其對豌豆的需要。在季節初期之際，每天運到市場的量
是 100 磅，每磅價格為 1 先令。以後，每天的量有 500 磅，每磅價錢
是 6 便士，再之後為 1,000 磅，售價為 4 便士，後來，銷售量為 5,000
磅，每磅為 2 便士，最後是 10,000 磅的量，每磅只賣 1.5 便士。因
此，需要如圖 4 所示：

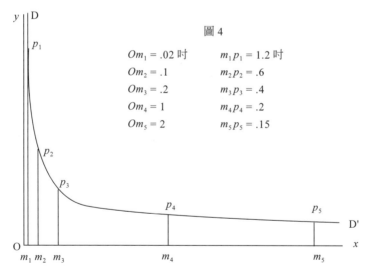

圖 4

$Om_1 = .02$ 吋　　$m_1 p_1 = 1.2$ 吋
$Om_2 = .1$　　　 $m_2 p_2 = .6$
$Om_3 = .2$　　　 $m_3 p_3 = .4$
$Om_4 = 1$　　　　$m_4 p_4 = .2$
$Om_5 = 2$　　　　$m_5 p_5 = .15$

在 Ox 軸上，1 吋代表 5,000 磅，而在 Oy 軸上，1 吋代表 10 便士。如
上圖所示，通過 $p_1 p_2 … p_5$ 各點的一條曲線，就是總需要曲線。

而這個總需要是由富人、中產階級和窮人的需要所組成的。他們個別
需要的量可以用下列的表來表示：

第3節

在英國，諸如鹽及許多口味的調味料和香料，還有便宜的

價格	購買磅數			
（每磅便士）	富裕階級	中產階級	貧窮階級	總數
12	100	0	0	100
6	300	200	0	500
4	500	400	100	1,000
2	800	2,500	1,700	5,000
1.5	1,000	4,000	5,000	10,000

這個表上的數字可以畫爲圖 5、6、7 的曲線，這三個圖依次分別表示富人、中產階級及窮人階級的需要，衡量的尺度與圖 4 相同。例如 *AH*、*BK* 和 *CL* 都代表 2 便士的價格，且長度都爲 0.2 吋；*OH* 爲 0.16 吋，代表 800 磅，*OK* 爲 0.5 吋，代表 2,500 磅，*OL* 爲 0.34 吋，代表 1,700 磅，因此 *OH* + *OK* + *OL* 爲 1 吋，等於圖 4 中的 Om_4。這個例子可以用來說明以相同比例繪製而成的幾條部分需要曲線水平相加，可以得到總需要曲線，代表部分需要的總和。

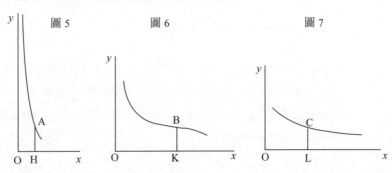

藥品等這類物品，即使對較窮的階層來說，其現行的價格都是很低的。這些物品價格的下跌，是否會導致消費的大幅度增加，實在令人懷疑。

　　以肉類、牛奶與奶油、羊毛、菸草、進口水果和普通醫療用品的現行價格來說，每一有變動，都會使工人階級及中下階級的人，對這些物品的消費產生很大的變動；但是不管這些物品有多便宜，富人的個人消費都不會增加多少，換句話說，工人和中下階層對這些商品的直接需要彈性非常大，儘管富人的需要並非如此。但是，工人階層的人是如此之多，以致於他們對這些物品力所能及的消費遠遠超過了富人；因此，所有這類物品的總需要彈性非常大。前一陣子，糖就是屬於這一類的商品；但是糖在英格蘭目前已經跌價很多了，甚至對工人階層來說也變得很便宜了，因此對糖的需要也就沒有彈性了。③

---

③ 然而，我們必須記住的是，任何商品需要表的性質，在很大程度上取決於其競爭商品的價格是否是固定的，或是隨其而變動。如果我們把牛肉的需要和羊肉的需要分開，並假定牛肉的價格上漲時，羊肉的價格保持固定，那麼對牛肉的需要將變得非常有彈性。因為牛肉價格的微幅下跌，會大大地以牛肉取代羊肉，導致牛肉消費量大幅增加，另一方面，即使牛肉價格小幅上漲，也會導致很多人改吃羊肉，而幾乎完全不吃牛肉。但是，所有各種新鮮肉類的需要表合在一起，假設它們的價格之間總是大致上保持著相同的關係，這種情況與英格蘭現行的價格差別不大，則其彈性僅是中等的而已。相同的說法也可適用於甜菜根和甘蔗糖的情況。請參見前面第三篇第三章第 6 節註 11。

溫室水果（wall-fruit）、較好的魚類及其他相當昂貴的奢侈品的現行價格，每一下降，就會使中產階級的消費量增加很多；換句話說，中產階級對這些物品的需要彈性非常大；富裕階級和工人階級對這些物品的需要彈性要小得多，因為對前者來說，該些物品的滿足幾乎已達飽和了，而對後者來說，這些物品的價格還是太高了。

有些物品，諸如珍貴的酒、非當季的水果、高科技的醫療和法律服務等這些物品，其現行價格仍是如此之高，以致於除了富人之外，人們對這些物品的需要甚微。但是，若一旦有需要的話，則這些物品的需要彈性往往都相當大。對某些較昂貴食物的部分需要，實際上是獲得社會榮譽感的一種手段，對其需要幾乎是永不飽和的。④

第4節

對必需品的
需要。

必需品的情況是例外的。當小麥價格很高或很低時，需要彈性都非常小；如果我們假設小麥即使是稀缺的時候，也是最便宜的食品；且即使在豐產時，也不會用於其他的消費，則不管怎樣，小麥的需要彈性都非常小。我們知道重 4 磅的大麵包其價格從 6 便士下跌到 4 便士，對麵

---

④ 參見前面第二章第 1 節。例如，在 1894 年 4 月，倫敦的千鳥蛋最早開賣的該季初，6 個每個賣 10 先令 6 便士。隔天市場上有較多這種蛋，因此每個價格下滑到 5 先令，再隔天滑到 3 先令，而一週以後，更下跌到只有 4 便士。

包消費量的增加，幾乎不起任何作用。至於小麥歉收的情況，就更難以確定了，因爲自從廢除〈穀物法〉（*Corn Laws*）[5]以後，英格蘭就從未出現過小麥稀缺的問題了。但是，從景況比較不好的經驗來看，我們可以假設當供給減少 1/10、2/10、3/10、4/10 或 5/10，會分別導致價格上漲 3/10、8/10、16/10、28/10 或 45/10。[6]價格的變化遠比這大的情況，的確並

[5] 譯者註：英國在十九世紀引入了一系列的法律，以保護英國農民免受外國的競爭。該法律只允許在本國種植的小麥價格上漲到一定水準以上之後才可以進口穀物，一般稱之爲〈穀物法〉。這些法律有迫使麵包價格上漲的意想不到的效果，因此最終在 1846 年廢除了。

[6] 這個估計通常認爲是由格雷戈里・金（Gregory King）所完成的，而勞德代爾勳爵（Lord Lauderdale）就這個估計，對於需要法則的影響所進行的討論是令人讚嘆的（《研究集》（*Inquiry*），頁 51-53）。

圖 8 中的 DD' 曲線是以這個估計畫出來的，其中的點 A 相當於普通的價格。如果我們考慮到小麥價格非常低的時候，例如在 1 8 3 4 年的情況那樣，用來餵養牛、羊和

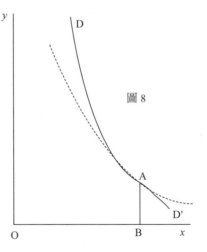

圖 8

豬，以及釀造和蒸餾的事實，那麼曲線的下半部分的形狀就會像圖中的虛線那樣。如果我們假設價格非常高時，會出現較低廉的替代品以取代之，則曲線的上半部分將呈現與上部虛線類似的形狀。

不罕見。比如，1335 年小麥在倫敦，一蒲式耳售價是 10 先令，但在隔年卻降到只有 10 便士。[7]

某些部分的消費是必需的商品。

如果一種物品是非必需的，且易腐壞的，而其需要又是無彈性的，則其價格的變動可能較諸上述那個情況還要劇烈；例如魚可能在某一天非常昂貴，但兩、三天之後就便宜到當作肥料出售了。

水是我們能夠觀察到的，從最高一直到一文不值的任何價格之下，都要消費的少數物品之一。在適中的價格之下，對水的需要非常有彈性。但是水的所有用途都能得到完全的滿足；因此當其價格下降到接近於零時，則對水的需要就失去了彈性。鹽可以說幾乎也是這種情況。鹽在英格蘭的價格是如此之低，以致於作爲一種食物，對鹽的需要非常缺乏彈性；但在印度，鹽的價格比較高，需要也較有彈性。

另一方面，除非一個地區爲其居民所棄置，否則房屋的價格從未下降到很低。在一個社會環境健康，且對整體繁榮無阻礙的地方，由於房屋提供了便利性和社會榮譽感，因此對房屋的需要似乎總是有彈性的。對那些不是用來炫耀之各種衣著的欲望是會飽和的；因此當這類衣著的

---

[7] 克羅尼康・布里西歐森（Chronicon Preciosum）在 1745 年曾表示，1336 年倫敦小麥的價格低到 1 夸特（譯者註：穀物的容量單位，1 個夸特等於 2.909 公石。）只有 2 先令；而在萊斯特爾（Leicester）某個星期六其價格高達 40 先令，但在隔週的週五，卻降到只有 14 先令。

價格很低時，對其需要幾乎沒有任何的彈性。

對高品質物品的需要主要取決於人的感受；有些人不在乎酒的風味是否精美，只要能夠獲得足夠的量就可以了；另外有些人則渴望高品質的酒，但其欲望卻很容易飽和。在普通工人階級居住的地區，劣質和優質的大塊肉（joints），幾乎以相同的價格出售；但是英格蘭北部的一些高薪的技術工，已經養成了喜歡最好肉類的習慣，因此願意支付的價格幾乎像在倫敦西區那麼高，而在倫敦西區因為劣質的大塊肉都賣到別的地方去，所以那裡的價格被人為地抬高。使用一種物品的習慣，也會產生後天的厭惡與喜好。使一本書能吸引許多讀者的插畫，卻可能遭到那些習慣於較好作品的讀者所嫌棄。在一個大城市，具有高度音樂欣賞力的人，不會去參加不好的音樂會；但是如果住在一個沒有好音樂會的小城市，他可能就樂意去聽了，因為在那裡沒有足夠多的人，願意支付含括好音樂會的費用所需要的高票價。對一流音樂的有效需要，只有在大城市才是有彈性的；而對二流音樂的有效需要，在大、小城市都是有彈性的。

一般說來，凡是那些能夠使用於許多不同用途的物品，都是最具有需要彈性的物品。例如水首先用作飲料，然後用於烹飪，然後再用於各種洗滌等等。當無特別的乾旱發生，但是水以桶來出售時，其價格可能低到連較貧困者都能夠盡情飲用；但在烹飪時，他們有時會把相同的水使用兩次以上；而在洗滌時，他們用水更是非常吝惜。中產階級者烹飪時，也許不會把相同的水使用兩次；但他們

人的感受的影響及愛好與厭惡的形成。

用途種類多樣的影響。

在洗滌時使用一桶水的次數，會較之他們可以無限制自由使用時還要多次。當水透過水管供應，且按水表以很低費率計水費時，許多人即時在洗滌時，也都盡情地使用；而當水不是以水表計費，而是每年收取固定的費用，且在每個需要的地方都安裝水管，使用很方便時，則對於各種用途的水，其使用都會達到充分飽和的極限。⑧

　　而在另一方面，一般說來，需要非常缺乏彈性的物品有下列兩種類別，首先是絕對的必需品（與習慣上的必需品和維持效率的必需品不同）；其次是那些不會花費富人很多所得的某

---

⑧ 如此，任何一個人對於像水這類物品的總需要，就是他對於每一種用途需要的總和（或「混合」（*compound*）需要，參見第五篇第六章第 3 節）。就像一群財富不同的人，對於某種只有一種用途的商品的需要，就是這個群體當中每個人需要的總和一樣。再者，正如富人對豌豆的需要一樣，即使價格很高時也是相當大，但是當價格下跌，雖然對於窮人來說價格仍然相對上是高時，富人的需要彈性就會完全消失；個人對飲用水的需要也是這樣，即使在價格非常高時也是相當大，但是當水的價格下跌時，雖然把水用於清掃房屋這樣的目的，價格仍然相對上是高的，他對於水的需要彈性就會完全消失。不同階級的人對豌豆的總需要比任何一個人的需要，在較大的價格變動範圍內，都更能保持其彈性。對水的需要也一樣，某個個人對許多用途的需要，比這個人對水任何一種用途的需要，在較大的價格變動範圍內，較能保持其彈性。參見克拉克（J. B. Clark）在《哈佛經濟學期刊》（*Harvard Journal of Economics*）第八卷，所發表的〈經濟變動的普遍法則〉（Universal Law of Economic Variation）一文。

些奢侈品。

第5節

　　到目前為止，我們還未考慮到取得確切的需要價格表，並加以正確解釋的困難。我們必須考慮的第一個困難是時間（*time*）的因素，這是經濟學中許多最大困難的根源。

　　因此，雖然一個需要價格表代表在其他條件不變之下（*other things being equal*），某一種商品價格的變動，而這種變動是來自於該商品所提供出售量的變動；但在蒐集完整和可靠的統計數據，所需要的足夠長的時間之間，其他條件實際上很少是不變的。經常會出現一些干擾因素，這些因素的影響與我們所希望孤立的特定因素的影響混雜在一起，且不易分開。在經濟學中，一個因素的全部影響很少立即出現，而往往是在該因素不復存在之後，才發揮出其全部的影響，這個事實，更加重了這個困難。

　　首先，貨幣的購買力不斷地變動，因此我們從貨幣價值維持不變這個假設所獲得的結論，必須要進行修正。然而，既然我們可以準確地探知貨幣購買力較廣泛的變化，這個困難在相當程度上就可以克服了。

　　其次是整體繁榮的變化及全體社會可支配之總購買力的變化。這些變化的影響很重要，但也許沒有一般所認為的那麼重要。因為當繁榮浪潮下滑時，價格就會下跌，就會使那些所得取決於企業利潤者的財力下滑，而增加了那些固定所得者的財力。繁榮向下滑時，幾乎也完全由後面

統計研究的困難；時間的因素。

貨幣購買力的變動，

無論是永久的還是暫時的。

那個階級者明顯的損失來衡量；但對茶、糖、奶油、羊毛等等這類商品的消費總量的統計數據都證明了，民眾總的購買力下滑速度並非很快。但仍然會有下降，而為了確知下降到何種程度，我們必須要比較盡可能多的物品價格及消費量。

接下來是由於人口和財富的逐漸成長所引起的變化。對於這些變化，在知道事實的情況下，就可以很容易地進行數字的修正。⑨

⑨ 當一個統計表顯示，某個商品消費在漫長的一段歲月當中逐漸成長時，我們就可用表上的數據，來比較該商品在不同年分中增加的百分比。只要透過少許的練習，很容易就可以進行這種比較。但是，當數字以統計圖的形式表達時，如果不將圖轉回成數字的話，就不容易完成這種比較；而這是許多統計學家不贊成使用圖解方法的一個原因。但是如果知道這樣一條簡單的法則，單就這一點來說，就會轉而使圖解方法變成有利。這一法則如下：令圖 9 平行於 Ox 的一條水平線，代表所消費商品的數量（或者交易的量，或者課徵稅的量等），而按通常的方式，在 Oy 上以相等的距離，由上向下按遞減的順序排列，來表示相應的年分。為了衡量任何一點 P 的成長率，在曲線上畫出一條通過 P 點的切線。這個切線與 Oy 相交於 t 點，再在 Oy 上取一點 N，

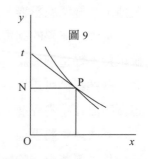

圖 9

使其垂直高度與 P 相同；那麼沿著 Oy，Nt 所代表的年數，就是消費量每年增加率的倒數。也就是說，如果 Nt 是 20 年，則每年以 1/20，亦即 5% 的速率增加；如果 Nt 是 25 年，每年以 1/25，或者 4% 的速率增長；其他的以此類推。參見本書作者在 1885 年 6 月，《倫敦統

第6節

再接下來，必須考慮到時尚、品味和習慣的變化，[10]以便打開商品的新用途，以及促進該物品具有同樣用途之其他物品的發現或改進或跌價。在所有這些情況當中，有一個必須考慮到的很大困難是經濟原因和其影響之間所經歷的時間。因為要讓一種商品的價格上漲，對消費產生全面的影響需要時間。因為消費者需要時間來熟悉漲價物品的替代品，也許生產者也需要時間，才能養成生產足夠數量替代品的習慣。而熟悉新商品習慣的養成和有效使用這些新商品方法的發現，可能也需要時間。

比如，當木材和木炭在英格蘭變貴了的時候，人們是慢慢熟悉起以煤炭用作燃料，緩慢地適應起壁爐使用煤炭，而即使在很容易由水路運輸的地方，一個有組織的煤炭交易，也無法迅速出現；製造業用煤炭來取代木炭的發明進程甚至更慢，且的確直至目前幾乎尚未完成。此外，當近年來，煤炭變得非常昂貴之際，對於節約使用煤炭的發明，特別是鐵和蒸汽動力生產的發明上，給了很大

習慣的逐漸改變，和熟悉新物品與使用這些新物品的新方法的逐漸變動。

實例。

計學會期刊》（*Journal of the London statistical society*）上的紀念（Jubilee）號所發表的一篇文章；也可以參見本書數學附錄註4。

[10] 有關於時尚影響的說明，請參閱佛萊（Foley）女士在《經濟期刊》第3卷，及希瑟爾・比格（Heather Bigg）女士在《十九世紀》（*Nineteenth Century*）第23卷所發表的文章。

的刺激；但直到高價格過後，這些發明中的一些才會產生很大的實際成效。同樣地，當新的電車路線或郊區鐵路開通時，即使是靠近鐵路線的人，也不會立刻養成充分利用這條新路線的習慣；而且那些靠近鐵路線一端工作的人當中，很多人需要一段更長的時間才能把他們的家搬遷到靠近新路線的另一端。再次，當石油一開始大量供應時，少有人樂於隨意使用它，逐漸地，社會各階層才開始熟悉石油和煤油燈；因此如果認為石油所有消費的成長，都歸因於從那時起價格的下降，那也未免太過強調價格下滑的影響力了。

某些需要較其他需要更容易推遲。

　　另一個同種類的困難來自於這樣一個事實，即有許多物品的購買，可以很容易在短時間內推延，但卻無法長時間推延下去。逐漸磨損的衣著和某些其他的物品等這些在高價格的壓力下，可以比平常使用時間長一些的物品，往往會出現這種情況。比如說，在棉花荒開始時，英格蘭有記錄的棉花消費量非常少。這部分是因為零售商減少了庫存，但主要還是因為民眾通常轉而盡量的推延舊棉製品的使用，而不購買新的棉製品。然而在 1864 年時，雖然價格比之前的任何一年都要高很多，但是許多人發現自己已無法再等待了，因此當年供國內消費的棉花量卻大量增加了。對於這類的商品來說，突然的稀缺並不會立即把價格提高到與供給量減少相應的水平。同樣地，在 1873 年美國商業大蕭條之後，製靴業較一般服裝業恢復得要早；這是因為在繁榮的時代，衣帽只要稍微有點磨損就會被人們棄置於一旁，而被棄置的靴子卻不會那麼多。

第7節

上述這些困難都是屬於基本的；但還有其他的困難，比我們統計表中或多或少可避免的缺點潛藏得還要深。

統計上的不完善。

如果可能的話，我們想要求得在一段給定時間之內，在某個市場上，某種商品的不同數量，都能找到買者的一序列價格。一個完全的市場是一個大小不一的區域，在該區域之內有許多買者和許多賣者如此敏銳地注意著彼此，並如此通曉著彼此的事情，以致於一種商品的價格，在整個地區幾乎總是相同。但是，那些爲自己的消費，而不是爲了交易目的而購買的人，並不總是關注市場上的每一個變化，因而無法確實弄清許多交易中究竟支付了什麼樣的價格。再者，一個市場的地理界限，除非海洋或海關所設定的屏障畫出這些界線之外，否則很少清楚地劃分出來；也沒有任何一個國家對家庭消費而生產的商品有準確的統計數據。

再者，即使在有這類的統計之下，通常也有一些含糊不清之處。當財貨一旦進入交易商手中後，這些統計通常就把財貨當作消費；因此商人庫存的增加，不容易與消費的增加區分開來。但這兩者卻是由不同原因所決定的。價格的上漲會抑制消費；但如果預計這一上漲還會持續下去的話，那麼正如已經指出的那樣，可能會導致交易商增加他們的庫存。⑪

商人存貨的增加被誤認爲是消費的增加。

---

⑪ 在檢視稅收的影響時，習慣上是去比較在課稅之前和在之後的消

品質的改變。 接下來是很難確保所提及的商品，都具有相同的品質。在一個乾旱的夏季之後，無論什麼種類的小麥，品質都特別好；因而下一收穫年分小麥的價格，表面上都會比實際上要高。關於這一點可能要考慮進來，尤其是現在乾燥的加利福尼亞的小麥已成爲一個計算的標準。但對於許多種類製造品之間品質的變化，幾乎不可能正確計算出來。即使像茶這類物品，都會出現這種困難；近年來，氣味較濃的印度茶，取代了氣味較淡的中國茶，使得消費的實際增加大於統計上所顯示的。

第8節　關於消費統計的註解

需要法則的歸納性研究是困難的；但是商人可以透過他們帳冊的分析來促成這種研究。

許多國家的政府都發布了某些類別商品一般消費的統計。但是部分由於上述所指出的原因，這些數據在探討價格變化與購買數量變化的因果關係之間，以及不同種類的消費，在各種不同社會階層之間的分配，沒什麼幫助。

關於這兩個問題中的前者，即找出有關價格的變動與消費變動之間因果關係的法則，從傑逢斯（《理論》，頁

費量，但這是不可靠的。因爲商人預計稅開徵之前，會貯存大量的存貨，在稅開徵之後一段時間內需要購買的量就很少了；反之，當稅收降低時亦然。再者，高稅收也會導致虛假的報告，例如，由於羅金翰內閣（Rockingham Ministry）在 1766 年把糖蜜的稅收從每加侖 6 便士降低到 1 便士，波士頓的糖蜜進口名義上增加了 50 倍。但這主要是由於稅收降到只有 1 便士，所支付的稅比非法私運還要便宜的這個事實所致。

11-12）關於店主帳簿中所提的暗示中，似乎可以獲得很大的助益。在一個製造業城市的工人住宅區裡，一個店主或一個合作商店的經理，通常有辦法相當精準地弄清他大部分顧客的財務狀況。他能夠知悉有多少工廠在開工及每週開工多少小時，他也可以得知所有關於工資率的重要變化；實際上，他把這些事情當作是他的業務在作。他的顧客通常也能很快發現他們日常用品價格的變化。因此，他常常會發現商品價格的下跌，在沒有任何干擾因素混雜之下，很快就能對商品消費的增加產生迅速且獨立的作用。即使有干擾因素出現時，他也經常能夠考慮到這些因素的影響。例如，他會知道隨著冬天的到來，奶油和蔬菜的價格會上漲；但寒冷的天氣使人需要的奶油比以前多，而蔬菜的需要卻比以前少；因此，在冬天來臨時，當蔬菜和奶油的價格同時上升時，他會預期蔬菜的消費量下降的幅度，會超過單單價格上漲這個因素的幅度，而奶油消費量下降的幅度，會少於單單價格上漲這個因素的幅度。然而，如果在接續的兩個冬天，他的顧客人數大致上一樣多，且所獲的工資率也大致上相同；如果在其中一個冬天，奶油的價格遠高於另一個冬天，那麼比較他這兩個冬天所記的帳，就能準確地指出價格變化對消費量的影響。為社會其他階層者提供服務的店主，偶爾也能提供與其顧客消費有關的類似事實。

　　如果能夠取得社會不同部門足夠數量的需要表，這些需要表可用來間接估計來自於價格極端的變化，總需要變動的情形，且由此而獲得的結果，並不是經由任何其他線索可以得到的。這是因為一種商品價格的波動範圍通常很小；因此，如果其價格是實際價格的五倍或五分之一，那麼統計數據就無法提

窮人對便宜物品的消費，如果變貴了，也許可以說明富人對這些物品消費的變動。

供我們直接的方法，以推測其消費會發生什麼變化。但我們知道，如果該商品的價格非常高的話，則其消費幾乎完全限於富人；而如果該物品價格很低的話，則大多數情況下，其消費的大部分都來自於工人階級。因此如果現行的價格對於中產階級或工人階級來說都非常高的話，我們可以從他們在現行價格下的需要法則，來推論出如果價格上漲到對於富人的收入來說也是非常高的話，則富人的需要將會是什麼。反之，如果目前的價格對富人的收入來說是適中的，那麼我們也可以從他們的需要中推斷出，如果價格下降到對於工人階級的收入來說也是適中的，那麼工人階級的需要將會是什麼。只有將這些零碎的需要法則拼湊在一起，我們才能寄望有一種方法，讓我們得到價格差異很大時價格的準確法則（也就是說，除非我們能夠把社會各階層的零碎需要曲線拼湊成一條總需要曲線，否則除了在直接相鄰的現行價格外，我們無法有信心地畫出一種商品的總需要曲線。參見本章第 2 節）。

雖然我們在把那些直接消費的商品的需要，歸納出明確的法則上，已取得了一些進步，但只有在此之後，且唯有在此之後，對於那些依賴這些商品的二級需要（secondary demands）進行類似的工作才會有些幫助。所謂二級需要就是指對參與生產物品以供出售的技術工和其他勞動的需要；以及對機器、工廠、鐵路設備和其他生產工具的需要。對醫務人員、家庭僕人和所有向消費者直接提供服務人員的工作需要，在性質上與對直接消費商品的需要類似，也可以用相同的方法，對其需要法則進行研究。

要確知社會不同階層者在生活必需品、舒適品和奢侈品之間；在只提供目前享樂的物品和儲備身體和精神力量的物品之間；以及在滿足那些較低級欲望的物品和那些激發和培養較高級欲望的物品之間的支出分配的比例，是一項非常重要，但同時也是一項很棘手的工作。在過去的50 年裡，歐洲大陸已經朝這個方向做了一些努力；而近來不僅在那裡，在美國和英格蘭，對這個問題的研究也愈來愈蓬勃了。⑫

另一個方法是蒐集各個階層個人的預算資料。

⑫ 下表是 1857 年，偉大的統計學家恩格爾（Engel）為薩克森（Saxony，譯者註：為德國的一個地區。）地區下層、中層和工人階級的消費，所製作的一個表格；因為這個表格已經成為後來該方面研究的指導和比較的標準，特將此表格引述如下：

支出項目	各類家庭支出的比例（%）		
	1. 年所得 45 到 60 英鎊之工人	2. 年所得 90 到 120 英鎊之工人	3. 年所得 150 到 200 英鎊之中產階級
1. 食物一項	62.0	55.0	50.0
2. 衣著	16.0	18.0	18.0
3. 居住	12.0	12.0	12.0
4. 照明與燃料	5.0	5.0	5.0
5. 教育	2.0	3.5	5.5
6. 法律服務	1.0	2.0	3.0
7. 醫療保健	1.0	2.0	3.0
8. 舒適與娛樂	1.0	2.5	3.5
合計	100.0	100.0	100.0

對於工人階級的預算過去已經多次蒐集和比較過了。但是，像所有其他類似的數字一樣，上表中的數字也遭受到下列事實之害，亦即那些不怕麻煩，而自願填表做回報的人都不是普通的人，那些仔細記帳的人也不是普通的人；且當需要根據記憶來補充帳目時，記憶容易因錢該如何花費的概念而造成偏誤，特別是當專門為給別人看，而把帳目加在一起時更是如此。這種介於家庭經濟和公共經濟領域之間的工作，是許多不願意進行更一般和較抽象思考的人，可以從事的極好的工作。

與此有關的資料很早以前就由海里森（Harrison）、佩帝（Petty）、康帝榮（Cantillon）（在其已遺失的附錄中，似乎包含了一些工人的預算），亞瑟·楊格（Arthur Young）、馬爾薩斯及其他人所蒐集。工人階級的預算是在上個世紀末由艾登（Eden）蒐集的；而在濟貧、工廠等委員會（Commissions on Poor-relief, Factories）隨後的報告中，有關工人階級支出的雜項資料很多。的確幾乎每年都有公共或私人資料來源，提供我們關於這些問題一些重要資料的補充。

我們應當指出的是，勒·普萊（le Play）不朽的著作《歐洲工人》（*Les Ouvriers Européens*）一書中所用的方法，是對一些精心挑選的家庭，其生活的所有細節進行深入的研究。為了要把這個方法運用得好，就需要把選擇實例的判斷力及在解釋這些實例的洞察力和同情心，出色的結合起來。用得好的話，這個方法就是最好的；但在普通人的手中，這個方法所提示的一般結論，可能比下列這種範圍廣大（*extensive*）的方法所獲得的結論還要不可靠。所謂的範圍廣大的方法是透過更迅速地蒐集非常多的觀察資料，並盡可能地將這些資料轉為統計形式，以便從中獲得廣泛的平均數，這些平均數在某種程度上可以讓其中的不確定性和個人的特性相互抵消。

第五章

同一物品不同用途間的選擇：
立即使用及延後使用

第1節

一個人的收入在不同欲望的滿足之間的分配。

在一個原始社會，一位家庭主婦從一年剪得的羊毛中，只能織出有限的幾束紗線，考慮到家庭所有衣著的需要，她會試圖在這些需要之間分配紗線，以盡可能地讓她的家庭從中得到最大的福利。如果當她分配完紗線，並織完後，發現她把太多的紗線用於織背心，而把太少的紗線用於織襪子時，她就會認為自己沒做好，並為此而感到懊悔。這意味著她在停止織襪子和背心的那點上，計算錯誤了；她在背心上用太多的紗線，而在襪子用的紗線又不夠多；因此，在她實際停止的那點上，織襪子的紗線之效用，大於織背心的紗線。但是，如果另一方面，她在正確的點停下來，那麼所織的襪子和背心的量，會使得她從用在襪子上最後一束紗線中獲得的好處，與她用在背心上最後一束紗線中獲得的好處相等。這說明了可以表示如下的一個一般原則：

如果某人有一個可以用於幾種用途的物品，他會把該物分配到這些用途中，以使其在所有用途上都具有相同的邊際效用。這是因為，如果該物在某一個用途較另一用途的邊際效用要大，那麼若他從後一種用途中，拿走一些，並將之用於前一種用途中，就能從中獲利。①

① 的確，我們的例證是屬於家庭生產的，而不是家庭消費的，但這幾乎是不可避免的；因為很少有可以用於許多不同用途，而又可以直接消費的東西。而收入在不同用途之間的分配學說，在需要

在自由交易很少的原始經濟當中，一個最大的缺點是，一個人可能很容易擁有過多的東西，比如說羊毛，當他把該物用於每一種可能的用途時，則該物在每種用途中的邊際效用就都會很低；與此同時，他擁有的其他東西，比如說木材，是如此的少，以致於該物對他的邊際效用非常高。同時，他的一些鄰居可能需要很多羊毛，而他們有的木材可能又過多。如果每個人都放棄一些對他來說效用較低的物品，並接受一些效用較高的物品，那麼每個人都會透過交易而獲利。但透過物物交易的方法，進行這樣的調節，過程冗長且困難。

> 但是一個人可能把一物過多地用於各種用途上，而又把另一物過少地用在各種用途上。

在只有少數幾種簡單的商品，每種商品都可以透過家庭生產，以用在幾種用途的地方，物物交易的難度的確不會很大；紡紗的女兒、織布的妻子，可以適當地調整羊毛不同用途的邊際效用，而丈夫和兒子也可以適當地調整木材不同用途的邊際效用。

> 物物交易只是部分的補救措施。

第2節

但是，當商品數量眾多，且專業化程度很高，就迫切需要自由使用貨幣或一般購買力了；這是因為唯有貨幣，才得以很容易地用於無數的各種購買中。而在貨幣經濟中，好的管理是調整每項支出的邊際，直到使價值一先令

> 可以把貨幣分配到各種用途，以使每種用途的邊際效用都相等。

理論的應用，不比在供給理論的應用那麼重要，那麼有趣。請參見第五篇第三章第 3 節的例子。

的每種貨物的邊際效用都相等。只要他隨時觀察在任何物品上的花費是否太多，以致於從該物品的支出中，稍微取走一些用在其他物品上，是否對他有利的話，每個人都可以達到這個結果。

因此，例如，對於是否騎車上街，或者走路並享用豐盛一點的午餐，拿不定主意的店員，就是他正在比較兩

種不同花錢方式的邊際效用。又當一位經驗豐富的家庭主婦，力勸一對年輕夫妻仔細記帳的重要性時，這個勸告的主要動機，是使這對夫妻可以避免衝動，不要把大量的金錢花在家具和其他東西上；因為儘管這些東西的某些數量確實是非常必要的，但是當大肆購買時，這些東西所付的成本並不會等比例地提高邊際效用。當這對年輕夫妻在年底查看他們該年的預算，並找出也許有必要在某個地方削減他們的支出時，他們會比較不同項目的邊際效用，衡量從這裡減少一英鎊的開支可能導致的效用損失，與從那裡減少一英鎊開支的效用損失何者較大；他們努力調整各項目，使總損失達到最小，並讓他們的總效用達到最大。[2]

---

② 在本篇第四章第 8 節所提到的工人階級的預算表，在幫助人們明智地把財富分配到不同用途之間，因而使每個用途的邊際效用都相等，是最有用的。但是，家庭經濟的重大問題，不僅與明智的行為，也與明智的花錢方法有關。英格蘭和美國的家庭主婦用有限的財富來滿足欲望，比不上法國的家庭主婦，這不是因為他們不知道如何去購買，而是因為他們無法像法國家庭主婦那樣從廉價的肉、蔬菜等等做出好的食品。家庭經濟通常被認為是屬於消

第3節

分配到不同用途的商品未必都是供目前使用的；有些可能是供目前使用，而另一些則可能是供未來使用。一個謹慎的人會致力於把他的財富分配到現在和未來的一切用途之間，以使各種用途的邊際效用都相同。但是，在估計一個遙遠的快樂來源其目前邊際效用的大小時，必須作出兩種考量；首先是要考慮不確定性（這是一個所有消息靈通的人，都會以相同方式估計的「客觀」〔objective〕特性）；第二，要考慮現在的快樂與未來快樂價值的不同（這是不同的人根據自己的個性和當時的環境，以不同方式估計的「主觀」〔subjective〕特性）。

未來利益與現在利益的平衡。

如果人把未來的利益與目前類似的利益視爲相同的話，那麼他們可能會努力地把快樂和其他的滿足，平均分配在整個生命過程中。因此，只要他們可以確定未來一定會得到這份快樂的話，他們通常會願意放棄現在的快樂，以便在未來享有同等的快樂。但事實上，人性是以下這樣的事實構成的：在估計未來利益的「現値」（present value）時，大多數人通常會對其未來價值進行一種我們稱之爲「折現」（discount）形式的扣除，這種折扣會隨著該收益取得時間的延後而增加。有些人可能把遙遠年代

把未來的利益按不同的折現率折爲現値。

費理論，但這只對了一半。無論如何，家庭經濟最大的缺點，對盎格魯撒克遜（Anglo-Saxon）的工人階級中較不過量飲酒的人來說，與其說是消費上的缺點，還不如說是生產上的缺點。

的利益與目前的利益，視為幾乎有相同的價值；而另一些實現未來的能力、耐心和自我控制力較差的人，對於任何不是近在眼前的利益，都相對上較不在乎。即使同一個人的情緒也會有所變化，有些時候不耐煩，且貪圖現在的享樂；而在另一個時候，他的心老是想著未來，且願意推延所有他可以方便等待的享受。有時他處於一種不太關心任何其他事情的狀態；有時候就像那些把布丁中的梅子挑出來立即吃掉的小孩，有時候又像那些把這些東西放到一邊，最後再吃掉的人一樣。無論在哪種情況之下，在計算未來利益的折現率時，我們必須仔細計算所預期的快樂。

對於持久享受來源及所有權的欲望。

不同的人對未來的折現率，不僅影響了他們通常所謂的儲蓄傾向，同時也會影響他們購買物品的傾向，他們寧願購買一種可以持久產生快樂的物品，而不是那些產生較強大，但較短暫享受的物品；例如他們寧願購買新的外套，而不是沉迷於一頓大餐，或寧願選擇簡單耐用的家具，而不是華麗，但很快就壞掉的家具。

就這些可以產生持久快樂的物品來說，占有的本身就會讓人感覺到持有這些物品的快樂。許多人僅僅從所有權感覺中所得到的滿足，比從狹義的普通快樂，所獲得的滿足要強烈得多；例如，擁有土地的快樂，往往會誘使人為其付出如此高的代價，以致於擁有土地的投資報酬就變得非常低。所有權所帶來的快樂有一種是為占有而占有的，還有一種是由於所有權會產生榮譽，因此所有權是令人欣喜的。有時後者較前者強，有時較弱；也許沒有人了解自己或其他人到足以在兩者之間劃出一條明確界線的程度。

第4節

如前所述，即使是對同一個人，在不同時間享有兩種利益的數量（quantities），我們都無法進行比較。當一個人推延一種可以享樂的項目時，他不是推延這種快樂，而是放棄了現在的快樂，並以另一種快樂，或以期望在未來的日子能獲得的另一種快樂取而代之；除非我們知道這件事情所有的情況，否則我們無法分辨他期待的未來快樂，是否比他放棄的目前快樂要大。因此，即使我們知道他對未來享樂事件的折現率，比如花一英鎊即刻得到滿足的折現率，我們仍然無法得知他對未來快樂的折現率。③

但是我們無法真正的估計未來利益的數量。

③ 在把一些快樂列為比其他快樂更為迫切之際，人常常忘記推延一件可讓人快樂的事件，可能會改變該事件發生的環境，從而改變快樂本身的性質。比如說，一個年輕人希望在發財後自己有能力去阿爾卑斯山旅行，他對此旅遊的快樂折現率很高。他較願意現在就能去，部分原因是在現在去旅遊會給他更多的快樂。

另外，可能會發生以下的情況，即推延一件可以讓人快樂的事件，會使某件東西在「時間」（Time）上分配不平等，並且「邊際效用遞減法則」（Law of Diminution of Marginal Utility）對於這種特定商品的作用會很強烈。例如有時候，我們說吃飯的快樂特別急迫，如果一個人一週六天不吃晚飯，第七天吃七頓晚餐，毫無疑問的他的損失會非常大。因為當推延六頓晚餐的時候，他並不是推延分開來吃六頓晚餐的快樂，而是以一天過度進食的快樂取代六頓晚餐的快樂。同樣地，當一個人把雞蛋儲存到多天再吃時，他不指望這些蛋比現在好吃。而是預期這些蛋到那

對未來利益
折現率的一
種人爲的衡
量方法。

　　然而，我們透過以下兩個假設，就能對一個人未來
收益的折現率進行人爲的測量。第一個假設是，他預計未
來的日子會像現在差不多一樣富有；第二個假設是，他從
貨幣所將購買的東西得到利益的能力，雖然在有些方面
可能會增加，在其他方面可能會減少，但整體上大致保
持不變。根據這些假設，如果他願意，但只不過是願意從
現在的支出中省下一英鎊，而在一年後確定會收回一基尼
（guinea）④（由他自己使用，或他的繼承人使用），我們
可以正確地說，他把完全有把握可以獲得的未來利益（僅
受制於人類的死亡），以每年 5% 的比率折現。在這兩個
假設下，他對未來（確定的）利益的折現率，就是他在貨
幣市場可以得到貨幣的折現率。⑤

　　時將會缺乏，因此蛋的效用會比現在要高。這說明了對將來快樂
　　的折現，和對未來某種商品的享受，所帶來快樂的折現之間劃分
　　清楚的界線是重要的。因爲在後一種情況下，我們必須分別考慮這
　　個商品在兩個時間中邊際效用之間的差異；但前者在估計這種快樂
　　的量時，已經考慮了邊際效用的這種差異，不必再另行考慮了。

④ 譯者註：基尼是英國在 1663 年至 1813 年所發行的舊金幣，原
　　先值一英鎊，也就是等於 20 先令，後來金價上漲，在 1717 至
　　1816 年期間其價值上升爲 21 先令。

⑤ 要記住的是，除了這些假設之外，貨幣貸款的折現率與未來快樂
　　的折現率之間沒有直接的關係。一個人對於推延可能如此不耐
　　煩，以致於一個距今十年之後確定的快樂，都不能促使他放棄一
　　個近在咫尺的快樂，雖然他認爲後者只有前者的四分之一而已。

然而，萬一他擔心十年之後，他可能會如此缺錢，因此錢的邊際效用如此之高，以致於那時半克郎（譯者註：克郎是英國的貨幣，最初面值為 25 便士。）比目前一英鎊（譯者註：一英鎊等於 240 便士），帶給他的快樂，或減少的痛苦，可能都要大，則即使他把錢窖藏起來，無法得到任何利益，他也會儲蓄一點，以供將來使用，這與他可能儲存雞蛋以過多的原理相同。但是我們在這裡要岔開來討論的是，比需要關係更緊密的供給問題。我們將從不同的角度，重新考慮財富累積問題，而後再討論決定利率的原因。

無論如何，只要我們知道：(1) 未來快樂的量；(2) 如果這個快樂確實會到來的話，未來的到期日；(3) 快樂會到來的機率；(4) 當事人對未來快樂的折現率，則在這裡，我們就可以考慮如何以數字的方式衡量未來快樂的現值。

如果享受到某種快樂的機率是 3 比 1，因此 4 個機會中有 3 個對這種快樂是有利的，如果這個快樂確定的話，則其期望值就是快樂確實會實現的價值的 4 分之 3；如果將享受到快樂的概率只有 7 比 5，因此 12 個機會中，有 7 個是有利的，如果快樂是確定的話，其期望值只有 12 分之 7，其餘以此類推。這只是這種快樂的保險統計值，但是因為不確定的收益對任何人來說，其真實價值通常都小於其保險統計值，因此可能還要進一步考慮該點（請參見本書第四篇第六章第 4 節的註解）。如果預期的快樂既不確定，又遙不可及，我們必須要對這種快樂的全部價值，進行雙重的折扣。舉例來說，假如有一個人願意為目前的且是確定的滿足付出 10 先令；但是如果其到期日是距今一年，而其發生的機率是 3 比 1；再假設他對未來每年的折現率是 20%，那麼他的期望值是 3/4*80/100*10 先令，亦即 6 先令，請參見傑逢斯《政治經濟學理論》的導言這一章。

從耐久性商品所有權所預期得到的未來的快樂。

　　到目前為止，我們已經討論了單獨一次的快樂；但是人所購買的很多物品都是耐久性的，即不是單獨一次的使用就消耗掉；一件耐久財，諸如鋼琴，或多或少是許多遙遠快樂的可能來源；這種物品對於購買者的價值，就是所有這些快樂的總和或總值，但必須考慮到這些快樂的不確定和遙遠等問題。⑥

---

⑥ 當然，這個估計是由草率的直覺做出來的，而若試圖要把這個估計簡化成數字的精確度（參見數學附錄中的註 5），我們必須要記住在本節和前一節中所說的，不可能對不在同一時間發生的快樂或其他滿足作正確的比較；並假定未來快樂的折現，符合指數法則一致性這一點。

第六章

價值及效用

第1節

　　我們現在可以轉而研究為一種物品所實際支付的價
格，在多大程度上可以代表從擁有該物品所得到的利益。
這是一個廣泛的主題，雖然經濟學很少討論到該主題，但
這很少的部分卻有一些重要性。

　　我們已經得知一個人為一件物品付出的價格，永遠
不會超過，而且也很少會達到他寧願支付，也不願意得不
到該物的價格；所以他從購買中得到的滿足，通常會超過
他放棄支付該物價格的滿足；因此他從購買中獲得了一種
滿足的剩餘（surplus of satisfaction）。他寧願支付也不
願意得不到該物的價格超過他實際支付價格的部分，就是
這種剩餘滿足的經濟衡量。這可以稱為「消費者的剩餘」
（*consumer's surplus*）。

　　很明顯的，消費者從某些商品所獲得的剩餘，要比其
他商品大很多。有很多舒適品和奢侈品的價格，遠遠低於
許多人願意支付，也不願意完全得不到該些物品的價格；
因此這些物品提供了非常大的消費者剩餘。火柴、鹽、每
份一便士的報紙或是一張郵票都是很好的例子。

　　一個人從低價購買他寧願付出高價，也不願意得
不到這些物品所得到的利益，可以稱為他從其「機會」
（*opportunities*）或「環境」（*environment*），或用幾代
以前所通用的字，亦即從他的「機運」（*conjuncture*）當
中，所獲得的利益。本章的目的是要應用消費者剩餘這個
概念，來幫助我們粗略估計出一個人從他的環境或機運當

中，所獲得的某些利益。①

第2節

　　爲了使概念明確，讓我們以購買茶葉以供自家消費爲
例加以說明。用以下這樣一個人爲例：如果茶的價格是 1
磅 20 先令的話，他每年恰好願意購買 1 磅；如果 14 先令
的話，那麼他願意購買 2 磅；如果 10 先令，爲 3 磅；如
果 6 先令，是 4 磅；如果 4 先令，爲 5 磅；如果 3 先令，
則是 6 磅；而實際的價格爲 2 先令，他購買了 7 磅。我們
必須要探討他從 1 磅 2 先令茶的購買能力中，所獲得的消
費者剩餘。

消費者剩餘
與一個人需
要之間的關
係。

---

① 這個名詞在德國經濟學中很常見，並且滿足了英格蘭經濟學中非
　常重要的需要。因爲唯一可用的替代詞「機會」和「環境」，有
　時很容易遭到誤解。瓦格納（Wagner）的《政治經濟學的基礎》
　（*Grundegung der politischen Ökonomie*）（譯者註：該書應該
　就是第一篇第三章第 4 節第 1 段末的註中所提的 *Grundlegung* 才
　對，因此原書中此處的 *Grundegung* 應該是誤植。）第三版，頁
　387 指出，「機運」（*Conjuncture*）就是「在一個依靠分工及私
　有財產，特別是土地和其他物質生產工具的私有財產的『國民經
　濟』（*Volkswirthschaft*）之下，技術、經濟、社會和法律條件的
　總和決定了財貨的需要和供給，從而決定了財貨的交換價值；這
　種決定一般說來，或至少大體上說來，與財貨所有者的意志、行
　爲和疏忽無關。」

如果價格是 20 先令，他恰好會購買 1 磅的這個事實，證明了他從這 1 磅中所得到的總享受或總滿足，與他花 20 先令於其他物品上，所可獲得的一樣大。當價格下降到 14 先令時，如果他願意的話，他仍可繼續只買 1 磅。那麼他可以只用 14 先令，就可以獲得至少值 20 先令的物品；因此他至少可以獲得 6 先令的剩餘滿足，或者換句話說，他的消費者剩餘至少為 6 先令。但事實上，在自由選擇之下，他買了第二磅，這表明了第二磅對他來說，至少值 14 先令，而這也代表了第二磅茶對他所增添的（*additional*）效用。他以 28 先令獲得對他來說至少是 20 加上 14 先令，亦即 34 先令的價值。他的剩餘滿足無論如何都不會因購買第二磅而減少，至少仍有值 6 先令的剩餘滿足。這兩磅茶的總效用至少值 34 先令，他的消費者剩餘至少是 6 先令。② 每增加一次的購買，對他先前已經決定購

---

② 對於這個陳述，可以再進一步作一些解釋；儘管事實上這些解釋所做的只不過是用別的話，來重複已說過的話而已。文中所提到的他在自己自由選擇之下購買了第二磅，這個條件的重要性可以由以下的理由來說明。如果是在他要買 2 磅的條件下，才以 14 先令的價格賣給他的話，那麼他就不得不在 1 磅 20 先令或者 2 磅 28 先令之間做選擇；因此他買 2 磅就無法證明，他認為第二磅給他的價值超過 8 先令。但實際的情況是，他無條件地支付了 14 先令，買了第二磅；而這就證明了對他來說，第二磅至少值 14 先令（如果他能以一便士買到一個小麵包，但是 6 便士可買到 7 個，而他選擇買了 7 個，我們知道他為了第 6 個和第 7 個，而願意付出第六便士，但是我們無法斷定說，他寧願付多少錢，去買那個他不願得不到的第七個小麵包）。

有時會有以下這樣的反對意見，即當他增加購買量時，他對先前所購買的需要的緊迫性就會減弱，因此先前這些購買的效用就會下降；因而當我們向需要表中較低價格推進時，我們應該要不斷地把表中先前的部分重新繪製在需要曲線上較低的水平上（即當我們沿著需要曲線向右滑動時，我們應該要按較低的水準重新繪製），但是這誤解了製作價格表所依據的方法。如果對於茶各磅的需要價格代表該磅的平均效用，則這個反對是令人信服的。因為如果他第一磅剛好付 20 先令，而第二磅恰好付 14 先令，則他付 34 先令，取得 2 磅，因此平均每磅 17 先令，這是正確的。如果我們的價格表中提到的是他將支付的平均價格，並且已經對第二磅設定為 17 先令的價格，那麼無疑地，當我們繼續下去時，我們不得不重新繪製我們的表格。因為當他買了第三磅時，3 磅中的每一磅的平均效用都小於 17 先令；實際上是 14 先令 8 便士。如果我們繼續假設下去的話，他買第三磅，恰好願意支付 10 先令。但是根據這裡所採取的這種方法，在製作需要價格表時，完全避免了這個困難；依據該法，他購買的第二磅所付的價格，並非代表 2 磅中每磅的平均價值是 17 先令，而是代表了第二磅給他的額外效用是 14 先令。因此當他買第三磅時，第二磅增加的效用不變，而其中第三磅額外效用只有 10 先令而已。

第一磅可能對他來說價值超過 20 先令。我們所知道的只是對他而言，這個價值不會低於 20 先令這個數字。即使是 20 先令，他也可能獲得一些小的剩餘。其次，第二磅給他的價值可能超過 14 先令。所有我們知道的只是至少值 14 先令，不是值 20 先令。因此，在這個階段，他會得到至少 6 先令的剩餘滿足，可能會更多一點。正如數學家所知道的那樣，當我們觀察相當大改變的效果時，就好像從一磅 20 先令到 14 先令那樣，總會出現這類不齊一的現象。如果我們從非常高的

買單位效用所產生的作用，在製作前面所說的需要表時已經考慮過了，因此不得再重複計算（*has already been allowed for in making out the schedule and must not be counted a second time*）。

當價格下降到 10 先令時，如果讓他選擇的話，他仍然可以只買 2 磅；並以 20 先令獲得至少 34 先令價值的物品，並得到至少值 14 先令的剩餘滿足。但實際上他較想購買第三磅，且當他自由選擇這樣做時，我們知道他的剩餘滿足，不會因為這樣做而減少。他現在以 30 先令獲得了 3 磅，其中第一磅至少值 20 先令，第 2 磅至少值 14 先令，第三磅至少值 10 先令。這三磅的總效用值至少為 44 先令，他的消費者剩餘至少為 14 先令，其餘以此類推。

當價格最後下跌到 2 先令時，他總共購買了 7 磅，各磅對他來說，價值至少不亞於 20、14、10、6、4、3 和 2 先令，或合計是 59 先令。這個合計衡量了他的總效用，他的消費者剩餘（至少）就是這個合計超過他實際上為這 7 磅茶付出的 14 先令的差額，也就是說是 45 先令。這 45 先令就是他透過花 14 先令購買茶所獲得的滿足，超過他以 14 先令多一點買其他物品所獲得滿足的價值，因此他認為在其他物品現行價格之下，購買較多的其他物品是不值得的；而以現行價格多購買其他物品，任何較多的購買都不會產生消費者剩餘。換言之，他從這個機運中，從對茶這個特定物品需要的環境適應當中，

價格開始的話，實際上每磅以一法新（farthing）（譯者註：英國過去的貨幣，值四分之一便士，現已不用了。）而微幅下降，而且要注意到他一次只消費一磅中的一小部分，這個不齊一的現象就會消失。

獲得值 45 先令剩餘的享受。如果這種對環境的適應停止了，以及在任何價格下都得不到茶的話，那麼他就會遭受滿足的損失，這個損失至少等於他額外花 45 先令，購買價值恰好是 45 先令的其他物品所得到的滿足。③

第3節

以同樣的方法，假若我們現在暫時忽略同一筆錢對不同的人來說，代表不同數量的快樂這個事實，我們可以用一個完整的茶的需要價格表中，需要價格超過其售價

市場的需要。

③ 尼科爾森教授（《政治經濟學原理》（*Principles of Political Economy*）第一冊和《經濟期刊》第四卷）對消費者剩餘的概念提出異議，艾吉沃思教授在同一期刊上已對此作出了回應。尼科爾森教授說：「說一年的所得（比如）100 英鎊的效用，值一年（比如）1,000 英鎊，究竟有何用處呢？」這樣說是毫無用處的。但是，在比較中非（Central Africa）的生活和英格蘭的生活時，這樣的說法可能有用，雖然在中非，貨幣可以買到的東西，可能平均說來和在這裡一樣便宜，但卻有很多東西在那裡一點也買不到，因此在那裡一年有 1,000 英鎊的人，沒有這裡每年只有 300、400 英鎊的人那麼富裕。如果一個人在橋上付了 1 便士的過路費，這為他節省了額外的 1 先令的開車費用，我們不會說這個便士是值 1 先令的，但是這個便士和橋梁（那部分在他的機運中扮演的角色）提供給他的好處，那天值 1 先令。如果橋梁在他需要的那一天被沖走了，他至少會處於一個彷彿被剝奪了 11 便士那樣糟糕的狀況。

的總和，來衡量比如說在倫敦市場上，出售茶所提供的剩餘滿
足。④

---

④ 那麼讓我們考慮任何大型市場中茶的需要曲線 *DD'*。我們以一年爲時
間的單位，令 *OH* 表示價格爲 *HA* 之下每年的出售量。在 *OH* 上取任
何一點 *M*，垂直往上畫 *MP*，與 *DD'* 相交於 *P* 點，並與一條經過 *A* 點
的水平線在 *R* 點相交。假設各個買者所購買的磅數，是依照渴望程度
的順序而編排的；每一磅買者的渴望，都以他願意爲該磅而付出的價
格來衡量。這個圖告訴我們，當價格爲 *PM* 時，出售量爲 *OM*；但也
告訴我們，在任何較高的價格之下，出售的磅數不會這麼多。那麼一
定會有某個人在 *PM* 價格，購買超過他會以任何較高的價格所購買的
量；我們把第 *OM* 磅看作是賣給這個人的。比方說假設 *PM* 代表 4 先
令，而 *OM* 代表 100 萬磅。文中描述的這個購買者，以 4 先令的價格，
恰好願意購買他第 5 磅的茶，我們可以把第 *OM* 磅或第 100 萬磅說成
是賣給他的。如果 *AH*，因而 *RM* 也是，都代表了 2 先令，則來自第
OM 磅的消費者剩餘，就是購買者本來願意爲那磅所支付的 *PM* 或是 4
先令，超過他實際支付的 *RM* 或 2 先令的金額。讓我們畫一個很細的
垂直的平行四邊形，其高是 *PM*，而底則是沿著 *Ox* 上 1 單位或是 1 磅
茶的距離。如果以後不是以像 *PM*
這樣沒有厚度的數學直線來衡量價
格；而是以非常細的平行四邊形，
或者可以稱之爲粗直線來衡量，這
樣就會很方便了；而其寬度在每種
情況下，都等於沿著 *Ox* 線上 1 單
位或 1 磅茶的距離。因此，我們應
該說，粗直線 *PM* 表示由第 *OM* 磅

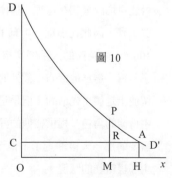

圖 10

這種分析連同其新名稱和精巧的方法，乍看之下似乎顯得既費力，又不實際。但在更仔細的研究之後，就會發現這種分析既不需引進新的困難，也不需做任何新的假設；只不過是揭露了潛存於市場通用語言中的困難和假設。因爲在這種情況下，就像其他情況一樣，流行的語詞表面的簡單，掩蓋了眞正的複雜性，而科學的責任正是要

這種分析旨在給熟悉的觀念確定的表達方式。

茶所得到的全部滿足（或者，根據正文中上一段所作的假設，進行的衡量），這個總滿足是由粗直線 *MR* 所示之這磅的價格和由粗直線 *RP* 得出的消費者剩餘之合計。現在讓我們從在 *O* 到 *H* 之間所有 *M* 的位置，都畫出像這樣的細平行四邊形或粗直線，每一磅茶都有一條。這樣，從 *Ox* 往上到需要曲線，畫出像 *MP* 這樣的粗直線，每一條都代表從一磅茶所得到的總滿足；因此總和這些粗直線，正好占滿了 *DOHA* 的整個區域。我們可以說，*DOHA* 區域代表了從茶的消費所得到的總滿足。同樣地，從 *Ox* 向上到 *AC* 的每條像 *MR* 這樣的直線，都代表實際支付一磅茶的價格。這些直線合在一起就組成了 *COHA* 區域；因此這個區域代表爲茶所支付的總價格。最後，從 *AC* 往上直至需要曲線的每條像 *RP* 這樣的直線，都代表了從相應的每磅茶中，所獲得的消費者剩餘。這些直線合起來組成了 *DCA* 區域，因此這個區域代表了當價格爲 *AH* 時，從茶所得到的總消費者剩餘。但必須重申的是，除了文中所做的假設外，這種幾何衡量的只不過測量利益的總和，這些利益未必都以相同的尺度來衡量。除非在那樣的假設之下，否則這個區域只能代表一個滿足的總和而已，並未準確地衡量出這個區域中的各個數量是多少。僅在那個假設下，這個面積才能衡量各購買者從茶中得到的淨滿足的總額。

揭露這種潛存的複雜性、面對這種複雜性，並盡可能地減少這種複雜性，以便在以後的階段中，我們可以斷然地處理那些無法用日常生活模糊的思想和語言來掌握的困難。

日常生活中常見的一句話是，物品對一個人來說，真正的價值不能以他付出的價格來衡量；比如儘管他在茶的花費遠比在鹽的花費要多得多，然而鹽給他的真正價值更大；如果他完全失去鹽，就可以清楚地看到這一點了。當說到我們不能相信一種商品的邊際效用可以表示其總效用時，那麼只不過是把這種論點用專門術語的形式表示罷了。如果一些遇難的船員，預計要等待一年才能獲救的話，船上只有幾磅茶和相同數量的鹽，可以在他們之間進行分配，鹽就會更加珍貴；因為在同樣的情況下，當一個人預計在一年中只能得到少量的鹽時，一盎司鹽的邊際效用大於一盎司茶的邊際效用。但是，在一般情況下，鹽的價格之所以如此低，是因為每個人都購買這麼多的鹽，以致於額外增加一磅，他的滿足也不會增加多少；鹽的總效用對他的確是很大，然而其邊際效用卻很低。另一方面，由於茶很貴，為了能夠用幾乎與鹽一樣低的代價獲得茶，大多數人會使用較少的茶，且讓茶泡在水裡的時間較長。他們對茶欲望的滿足遠遠未達飽和的程度；其邊際效用仍然很高，他們可能願意為額外多買的一盎司茶所支付的價格，與額外多買一磅鹽所支付的價格一樣多。我們開頭所提出的日常生活用語，都已表達所有這一切了；但卻不是以一種諸如在以後的工作中，需要經常使用的那種精確形式的陳述來表達。在開始時使用的術語並沒有增加我們的知識；但卻使熟悉的知識具有緊湊而簡

潔的形式，以作爲進一步研究的基礎。⑤

　　或者我們可以不是依據某個人的情況，而是依據一般人的情況，來討論一個物品眞正的價值；這樣很自然地一開始先假設一先令對一個英格蘭人的滿足，視爲等同於一先令的價值對於另一個英格蘭人的滿足，而且「直到出現相反的情況爲止」。但每個人都應該要知道，只有在假設茶的消費者和鹽的消費者都屬於同一群人，且都包括各種性格的人時，這才是一個合理的說法。⑥

對於不同的人必須要考慮到其感覺能力的不同，

─────────────

⑤ 哈里斯 1757 年於《錢幣論》（*On Coins*）上說到：「一般說來，物品的價值並不是根據這些物品在提供人的必需品的眞正用途來評定的，而是與生產這些物品所需要的土地、勞動和技術的比例來評定的。幾乎所有物品或商品都是按照這個比例相互交換的；大多數物品的內在價值，主要也是按照這個比例來估計的。水的用途很大，但通常很少或沒有價值；因爲在大多數地方，水如此自然地大量流動，以致於不會被據爲私人的財產；除了在情況需要的時候，要支付輸送及管理費用之外，所有人都可以在不需要其他費用下，得到足夠的數額。另一方面，鑽石非常稀少，因此儘管沒有多大用處，但卻具有很高的價值。」

⑥ 可以想見的是，那些高度敏感的人，會因鹽或茶的缺乏，而感到特別難受；或者是一般敏感的人，由於所得的某部分損失，而比同一種狀況之下的其他人，會受到較多的痛苦。既然不論在哪種情況下，我們所考慮的都是大量人的平均數，因此個人之間的這種差異可以略去不考慮；儘管當然我們可能也有必要考慮，是否有一些特別的理由讓人相信，比如說那些儲存大量茶的人是一群特別敏感的人。如果能這樣做的話，那麼在把經濟分析的結果，

以及財富的
差異；

　　這又涉及到這樣一個考慮，即對於一個普通窮人來
說，價值一英鎊的滿足，比對於一個普通富人要大得多；
如果不是比較所有階級都大量使用的茶和鹽，而是把其中
任何一個與香檳酒或鳳梨進行比較，則對此所做的更正不
只是重要而已，勢必也會改變這種估計的整個性質。在前
幾代，許多政治家，甚至一些經濟學家，都未對這一類的
問題做適度的考慮，特別是在制定徵稅計畫時，他們的言
行似乎意味著對窮人的苦難缺乏同情心；儘管更多的時
候，他們只是因為缺乏思考才會如此。

但是對大群
體的人，就
不太需要考
慮了。

　　然而，總的來說，到目前為止，經濟學所論述的大多
數事件，都是對所有不同社會階層造成相同比例影響的事
件；所以如果兩個事件引起的快樂用金錢衡量是相等的，
那麼在這兩種事件當中，快樂數量之間通常沒有很大的差
別。正因為如此，對一個市場上消費者剩餘的準確衡量，
才會在理論上引起很大的關注，且在實際上也變得非常重
要。

　　然而，值得注意的是，我們對每種商品總效用及消費
者剩餘的估計，所依據的需要價格，都假設「其他條件不
變」之下，該商品的價格才會隨著其稀少的價值而上升，
當有助於實現同樣目的之兩種商品的總效用根據這種方法
計算時，我們不能說兩者合在一起的總效用，等於每種商

應用於道德或政治的實際問題之前，則對這一點必須要單獨給予
考慮。

品分開的總效用之和。⑦

---

⑦ 在本書先前的版本中，一些含糊的語詞似乎暗示了一些讀者相反的看法。但是除了最精細的數學公式之外，無法完成把所有商品的總效用加起來，以獲得所有財富總效用總和的這個工作。幾年前以這些數學公式來進行這個工作的嘗試，使得本書的作者相信，即使這個工作在理論上是可行的，其結果也會受到如此多的假設之束縛，以致於實際上毫無用處。

在前面（第三篇第三章第 6 節第一段末的註及第四章第 3 節倒數第 3 段末的註），我們已經注意到了，為了某些目的，茶和咖啡等這些物品必須規為同一類商品，如果人得不到茶，就會增加咖啡的消費，反之亦然，這一點很明顯。人因為同時沒有咖啡和茶所遭受的損失，將大於他們沒有單獨一種之損失的總和；因此茶和咖啡的總效用大於假設人可以有咖啡，所計算而得的茶總效用，加上假設可以有茶，所計算出咖啡總效用這兩者之和。若把兩種「競爭」（rival）商品合在同一個需要表之下，理論上可以避免這種困難。另一方面，如果沒有燃料，我們就無法得到熱水泡茶，從這樣的事實去計算燃料的總效用，按照前面的方法，而把燃料的效用加到茶的總效用上，就會有某些重複計算。又如，農產品的總效用包括犁的效用在內，儘管犁的總效用可能與一個問題的討論有關，而小麥則與另一個問題的討論有關，但是這兩者不能加在一起。第五篇第六章要檢視這兩個困難的其他方面。

彭登（Patten）教授在一些令人佩服及有啟發性的文章中，一直堅持著上述兩種問題當中的後者。但是他所表達的各種形式財富總效用的嘗試，似乎忽略了許多的困難。

第4節

　　如果我們考慮到以下的事實，即一個人花在任何物品
的錢愈多，他購買該物或其他物品的能力就愈小，因此貨
幣對他來說，價值就愈大（用術語來說，就是每一筆新的
支出都會增加貨幣對他的邊際價值），則我們爭論的實質
就不會受到影響。雖然爭論的實質不變，但其形式卻會變
得更複雜，而沒有相應的好處；因爲按此所進行修正的實
際問題，很少有任何的重要性 。[8]

　　然而，仍有一些例外。例如季芬（R. R. Giffen）爵
士所曾指出的那樣，麵包價格的上漲，會使貧窮勞動家庭
的資源流失如此之大，且會給他們的貨幣邊際效用提高地
如此之多，以致於他們不得不減少消費肉類和更昂貴的澱
粉類食物；麵包仍然是他們可以得到的和將要購買的物品

---

[8] 用數學語言來說，被略去的元素通常是屬於二階的小量；如
果不是尼科爾森教授提出質疑，則忽略這種常見的科學略去
法，其妥適性似乎毫無問題。埃吉沃思教授在 1894 年 3 月的
《經濟期刊》上對尼科爾森的質疑做了簡短的答覆。而巴羅內
（Barone）教授在 1894 年 9 月在《經濟學家期刊》（*Giornale
degli Economisti*）有更全面的答覆，桑格爾（Sanger）先生在
1895 年 3 月的《經濟期刊》上，對後者的答覆作了一些說明。
就好像數學附錄註 6 所指出的那樣，如果需要的話，可以考慮貨
幣邊際效用的變動。如果我們試圖把所有商品的總效用加在一
起，我們就必須這樣做；不過這項工作是不切實際的。

當中最便宜的食物，因此他們會消費較多，而不是較少的麵包。但這種情況很少見，當偶然碰到時，都必須要根據其自身的特點來探討。

前面已經指出以下這個事實，即若一種物品的價格與那些習慣支付的價格相差很大時，則我們根本無法準確地猜測人們會購買多少，換句話說，在這些需要價格之下的銷售量，與通常銷售的數量有很大的不同。因此，除了在慣常的價格附近之外，我們的需要價格表都是高度推測的；而即使我們能對任何一種物品的總效用作出最好的估計，也都容易出現很大的錯誤。但是這個困難實際上幾乎並不重要。因為消費者剩餘學說的主要應用，所牽涉到的消費者剩餘的變化，是隨著商品價格在慣常價格附近的變化而出現的；也就是說這些應用要求我們，僅僅使用我們掌握很好的資料。以上這些意見特別適用於生活必需品上。⑨

> 我們很少能夠獲得一個完整的需要價格表，也不常需要這個表。

---

⑨ 目前，消費者剩餘的概念只能給我們很小的一點幫助；但是當我們的統計知識進一步提升時，這個概念可以大力幫助我們確定，一磅茶增加 6 便士的稅額，或鐵路的運費提高 10%，會對大眾造成多大的傷害；但是在估計一磅茶 30 便士的稅額，或運費上漲十倍，造成的損失，這個概念給我們的幫助雖然不大，但卻不減損其價值。

回到上一個圖，我們可以透過以下的說法來表達這一點，亦即如果 A 是該曲線上的一點，在這一點上的數量相當於市場上慣常銷售的量，則可以獲得足夠的數據，以相當正確的程度，從 A

第5節

集體財富的
構成因素容
易被忽視。

在估計福利對物質財富的依賴程度時，還有一類很
容易被忽視的因素。一個人的幸福不僅僅取決於他自己的
身體、精神和道德的健康狀況，多過於取決於他的外在條
件；但即使在這些外在條件之中，對他真正幸福最重要的
許多東西，也容易從他的財富目錄中遺漏掉。有些外在條
件是大自然免費的餽贈；如果這些外在條件對每個人來說
都是一樣的話，那麼我們的確可以忽略這些東西，而不會
造成很大的損害；但實際上這些外在條件在不同的地方都

的兩邊不遠之處畫出這條曲線；雖然這條曲線很少可以準確地一
直畫到 D 點。但這實際上並不重要，因為在價值理論的主要實
際應用上，即使我們了解需要曲線完整的形狀，也很少全部使用
這些訊息。我們所需要的就只是在 A 點附近，需要曲線形狀的
一個相當正確的訊息。我們幾乎不需要知道 DCA 的全部面積；
只要知道沿著曲線的兩個方向小幅度地移動 A 點，所引起的面
積的變化，就可以達到大多數的目的了。不過，就像在純理論中
我們所經常作的那樣，暫時假設這條曲線可以完整地畫出來，還
是可以省去很多麻煩。

然而，對於一些商品其供給是生活所必需的，在估計其全部效用
時，存在著特殊的困難。如果試圖要估計全部效用的話，最好的
辦法也許就是把那個必需供給的部分，看成是理所當然的，而只
估計超過該必需數量的那個商品的總效用。但是我們必須記得，
對任何物品的欲望，在很大程度上都取決於獲得該物之替代品的
困難而定（參見數學附錄中的註 6）。

大不相同。但是它們之中大部分是共同財富，這些財富在個人財富的計算中經常被遺漏；但是當我們比較現代文明世界的不同部分時，這些財富就變得很重要了，而當我們把自己的年代與以前的時代相比時，甚至顯得格外的重要。

在我們的研究將要結束之前，會用許多的篇幅來探究為了保障公眾的福祉而採取的，諸如街道照明和噴水設施等這些集體活動。為了購買個人消費品而建立的合作社，在英格蘭比其他地方要進步得多，但那些為了貿易目的而購買農民及其他人所需的物品，而建立的合作社，在英格蘭一直到最近卻都還很落後。這兩種合作社有時稱為「消費者合作社」（Consumers' associations）；但是他們實際上是為某些商業部門節省勞力的一種組織，應該是屬於生產的，而非消費的主題。

> 所謂的消費者合作社是屬於生產的課題。

第6節

當我們談到福利要依靠物質財富時，我們指的是由流入財富的流量，以及隨之而出現的使用和消費財富的能力，來衡量福利的流量。一個人的財富存量透過其財富的使用和其他方式，而產生幸福，當然在這些幸福之中，也要算進擁有財富的快樂；但他的財富總存量與他的總體幸福之間沒有多大的直接關係。正因為這個原因，我們在本章和前面的章節中，當說到富人、中產階級和窮人時，都說他們各自擁有大、中、小所得，而不是指所持有的財

> 我們在這裡所關心的是大的所得，而不是大的財產。

富。⑩

　　根據丹尼爾‧伯努利（Daniel Bernoulli）的建議，我
們可以認爲一個人從他的所得所獲致的滿足，在他所得足
夠支持生活時就開始了，之後隨著其所得持續以等量百分
比增加，所獲致的滿足也等量的增加；反之若所得以等量
百分比減少時，則獲致的滿足也等量的減少。⑪

---

⑩ 請參見數學附錄註 7。

⑪ 也就是說，如果所得 30 英鎊才足以維持生存所必需的水準，那
　　麼一個人從他所得所獲取的滿足就從這一點開始；而當他的所得
　　達到 40 英鎊時，10 英鎊代表了產生的快樂能力，因此增加一英
　　鎊時，將會增加十分之一的快樂能力。但是如果他的所得是 100
　　英鎊，超過維生水準就是 70 英鎊；那麼爲了要增加與他所得如
　　果是 40 英鎊，額外一英鎊所獲得的快樂那樣，就需要增加 7 英
　　鎊；如果他的所得是 1 萬英鎊，要產生同樣的效果就需要有 1,000
　　英鎊（請參見數學附錄註 8）。當然，這樣的估計是非常隨意
　　的，不能把這種估計應用到個人生活的不同情況當中。正如我們
　　後面將看到的那樣，現在最廣泛流行的稅收制度，一般遵循伯努
　　利的建議。早些時候的制度比按照伯努利所建議的這個制度，從
　　窮人那裡取得要多很多；而若干國家已經有採行累進稅制的預
　　兆，即使在伯努利對生活所必需的條件進行修正之後，也都在某
　　種程度上立基於以下這樣的假設，亦即對於一個所得非常高的人
　　來說，增加 1% 的所得所增加的福利，小於對於一個所得非常低
　　的人，增加 1% 的所得所增加的福利。

　　可以順便提一下，對於任何人來說，額外一英鎊的效用，隨著他
　　已有的鎊數而減少，從這個一般的法則可以得出兩個重要的實用

　　但過一段時間後，新的財富往往失去一大部分的魅力。部分是因爲熟悉的結果；這使得人不再從習慣性的舒適品和奢侈品中獲得太多的快樂，儘管失去這些東西，他們會遭受很大的痛苦。部分則是因爲，隨著財富的增加，常常會出現年老的厭倦感，或至少會增加神經的緊張；甚至可能會養成降低體力，以及降低享受快樂能力的生活習慣。

享受的魅力因爲熟悉而退卻。

　　在每個文明國家都有一些佛教教義的信奉者，認爲平靜的安詳是人生最高的理想，認爲只有智者才會盡可能地根除他本性上的渴望和欲望；認爲眞正的財富不在於財貨的豐富，而在於欲望的稀少。而在另一個極端，則是那些

休閒與休息的價值。

原理。第一，即使賭博是在完全公正和平等的條件下進行，也涉及經濟的損失。舉例來說，一個有 600 英鎊的男子，進行一場 100 英鎊的公平賭注，現在從 700 英鎊所預期得到的快樂機率爲一半，而從 500 英鎊所取得的快樂的機率也是一半；這比從確定得到 600 英鎊快樂的期望值要低，因爲透過假設，從 600 英鎊到 500 英鎊的快樂之間的差異，大於從 700 英鎊到 600 英鎊的快樂之間的差異（請參見數學附錄註 9 和傑逢斯《政治經濟學理論》第四章）。第二個原理與第一個原理正好相反，就是理論上對抗風險的一種公正保險總是有經濟上的利益。但是，每個保險公司在計算出理論上公正的保費之後，還必須要有足以給付自己資金的利潤，且要支付其業務費用，其中最主要的項目是廣告費和欺詐費所造成的損失。而保險公司實際上收取的保費是否適當的問題，必須視個別情況而定。

主張新欲望的增長總是有益的人，因爲這刺激了人更加努力。正如赫伯特‧史賓賽所說的，他們似乎犯了以下這個錯誤，認爲是爲工作而生活，而不是爲生活而工作。⑫

以適度的工作獲得適度所得的優點。

事實似乎是這樣的，隨著人本性的構成，人除非有一些困難的工作要做，有些困難要克服，否則就會迅速退化；對於身體和精神上的健康來說，某種勤奮努力是必要的。生命的豐盛在於使盡可能多的和盡可能高的才能得以發展和活動。無論是對於商業上的成功，藝術和科學的進步，還是改善同胞生命的環境等等，任何目標的熱切追求，都有著強大的快樂。所有各種最有建設性的工作，必然都會交替出現過度緊張和疲憊停滯的時期；但對於普通百姓以及對於那些無雄心壯志者，無論是低等的，或高等的志氣者，一份中等且相當穩定的工作所獲得的適度所得，爲培養健康的身心和精神，提供了最好的機會，只有這樣才有眞正的幸福。

爲炫耀的緣故，而進行的支出。

在社會每個階層都有一些財富的濫用。儘管一般而言，我們可以說，工人階級財富的每一次增加，都會增加人類生活的充實和高貴，因爲這種財富主要用來滿足眞正的欲望；但有跡象顯示，即使在英格蘭的技術工人，也許在新開發的國家更甚，把財富作爲炫耀手段的不善欲望正在增長，這種炫耀手段一直是每個文明國家中富裕階層的主要禍根。禁止奢侈品的法律是徒勞的；但如果這個社會

---

⑫ 請參見他關於〈放鬆之道〉（The Gospel of Relaxation）的講詞。

的道德情操，可以促使人避免各種個人財富的炫耀，那就是有利的。從聰明安排的豪華中的確可以獲得真正而有價值的快樂；但是只有在一方面沒有個人虛榮心，另一方面沒有嫉妒心之下，這才最能獲得快樂；就像從在公共建築、公園、公共美術館和公共運動和娛樂中心時所獲得的快樂一樣。只要財富用來為每個家庭提供生活和文化的必需品，及為集體提供多種形式的高級娛樂，那麼追求財富就是一個崇高的目標；而這種財富所帶來的快樂，可能會隨著其促進較高級的活動而增加。

為集體目的而使用財富較為個人目的而使用財富更加高貴。

一旦獲得生活必需品之後，每個人都應該要設法增加他擁有物品之美觀，而非增加數量或華麗。家具和服裝藝術性的改善，培養了這些物品的製造者較高的才能，而且也是使用者獲得日益增長快樂的泉源。但是，如果不去追求更高的美麗標準，而只是把我們不斷增加的資源，花費於增加我們家庭用品的複雜性，那麼我們就無法從此而獲得真正的好處，也沒有持久的快樂。如果個人都購買較少、較簡單的物品，且費力去挑選真正美麗的物品；當然要小心以其支出換取有價值的東西，但寧願購買一些由高薪勞動製造出來的好物品，也不願意購買由低薪勞動製造出的壞東西，那麼這個世界將變得更好。

有品味的購買者教育了生產者。因此我們接近廣泛研究的邊緣了，而這種研究必須要推延到後面再來進行。

但這些討論超出本篇的範圍，每個人花費自己所得的方式，對一般福利影響的討論，是經濟學對生活藝術那些應用當中比較重要的問題之一。

第四篇

生產要素：土地、勞動、資本及組織

第一章

序　言

第1節

生產要素可
以分為三
類，

　　生產要素通常分為土地、勞動和資本。所謂的土地
是指大自然為給人類幫助，賜給人類的陸地及水、空氣、
陽光與熱能等這些免費的物質與力量。所謂的勞動是指人
類以體力或以腦力，進行經濟上的工作。[1] 資本則是指為
生產物質產品，和為獲得那些通常視為所得的利益，而儲
備的所有資源。資本是主要的財富存量，被視為是生產要
素，而不是欲望滿足的直接來源。

　　資本包含了知識和組織的很大部分，其中有一部分是
私人財產，而另外一部分則不是。知識是我們最強大的生
產動力，使我們能夠征服大自然，並促使大自然滿足我們
的需要。組織能夠幫助知識，且有很多不同的形式，例如
單一企業組織、同一行業中各種不同企業的組織、彼此相
關的各種不同行業的組織，以及為所有人提供安全保障，

---

① 當「勞動是除了直接從中取得快樂之外，也部分或全部是為了獲
　得某種好處」時，則這種勞動就可歸為是經濟的一類（參考第二
　篇第三章第 2 節第 1 段及第一個註）。那些像學生做作業那樣，
　沒有直接或間接促進物質生產的用腦的勞動，只要我們把注意力
　集中在普通意義的生產這個名詞上，就不會考慮這種勞動。從某
　個觀點上，但不是從所有的觀點來看，如果把勞動解釋為勞工，
　亦即人數時，則土地、勞動、資本這些名詞，會更加對稱。請參
　見瓦拉斯《純經濟政策》（*Économic Politique Pure*）第 17 講，
　和費雪教授在《經濟期刊》第 6 期發表的文章中，頁 529。

並為許多人提供幫助的政府組織。公有和私有知識和組織的區別很重要，其重要性也與日俱增；在某些方面，比在有形東西的公有及私有的區別還要重要；而部分由於這個原因，似乎有時最好把組織分開，視為一種獨立的生產要素。要在我們探討到很後面的階段才能完全檢視組織這個要素，但是在本篇必須要先交代一些事情。

從某種意義上來說，生產要素只有大自然和人類這兩種。資本和組織是人類在大自然的輔助之下，由他預測未來的能力及為未來做準備的意願所指導而勞動的結果。如果給定大自然和人的性格與能力，財富、知識和組織的成長就會隨之而來，就好像結果隨著原因而出現一樣。但另一方面，人類本身大部分是由環境塑造而成的，而在這環境當中，大自然又扮演很重要的角色，因此從各個角度來看，人類是生產問題的中心，也是消費問題的中心；同時進一步也是生產與消費，也稱為「分配和交換」（Distribution and Exchange），這兩者之間相關問題的中心。

> 但是為了某些目的，只分為兩類。

人類在數量、健康和體力、知識、能力和性格等方面的成長，是我們一切研究的目的；但對於此一目的，經濟學的研究所能貢獻的只不過是一些重要的因素而已。因此，從較廣泛的方面來說，如果是屬於經濟學專著的任何一部分的話，這種成長的研究也應放到最終章，但是即使將之放在最終章也不適當。同時，我們也不得不考慮到人類是生產的直接要素，以及決定人類作為生產者效率的條件。而把人口在數量和性格的成長作一些說明，納入一般

> 人既是生產的目的，又是生產要素。

生產討論的一部分，就整體而言，也許是最方便的方法，因為這種方法確實最符合英格蘭傳統經濟學的方法。

第2節

需要與供給暫時性的對照，

　　在現階段，我們的說明不可能超過需要與供給，以及消費與生產之間的一般關係。但是當關於效用和價值的討論，在我們的頭腦中還是記憶猶新之際，我們最好還是先看一下價值與負效用（disutility）或負商品（discommodity）之間的關係。我們必須要抑制這些負商品，才能獲得那些有價值的財貨，而這些財貨之所以有價值，是因為想要立刻得到，但卻難以獲得。所有我們現在所能說的，都只是暫時性的，甚至似乎只會造成困難，而不是解決困難；而在我們面前如果能有一張包含所要研究範圍的地圖，無論這張地圖的輪廓是如何微小且零碎，都會是有益的。

選擇普通勞動作為實例。

　　需要是立基於獲得商品的欲望，而供給則主要取決於克服不願意忍受「負商品」的情緒。這些負商品一般歸為兩大類：勞動和推遲消費所遭受的犧牲。這裡只需要簡單介紹普通勞動在供給中所扮演的角色就足夠了。在後文中將會看到，可能與管理工作和涉及到與累積生產工具有關的（有時，但並非總是）犧牲等類似的，但並不完全相同的論述。

勞動的負效用是多方面的，

　　勞動的負效用可能來自於身體上或精神上的疲勞，或由於在不健康的環境下進行工作，或由於與不受歡迎的同

事共事，或因爲占用娛樂、社交或追求知識等所需的時間而引起的。但無論是什麼形式的負效用，其強度總是隨著勞動的緊張程度和時間的持續性而加劇。

當然，很多努力都是爲了努力本身而努力的，比如在登山、在競賽和在追求文學、藝術和科學等方面；而有許多艱苦的工作，是爲了讓其他人獲益的願望影響下而做的。[2] 我們所使用的勞動這一名詞，大多數主要是指其動機是希望獲得某種物質的利益；在這個世界目前的情況下，這種利益通常是以獲得一定數量的貨幣形式來表現。的確，即使一個人受僱而工作，他也經常會從工作中找到快樂；但是他在完成工作之前，通常會感到相當疲倦，因此在工作結束時刻到來之時，他會感到很高興。也許在他

正如其動機是多方面的一樣。

---

[2] 我們已經得知（第三篇第四章第 1 節），如果一個人以他最後的購買所恰好願意支付的價格進行了所有的購買的話，則他會從先前的購買中，獲得剩餘的滿足；因爲他購買所有這些物品所支付的價格，低於他寧願得到這些物品，也不願意沒有該些物品所願意支付的價格。因此，如果支付給他做任何工作的價格，是他最不願意做的那部分工作的適當報酬；且如果在一般情況下，對他比較願意做的，且實際成本較低的那部分工作，也支付給他同樣的款項；那麼從這一部分工作中，他就獲得了生產者的剩餘。與生產者剩餘這個概念有關的一些困難，將在附錄十一再來討論。勞動者不願意以低於正常價格的價格出售自己的勞動，就好像生產者不願意以低價出售物品而破壞市場一樣；儘管就特定交易而言，他們寧願收取低價，也不願讓自己的工廠停工。

失業一段時間以後，就他當時的舒適而言，可能寧願不計報酬而工作，也不願完全不工作；不過他可能像一個製造商那樣，不情願大幅降低其正常價格以出售自己的勞動，來破壞他的勞動市場。關於這個問題，需要在另一冊書再更詳細的說明。

　　用術語來說，這可以稱爲勞動的「邊際負效用」（*marginal disutility*）。因爲，與商品的數量每增加一次時，其邊際效用就會下跌一次一樣；也與對這種商品的欲望每下滑一次，在購買所有商品的價格，而不是只有最後那部分的價格都會下滑一次一樣；勞動的邊際負效用一般說來會隨勞動量的增加而增加。

雖然很多工
作是令人愉
快的，

　　任何一個已有某種職業的人，都不願意增加他的勞動，這種心理在一般情況下，決定於人性的基本原理，這是經濟學家最終不得不接受的事實。正如傑逢斯所說的那樣，[3] 在開始工作之前，經常要先克服一些阻力。開始時往往要先做一些痛苦的小努力，但這會逐漸減少到零，接踵而來的是快樂；這種快樂也會增加一段時間，直到達到某一最高點；在此之後，會逐漸降低到零，接踵而來的是疲勞的不斷增加，且渴望得到休息和出現改變。然而，在知識方面的工作，這種快樂和興奮一旦開始之後，往往會持續的增加，直到進展到必須要停止，或經過審愼考慮而

---

③ 請參閱《政治經濟學理論》第五章。奧地利和美國的經濟學家已經強調和大力發展了這一學說。

停下來為止。每個健康的人都儲藏一定的精力以供取用，但只有經由休息才能充實這種精力；因此如果他消耗的體力長期超過他休息所得的體力，就會喪失健康；且雇主常常發現，在有急需的情況下，臨時增加工資可以促使他們的員工多做一定量的工作，但是無論支付多少工資，工人也無法長期持續做這麼多的工作。其中的一個原因是，隨著勞動時間每一次增加到超過一定極限之後，休息的需要就會變得愈迫切。對額外工作不愉快的程度之所以會提高，另一部分的原因在於休息和其他活動的時間減少後，從額外自由時間所得到的愉快提升了。

由於這些和其他的一些限制條件，任何一組工人付出的勞動，會隨著提供給他們的報酬的升降而升降，這大體上是對的。就好像為吸引購買者在一年或任何其他特定時間之內，購買任何給定數量之商品所要求的價格，稱為需要價格一樣；為生產任何給定數量的商品，需要的勞動其所要求的價格，可以稱為在同一時間內，該數量勞動的供給價格。如果我們暫時假定生產完全決定於已有的，且已為其工作接受過培訓之一定數量的工人，那麼我們就可以得到一個與我們已經討論過之需要價格表一樣的相應之供給價格表。理論上，這個表某一欄上，要列出不同的勞動量，也就是產量的數字；並在另一欄上，要列出必須支付的價格，以促使可用的工人能提供這些數量的勞動。④

但是在某些條件之下，做工作的意願還是取決於工作的報酬。

供給價格

---

④ 請參見前述第三篇第三章第 4 節。

在現實生活
中，對這個
問題預測的
困難。

　　但是，處理任何一種工作的供給以及由此而產生的財
貨供給的這種簡單方法，是假設符合那些工作的人數是固
定的；而那個假設只有在短期內有效。在許多原因的作用
下，總人數會發生變化。這些原因中只有一些是經濟的，
但其中，勞動的平均報酬占有重要的地位；雖然在勞動數
量成長上，其影響是不定且不規則的。

　　但是各行業之間工人的分配，受到經濟因素的影響較
大。在長期間，任何一個行業的勞動供給，多少是密切適
應於勞動的需要；考慮周到的父母都會教養自己的子女，
進入到最有利的職業上；也就是說，進入到這樣的職業，
即在勞動量或性質上都不太嚴苛，且在技能上也不太難獲
得，但是卻在工資及其他利益上都有最好的報酬。然而這
種需要和供給之間的調整，永遠都不會是完美的；需要的
波動可能使這種報酬在一段時間或甚至好多年，都比剛好
足以誘使父母親為其子女在同類行業中，選取某個行業，
而不選取其他行業的那種報酬要大很多或小很多。因此，
雖然在任何時間、任何工作上所獲得的報酬，確實與獲取
工作所需之必要技術的難度，連同工作本身所涉及的強
度、枯燥無味、犧牲休閒等因素有些關係，然而這個對應
關係容易受到很大的擾亂。對這些干擾的研究是一項艱鉅
的任務；在本書的後半部分這將占去我們相當大的篇幅，
但是本篇主要是敘述性的，且只提出少數困難的問題。

第二章

土地的肥沃度

第1節

土地是大自
然免費的饋
贈，而土地
的產品則是
人類勞動的
結果，這個
概念並不嚴
謹，但其中
卻隱含著一
些真理。

生產要素包括土地、勞動和資本三大類；那些經由
人力勞動而成為有用的物質東西歸為資本這一類，而那些
不是經由人力勞動而成為有用的物質東西則歸入土地。這
個區別顯然是不嚴謹的；因為磚塊只不過是稍微加工的土
塊，而且在久已有人居住國家的土地，大部分都是由人類
多次開墾耕作而成的，且是因為人類才有現在的形式。然
而，這一區別背後有一個科學的原則。雖然人沒有創造物
質的能力，但他卻可以把東西變成有用的形式，因而創
造了效用；[1] 如果對於這些效用的需要增加，那麼由他所
創造的效用，在供給上也會增加；這種效用就有了供給價
格。但還有其他效用的供給，他卻無法控制；人無法控制
的這些效用是大自然所賜予的固定數量，因此沒有供給價
格。經濟學家已把「土地」（land）一詞推廣到包括這些
效用的永久來源；[2] 無論這些效用是否出現在通常所稱的
土地上，或是出現在海洋和河流中、在陽光和雨水中，在

---

[1] 請參見第二篇第三章。

[2] 用李嘉圖一句名言來說，就是「土壤的原始和堅不可摧的力
量」。馮・邱念在地租理論的基礎及對亞當・史密斯和李嘉圖
關於地租理論所採取立場的一個值得關注的討論中，談到了「土
地本身」（Der Boden an sich）；不幸的是，這句話無法翻譯出
來，但其意義是如果沒有經過人類活動的改變，土壤將保持其原
樣（《孤立國》，第一篇第一章第5節）。

風和瀑布中。

當我們探究那些視爲土地產品的物質與土地的區別時，我們就會發現土地的基本特性是其延伸性。使用一塊土地的權利是控制某個空間，即地球表面的某一部分的權利。地球的面積是固定的，在地球上任何特定部分與其他部分的幾何關係也是固定的。人類無法控制土地；土地完全不受需要的影響；土地沒有生產成本，也沒有可以生產土地的供給價格。

使用地球表面的某個面積，是人類能夠做任何事情的主要條件。這種使用使人類有自己活動的空間，使人類得以享受大自然賦予該地區的熱和光、空氣和雨水，並決定了一個人與其他東西之間的距離，且在很大程度上決定了這個人與其他東西及其他人之間的關係。我們將會發現，雖然「土地」的這種特性尚未得到足夠的重視，但也是因爲這種特性使得所有經濟學家不得不在土地和其他事物之間作出區分的最終的原因。這種特性是經濟學中許多最有趣的，也是最難的問題的基礎。

地球表面的某些部分主要是透過其爲航海家提供的服務，而對生產產生貢獻；其他部分對採礦者有價值；而在其他儘管是由人，而不是由大自然所選擇的部分，則對建築家有價值。但是，當說到土地的生產力時，我們首先想到的就是農業的用途。

第2節

對於農業學家來說，一定面積的土地是維持一定量植物，也許最終是動物生命的手段。爲此，土壤必須具有一定的物理

肥沃度的條件。

性質及化學性質，還必須堅實到足以支撐植物。

　　而土壤又不能像一些讓水快速流過的沙地那樣；若是如此，土壤往往會變得很乾燥，且植物的養料幾乎一旦在土壤中形成或放入土壤中，就會被沖走。為了讓水能在土壤中自由流動，土壤也不能像黏土那麼黏。因為持續不斷流入土中的新鮮的水以及因水在土壤中流動而帶來的空氣，都是至關重要的；水和空氣把礦物質和氣體轉化為養料，不然的話那些礦物和氣體是無用的，甚至是有毒的。新鮮的空氣和水以及降霜的作用，是大自然對土壤的耕作；如果這些作用所形成的土壤可以在原來的地方保持不動，且一旦形成之後，就不會被雨水和山洪沖走的話，則即使沒有其他的幫助，這些作用也幾乎會及時使地球表面的任何一個地方都變得相當肥沃。但是，人對土壤這種物理條件的調理，卻給了極大的幫助。人類耕作的主要目的是要幫助大自然，使土壤不但能夠鬆軟，又能堅實地支撐住植物的根部，並使空氣和水能夠在土壤中自由流動。而農家施肥又可以分解黏土，使黏土變得鬆軟；肥料也使沙質土壤達到結構上需要的堅實程度，並從物理上和化學上幫助這些土壤保持住植物養料的物質，否則這些物質很快就會被沖刷掉。

肥沃度的化學條件。

　　在化學條件上，土壤必須具有植物所需要的和喜歡的無機元素；在某些情況下，人類只要用很少的勞動，就能使土壤發生巨大的改變。因為他可以透過添加少量那些恰好需要的東西而把貧瘠土地變成肥沃的土壤；在大多數情況下，使用某些形態的石灰，或使用現代化學科學所製造

的各種人造肥料，也能把土壤變肥沃；而人類現在還借助細菌，以助其提升農業的生產。

第3節

　　透過所有這些手段，人類可以控制土壤的肥沃度。人類可以透過足夠的勞動，使任何土地幾乎都能長出大量的農作物；人類可以透過物理方法和化學方法，以爲下一季要種的任何作物調理土壤；人類可以使作物適應土壤的性質，並使作物適應彼此的性質；可以選擇這樣一種輪作方法，以使土地在每一季都處於可以容易耕作成下一作物適合的苗床，且不會浪費時間的這樣一種狀態。人類甚至可以透過排水或與其他土壤混合，以彌補原來土壤缺少的東西，來永久改變土壤的性質。迄今爲止，這種方法都還只是小規模的進行，都只把白堊和石灰、黏土和泥灰稀薄地遍撒在地面上，除了在園圃和其他土質較有利的地點之外，很少創造出一種全新的土壤。有些人甚至認爲未來有可能，把製造鐵路和其他大型土木工程的物理要素，大規模地應用於土壤，以混合兩種有相反缺陷的貧瘠土壤，創造出肥沃的土壤。

　　所有這些改變在未來可能比以往更廣泛和徹底地進行。但即使是現在，在早開發的國家，③大部分土壤的性

人類改變土壤性質的力量。

③ 譯者註：此處原文爲 old country，是相對於 new country，後者是指新開發的國家，而前者是指已開發的國家。因爲中文的已開

質，都是人類活動的結果。所有位於地表之下不深的土壤，都蘊含著大量資本的要素在內，都是人類過去勞動的產物。那些被李嘉圖歸入大自然免費賜予人的禮物中的土壤「固有的」和「不可毀滅的」性質，已經大量變造過了；經由許多代人的活動，部分變得貧瘠了，部分則變得肥沃了。

但是在地表上面的情況卻有所不同。大自然每年都給每畝土地的表面熱量和光線、空氣和濕氣等等的好處；而對於這些東西，人類卻很難控制。人類的確可以透過廣泛的排水工程，或透過植樹造林，或砍伐森林等方法，來略微改變氣候，但是總的來說，每塊土地每年從大自然所獲得的太陽、風和雨的作用都是固定的。土地的所有權賦予了這種東西每年的擁有權，還擁有蔬菜和動物的生存和活動所需的空間；這個空間的價值受其地理位置很大的影響。

土地原始的和人為的特性。

那麼，我們可以採用一般的區別方法，把土地從大自然所獲得的原始或固有的特性，與土地因為人的行為而產生的人為特性之間進行區分，只要我們記得前者包括所說的土地的空間關係，以及大自然給這塊土地的陽光、空氣和雨水；而且在很多情況下，這些都是土壤固有特性的主要部分。主要是因為從這些特性上，農地所有權才獲得其

發國家通常是指 developed country，與此處的用意不同。因此為了避免混淆，本書將 old country 翻為早開發的國家，是指不是新開發的國家。

特殊的意義，「地租理論」（Theory of Rent）也因此而
有其特殊性。

第4節

　　但是，如果未考慮到由土地所生產農產品的種類，
那麼任何土壤的肥沃度究竟多少是由於大自然賦予的原始
特性，以及多少是因爲人類改造而產生的變化，就都無法
充分討論。人類的要素在促進某些作物的成長，比其他
作物來得多。最頂級的是自然長成的林木，一棵種得很
好，而且有足夠的空間的橡樹，很少能從人類的幫助中獲
利；沒辦法透過勞動來獲得可觀的報酬。生長在某些土壤
肥沃，有良好自然排水系統的沿河低地上的草，幾乎可以
說是一樣的；以這些草爲主食的野生動物，把這些照顧得
幾乎和人照顧得一樣好；而英格蘭最富饒的農田（每英畝
的地租在 6 英鎊以上）在沒人幫助之下，幾乎與現在得到
一樣多的報酬。其次則是沒那麼肥沃的土地，但可以作爲
永久的牧場；再其次是耕地，對於這種地，人不能依賴大
自然的播種，而必須爲每種作物準備一個適合其特殊需要
的苗床，自己播種並除去雜草。人類所播下的種子是經過
挑選的，這些種子都能快速地成熟，並充分發展爲對人類
最有用的部分；儘管仔細做出這種選擇的習慣是現代才出
現的，且即使到現在都還極不普遍，但數千年持續不斷的
耕作，已使人類所擁有的植物與野生的原型僅有些許的相
似。最後，人類勞動和照顧最爲眾多的產品種類，是那些

在某些情況之下，土地原始的特性較之在另一些情況下，比人爲的特性要來得重要。

品種較優良的水果、花卉、蔬菜以及動物，特別是那些用來改良品種的產品。因為大自然自己所做的，是選擇那些最能夠照顧自己和後代的品種，而人類則選擇那些能夠最快地提供他最需要的大量產品的品種；而許多最優質的品種，若沒有人類的照顧，根本就無法生存。

在任何情況之下，多增加的資本及勞動所得到的額外報酬，遲早都會遞減。

這樣，在大自然的幫助之下，人類在各方面扮演著提高不同種類農產品的角色。在每種情況之下，人類都一直在努力工作，直到從額外的資本和勞動的投入所得到的額外報酬（*return*）遞減（*diminished*）到不足以償付這些投入的使用為止。在這個極限很快就要達到之處，人類便幾乎把所有的工作都留給大自然去做；而在其他地方，人類在生產中所分擔的工作很大，這是因為他還能努力工作，卻未達到這個極限。因此，我們接著要討論報酬遞減的法則。

此處所謂的報酬，是以產品的數量，而不是以產品的價值來衡量。

很重要的一點是，現在所討論的資本和勞動的報酬，是以產品的量（*amount*）來衡量的，無關乎同時出現的交換價值或產品價格的任何變化；例如若在附近新建了一條鐵路，或者該地人口增加很多，而農產品不容易進口，則可能會發生這種變化。當我們根據報酬遞減法則進行推論時，尤其是我們討論人口成長對生活資源的壓力時，這類的變化就是至關重要的。但這些變化與該法則本身沒有任何關係，因為該法則與所生產的產品價值無關，而只與其數量有關。④

---

④ 請參考第四篇第三章第 8 節後面的部分；也請參考第四篇第十三章第 2 節。

第三章

土地的肥沃度（續）、報酬遞減傾向

第1節

報酬遞減傾
向的暫時性
的陳述。

「報酬遞減傾向的法則或陳述」（*The law of or statement of tendency to Diminishing Return*），可以暫時表述如下：

在土地耕種中使用資本和勞動增加的幅度，除非恰好與農業技術的改善一致，否則一般說來所導致的農產品產出數量增加的比例會較小。

我們從歷史中和經由觀察中得知，每個時代和每個地方的每個農民都希望擁有大量的土地供其使用；而當他無法免費獲得時，如果他有錢的話，他會付錢購得土地。如果他認為使用他所有的資本和勞動於一小片土地上，也會得到好的結果的話，則除了一小塊地之外，他不會花錢購買任何其他的地。

當土地耕種
不足時，如
果增加勞動
和資本，將
使報酬遞
增，直到達
到一個最大
的比率，然
後又再度轉
為遞減。

當無須開墾就可以免費擁有土地之際，每個人所使用的土地數量都會達到恰好使其資本和勞動獲得最大報酬的程度。他的耕種是「粗放式的」（extensive），而不是「集約式的」（intensive）；他不打算從任何一英畝的土地得到很多蒲式耳的穀物，因為這時他只要耕種幾英畝的土地就足夠了。他的目的是透過一定量的種子和勞動，盡可能獲得最大量的收成；因此，他可以進行輕微的耕作，以盡可能地耕種大量的土地。當然，他可能做得過頭了；耕作的面積可能太大了，如果他把資本和勞動集中在較小的一塊面積上，反而有利。在這些情況下，如果他能夠掌握更多的資本和勞動，以便在每英畝土地上，使用較

多的資本與勞動，那麼土地會給他帶來「遞增的報酬」
（*Increasing Return*）；也就是說，額外報酬的比例大於
他目前對土地的支出所帶來的報酬。但是如果他計算正確
的話，那麼他會使用剛好等於給他帶來最高報酬那麼多的
面積，而他將資金和勞動集中在一個較小的區域上反而
會有損失。如果他掌握了較多的資本和勞動，並且將其
用於他現在的土地上，那麼他所將獲得的報酬會比他占
用較多的土地，所獲得的要少，他會陷入「報酬遞減」
（*Diminishing Return*）的狀態；也就是說，如果他的農
業技術沒有明顯改善的話，他得到的額外報酬比他現在使
用最後一單位的資本和勞動所獲得的比例要小。隨著他的
兒子長大之後，他們將有較多的資本和勞動可使用於土地
上；為了避免報酬的遞減，他們會想要耕種較多的土地。
但也許到了這個時候，所有鄰近的土地已經都被占用了，
為了獲得更多的地，他們必須購買土地，或支付地租，或
者遷移到可以無償獲取土地的地方。[1]

　　這個報酬遞減傾向是亞伯拉罕（Abraham）與洛特
（Lot）[2] 分道揚鑣，也是歷史上所說的大部分移民出現的 否則的話，每個農民將透過把他所有的資本和勞動都用到一小塊土地上，以節省大部分的地租。

---

[1] 在耕種的早期階段，報酬遞增部分來自於組織上的經濟，這與大
　　規模製造的利益類似。但這也部分歸因於以下這個事實，亦即如
　　果非常粗放的耕作，農民的作物容易為自然生長的雜草所吞沒。
　　本篇最後一章將進一步討論報酬遞減與遞增之間的關係。

[2] 「那片土地容不下他們；因為他們的財物很多，使他們不能住在
　　一起。」《創世紀》（*Genesis*）第十三章第6節。

原因。而且，凡是耕地權需要強烈的地方，我們都可以確定就是報酬遞減傾向正在全面發揮作用的地方。如果不是這種傾向的話，那麼每個農民都可以透過除了保留一小塊地之外，放棄他所有其他的土地，而把所有的資本和勞力奉獻在那一小塊地上，就可以節省幾乎全部的地租。在這種情況下，他在那塊小土地上使用的所有資本和勞動，給予他的報酬，與他現在使用於這塊土地的資本與勞動的報酬在比例上一樣多，那麼他從那塊小土地上所獲得的產出將與現在他從整個農場所獲得的農產品一樣多；因此除了他保留的那一小塊地而付出的地租之外，他將賺取原來那塊地所有地租的淨收益。

也許要承認的是，農民的野心往往使他們耕種的土地，超過他們能夠妥善管理的數量。的確，從亞瑟・楊格以降，幾乎每個農業方面的大權威學者，都痛斥這個錯誤。但是，當他們告訴農民說，可以透過把資本和勞動使用於一個較小的地區而能獲利時，他們並不必然表示這樣他就能獲得較多的總產量。如果節省的地租能抵消他從土地獲得的總收益可能的減少，那麼這一點就足以支持他們的論點了。如果一個農民把他四分之一的產量用來支付地租，假如他能使每英畝土地上所使用的額外資本和勞動所帶來的收益，在比例上至少超過他從早先的支出所獲得報酬的四分之三，則他把把資本和勞動集中在較少的土地上，就會獲利。

改進耕種方法，可以使更多的資本與勞動的使用有利可圖。

此外，還有一點要承認的是，即使在英格蘭這樣的先進國家，許多土地的耕種技術還是如此不熟練，以致於如

果現在以巧妙的技術，使用兩倍的資本和勞動，就可以使現在的總產量達到兩倍以上。有些人認為如果所有英格蘭的農民都像最好的農民那樣能幹、聰明且精力充沛，則他們從使用兩倍於現在所用的資本和勞動，將更加有利可圖，則這樣的主張也很可能是對的。假設地租是目前農產品的四分之一，他們現在每得到 4 英擔（hundredweight）③ 的產量，在技術改進，投下資本和勞動後，也許可以獲得 7 英擔的產量；可以想像的是，如果技術更加改進的話，他們可能可以得到 8 英擔，或甚至更多，但這並不能證明，進一步的投入資本和勞動可以讓土地獲得遞增的報酬。事實上，在農民實際擁有的技術和精力的條件下，透過普遍觀察的結果，我們發現經由放棄大部分土地，把所有的資本和勞力集中在剩下的土地上，由此而為自己口袋節省的一筆地租，並無法替他們打開一條致富的捷徑。他們之所以無法做到這一點的原因在於報酬遞減法則；正如曾經說過的那樣，這個報酬是以數量，而非以交換價值來衡量的。

我們現在可以明確地指出，在我們以暫定的方式來敘述這個法則時，所使用的「一般說來」（in general）這個詞所隱含的限制。的確，這個法則是一種傾向的陳述，由於生產技術的改進和土壤生產力充分發展的過程中，確實可以暫時抑制這種傾向；但是如果對於農產品的需要無限制地增加，該傾向最終必然變得不可遏制。我們對於這一傾向的最終陳述因此可以

---

③ 譯者註：1 英擔等於 112 磅，又叫長擔（long hundredweight），美國則叫短擔（short hundredweight），等於 100 磅。

分成兩部分，敘述如下：

報酬遞減法
則的最後陳
述。

　　儘管農業技術的改進可以提高用在土地上任何一定
數量之資本和勞動的報酬率；雖然已經使用於任何一塊土
地的資本和勞動，也許尚不足以充分發揮其力量，以致於
即使是在現有的農業技術下，進一步對這塊土地增加一些
支出，也會得到較大比例的報酬，但這些情形在一個早開
發的國家是罕見的；並且，除了這種情況之外，增加在土
地上所使用的資本和勞動，所增加產出的比例，將少於這
些投入增加的比例，除非同時提高個別耕作者的技術。其
次，無論農業技術的未來發展如何，持續在土地上增加資
本和勞動的投入，最終必然會導致因增加資本和勞動，所
獲得產量增加的遞減。

第2節

一個組合的
資本與勞
動。

　　利用詹姆斯・密爾所建議的一個名詞，我們可以把
使用於土地的資本和勞動視爲由連續等量的各種「組合」
（doses）所構成的。④ 正如我們所看到的那樣，最初幾個
組合的報酬可能很小，而愈來愈多的組合可能會獲得愈來
愈大比例的報酬；即使在特殊情況下，連續組合的報酬甚
至會交替上升和下跌。但是按我們的法則所陳述的，遲早
（假設同一個時期耕種技術沒有變化）會達到這樣一點，
在這點之後，所有進一步投入的組合所獲得的報酬，在比

---

④ 關於這個名詞，請參見本章第 8 節。

例上要小於前面各組合的報酬。這個組合始終是勞動和資本聯合構成的組合，無論是由自耕農在自己的土地上，還是由自己不從事耕作的資本家所負擔的費用都是一樣。但在後一種情況下，支出的主體以貨幣的形式來表現；在討論與英格蘭情形有關的農業企業經濟時，為了方便起見，經常把勞動以市場價值換算為等值的貨幣，並只說資本的數量，而不說勞動和資本的組合。

　　恰好只夠支付給耕作者報酬的勞動與資本的這個組合，可以說是「邊際組合」（*marginal dose*），這個組合所產生的報酬稱為「邊際報酬」（*marginal return*）。如果恰好在附近有一塊耕地，耕種該地的報酬僅剛好足夠支付開支，沒有剩餘可付地租，我們可以說使用在這塊地上的組合就是邊際組合。因此，我們可以說，這個組合所使用的土地，是在「耕種邊際」（*margin of cultivation*）上的土地，這種說法具有簡單明瞭的優點。但是在論證時不一定要假設有這樣的土地；我們想要解決的問題是邊際組合的報酬，而這個組合是否恰巧使用於貧瘠或豐富的土地則無關緊要；所有必要的假設是，這個組合應該是使用於那塊土地上可以獲利的最後一個組合。⑤

　　當我們談到邊際，或者說使用於這塊土地上的「最後」（last）那個組合時，我們並不是指時間上的最後一

（右側邊註） 邊際組合、邊際報酬、耕種邊際。

（右側邊註） 邊際組合在時間上未必是最後的組合。

---

⑤ 李嘉圖深知這一點，雖然他對該點未給予足夠的重視。那些反對他學說的人以為他的學說不適用於所有土地都要支付地租的地方，這是誤解了他論證的性質。

個組合，我們指的是在有利可圖的支出邊際上的那個組合；也就是說，這個組合的使用只給耕種者的資本和勞動，帶來普通的報酬而已，而無法提供任何的剩餘。舉一個具體的例子加以說明，我們可以假設有一個農民，想要再次派一個人到田裡去除草，經過一陣子的猶豫後，他確定這麼做是值得的，但也只不過是值得這麼做而已。用於做這件事情的資本及勞動的組合，就是我們目前所說的最後一個組合，雖然在收割作物時還需要使用很多的組合。當然，最後一個組合的報酬不能與其他組合的報酬分開；但如果農民決定不再進行額外的鋤草，我們相信就不會生產出來這部分的產量，因而這一部分的產量可以算為最後一個組合的報酬。⑥

---

⑥ 從有記錄的實驗中所得出的一個例證，可以幫助我們更加了解資本和勞動邊際組合報酬這個概念。阿肯色州（Arkansas）的實驗站（見1889 年 11 月 18 日的《泰晤士報》（*The Times*））報導說，每塊一畝的四塊土地，除了耕作和耙地的問題之外，其他的處理方式均相同，其結果如下：

地塊	耕作	每畝地產量（蒲式耳）
1	犁耕一次	16
2	犁耕一次且耙地一次	$18\frac{1}{2}$
3	犁耕兩次且耙地一次	$21\frac{2}{3}$
4	犁耕兩次且耙地兩次	$23\frac{1}{4}$

　　既然用在耕種邊際上的這個組合所得的報酬，只足以補償耕種者的支出而已，因此，對他使用的所有資本與勞動的補償，恰好是邊際報酬乘上他已經使用的所有組合數。無論他所得到的超過這個邊際報酬多少，都是這塊土地的「剩餘產品」（*surplus produce*）。如果他自己擁有這塊土地，那麼這個剩餘就歸給耕作者所有。⑦

剩餘產品。

從上表可以看出，對於已經犁耕兩次的這畝地再耙地第二次，每畝地所使用的資本和勞動的這個組合，報酬為 $1\frac{7}{12}$（$23\frac{1}{4}$ － $21\frac{2}{3}$）蒲式耳。如果這些蒲式耳的價值，在扣除收穫等費用之後，所剩的利潤恰好可以彌補那組合的勞動與資本，那麼該組合就是邊際組合；即使在時間上，這不是最後一個組合，因為花在收穫的那些組合，投入的時間上必然是要後面一點。

⑦ 讓我們以下面這個圖來說明。

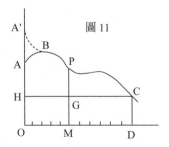

圖 11

但要記住圖解不是證明，只不過是非常粗略地解說某些實際問題的主要條件而已。透過忽略隨著實際問題而變化的許多因素，圖解獲得了清晰的輪廓，但是農民必須要就自己的特殊情況，充分考慮這些因素。如果在任何特定的田地上花費 50 英鎊的資本，

這種剩餘產
品的描述並
非一種地租
理論。

　　值得注意的是，這種對剩餘產量性質的描述，並非一種地租理論；要到很後面的章節，我們才會討論到該理論。在這裡可以說的只是，這種剩餘產量在某些條件下（*under certain conditions*），可以變成為土地所有者從佃農使用土地而索取的地租。但是，正如我們後面將會知

那麼從中可以獲得一定數量的產品；如果花費 51 英鎊的資本，則產量會比前者多。這兩個產量之間的差距，可以認為是第 51 英鎊資本所生產的；如果我們假設每次連續使用各組合的資本都是一英鎊，我們可以把這種差距稱為是第 51 個組合的資本所產生的。令 *OD* 線上每個連續相等的劃分線都代表一個組合。接著再從第 51 個組合的 *M* 點，畫一條線與 *OD* 線垂直的 *MP*，在厚度上等於其中一條劃分線，而其長度代表由於第 51 組合而產生的產量。假設對每個單獨的劃分線都這樣畫的，直到相當於投入於土地的最後那個組合，仍是有利的為止。令最後這一組合在 *D* 點，是第 110 個組合，*DC* 則是恰好足以抵補農民支出的報酬。這些直線的頂點就構成了曲線 *APC*。總產量將由這些直線的總和來表示；亦即，由於每條線的厚度等於其畫分線的寬度，因此總產量為區域 *ODCA*。若劃出平行於 *DO* 的 *CGH* 與 *PM* 相交於 *G* 點，那麼 *MG* 等於 *CD*，且由於 *CD* 是恰好可以抵補農民一個組合支出的報酬，因而，*MG* 也只是恰好可以抵補農民另一個組合的報酬；因此所有在 *OD* 和 *HC* 之間的垂直粗線也都代表恰好可以抵補農民另一個組合的報酬。所以，這些垂直粗線的總和，亦即 *ODCH* 的面積，就代表了為抵補他支出的報酬所需要的產出；其餘的 *AHGCPA* 則是剩餘的農產品，在某些條件下，就變成為地租。

道的那樣，在一個早開發的農田的全部地租由三個要素組成：第一個是由於大自然賦予的土壤價值；第二個是由人類對土地的改良；第三種往往也是最重要的一種，是來自於稠密和大量的人口成長，以及公共道路、鐵路等等的交通的便利。

　　還有一點也值得指出的是，在一個早開發的國家，在第一次種植之前，人類不可能得知土地首次耕種以前的原始狀態。人類某些勞動的結果，無論是好或是壞，都已經是固定在土地當中了，無法與大自然的作用區分開來；這種分界線是模糊不清的，必然或多或少武斷地劃出。但為了大多數的目的，在開始考慮農民的耕種之前，最好把對付大自然最初的困難，都視為已經完全克服了。因此，我們認為最初投下的各組合資本和勞動所獲得的報酬一般說來是最大的，那麼報酬遞減的傾向立刻就會顯現出來。因為所考慮的主要是英格蘭的農業，因此可以像李嘉圖那樣，適當地把英格蘭的農業看成是典型的例子。⑧

李嘉圖把他的注意力限定在早開發國家的情況。

---

⑧ 也就是說，我們可以用圖 11 的虛線 BA' 代替 BA，並將 $A'BPC$ 視為是英格蘭的農業所使用資本和勞動所獲得報酬的典型曲線。毫無疑問地，小麥和其他一些一年生的作物，若無一些可觀的勞動根本就無法生長。但自生的天然雜草，在幾乎沒有任何勞動之下，就可以餵養很多壯碩的牛。

在第三篇第三章第 1 節中已經指出，報酬遞減法則與需要法則十分相似。土地給予資本和勞動一個組合的報酬，可以視為是土地為該組合所提供的價格。土地對資本和勞動的報酬，可以說是土

第3節

大自然給資本和勞動報酬的彈性隨著土壤與作物的不同而不同。

　　讓我們接下來探究決定資本和勞動連續組合的報酬率（rate）增減的因素。我們已經得知，人類把其產量當中的一部分聲稱是他自己勞動所添加的結果，大於僅僅由大自然所可能生產的結果，但這部分產量的差異很大；而且在某些作物和土壤以及種植方法方面，人類勞動添加的結果要比其他作物、土壤及種植方法多得多。因此，從廣義上來講，當我們從森林到牧場，從牧場到可耕地，從犁耕地到鋤耕地，人類勞動的部分增加了；這是因為報酬遞減

　　地對資本及勞動的有效需要；土地對任何組合的報酬，就是土地對該組合的需要價格，且土地給予連續組合的報酬表，因而可以視為土地的需要表；但為了避免混淆，我們將稱其為「報酬表」（Return Schedule）。與文中土地的此情況相對應的是，一個人可能願意支付較高比例的價格，去購買能夠貼滿整個房間牆壁的一張紙，而不願意以較低的價格購買只能貼半個房間的一張紙；那麼他的需要表在一個階段會顯示出增加購買量，需要價格是上升，而不是下跌的。但是，在許多個人的總體需要當中，這些不勻稱會互相抵消；因此一群人的總需要表所顯示的是需要價格隨著供應量的增加而不斷地下跌。同樣地，把許多塊土地歸在一起，我們可以得到一個報酬表，該表將顯示隨著使用資本和勞動的每一次增加，報酬會持續減少。但是，對於地塊個別需要的變化，比對於個人需要的變化容易確定，但在某些方面更需要加以注意。因此，我們的典型報酬表所顯示的報酬，並不像典型需要表中所顯示的需要價格遞減那麼均勻且一致地遞減。

率在森林中所發揮的作用最大，在牧場較小，在可耕地中
更小，而在鋤耕地上最小。

　　對於土地的富饒或肥沃度沒有絕對的衡量方法。即使
生產技術沒有變化，僅僅增加對農產品的需要，就可能使
兩塊相鄰土地，在肥沃度方面的排序顛倒。當兩塊地都是
未開墾，或者兩塊都只做同等的粗耕時，面對當兩塊地都
做同等的精耕時，產量較小的其中一塊，其產量可能會提
高到超過產量較大的那塊，而被列爲較肥沃的地。換句話
說，許多最不肥沃的土地，只要把粗耕變成精耕，就會變
成最肥沃的土地了。例如，能夠自行排水的牧場，只需極
微小資本和勞動的支出，就可能會帶來很大比例的報酬，
但是對於進一步的支出，報酬就會迅速遞減；隨著人口的
增加，在一些牧場上引入根莖類、穀物類作物和牧草混合
的種植，就會逐漸變成有利可圖；那麼增加資本和勞動組
合的投入，報酬遞減的速度就不會那麼快。

　　另外，有些土地做爲牧場地使用時是貧瘠的，但是投
入大量的資本和勞動於耕種和施肥時，多少會產生一些豐
富的報酬；這種土地對於最初投入組合的報酬不是很高，
但是其報酬遞減速度卻很慢。

　　其次，有些土地是沼澤地。比如說，像英格蘭東部
的沼澤地區那樣，除少量的柳樹和野禽之外，幾乎什麼東
西都無法生產；或者，與許多熱帶地區的情況一樣，可能
有茂盛的植被，但瘧疾卻如此猖獗，以致於人類很難在那
裡生活，更別談要在那裡耕作。在這種情況下，資本和勞
動的報酬起初很小，但隨著排水設施的進行，報酬就會增

兩塊田地的
相對肥沃度
可以隨環境
的變化而變
化。

加，之後可能會再次下滑。⑨

---

⑨ 這種情況可由圖來表示。如果農產品在實際價值上，以 *OH′* 對 *OH* 的
比例提高（因此，農民使用一個組合的資本和勞動，所要求的報酬，
從 *OH* 下降到 *OH′*），那麼剩餘農產品只會上升到 *AH′C′*，並不比原來
的數量 *AHC* 大很多，圖 12 代表第一種情況。圖 13 代表第二種情況，
產品價格出現類似的變化，使新剩餘農產品的 *AH′C′* 大約大過舊剩餘
農產品 *AHC* 三倍。圖 14 代表第三種情況，最初使用於土地之資本和
勞動組合的報酬如此的差，以致於除非有意進一步耕種，否則不值得
使用這些資本和勞動；但後來使用的資本和勞動組合卻使報酬遞增，
達到最高點 *P*，然後再下降。如果農產品所獲得的價格太低，以致於
需要 *OH″* 的數額才能支付耕種者使用一個組合的資本和勞動，那麼耕
種這片土地僅僅是划算而已。因為此時耕種將持續到 *D″*，最初投入的
組合會出現虧損，此一虧損用 *H″AE* 面積來表示，而後期使用的組合
則會出現剩餘，此一剩餘由 *E″PC″* 面積表示；而且由於這兩塊面積幾
乎相等，因此迄今為止土地的耕種只是收支相抵而已。但是，如果農
產品價格上漲到 *OH*，足以支付一個組合的資本和勞動的報酬，那麼
最初那些組合的虧損就會下降到 *HAE*，而後，那些組合的剩餘將提高
到 *EPC*；淨剩餘（在出租土地的情況下的真正的地租）將是 *EPC* 超過

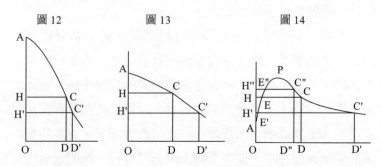

圖 12　　　　　　圖 13　　　　　　圖 14

　　但是，一旦作了這種改良之後，投入土壤的資本就不能被移除；早先耕種的歷史不能重複；由於資本和勞動的進一步使用，所產出的產量就會呈現出報酬遞減的傾向。[10]

　　在已經耕種得很好的土地上，也可能會發生類似的，但較不明顯的變化。例如，土地雖然不是沼澤地，但也許需要一點點排水溝渠，才能從中排出死水，並且使活水和空氣能夠自由流通。也可能底下的土壤碰巧比地表上的土壤肥沃；又或者是雖然底下的土壤本身並不肥沃，但也許這種土壤的性質是表面土壤所缺少的那些性質，那麼給予深蒸汽機徹底的耕作，就可以永久改變土地的性質了。

　　如此，我們就不必認為當增加的資本和勞動的報酬開始遞減時，這種情況會一直這樣下去。一般人總認為，生產技術的改進可以普遍提高任何數量的資本和勞動所能產生的報酬；但這不是這裡的意思。這裡所要說的觀點是，與他知識的增加無關，只使用他早已熟悉的方法，一個農民就會發現在他所能支配的額外資本和勞動，在耕作的後一階段，他有時也可以獲得遞增的報酬。[11]

　　HAE 的部分。如果價格再上漲，直到 OH' 足以抵補一個組合的資本和勞動，那麼這個淨剩餘將上升很多，為增加到 $E'PC'$ 超過 $H'AE'$ 的部分。

[10] 在這種情況下，起初投入組合的生產力肯定會滲入到土地裡去；如果土地是出租的，所支付的實際地租除了這些剩餘產品或真正地租以外，還有起初投入組合的利潤。來自於地主資本的報酬，用圖可以很容易地表示出來。

[11] 當然他的報酬可以像圖 11 所示的那樣，一開始是遞減，然後遞增，

有句話說得很好，亦即一條鏈子的強度是其最弱一環的強度，因此土地肥沃度也是如此，其大小受其最缺乏的因素所限制。那些急於要用鏈子的人會拒絕一條有一或兩環非常弱，其餘各環可能都是強大的鏈子；而情願要一條強度弱的，但卻無缺陷的鏈子。但是如果有繁重的工作要做，並且有時間進行維修的話，他們將會修護強度較大的那條鏈子，那麼這條鏈子的強度就會超過另一條的強度。這個事實可以用來解釋很多農業史上似乎很奇怪的事情。

在一個新開發的國家，第一批移民通常都會避免選擇那些不適合立即耕種的土地。如果那裡的茂盛天然植物正好是他們不想要的那種的話，則他們常常被這種植物所逼退。他們不願意去耕種那種難以耕種的土地，不管在徹底耕種之後，土地會變得如何肥沃；他們也不願意去耕種那種到處積水的土地。他們通常會選擇那些容易耕種的土地，這種土地只需要一套犁就可以輕鬆耕作，然後廣泛播下種子，這樣作物在生長時，就可以吸收到充足的光線和

早期的移民常常避免選擇英格蘭農民傾向於選擇的土地。

之後再遞減；而如果他有能力進行一些進一步的廣泛變革時，會再度遞增。但是，如圖 15 所示的那種較極端的例子，也並不罕見。

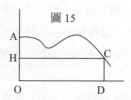

圖 15

空氣，並且可以從廣闊的面積當中採集到他們的食物。

　　當美洲剛開拓時，現在許多用馬拉機器進行的農活，仍然是用手工操作；儘管現在農民非常喜歡平坦的草原土地，那裡的地沒有樹樁和石塊，他們的機器可以容易又沒有風險地操作，但那時的農民並不太嫌惡山坡地。他們的收穫相對於他們耕種面積的比例是小的，但相對於種植這些作物所投入資本和勞動的比例卻是高的。

　　因此，我們不能稱一塊土地比另一塊肥沃，除非我們知道關於耕種者的技術和進取心，以及他們可支配的資本和勞動的數量；而且我們還得知道對農產品的需要是否大到足以使所用的資源，在這塊土地上進行精耕細作時有利可圖。如果對農產品的需要使得精耕細作有利的話，那麼那些能給大量資本和勞動的支出，帶來最高平均報酬的土地將是最肥沃的；但如果不是這樣的話，則提供那些最初的幾個組合最佳報酬的土地，就是最肥沃的土地。肥沃度這一名詞，除非是針對特定時間和地點的特殊情況來說以外，沒有任何的意義。

　　但是即使在這樣的限制之下，肥沃度此一名詞的用法仍然存在著一些不明確之處。有時候，主要是指能為土地的精耕細作，提供足夠的報酬，因而使每畝土地有很高總產量的能力；有時則是指即使其總產量不是很大，但是產生大量剩餘產品或地租的能力。因此，當我們說到現在英格蘭的可耕地很肥沃，是指前一個意義上的肥沃度，而當說到草地很肥沃，則是指後一個意義上的肥沃度。對於多數的情況來說，這個名詞作哪種意義的理解並不重要；在

肥沃度並非絕對的，而是相對於地點與時間而言。

少數的情況下，則是很重要的，此時就需要在上下文中加上解釋的子句。⑫

第4節

造成不同土地相對價值變動的其他原因。

　　然而進一步來說，不同土壤肥沃度的順序，容易因栽培方法的變化和不同作物的相對價值的變化而發生變化。例如，在上個世紀末，科克先生（Mr. Coke）就示範了如何透過先在鬆軟的土壤上種苜蓿，再種小麥的方式，使鬆軟土壤相對於黏土土壤肥沃度上升；儘管現在有時這種土地按照舊習俗還是稱為「貧瘠的」（poor），但是這些鬆軟土地中的一些，即使讓其停留在自然狀態，也比許多精

----

⑫ 如果農產品的價格需要有 OH 的金額（圖 12,13,14）才能抵補耕種者一個組合資本和勞動的支出，那麼耕種將到 D；所得到的產出 $AODC$ 在圖 12 最大，在圖 13 的那個是其次，而在圖 14 的則最小。但是，如果農產品的需要上升到這樣，以致於 OH' 是足以抵補耕種者一個組合的支出，則耕種將到 D'，而所產出的農產品將是 $AOD'C'$；這在圖 14 最大，在圖 13 其次，而在圖 12 則最小。如果我們考慮到在扣除足以抵補給耕種者的數額後，所留下來的剩餘產品在某些情況下成為土地的地租的話，那麼這個對比會更強烈。因為，這種剩餘產品在第一種情況下圖 12 及圖 13 是 AHC，而在第二種情況下，則是 $AH'C'$；而在第一種情況下，圖 14 是 $AODCPA$ 超過 $ODCH$，即 PEC 超過 AHE 的部分；而第二種情況下，則是 $PE'C'$ 超過 $AH'E'$ 的部分。

耕細作的土地價值要高，也的確較肥沃。

　　此外，中歐以木材作為燃料和建築用途的需要日益增加，這使得松樹覆蓋的山坡地的價值，相對於幾乎所有其他種類的土地都提高了。但是在英格蘭，這種土地價值的上漲已經為以下幾件事情所阻卻了，即煤取代木材作為燃料，鋼鐵取代木材作為造船材料，最後是英格蘭進口木材特別方便；再次，稻米和黃麻的種植也使得那些積水太多，以致於無法種植大多數其他作物的土地，具有很高的價值；而再次，自從〈穀物法〉廢除以來，英格蘭的肉類和乳製品價格相對於穀物的價格上漲了。那些與穀物輪作可生產豐富飼料作物的可耕地，相對於冷黏土土壤的價值也上升了；永久性牧場的價值相對於可耕地來說，原本有極大的下滑，但現在因人口的成長，促成其相對價值回升了一部分。[13]

　　除了現行作物和耕種方法對於特殊土壤耕種之適用性有所改變之外，常常有一種使不同土壤的價值趨於平等的傾向。在沒有任何相反的特殊因素之下，人口和財富的成長會使較貧瘠的土壤變成較肥沃的土壤。一度完全為人所

當人口壓力上升時，較貧瘠土地的相對價值會上升。

---

[13] 羅傑斯（Rogers）在其著作《六個世個紀的工作和工資》（*Six Centuries of Work and Wages*）頁 73 中計算出，以穀物估計的肥沃牧草地的價值，在五、六世紀前大致與現在價值相同；但同樣以穀物估計，可耕地的價值在同一時間內卻增加了大約 5 倍。這部分是由於在當時根作物和其他現代種類的家畜多季飼料，還未為人所知悉，因此乾草是很重要的。

忽視的土地，投入大量勞動後，可以提高作物的收穫量；這種
土地每年所吸收的陽光、熱能和空氣，可能與較肥沃的土地一
樣好；而且透過勞動可以大大減少其缺點。⑭

---

⑭ 這樣，我們就可以比較圖 16 和圖 17 所代表的兩塊土地。在這兩塊地
上，報酬遞減法則以相似的方式發揮作用，因此該兩圖的產出曲線有
相似的形狀，但前者在各種程度的精耕之下，都比另一塊地的肥沃度
要高。土地的價值通常可以用其剩餘產品或地租來表示，當需要 OH
才能抵補一個組合資本和勞動的支出時，在每種情況下剩餘產品或地
租都可以用 AHC 來表示，而當人口數量和財富的成長，使得 OH' 就
足以抵補一個組合資本和勞動的支出時，則可用 AH'C' 來表示。很明
顯地，圖 17 與圖 16 的 AH'C' 相比，較圖 17 與圖 16 的 AHC 相比更
有利。但圖 17 相對於圖 16 的的總產出 AOD'C'，同樣要比圖 17 相對
於圖 16 的總產出 AODC 來得有利，只不過程度不同而已（在威克斯
帝德的《分配法則的坐標》〔*Coordinates of Laws of Distribution*〕，頁
51 及 52 中巧妙論證了地租可能是負的。當然，稅收可能會吸收地租，
但不值得犁耕的土地，會種植樹木或粗草〔見上面本章第 3 節〕）。

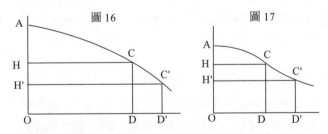

勒羅伊・比尤利（Leroy Beaulieu）所著《財富的分配》（*Répartitiondes
Richesses*）第二章，曾蒐集了一些實際的資料，說明了這種貧瘠土地
的價值相對於肥沃土地上升的趨勢。他引用下面的數字，分別顯示了

　　就好像肥沃度沒有絕對的標準那樣，良好的耕種也沒有絕對的標準。比如說，在海峽群島（Channel Islands）⑮最肥沃的土地進行的最好的耕種，需要在每英畝土地上投入大量的資本和勞動，因為這些地靠近大市場，並獨具了穩定且能使農作物早熟的氣候。如果聽其自然的話，這些土地就不會那麼肥沃，因為那裡的地雖然有很多優點，卻有兩個薄弱的環節（缺乏磷酸和鉀肥）。但是，部分得利於其海岸上豐富的海草，這兩個薄弱的環節就可以得到補強，因此這條鎖鏈就變得非常強固。精耕，或者正如英格蘭所通稱的「良好的」（good）耕種，因而使每一英畝的地，生產出價值 100 英鎊的早熟馬鈴薯。但是，美西（Western America）的農民每英畝同樣的平均支出，會讓他破產；相對於他的情況來說，這不是一個良好的，而是壞的耕種方法。

良好的耕種並無絕對的標準。

1829 年和 1852 年在法國厄勒（l'Eure）和瓦茲（l'Oise）幾個區域五類土地每公頃（$2\frac{1}{2}$英畝）的地租：

	第一類	第二類	第三類	第四類	第五類
1829	58	48	34	20	8
1852	80	78	60	50	40

⑮ 譯者註：又稱為盎格魯－諾曼地群島，位於英吉利海峽當中的一個群島。

第5節

李嘉圖對報
酬遞減法則
的說法並不
準確。

李嘉圖對報酬遞減法則的說法是不準確的。然而，這種不準確可能不是由於思考上的不周，而是由於寫作上的疏忽。無論如何，如果在他寫出這個法則時，在英格蘭的特殊情況下，以及為了他心目中特殊實際問題特別的目的，他認為上面所說這些條件並不重要，那麼這樣想是有道理的。當然，他無法預料到即將到來，開闢新供給來源的大量發明，以及借助於自由貿易，革新了英格蘭的農業；但英格蘭和其他國家的農業史，可能使他較強調變革的可能性。⑯

李嘉圖說最
肥沃的土地
是最先耕種
的，這種說
法就他所指
的含意而言
是正確的；

他說，在一個新開發國家的第一批移民一定是選擇最肥沃的土地，隨著人口的增加，就逐漸耕種愈來愈貧瘠的土壤。他隨意的這樣一說，好像有一個絕對肥沃度的標準。但正如我們已經看到的那樣，在土地可以免費取得之下，每個人都會選擇最適合自己目的的土地，以及在考慮到所有的情況後，選擇那些能夠給他的資本和勞動最好報酬的土地。因此，他挑選可以立即耕種的土地，並且忽視

---

⑯ 正如羅舍爾所說的那樣（《政治經濟學》〔*Political Economy*〕，第155節），「在評斷李嘉圖時，不能忘記他並不打算寫一本政治經濟學的教科書，而只想要與那些精通政治經濟學的人，以盡可能簡短的方式傳達他研究的結果。因此他寫書時，屢次作一些假設，而他的話只有在經過適當考慮後，才能引申到其他情況，或是重寫後，才能適用於變動後的情況。」

在肥沃度要素鎖鏈中任何薄弱環節的土地，無論這塊土地在其他環節中如何堅固。但除了必須避免瘧疾之外，他還必須考慮到與他的市場及資源所在基地的交通；而在某些情況下，抵禦敵人和野獸攻擊的安全問題，超過所有其他的考慮因素。因此，不要指望一塊最初選擇的土地到最後都應該是最肥沃的土地。李嘉圖並沒有考慮到這一點，因此把自己置於卡瑞（Carey）和其他人的攻擊之中，雖然這個攻擊大部分是誤解了他的見解，但其中也有一些堅實的內容。

英格蘭農民認為的較貧瘠土壤，在新開發的國家有時反而會比肥沃的鄰近土壤先耕種的這個事實，並不像一些外國學者所認為的那樣，與李嘉圖學說的一般要旨相互矛盾。該事實的實際重要性在於人口的成長會對生活資源增加壓力；因而把關心的中心從農民產出的數量，轉到交換價值（*value*），而交換價值是以他鄰近的工業人口為交換農產品，所願意付出的物品來衡量。⑰

但容易遭到誤解，正如遭到卡瑞誤解一樣。

⑰ 卡瑞聲稱曾經證明了下面這個論點，亦即「在世界上各地的耕種都始於山丘的兩側，那裡土壤是最貧瘠的，自然的地理位置是最不利的。隨著財富和人口的成長，可以看到人類從兩邊連接山谷的高地下來，並聚集在山腳下。」（《社會科學原理》〔*Principles of Social Science*〕，第四章第 4 節）。他甚至認為，無論何時，只要一個人口稠密的國家荒廢，「無論何時，只要人口、財富和交際的力量都下降，就是人們拋棄肥沃土壤，再次湧向貧瘠土地的時候」（同上引書第五章第 3 節）；肥沃的土

第6節

但是卡瑞曾
指出李嘉圖
低估了稠密
人口對農業
所提供的間
接利益。

　　李嘉圖和他那個時代的經濟學家，一般都過於草率地從報酬遞減法則中推論出這種結論，他們也未充分考慮來自組織力量的增強。但事實上，每個農民都得到無論是農民或是城市居民等鄰居的幫助。[18] 即使他們中的大多數人像他一樣都從事農業活動，他們也逐漸提供他良好的道路和其他交通工具；並給了他一個市場，讓他能夠在這個市

壤容易生長叢林，窩藏野獸和土匪，也許還有瘧疾，使土地的耕種變得困難和危險。然而，最近南非和其他地區移民的經驗，並不普遍支持他的結論，他的結論事實上主要立基於熱帶國家相關的事實。但是熱帶國家許多明顯的吸引力是虛妄的，這些地區雖然會給辛苦的工作，帶來非常豐厚的報酬，不過儘管可能因為有醫療——特別是細菌學的進展——帶來這些方面的一些變化，但是目前不可能在這些地區努力工作。清涼的微風和食物本身一樣，都是生機勃勃的必需品。可以提供大量食物，但氣候卻會破壞精力的土地，相較於提供較少食物，但氣候卻可以使人精神煥發的土地，並不會提供較多人類的福祉。

已故的阿吉爾公爵（Duke of Argyll）描述了，由於不安全和貧窮的影響，迫使在蘇格蘭高地先耕種丘陵，再耕種山谷，成為較可行的方式（《現在與過去的蘇格蘭》〔*Scotland as it is and was*〕第二篇，頁74及75）。

[18] 在一個新開發的國家，這種幫助的重要形式，是讓他得以冒險耕作肥沃的土地，否則會因為害怕敵人的入侵或瘧疾的肆虐，避而遠之。

場上以合理的條件，爲他自己和家人購買所要的必需品、舒適品和奢侈品，以及其農場工作的所有各種必需的物品；他們供給他大量的知識，並把醫療救助、教育和娛樂等這些東西都送到他家門前；他的思想變得更開闊，他的效率在許多方面都有所提升。如果鄰近的市集小鎮擴展成爲一個大型工業中心，他所得到的收益會更大。他所有的產品都更值錢；他慣常拋棄的一些東西，都能賣得好的價錢。他在乳牛養殖場和商品蔬菜種植業上，找到了新的出路。由於農產品範圍的擴大，他利用輪作制度，使土地永遠保持利用狀態，而不致喪失任何肥沃度所需要的成分。

此外，正如我們稍後將會知道的那樣，人口增加會促進貿易和工業組織的發展；因此，報酬遞減法則不像單一個農場那麼劇烈地適用於一個地區的總資本及勞動。即使耕種已經達到這樣一個階段，在此階段之後，使用於一塊田地的每個連續要素組合的報酬，將比前一組合爲低，但可能人口的增加導致生活資源更大比例的增加。誠然，不好的日子只不過是向後推遲而已，但的確是推遲了。如果沒有其他因素的抑制，人口的成長最終必會爲獲取農產品的困難所抑制；但儘管有報酬遞減法則的作用，人口對生活資源的壓力，可能在很長一段時間內受到新供給區域的開拓、鐵路和輪船交通的降價及組織和知識的成長而緩解。

與上述情況相反的是，在人口密集的地方，必然會在新鮮空氣和陽光，以及在某些情況下，淡水的獲得日益困難。流行度假勝地的自然美景，具有不容忽視的直接金錢

新鮮空氣、陽光、水及美景的價值。

價值；但是爲了實現男人、女人和小孩都能夠在美麗多變的風景中散步的眞正價值，卻需要付出一些努力。

第7節

漁場的豐富程度。

如前所述，經濟學用語中的土地包括河流和海洋。在河流捕魚，增加資本和勞動的使用，所增加的報酬顯示出迅速的遞減。至於海洋，報酬遞減法則是否適用，意見不一。海洋的容積龐大，魚類豐富；有些人認爲人類可以從海上獲得實際上無限的供應，而不會明顯地影響到海洋中魚的數量；換句話說，報酬遞減法則幾乎不適用於海裡的漁場；而另一些人則認爲，經驗表明那些經過大力捕抓的漁場，特別是用蒸汽拖網漁船捕抓的漁場，生產力正在下降中。這個問題很重要，因爲未來世界人口在數量和素質上，都會受到魚類供應量的影響。

礦場報酬遞減法則的意義與農田不一樣。

有人認爲採石場和磚場的礦山產品，也符合報酬遞減法則，但是這種說法會使人誤解。的確，我們發現獲得更多礦產物供應的難度不斷增加，除非我們透過採礦技術的改進和對地殼內含物的更加了解，否則我們無法獲得對大自然礦藏更大的控制力量；同時，毫無疑問地，在其他條件不變的情況下，持續在礦區投入資本和勞動，將會導致產量的遞減。但是這個產出並不是像我們在報酬遞減法則中所說的報酬那樣的淨（net）產出。這種報酬是不斷重複出現的所得的一部分，而礦藏的產品只是放棄其儲存的寶藏而已。田地裡面的產品是土壤以外的東西，因爲田地

在適當的耕種下，仍然保留了其肥沃度；但礦山的產品則是礦山本身的一部分。

換另外一種方式說，農產品和魚類的供給是不斷的滾滾而來的資源；而礦場就像自然界蓄水庫一樣的資源。水庫愈接近枯竭，抽水所需要的勞動就愈多；但如果一個人在 10 天內可以把水抽乾，則 10 個人可以在一天之內抽乾，而一旦抽乾了，就不再有水了。因此，今年正在開採的礦場確實有可能在很多年以前就已經同樣容易開採了；如果這些計畫已經提前訂好，並備妥開採工作所需要的專業資本和技術的話，10 年的煤炭供給可能在一年內就已經開採出來了，而不會增加任何的困難；當礦脈沒有其寶藏時，就不會再有任何產物了。這種差異體現在一個事實上，即礦場的租金與田地地租是按不同的原則來計算的。土地租約可以規定佃農歸還的土地必須與他承租時一樣的肥沃；礦業公司不能這樣做，且租金是按年計算的，而礦租主要是按從自然寶庫取出的儲藏量比例徵收「礦區使用費」（royalties）。⑲

---

⑲ 正如李嘉圖說的那樣（《政治經濟學原理》〔*Priniples of Political Economy*〕，簡稱為《原理》〔*Principles*〕，第二章）：「承租人支付給礦山或採石場的補償，是用來支付可以從中挖掉的煤或石頭的價值，而與土地的原始或不可毀滅的能力無關。」但無論是他或是其他的人，在討論礦山報酬遞減法則的應用時，似乎有時忽略了這些區別，尤其是李嘉圖在批評亞當・史密斯的地租理論時，就是這種情況（《原理》，第二十四章）。

但是當用在建築用地上的資本增加時，建築用地所提供便利性的報酬便會遞減。

另一方面，提供人類勞務、生活和工作所需的空間、陽光和空氣的土地，的確嚴格地符合報酬遞減的法則。在具有自然或人為的特殊位置優勢的任何土地上，不斷增加資本的使用是有利的。高聳的摩天大樓，以人工方式補充自然採光和通風，以電梯降低最高樓層的缺點；而且這筆支出會帶來額外便利的報酬，但這種報酬卻是遞減。無論「地面租金」（ground rent）[20]多麼高，最後終究會達到一個極限，過此極限之後，最好是支付更多的地面租金，以取得更大的面積，而不是繼續堆高樓層；就像農民發現最終達到更精耕的種植無法支付其開支的階段，此時最好是支付較多地租，以取得額外的租地，而不是透過使用更多資本及勞動於其原有土地上，因而面臨著報酬遞減的困境。[21]由此可見，「地面租金」理論與「農地租金」（farm

---

[20] 譯者註：財產所有權有兩種類型，分別是租地造物（leasehold）的所有權和完全保有不動產的所有權（freehold）。所謂租地造物的所有權是指僅擁有建築物，而建築物所在的土地是租進來的。該種所有權有固定的年限，可能長達 99 年，但是擁有該種所有權者必須要向土地所有者支付一筆稱為「地面租金」（ground rent）的地租。另一種為完全保有不動產的所有權，是指擁有土地，如果有建築物的話，也同時擁有建築物的所有權，該種所有權沒有任何期限，也無須支付地租。

[21] 當然，用在建築物最初各個組合資本的報酬是遞增的。即使在幾乎不必付出任何代價，就可以獲得土地的地方，建造兩層的房屋也比一層要便宜；迄今為止，建造約四層樓高的工廠被認為是最

rents）理論基本上是相同的。這一點和其他類似的事實，可以讓我們簡化和擴展李嘉圖和密爾所提出的價值理論。

對建築用地是如此，對許多其他東西也是如此。如果一個製造商比如說有三臺刨床，那麼他從中可以輕易獲得一定量的產品。如果他想從這些刨床得到更多的產品，他必須在正常的工作時間裡，盡力地每一分鐘都使用刨床，也許還要加班。因此，一旦充分使用這些刨床後，再每一次連續的使用都會帶來遞減的報酬。最後，淨報酬如此之小，以致於他認爲與其硬讓舊機器做這麼多的工作，還不如購買第四臺刨床更合算；就好像一個已經充分耕種其土地的農民，會發現硬要從目前土地生產更多的產品，還不如使用較多的土地要來得合算。的確，有些觀點認爲，從機器所產生的所得，也有地租的一點性質；這一點將在第五篇再來討論。

暗示了報酬及地租遞減觀念的彈性。

報酬遞減法則的註解

第8節

在這裡，我們無法充分討論報酬遞減概念的彈性；因

進一步探討報酬遞減觀念的彈性。

便宜的。但是在美國人們日益相信，在土地不是那麼昂貴的地方，工廠應該也只有兩層樓高，部分是爲了要避免高層建築物的震動，以及爲此而要建造費用很高的地基和牆壁等這些不良的影響；也就是說，把加高到兩層樓所需的資本及勞動，用到這塊土地之後，房屋的報酬明顯遞減了。

為這僅僅是資本投資中，資源經濟分配這個一般性大問題中的一個重要細節而已，而這個問題是第五篇主要討論的中心點，且事實上也是全書大部分內容的中心。但是在此，似乎有必要對這個概念稍作說明，因為在卡佛教授的有力且有啟發性的領導之下，最近大家已經對此相當重視了。[22]

如果一個製造商在機器上投入過多的資源，以致於其中相當一部分經常在那裡閒置不用；或用過多的資源於建築物上，以致於相當大一部分空間沒有充分使用；或者用於辦公室職員的資源過多，以致於有些職員的工作抵不上他們的成本；那麼在這個特殊方面的過度支出，就不會像他以前的支出那麼划算；也可以說這種支出讓他產生了「遞減的報酬」。這句話的這種用法雖然完全正確，然而除非謹慎地使用，否則很容易引起誤解。因為當把對土地上增加勞動和資本而出現報酬遞減的傾向，認為是相對於其他要素，使用過多比例的任何一種生產要素，因而出現報酬遞減一般趨勢的一個特例時，人往往會理所當然地認為其他要素的供給可以增加。也就是說，容易否認以下這種狀況的存在，亦即在一個早開發的國家，整個耕地是固定的，而這個條件是我們剛剛已經討論過的，對報酬遞減法則進行偉大經典討論的主要基礎。即使是個別農民，當他想要土地時，除了付出極為高昂的價格之外，也不一定能夠在他自己土地附近再增加 10 或 50 英畝地。在這方面，即使從個人角度來看，土地與大多數其他生產要素是不同的。對於個別農民

---

[22] 另參見布洛克（Bullock）和蘭德里（Landry）教授的著作。

來說，這種差異也許的確不算什麼，但從社會角度來看，從以下各章關於人口討論的觀點來看，這種差異卻是至關重要的。讓我們來檢視一下這個問題。

在任何生產部門的每個方面，都要把資源在各種支出之間進行分配，而總有某種分配產生的結果要比其他分配好。在任何企業的管理上，愈能幹的人所進行的分配就愈接近於完美；正如原始家庭主婦，在管理一個家庭羊毛的庫存一樣，愈有能力者就愈把羊毛分配到接近於家庭不同需要之間的理想狀態。㉓

如果他的企業擴大了，他將以適當的比例，擴大每一種生產要素的使用量；但是，不像有時說的那樣，是按固定比例來擴大；例如，對於一家小型家具工廠來說，手工操作與機器操作的某個比例也許是適當的，對於一家大型的家具工廠來說，該比例也許就不適當了。如果能盡可能

> 報酬遞減一般說來都是因為生產投入分配不當所致。

㉓ 在這一點上，他將大量使用下面多少較適當的所謂「替代」（Substitution）方法。直接與本段有關的討論，可以參見第三篇第五章第 1 到 3 節；第四篇第七章第 8 節及第十三章第 2 節；第五篇第三章第 3 節，第四章第 1-4 節，第五章第 6-8 節，第八章第 1-5 節及第十章第 3 節；第六篇第一章第 7 節及第二章第 5 節。效用遞減和報酬遞減的傾向有其根源，前者是人性的本質，而後者則是工業技術的條件。但是，這兩個傾向所指出的資源分配決定於完全類似的法則。在數學名詞，這兩個傾向所產生的最大值和最小值的問題，可以用相同的一般方程式來表示；請參見數學註解 14（譯者註：此處應該是數學附錄註 14-1 的誤植。），就會明白了。

適當地分配各種資源，他就能夠從他的每個生產要素中獲得其企業所能獲得的最大（邊際）報酬。如果他使用了太多的任何一種生產要素，從中所獲得的報酬就會遞減，因為其他生產要素無法與該生產要素適當地配合。而這種報酬遞減與農民如此精耕土地，以致於從土地所獲得的報酬遞減相類似。如果農民能以與先前土地相同的地租，獲得較多的土地，他就會租較多的土地，否則他們就會被說成是一個無能的經營者；這就說明了從個別耕種者的觀點來看，土地只不過是另一種形式的資本這一事實。

但是一個人口稠密的國家，其全國農業主要受到土地存量是固定這一因素所支配。

但是，當以前的經濟學家談到「報酬遞減法則」（Law of Diminishing Return）時，他們不僅從個別耕種者的角度，同時也從全國的角度來看待農業問題。現在如果整個（a whole）國家發現其刨床或犁的庫存量過多或過少的話，該國可以重新分配其資源。可以增加不足的部分，同時也可以逐漸減少其過多的庫存量，但在土地方面卻無法這樣做（but it cannot do that in regard to land）；一個國家可以對土地精耕細作，但卻無法獲得更多的土地。正因為如此，以前的經濟學家堅稱，從社會的角度來看，土地與人類那些可以無限制增加的生產工具，立足點並不完全相同。

無疑地，在一個新開發的國家，還有大量尚未耕種的肥沃土地，這種土地總存量的固定性無法發揮作用。美國經濟學家經常認為土地的價值或地租，隨著土地與良好市場的距離而變動，而不是隨其肥沃度而變動；因為即使是現在，美國都還有大量肥沃的土地未充分耕種。同樣地，

對於像在英格蘭這樣的國家，在一般情況下，謹慎的農民在土地上使用勞動及資本，而產生遞減報酬，與不謹慎的農民或者製造商，投資過多的資源於犁或刨床，而產生遞減的報酬，其立足點並不完全相同這一事實，他們也不太重視。

的確，當報酬遞減的傾向普遍化之際，報酬往往很容易用價值而非數量來表示。然而，必須要承認的是，以數量衡量報酬的舊方法，在沒有貨幣衡量的幫助下，在正確詮釋什麼是一個組合的勞動及資本時，常常會遇到困難，而且儘管該方法有助於廣泛的初探，但對深入探究卻無幫助。

要區分出一組勞動與資本有困難，

但是如果我們想要使用一個共同的標準，來衡量遙遠時代或地方土地的生產力的話，則即使是求助於貨幣，也無法達到我們的目的；此時，我們必須要回到粗糙的，多少有點武斷的衡量方式，這些方式不以數值的精確為目標，只要有足以用於較廣泛的歷史分析就夠了。我們必須考慮到這樣的事實，即一個組合的勞動和資本的相對數量變化很大；資本的利息在農業落後的階段通常遠比先進階段農業來得不重要，儘管事實上在先進階段，利率通常要低得多。為了大多數目的，以具有一定效率非技術性勞動的一天作為一種共同的標準，可能是最好的方法；這樣，我們把一個組合視為不同種類的若干勞動及資本的使用與替換費合在一起，其價值就有如十天共同標準的勞動；這一組合中這些要素的相對比例及以共同標準勞動衡量其價

値是多少，則根據各個問題的特殊情況而定。㉔

把各種不同的產品化約成一個共同單位也有困難。

在比較不同情況下使用勞動和資本所獲得的報酬時，也存在著類似的困難。只要作物屬於同一種類的，一種報酬的數量與另一種報酬的數量就可以進行比較；但是，當作物是屬於不同種類時，除非把這兩種報酬都化爲一個共同的衡量標準，否則就不能比較其量的多少。比如說，當我們說到把資本和勞動用在土地上，以種植某種農作物或幾種輪種作物，所帶來報酬多過於另一種作物或輪種作物，那麼這種說法必須理解爲是以當時的價格爲基礎才是正確的。在這個例子裡，我們必須把整個輪作週期合在一起計算，同時也要假設在輪作開始和結束時，土地處於相同的狀態；並一方面要計算整個時期所使用的所有勞動和資本，另一方面還要計算所有作物的總報酬。

不同的記帳方法可以把相同的東西歸爲資本或產品；但是各種方法必須要一致。

我們必須要記住的是，這裡所謂投入一個組合的勞動和資本所產生的報酬，並不包括資本本身的價值。舉例來說，如果一個農場資本的一部分是若干頭兩歲大的牛，那麼一年的勞動和資本所產生的報酬，不包括這些牛年底的全部重量，而只包括這一年中所增加的重量而已。其次，當我們說一個農民以 10 英鎊的資本在田裡耕種時，這包括了他在農場上所用的一切東西的價值；但是在（比如說）一年內使用於農場的勞動和資本之組合的總量，並不

㉔ 這個組合中勞動部分當然是當時的農業勞動；資本部分本身也是過去時代許多種類及許多等級的工人，伴隨著「等待」（waiting）的勞動產物。

包括諸如機器和馬等這些固定資本的全部價值，而只包括扣除利息、折舊和修繕費之後的使用價值而已；儘管這個使用費的確包括了諸如種子這樣的流通資本的全部價值。

以上是衡量資本一般所採用的方法，如果沒有任何相反的說明，則可以視爲就是這樣的；但有時採用另一種方法會更適當。有時候，把所有的資本都當作是在年初或者在一年中所使用的流動資本，好像更爲方便；在這種情況下，年底農場的一切東西都是農產品的一部分。這樣，可以把幼牛視爲是隨時間的經過，而變成爲送屠宰場之肥牛的原料。農具甚至也可以用同樣的方式來處理，可以把年初農具的價值當作是使用於農場的流動資本，並在年底時當作是一定數量的農產品。這個方法使我們能夠避免一再重複使用關於折舊等等的條件子句，並且在很多方面省去許多的話。對於抽象的一般推理，特別是如果這些推論是以數學方式來表達的話，這個方法往往是最好的。

在每個人口稠密的國家，有思想的人都必須要研究報酬遞減法則。正如坎南教授所指出，這個法則首先由特哥（Turgot）清楚地陳述出來（見戴爾〔Daire〕所編的《生存》〔Œuvres〕，頁420）；而其主要應用是由李嘉圖發展出來的。

第四章

人口的成長

第1節

人口與生產。

　　財富的生產只不過是人類維生的一種手段，以滿足人類的欲望，並發展其在身體、精神和道德上的活動。但是，人類本身就是生產這種財富的主要手段，也是生產財富的最終目的。① 本章和接下來的兩章將對勞動供給進行一些研究；亦即研究人口在數量、力量、知識和性格上的成長。

動物數量的成長決定於當前的條件，而人類的成長則受過去的傳統和對未來預測所影響。

　　在動物和植物的世界中，數量上的成長一方面受到其個體繁殖他們種族的傾向所支配，另一方面受到生存競爭所影響，這種生存競爭使年幼者在還未成熟之前就遭淘汰。唯獨在人類，這兩種相反力量的衝突還會因其他的影響而變得複雜。一方面，對未來的關注促使許多人出現控制他們自然的衝動；有時是爲了盡父母的職責；有時，例如在羅馬帝國時代，是出於卑鄙的動機。而在另一面，社會透過宗教、道德和法律的制裁，對個人施加壓力，其目的有時是爲達到加速，有時爲達到阻礙人口的成長。

人口問題比文明問題要早出現。

　　對人口成長的研究，說來好像是現代才開始的。但這種人口成長的研究已經引起世界上各個時代有思想的人的關注，雖然其關注的形式或多或少都有點模糊。在東、西方世界中，有些立法者、道德家和那些名不見經傳的思想家，其卓越遠見的智慧已經深深烙印於國民的習慣當中了，追溯其所制訂的法規、風俗和禮儀，其中大部分是受

---

① 參閱第四篇第一章第 1 節。

到這種人口研究的影響，而這種影響常常不為人所承認，有時甚至未為人所清楚意識到。在精力旺盛的種族中，且在有重大軍事衝突的時代裡，他們的目標是增加能夠作戰之男性的供給；在發展的較高階段，他們灌輸了對人類生命尊嚴的崇高敬意；但在發展的較低階段，他們鼓勵甚至強迫對體弱者和老年人，而有時也會對一定比例的女嬰進行無情的屠殺。

在古希臘和古羅馬，由於有建立殖民地的力量作為安全閥，並且因為不斷出現的戰爭，公民人數的增加被視為公共力量的來源；又結婚受到輿論的鼓勵，在很多情況下，甚至是受到法律的鼓勵；雖然有思想的人在當時就已經意識到，若要使父母的責任不再那麼繁重，也許有必要採取相反的行動。[2]正如羅舍爾所說的，[3]在後來的時代裡，對於國家是否應該鼓勵人口成長的意見，就變得有規律的

> 國家鼓勵大家庭觀念的起伏。

---

② 因此，亞里士多德（《政治學》（*Politics*），第二章第 6 節）反對柏拉圖（Plato）的平分財產和消滅貧窮的方案，理由是除非國家對人口的成長實施強有力的控制，否則這種方案是行不通的。正如喬維特（Jowett）指出的那樣，柏拉圖自己也意識到這一點（參見《法律》第五章第 740 節；亞里士多德，《政治學》，第七章第 16 節）。以前認為希臘人口從西元前七世紀，而羅馬人口從西元前三世紀就開始下降，最近有人對這個觀點提出質疑，請參閱《社會科學大辭典》（*Das Handwörterbuch der Staatswissenschaften*）中艾德爾德・馬亞（Edouard Meyer）所發表的〈古代人口〉（Die Bevölkerung des Altertums）一文。

③《政治經濟學》第 254 節。

起伏了。在英格蘭都鐸（Tudor）王朝④的前兩代，鼓勵人口成長這種意見最爲盛行，但是在十六世紀期間，這種意見就減弱並轉向了；宗教獨身命令的廢除和國家更穩定的狀態，使人口的成長受到明顯的刺激；同時因大牧羊場的增加，及修道院機構所組織之工業體系的瓦解，促使有效勞動的需要減少之後，這種意見又開始消退了。後來隨著舒適標準的提高，使人口的成長受到了抑制，該種標準的提高對人口的抑制，是在十八世紀上半葉普遍採用小麥作爲英格蘭人的主食時起作用的。當時甚至還擔心人口其實是在減少，但後來的研究顯示這種擔心是毫無根據的。佩帝⑤ 曾經搶先說出了卡瑞及瓦克菲爾德（Wakefield）關於人口稠密有利的一些論點。蔡爾德（Child）也曾主張說：「任何使一國人口減少的事情，都會使一國貧窮」；又說：「世界上文明地區，大多數國家的貧富，或多或少與其人口的多少成正比，而不是與他們土地的肥沃或貧瘠成正比。」⑥而在全球與法國的對抗達到顛峰，對軍隊的需要不斷的增加，且當製造商需要更多人爲他們操作機器時，統治階級

---

④ 譯者註：是 1485 至 1603 年間統治英格蘭和其屬地的王朝，其首位君主爲亨利都鐸。

⑤ 他辯稱，荷蘭看起來似乎比法國還要富有，因爲荷蘭人擁有許多生活在貧瘠，因而較分散的土地上的人所不能獲得的利益。「肥沃的土地比同等地租的貧瘠土地要好。」《政治數學論》（*Political Arithmetick*），第一章。

⑥ 《貿易論》（*Discourses on Trade*），第十章。哈里斯，《錢幣論》，頁 32 及 33 中提出了類似的論點，並建議「透過給有子女的人一些特權，來鼓勵下層階級者結婚」等。

的偏見使其強烈地支持人口的增加。到目前爲止，這種輿論的
推動在 1796 年達到頂點，以致於皮特（Pitt）在當時宣布了
一個因增加小孩而有利於自己國家的人，有權要求國家給予補
助。而接著在 1806 年，因軍事緊急情況而通過了一項法案，
免除有兩名以上婚生子女的父親的稅，該法案在拿破崙被囚禁
在聖赫勒拿島（St Helena）時，被廢除了。⑦

第2節

　　但在整個這段時間裡，對社會問題認眞思考的人當中，愈
來愈多的人認爲人口數量的過度增加，無論是否使國家增強，
必然都會造成巨大的不幸；且國家的統治者沒有權利把個人

---

⑦ 皮特說：「在有很多孩子的情況下，讓我們把救濟看成是一件權利和
　榮譽的事情，而不是視爲一個恥辱與輕蔑的理由。這會讓大家庭成爲
　一件幸事，而不是一種禍害，這也將會使那些能夠以勞動維持自己生
　活及那些以許多孩子充實他們的國家之後，有權要求提供支助者之間
　有一個適當的區別。」當然，他希望「在不需要救濟的地方，就不要
　鼓勵救濟。」拿破崙一世曾提出，自己願意支付任何擁有 7 名孩子家
　庭中一名成員的費用；而前任殺人無數的屠夫路易十四，也免除了所
　有 20 歲以前結婚或擁有十多個合法子女家庭的公共稅負。德國人口
　的迅速成長，成了法國國會在 1885 年頒布一項命令的主要動機，該
　命令規定由公共費用支付每個貧困家庭第 7 個孩子的教育和膳宿費
　用，且在 1913 年通過了一項法律，規定在特定條件下，給予大家庭
　父母補貼。1909 年的〈英國預算法案〉（British Budget Bill）允許爲
　家庭的父親減免少許的所得稅。

近代經濟學
的學說，重
農學派。

的幸福置於國家的擴張之下。正如我們所看到的，特別是在法國，由於王室及其擁護者爲了自己的奢侈和軍事的光榮，以對人民冷嘲熱諷的自私方式，犧牲了人民的福祉，因而引起了反抗。如果重農學派學者仁慈的同情心，能夠壓倒法國特權階級的輕浮和苛刻，那麼十八世紀可能就不會在暴動和流血中結束了，英格蘭自由的進展也不會受到抑制，發展的進程會比現在向前更邁進至少一代。事實上，幾乎沒有人注意到魁奈（Quesnay）謹慎而強硬的抗議，他說：「人們的目標應該是比增加人口，更放在增加國民所得上，因爲以高所得而享有較舒適的條件，比人口超過其所得，而經常迫切需要維持生活的情況更可取。」[8]

---

[8] 重農學派（Physiocratic）關於人口有增加到僅足以維生邊際傾向的學說，可以用特哥的話來說：「因爲雇主總是有大量的工作人員可供選擇，他會選擇那個最廉價的工人。因此，工人之間因爲相互的競爭，迫使他們的工資下降；而對於每一種勞動，必然會達到工人的工資僅足以維持生活所必需的水準，而事實上也已達到這種結果了。」（《論財富的形成與分配論》（*Sur la formation et la distribution des richesses*），第6節）。

同樣地，詹姆斯·斯圖亞特爵士也說（《原理》，第一篇第三章）：「生殖能力就像一條載有重量的彈簧一樣，其張力總是與阻力的降低呈等比例的變動。當食物持續一段無增或無減的時間時，生殖能力會使人口的數量盡可能地提高；如果接著食物減少的話，彈簧受到過重的壓力，其生殖能力將小於零，人口將因負荷過重，而成比例地減少。另一方面，如果食物的增加，在零

　　亞當・史密斯在人口問題的討論很少，因爲他完成著作的時代，的確是英格蘭工人階級處於最興旺的時代之一；但是他所說的話是明智而公平的，且是以現代的語氣說出來的。以重農學派的學說爲基礎，他做了以下的修正，他強調生活必需品不是固定的，也不是確定的數量，而是因時因地而不同，且變化也許更大。[9] 但他沒有把這個提示完全說出來。當時沒有什麼事情可以讓他預料到重農學派學說的第二大局限性，這一局限性在我們這個時代由於從美國中部運到利物浦的小麥費用低於跨越英格蘭，而變得突出了。

亞當・史密斯。

　　十八世紀結束，下一世紀開始了；英格蘭工人階級的狀況變得一年比一年悲慘。一連串令人震驚的歉收，[10] 一

在悲慘中，十八世紀結束，十九世紀開始了。

點的彈簧隨著抵抗力的減弱，開始恢復彈性，人又會開始有較多的食物，人口就會繁殖起來，而隨著人口數量的增加，食物將會再次變得稀少。」詹姆斯・斯圖亞特爵士深受重農學派的影響，在某些方面的確深受歐洲大陸政治，而不是英格蘭政治觀念的影響，他的人爲控制人口辦法，遠非我們現在所能採行的。請參考其《原理》一書第一篇第十二章所說的：「把融會貫通的理論和完全了解的事實，結合政府的實際政策，以達成人口的繁衍，會有巨大的好處。」

[9] 請參見《原富》（國富論），第一篇第八章及第五篇第二章。另請參閱同書第二篇第四章。

[10] 亞當・史密斯著書的 1771-1780 年這 10 年之間，小麥平均價格是 34 先令 7 便士；在 1781-1790 年間，變爲 37 先令 1 便士；而在 1791-1800 年間上升到 63 先令 6 便士；接著在 1801-1810 年

場最令人筋疲力竭的戰爭，[11] 以及搞亂舊關係的工業方法的變革，加上一個思考欠周的〈濟貧法〉，使工人階級陷入自英格蘭社會史開始有可靠記錄以來，前所未有的最大苦難。[12] 而更糟的是，主要受到法國的影響，善意狂熱者提倡的共產主義計畫，把人民撫養子女的全部責任都推給社會來承擔。[13]

馬爾薩斯。

這樣，當正在招兵的軍官和勞工的雇主，要求採取增加人口成長的措施之際，更有遠見的人已開始探究，如果人口數量如之前那樣持續成長，是否可以避免種族的退化。在這些研究者當中，主要是馬爾薩斯，他的《人口論》（*Essay on the Principle of Population*）是這個問題所有現代研究的起點。

間又持續上升到 83 先令 11 便士；最後在 1811-1820 年間更提高到 87 先令 6 便士。

[11] 在上世紀初，其中一大部分是戰爭稅的帝國稅收，占全國總所得的五分之一；而現在只不過是二十分之一多一點，即使是這麼少，也還有一大部分是用在教育和其他救濟金上；在上世紀初，政府還沒有提供這些項目。

[12] 請參閱下面的第 7 節及前面的第一篇第三章第 5 及 6 節。

[13] 尤其是戈德溫（Godwin）在他 1792 年出版的《政治正義論》（*Inquiry concerning Political Justice*）更是如此主張。若比較馬爾薩斯對此書的批評（《人口論》第三篇第二章）與亞里士多德對柏拉圖《理想國》（*Republic*）的評論（特別參見《政治學》第二章第 6 節），是饒富趣味的。

第3節

馬爾薩斯的推理由三部分所組成，這三部分必須區分開來。第一部分是關於勞動的供給。透過對事實的仔細研究，他證明了凡是有可靠歷史記錄的每一個民族，都是如此多產，以致於如果沒有一些生活必需品的缺乏或其他諸如疾病、戰爭、殺嬰，或最後自動的節育等這些因素的抑制的話，其人口數量的成長將會迅速且持續。

他的第二個立論與勞動需要有關。像第一個部分一樣，也是以事實做為依據的，但是卻由一組不同的事實所支持的。他指出，直到他寫書為止，沒有任何一個國家（與羅馬或威尼斯等城市不同），在其領土上人口變得非常稠密之後，還能獲得生活必需品的豐富供給。大自然給予人類工作報酬的產物，是大自然為如此多的人口提供了有效需要；他也指出，到目前為止，當人口已經很稠密時，人口迅速的增加，並未導致這種需要同比例的增長。⑭

他的論證有三個部分。第一個部分。

第二個部分。

---

⑭ 但是許多批評馬爾薩斯的人，都認為他對自己的論點所說的不及所做的來得率直；他們忘記了像以下這樣的一段話：「透過回顧前幾代的社會狀況，並與現代的狀況相比，我可以肯定地說，即使在幾乎完全不了解人口原理所帶來的禍害真正原因的不利條件下，這些禍害已經在減少了，而不是在增加。如果我們深深地希望這種無知會逐漸地消散的話，則希望這種禍害會進一步減少，似乎並非不合理。肯定會發生的人口絕對量之增加，顯然不會削弱這種期望，因為一切都取決於人口與糧食之間的相對比例，而

第三個部分。　　　　他得出的第三個結論是，過去發生過的事情，未來可能也會再出現；而且除非透過自我節育，否則人口成長將受到貧窮或其他一些痛苦原因所抑制。因此，他敦促人民要自我節育，並且要過道德純潔的生活，要避免過早結婚。⑮

非取決於人口的絕對數量。從本著作的前半部分來看，似乎擁有最少人口的國家，往往是受害於人口原理最深的國家。」（《人口論》，第四篇第十二章。）

⑮ 在馬爾薩斯 1798 年發表的《人口論》第一版中，雖然從一開始，他就認為需要直接把他的論點與事實研究聯繫起來，但是他在沒有詳細陳述事實的情況下，就提出了他的論點；正如他曾告訴披理米（Pryme，後來成為第一任劍橋大學政治經濟學的教授）的那樣，「他的理論是在他與父親就其他一些國家的狀態進行激辯的對話中，首次想起並提出的」（披理米的《自傳體的回憶錄》〔*Autobiographic Recollections*〕，頁 66）。美國的經驗顯示，倘若人口不加以抑制，則至少在 25 年內會翻一倍。他認為即使在有 700 萬居民的英格蘭這樣一個人口稠密的國家，人口增加一倍要從英格蘭的土壤上種出兩倍維生所需的糧食，雖然是可以想像的，但是實際上是不可能的；即使勞動再加倍，也不足以使農產品加倍。那麼，以此做為我們的法則，儘管這一定與事實相差甚遠，並假設英格蘭島的全部產出，每 25 年（亦即人口增加一倍的時間）可以等於維生所需糧食的數量；或者換句話說，是以算術級數增加。正如瓦格納在其對人口研究出色的序論（《政治經濟學基礎》，第 3 版，頁 453）中所說的那樣，馬爾薩斯為了想要使自己達到被人清楚理解的願望，使他「對其學說加入了過於尖銳的觀點，並且提出過於絕對化的公式。」因此，他在提到

他的人口論中唯一與本章有直接關係的人口供給的主張，依然是十分正確的。以後引入的人口學說的演變，主要與他的第二和第三部分的推理有關。我們已經指出了，上個世紀⑯上半葉的英格蘭經濟學家高估了愈來愈多的人

後來發生的事影響了他第二及第三個部分的有效性，但不影響他第一部分的有效性。

生產時，就習慣性說成可以依算術比率而增加；許多學者認為他重視這句話的本身，實際上這只不過是他陳述極端的一種簡便方式，他認為任何有理性的人都可以容許這個極端的陳述。用現在的語言來表達，他表示的只是報酬遞減的傾向將在英格蘭的產出翻倍後，開始急劇發揮作用，這個假設貫穿在整個推論之中。增加一倍的勞動，可能使產量翻倍：但是 4 倍的勞動，幾乎不可能使產出增加 3 倍；而 8 倍的勞動更不會使產出變為原來的 4 倍。在 1803 年的第二版中，馬爾薩斯以如此廣泛而謹慎的事實陳述為基礎，以致於讓他在歷史經濟學創始人中占有一席之地；儘管他並未放棄（如本書前幾版本中暗示的那樣）「算術比率」（arithmetical ratio）一詞的使用，但卻緩和並解釋了他舊學說的許多「尖銳點」（sharp points）。特別是他對人類的未來不採取那麼悲觀的看法，並相信道德的約束可以控制住人口，因而也暫時擱置了人口舊的制約力量——「罪惡和貧窮」。弗朗西斯・普洛斯（Francis Place）並非不知道他的許多缺點，但在 1822 年寫了一篇語氣和判斷皆非常出色的文章為他辯護。在伯納的《馬爾薩斯及其著作》（*Malthus and his Work*）、坎南的《1776-1848 年的生產與分配》（*Production and Distribution, 1776-1848*）以及尼科爾森的《政治經濟學原理》第一篇第十二章等這些著作中，均對馬爾薩斯的著作有詳盡的論述。

⑯ 譯者註：馬夏爾生存於 1842-1924，所以所謂上個世紀應該是指

口對生活資料所產生的壓力；而海、陸上蒸汽運輸工具的巨大發展，已使得當代的英格蘭人能夠以相對較低的成本，獲得地球上最富有土地的產品。馬爾薩斯無法預見到這些發展，這並非他的錯。

但他沒有預見到這些演變的事實，使得他論點的第二和第三部分在形式上已經過時了；儘管這些論點在實質上大部分仍然是正確的。除非對抑制十九世紀末人口成長的力量總體上是增強的（這些抑制人口的力量，在尚未完全文明的地方必然會改變），否則在西歐流行的舒適感這種習慣，不可能在全世界普及並維持數百年。但是，這在以後還有更多要討論的。[⑰]

十八世紀。

⑰ 若把現在世界人口設為 15 億，並假設其目前的成長率（每年為千分之八，參見拉文斯坦（Ravenstein）在 1890 年英國學術協會所提的論文）會繼續下去，我們發現在不到 200 年時間裡，世界人口將達到 60 億，或以相當於每平方英里肥沃土地約 200 個人的比率增加（拉文斯坦估計出土地面積如下：肥沃地為 2,800 萬平方英里，貧瘠的草地為 1,400 萬平方英里。許多人認為第一個估計太高；但若以此為基礎，把不那麼肥沃的土地也算是肥沃地的話，結果將大約為 3,000 萬平方英里）。同時，農業技術也許會有很大的改進；如果是這樣的話，人口對生活資料的壓力可能會在 200 年之內得到控制，但時間不會超過 200 年。

第4節

　　一個民族人口數量的成長首先取決於「自然的增加」（*Natural Increase*），即他們的出生人數超過他們的死亡人數；其次是移民。

自然的增加。

　　出生人數主要取決於與婚姻有關的習慣，早期的婚姻史充滿家長的命令；但在這裡，我們必須把自己局限於現代文明國家的婚姻狀況。

　　結婚年齡因氣候而異。在溫暖的氣候下，生育較早開始，也較早結束，在較寒冷的氣候下，生育較晚開始，也較晚結束；[18] 但不論在哪種情況下，婚姻推遲到該國自然結婚年齡之後愈久，生育率就愈小；在這方面，妻子的年齡當然比丈夫的年齡還要重要。[19] 如果氣候條件固定，則

結婚受氣候的影響，也受到扶養一個家庭難度所影響。

---

[18] 當然，一代的長短本身對人口的成長也有一定的影響。如果某個地方一代是 25 年，而另一個地方是 20 年的話；如果每個地方的人口在 1000 年內，每兩代都增加一倍，那麼在第一個地方人口將增加 100 萬倍，而第二個地方則將增加 3000 萬倍。

[19] 奧格爾（Ogle）博士（《統計期刊》（*Statistical Journal*），第 53 期）計算，假如英格蘭女性的平均結婚年齡推遲 5 年的話，每一個婚姻所生的孩子數目會從現在的 4.2 下降到 3.1。科羅斯（Korösi）根據布達佩斯（Buda Pest）的氣候相對溫暖這個事實，發現 18-20 歲是女性生育力最強的時候，24-26 歲則是男性最強的時候。但他得出的結論是，在這些年齡之後，略微推遲結婚是明智的，主要因為 20 歲以下女性所生的孩子其生命力通常

平均結婚年齡主要取決於年輕人能否輕易地自立，及是否能夠輕易地按照其親朋好友的舒適標準，來養育一個家庭而定；因此平均結婚年齡因不同的身分地位而異。

中產階級較晚婚，而非技術工人較早婚。

在中產階級，一個人的所得在四、五十歲以前很少達到最高；而撫養子女的負擔卻很沉重，且會持續很多年。技術工除非升到一個承擔責任的職位，否則他 21 歲的所得幾乎與以後一樣多，但在 21 歲以前，他賺的並非很多；他的子女直到 15 歲以前，可能會花費他相當多的錢；除非他把子女送去工廠工作，這樣小孩在很小的時候可能就要自食其力了；最後，勞動者在 18 歲時所賺的工資幾乎就是最高的，而他的子女很早就要自食其力了。結果，平均結婚年齡在中等階層中最高，在技術工中較低，而在非技術工人中則更低。[20]

較弱。參見 1892 年在倫敦發表的《衛生與人口學會議論文集》（*Proceedings of Congress of Hygiene and Demography*）及《統計期刊》第 57 期。

[20] 正文中的婚姻一詞必須從廣義上加以解釋，以便既包括合法婚姻，也包括那些非正式的婚姻，這些非正式婚姻在性質上至少持續好些年婚姻生活的實際責任。這種非正式的婚姻通常在很小的時候就訂下婚約，而在若干年後才會成為合法的婚姻。由於這個原因，我們在這裡所關心的就是這種廣義的婚姻，其平均年齡要低於合法婚姻的平均年齡。在這個項目上，對於整個工人階級的結婚年齡所必須要減扣的可能相當可觀；但對於非技術型勞動者而言，此一減扣比其他任何階級都要高很多。以下的統計數據必

　　非技術勞工如果不是窮到無以為生，並且未受到任何外在
因素的限制，成長速度大多在 30 年就增加一倍；也就是說，
600 年增加 100 萬倍，1200 年增加 1 兆倍；因此從先驗上可
以推斷，在任何相當長的時間裡，非技術勞工的成長從來沒有
不受任何限制的持續下去。這一推論得到了所有歷史事實的證
實。在中世紀的整個歐洲，其中的某些地區甚至於直到現在，
未婚勞工通常都住在農舍裡或與父母住在一起；而一對已婚的
人通常都需要一間自己的住屋。當一個村莊有很多可以僱用的
人手，房屋的數量卻不會增加時，因此年輕人也只得盡可能地

須根據這一點，及下面這一事實來加以解釋，亦即在我們所有正式的
報告書中，對工人階級的分類都不夠嚴謹，因此所有英格蘭工業統計
數字都不完全可信。英格蘭註冊總署署長（Registrar-General）（譯
者註：主管生死登記、婚姻登記部門的首長）的第 49 次年度報告
（Annual Report）中指出，檢視 1884-1885 年某些選定地區之婚姻報
告書，得到的結果如下：其中每個職業之後的數字是男性初次結婚的
平均年齡、括號中的數字是與該職業男性結婚的女性初次結婚平均年
齡：礦工 24.06（22.46）；紡織工 24.38（23.43）；鞋匠及裁縫 24.92
（24.31）；技術工 25.35（23.70）；勞工 25.56（23.66）；商業職
員 26.25（24.43）；店主、店員 26.67（24.22）；農民及其子女 29.23
（26.91）；自由職業和獨立階級 31.22（26.40）。

奧格爾博士在前面所提及的文章中指出，在英格蘭 15 至 25 歲的婦女
從事工業占有率最高的地方，通常也是結婚率最高的地方。正如他所
說的，無疑地，這部分是由於男子願意以其妻子的所得補充他們的貨
幣所得，但也可能部分歸因於這些地區的適婚年齡婦女過多所致。

等待可住的房屋。

在靜止的農村地區，對早婚的阻礙。

即使現在，在歐洲很多地方，具有法律力量的習俗還阻止每個家庭中的一個以上的兒子結婚；結婚的人一般是長子，但在某些地方則是么子，如果任何其他兒子結婚的話，他就必須搬離這個村莊。在舊大陸（Old World）[21] 古老的街角，發現很豐盛的物質和沒有任何赤貧存在的現象時，這種現象通常可以從這樣的習俗及所有這種罪惡和疾苦中得到解釋。[22] 的確，這種習俗的嚴苛可能會受到遷徙力量的衝擊而緩和；但在中世紀，人民的自由遷徙受到嚴厲規定所阻礙。自由城鎮的確經常鼓勵來自鄉村的移民；但是在某些方面，行會的規則對於那些試圖逃離家鄉的人，簡直就像封建領主自行執行的法規一樣的殘酷。[23]

---

[21] 譯者註：舊大陸是指哥倫布發現新大陸之前，歐洲人所認識的世界，包括歐亞非等地區，而此處指的應該是歐洲大陸。

[22] 例如，在 1880 年左右訪問過巴伐利亞阿爾卑斯山（Bavarian Alps）雅琴瑙（Jachenau）山谷的人，發現這種風俗仍然十分盛行。由於他們曾推行了一項有遠見的森林政策，使木材價值最近大幅提高，因此居民都過著富裕的生活，住很大的房子，而這些富裕居民年輕的兄弟姐妹則在他們自己的老家或別處作僕人。他們與生活貧困而艱苦的鄰近山谷工人有著不同的種族，但這些工人似乎都認為雅琴瑙人以太大的代價獲得了物質的繁榮。

[23] 請參見羅傑斯《六個世紀以來的工作與工資》頁 106-107。

第5節

在這方面，受僱農業勞工的地位已經發生了很大的
變化。城鎮現在總是對這些農業勞工及其子女開放；如果
他們前往新大陸（New World）[24] 的話，他可能會比任何其
他階級的移民都成功。但另一方面，土地價值的逐步上升
及日益稀少，正在抑制一些地區人口成長的趨勢；在那些
地區，小農地主制度盛行；開放新行業或移民的企業精神
並不強，父母都認爲他們子女的社會地位取決於他們土地
的數量。他們傾向於人爲地限制他們家庭的人口數，且把
婚姻視同爲一份商業契約，總是尋找財產的女繼承人與兒
子結婚。弗朗西斯・高爾頓（Francis Galton）曾指出，
雖然英格蘭的貴族家庭一般都很大，但讓長子與一個家族
生育不多的女繼承人結婚，再加上有時勸阻幼子結婚的習
慣，導致了許多貴族階級的滅絕。法國農民也有類似的習
慣，再加上他們對小家庭的偏好，使他們的人口數幾乎呈
現停滯的狀態。

在另一方面，似乎沒有比那些新開發國家的農業區
那麼有利於人口數量快速成長的條件。那裡土地豐富、鐵
路和輪船運出土地的產品，並運回了先進的農具和許多生
活的舒適品和奢侈品。在美國稱爲小農地主的「農民」
（farmer），因而認爲大家庭不是一種負擔，而是一種幫

在小農地主當中，出生率通常較低，

但是美國農民並非如此。

---

[24] 譯者註：新大陸是指哥倫布在十五世紀末發現的美洲大陸及鄰近
群島的統稱，此處指的應該是北美洲大陸。

助。他和家人都過著健康的戶外生活，沒有任何一件事情可以
抑制人口的成長；相反地，每一件事情都在刺激著人口的成
長。自然成長伴隨著移民；因此，儘管美國大城市居民中的某
些階層據說不願意多要孩子，但在過去的 100 年裡，人口卻仍
增加了 16 倍。㉕

　　總的說來，似乎證明了，富裕者人口的出生率（birth

㉕ 馬爾薩斯注意到在靜態條件下，小土地所有者的態度都極度地謹慎；
請見他對瑞士的說明（《人口論》第二篇第五章）。亞當·史密斯指
出，貧窮的蘇格蘭高地（Highland）婦女經常生 20 個孩子，其中會
長大的不超過 2 個（《原富》（國富論）第一篇第八章）；道布拉迪
（Doubleday）在《人口的真正法則》（*True Law of Population*）中，
堅決主張貧窮會刺激生育的觀念。另外，也可見於薩德勒（Sadler）
的《人口法則》（*Law of Population*）。赫伯特·史賓賽似乎認為文
明進步的本身，就可以把人口的成長完全控制住。但馬爾薩斯認為，
未開化民族的生殖能力不如文明民族，這個說法已經由達爾文延伸到
動物和植物界去了。

查里斯·布茲（Charles Booth）先生（《統計期刊》，1893）把倫敦
劃分為 27 個區（主要是註冊區），並按照貧困、過度擁擠、高出生
率和高死亡率的順序排列。他發現這四個順序大致上相同；在非常富
裕和非常貧窮的地區，出生率超過死亡率的程度都是最低的。

英格蘭和威爾斯的出生率無論在城市或鄉村地區，表面上都以大約相
同的速度遞減。但是，因為年輕人不斷的從農村地區遷向工業地區，
已經大大降低了農村地區已婚年輕女性的人數；且當對這一事實加以
考慮，我們就會發現在農村地區育齡婦女的生育率，比在城市中高出
很多，這個情況如 1907 年由戶籍總長所公布的下表所示。

城市及農村地區平均年出生率

城市				
在 1901 年普查日，總人口數爲 974,240 人的 20 個大城市				
	以總人口計算		以 15-45 歲女性人口計算	
期間	比率（每千人）	與 1870-1872 比率比較（1870-1872=100）	比率（每千人）	與 1870-1872 比率比較（1870-1872=100）
1870-1872	36.7	100.0	143.1	100.0
1880-1882	35.7	97.3	140.6	98.3
1890-1892	32.0	87.2	124.6	87.1
1900-1902	29.8	81.2	111.4	77.8
農村				
在 1901 年普查日，總人口數爲 1,330,319 的 112 個完全農村註冊區				
1870-1872	31.6	100.0	158.9	100.0
1880-1882	30.3	95.9	153.5	96.6
1890-1892	27.8	88.0	135.6	85.3
1900-1902	26.0	82.3	120.7	76.0

法國人口的變動已得到了極其仔細的研究了；萊維塞爾（Levasseur）在這個問題上的偉大著作《法國人口》（La Population Française），不僅是法國，也是法國以外的其他國家寶貴資料的泉源。也許根據先驗的推理，孟德斯鳩（Montesquieu, 1689-1755）指責了在他那個時代，法國實施的減少家庭孩子數的長子繼承法；勒・普萊也對〈強制分家法〉（Law of Compulsory Division）提出了同樣的責難。萊維塞爾（第三篇，頁 171-177）呼籲人們注意相反的情況，且指出馬爾薩斯對民法在人口影響的預期，與孟德斯鳩的判斷一致，卻與勒・普萊的判斷不一致。但實際上，法國各地出生率的差別很大。在大部分人

總結

rate）㉖ 普遍低於那些不爲自己和家人的未來做過多打算，且過著勤奮生活的人；生殖力㉗ 則隨著生活奢華的習慣而下降。而生殖力可能也會因嚴重的精神緊張而減少；也就是說，如果父母的正常體力不變，他們對大家庭的期望，會因爲精神壓力大增而減弱。當然，那些從事高度耗腦力工作者都是體質和精神強度比平均水平要高的階級；而高爾頓曾經指出，他們不是一個不生小孩的階級，只不過他們通常很晚才結婚。

都擁有土地的地方，一般說來，出生率比未擁有土地的地方要低。然而，如果法國各部門按死亡時所遺留財產的遞增順序排列的話，相應的出生率順序幾乎是一致地下降，在 10 個部門當中，每百名 15-50 歲之間結婚的婦女中，留下的財產 48-57 法郎者，其出生率爲 23；其中塞納河（Seine）地區留下的財產是412 法郎，出生率爲 13.2。而在巴黎本身，居住於富庶郡（譯者註：省以下最大的行政區），有兩個小孩以上的家庭所占的比例，較居住於貧困郡家庭要少。萊維塞爾對經濟狀況與出生率之間的關係所做的詳細分析很有趣；他的總結論是，這種關係不是直接的，而是間接的透過這兩者對生活習慣和習俗（mœurs，法文，習俗之意）上的相互影響而產生的。他似乎認爲，無論從政治或軍事的觀點來看，法國相對於周邊國家的人口下降是一大憾事，但其對於物質享受，甚至對社會進步方面的影響，弊中摻雜了很多的利。

㉖ 譯者註：出生率爲當年每 1,000 名人口出生的人數，而生育率（fertility rate）是指每 1,000 名育齡婦女所生的活產嬰兒數。

㉗ 譯者註：生殖機能的強弱和生育後代的能力，又稱爲繁殖力。

第6節

英格蘭人口成長的歷史比聯合王國要明確，我們從研究這個歷史的主要變動中，將會發現到一些有趣之處。

英格蘭的人口。

在中世紀，英格蘭和其他地區都一樣限制人口數量的成長。在英格蘭就像其他地方一樣，對於那些無法建立婚姻關係的人來說，宗教禁令是一個避難所；雖然無疑地在某種程度上，宗教獨身主義對人口成長有單獨的抑制作用，大體上而言，在抑制人口成長廣泛的自然力量當中，獨身主義只是其中的一種，並非是另一種新的力量。感染性疾病和接觸性傳染病，無論是地方性的，或是流行性的，都是由於骯髒的生活習慣所引起的，這種生活習慣在英格蘭，甚至比在歐洲南部還要糟糕；儘管歉收和交通條件困難所造成饑荒的惡況，在英格蘭不像其他地方那麼嚴重。

中世紀。

與其他地方一樣，英格蘭的鄉村生活習慣是刻板的；除非一些其他結婚夫婦去世，因而在自己的教區出現空缺，否則年輕人很難成家立業。因為在一般情況下，很少農業勞動者會想遷移到另一個教區去。因此，無論何時，只要發生瘟疫、戰爭或飢荒，而使人口減少時，總會有許多等著結婚的人來填補那些空缺；而且，也許因為比平均新婚夫婦的年齡要年輕強壯，因而家庭人數會較多。㉘

㉘ 例如，聽說在 1349 年的黑死病之後，大多數婚姻的生育率都很高（羅傑斯，《農業和價格史》）（*History of Agriculture and*

　　然而，即使在農業勞動者當中，也有人遷移到受瘟疫、饑荒或戰爭打擊較嚴重的地區。此外，技術工往往或多或少也在移動當中，特別是那些從事建築業、金屬業和木材業者更是如此。儘管毫無疑問地，「流浪歲月」主要是指那些年輕的歲月，而過了流浪歲月之後，流浪者很可能會在他的出生地定居下來。此外，地主士紳的家丁，尤其是在國內幾處都有宅邸的大貴族之家丁，似乎移動性也很大。最後，儘管隨著歲月的經過，行會的自私排外也在激化，但在英格蘭的城市和其他地方一樣，卻為許多在自己家鄉中找不到好工作和婚姻機會者提供了一個避難所。透過這種種不同的方式，為中世紀經濟僵硬的制度注入了一些彈性；而隨著知識的增長、法律和秩序的確立及海洋貿易的發展，對勞動的需要因而逐漸增加，在某種程度上也促成了人口的成長。⑳

Prices），第一卷，頁 301）。

⑳ 對於十八世紀以前英格蘭的人口密度，我們還無法確切了解，但是從史蒂分（Steffen）（《英格蘭工人工資的歷史》〔*Geschichte der englischen Lohn-arbeiter*〕第一篇，頁 463）書中所轉載的以下估計，可能是迄今為止最好的資料。據《（英格蘭）土地清丈冊》（*Domesday Book*）所載，在 1086 年，英格蘭人口在 200 萬和 250 萬之間；就在黑死病（1348）之前，可能達到 350 到 450 萬之間；而在那之後，又下滑到 250 萬。人口之後開始迅速恢復，但在 1400 和 1550 年間，只有緩慢的成長；在接下來的百年裡成長又相當快速，在 1700 年已達到 550 萬了。

如果我們相信哈里森（Harrison）所說的（《英格蘭的描述》

在十七世紀下半葉和十八世紀上半葉，中央政府透過〈定居法〉（*Settlement Laws*），以阻擾全國各地人口供、需的調整，這些法律使教區有權管轄任何一個在教區居住 40 天的人，但在這 40 天之內，他隨時有可能被強行遣返原教區。[30] 地主和農民迫切希望阻止外來人在他們

〈定居法〉。

十八世紀上半葉人口的緩慢成長與生活水準的提升；

（*Description of England*），第二篇，第十六章），那麼在 1574 年可以服役的男子就已達 1,172,674 人了。

黑死病是英格蘭唯一的一次大災難。英格蘭不像歐洲其他國家那樣容易遭受到毀滅性的戰爭，比如三十年戰爭（Thirty Years' War）使德國損失了一半以上的人口，這需要整整一個世紀才能恢復（請參閱在史公柏格〔Schönberg〕所編的《手冊》〔*Handbuch*〕中，呂梅林〔Rümelin〕所著之〈人口論〉〔Bevölkerungslehre〕一文，這篇文章很有啟發性）。

[30] 亞當・史密斯對〈定居法〉感到憤慨是正確的（參見《原富》（國富論），第一篇第十章第二部分和第四篇第二章）。該法案詳述（查理二世，西元 1662 年）：「由於法律上的一些缺陷，不能禁止窮人從一個教區移居到另一個教區去，因此窮人會盡力移居到木頭最多、有最大的荒地或公有地，以便建造茅屋，並移居到有最多的木材，以供他們燃燒與砍伐的這些教區去」；因此，就有下面這樣的命令：「任何此類的人，在上述這樣的地方安居下來，其所居之房子年度價值低於 10 英鎊，而住下之後的 40 天之內……，如果有人投訴……，任何兩名負責治安的法官，都可依法把這樣的人遣返到他們最近定居的地方去。」在亞當・史密斯時代之前，就通過幾項旨在緩和這種嚴酷的法令，但一直都沒有奏效。然而，在 1795 年，下令除非實際上被指控有

的教區「定居」（settlement），因此他們極力阻止房舍的建造，有時甚至把房舍夷爲平地，致使英格蘭的農業人口到 1760 年結束的百年之間停滯不前；同時製造業也尚未發展到足以吸收大量的人口。這種人口成長的減緩，部分是生活水準提高的結果，而部分則是生活水準提高的原因；生活水準提高的一個主要因素是一般人以小麥取代了較低劣的穀物作爲糧食。[31]

下半葉的轉變。

從 1760 年起，那些無法在家鄉成家的人，在新製造業或採礦區就業的困難不大，這些地區對工人的需要，往往使地方當局無法執行〈定居法〉（*Settlement Act*）的遣返條款。青少年自由遷入這些地區，因此那裡的人口出生率特別高；雖然死亡率也特別的高，但淨的結果是人口成長相當快速。在十八世紀末，馬爾薩斯寫書時，〈濟貧法〉再次開始影響結婚的年齡，但是這一次卻把結婚年齡推得過早。由於一連串的飢荒和法國戰爭（French War），造成工人階級的苦況，使得一些救濟措施成爲必要，並且海、陸軍需要大量新兵，更促成了心地善良人士大力資助大家庭，實際的效果是讓子女眾多的父親，不工作所得到的享受往往比他如果不結婚，或只有一個小家庭，但卻努力工作所得到的要多。那些最善於利用這一補貼的人，自然就是最懶惰、最卑鄙、最無自尊心和最無進

罪，否則任何人都不應被強迫遷回原居住地去。

[31] 艾登在《窮人的歷史》（*History of the Poor*）一書中的頁 560-564，對這個問題做了一些有趣的論述。

取心的人。因此，儘管製造業城市中出現了可怕的死亡率，尤其是嬰幼兒死亡率更可怕，但人口數量卻仍然快速成長；不過直到 1834 年〈新濟貧法〉（*New Poor Law*）通過為止，人口的素質即使有改善，卻改善很少。從那時起，如我們在下一章將看到的那樣，城市人口的快速成長，雖有增加死亡率的傾向，但卻為節欲、醫療知識、衛生和一般清潔的改善所抵消。此時移出者人數已有增加，婚姻年齡略微提高，以及整個人口結婚比例也略微降低了；但另一方面，生育對結婚的比率卻上升了；[32] 結果是人口一直都很穩定的成長著。[33] 下面就讓我們稍加仔細地研究一下近期變化的過程。

自從〈濟貧法〉改革之後，人口的成長就相當穩定了。

---

[32] 但是這種數字上的增加所顯示的，部分是由於出生登記的改善（法爾〔Farr〕，《生命統計》〔*Vital Statistics*〕，頁 97）。

[33] 下表顯示了從十八世紀初以來，英格蘭和威爾斯人口成長的情況。1801 年以前的數字是根據出生和死亡的登記，以及人頭稅和壁爐稅申報計算得出的；而從 1801 年以來的數據，則是從普查報告計算而得的。值得注意的是，在 1760 年以後的 20 年中，人口增加的數字幾乎與前 60 年一樣。在 1790 年至 1801 年之間，大戰爭和穀價高漲的壓力，造成人口成長緩慢；儘管有更大的壓力，但一視同仁的〈濟貧法〉補貼，卻使之後的 10 年顯現出快速的成長，而在 1821 年為止的前 10 年中，當那些壓力解除後，人口的成長乃更加快速了。第 3 欄的數字是指以前 10 年的人口為基礎，而計算出來的該 10 年的人口成長率。（譯者註：表中 1710 年對應的成長率那一格應該是 -4.3 才對。）

第7節

在 本 世 紀
初，結婚率
隨著收成的
好 壞 而 變
動。之後，
商業的波動
對結婚率起
了壓倒性的
影響。

在本世紀初，當工資很低，小麥很貴時，一般工人階級的所得大約有一半以上用在麵包上；因此，小麥價格的上漲，在很大程度上降低了工人階級的結婚率。也就是

年	人口	成長率	年	人口	成長率
	（千）	（%）		（千）	（%）
1700	5,475		1801	8,892	2.5
1710	5,240	-4.9*	1811	10,164	14.3
1720	5,565	6.2	1821	12,000	18.1
1730	5,796	4.1	1831	13,897	15.8
1740	6,061	4.6	1841	15,909	14.5
1750	6,476	6.6	1851	17,928	12.7
1760	6,736	4.1	1861	20,066	11.9
1770	7,428	10.3	1871	22,712	13.2
1780	7,953	7.1	1881	25,974	14.4
1790	8,675	9.1	1891	29,002	11.7
			1901	32,527	11.7

* 表示人口是減少的，但是這些早期的數字並不可靠。

近年來移出人口的大幅增長，使得矯正過去三十年的數據，以求出「自然增加」就變得很重要了。所謂自然增加率就是指因出生人數超過死亡人數所帶來的人口成長。在 1871-1881 和 1881-1891 年的兩個十年間，從聯合王國淨移出的人數分別為 148 萬和 174.7 萬人。

說，減少了非常多在教堂預告婚事（marriages by banns）[34]
的結婚人數。但小麥的昂貴卻提高了許多富裕階層者的所
得，因此而增加了通過結婚執照[35]結婚的人數。[36]由於後者
只是整體結婚人數中的一小部分，小麥價格上漲的淨效果
降低了結婚率。[37]但隨著時間的推移，小麥的價格下跌而
工資卻上漲了，直到現在為止，勞工階層花費在麵包上，
平均不到他們所得的四分之一；結果，商業繁榮的變化對
結婚率產生了壓倒性的影響。[38]

---

[34] 譯者註：指在一個基督教教區教堂或鎮議會，公開宣布兩個特定
人士即將結婚的儀式。

[35] 譯者註：結婚執照主要是由教會或政府簽發的文件，該執照最先
在中世紀出現。當時男女雙方行婚禮之前，必須按規定對外公布
結婚訊息，或是在事前申領結婚執照，否則即屬違法。

[36] 請參閱法爾任戶籍總長時所提出的 1854 年第 17 次年度報告，
或刊載於《生命統計》中的摘要（頁 72-75）。

[37] 例如若以先令表示小麥的價格，以千為單位表示英格蘭和威爾斯
結婚的數量，則 1801 年價格為 119，結婚數為 67；1803 年價格
為 59，結婚數為 94；1805 年價格為 90，結婚數為 80；1807 年
價格為 75，結婚數為 84；1812 年價格是 126，結婚數為 82；
1815 年價格是 66，結婚數為 100；1817 年價格是 97，結婚數為
88；而 1822 年則價格為 45，結婚數為 99。

[38] 自從 1820 年以來，小麥平均價格很少超過 60 先令，更是從未
超過 75 先令；在 1826、1836、1848、1856、1866 和 1873 年，
商業的繁榮達到頂點及接踵而來的崩盤，對結婚率產生的影響，
與穀物價格變化的影響約略相等。當這兩個因素共同起作用時，

　　自從 1873 年以來，儘管英格蘭人口的平均實質所得的確不斷提高，但其成長率卻一直低於之前的年代，同時物價也持續下跌，結果社會許多階層的貨幣所得持續地在下降。此時當人民在計算他們是否有能力結婚時，影響他們作決策的主要因素是預期的貨幣所得，而不是詳細計算後貨幣購買力的變動。因此工人階級的生活水準迅速上升了，或許上升的速度比英格蘭歷史上任何其他時期都要快——以貨幣衡量他們的家庭支出大致上保持不變，但以實物衡量的支出卻增加得非常快。與此同時，小麥價格也大幅下跌，全國結婚率常常伴隨著小麥價格的下跌而顯著地下滑。因為每次結婚都涉及兩人，所以現在結婚率的計算，是以兩人為基礎而計算的。英格蘭的結婚率從 1873 年每千人 17.6 人，下降到 1886 年的 14.2 人，1899 年又回升到 16.5 人。在 1907 年再下滑為 15.8 人，而在 1908 年更

　　其影響是非常驚人的；例如在 1829 至 1834 年期間，繁榮恢復，伴隨著小麥價格的持續下跌，結婚數從 104 萬升至 120 萬 1 千。1842 至 1845 年期間，當小麥價格略低於前幾年時，全國的商業也復甦時，結婚率乃再次迅速上升；在 1847 至 1853 年及 1862 至 1865 年之間的類似情況下，結婚率又上升了。

　　羅森‧羅森爵士（Sir Rawson Rawson）在 1885 年 12 月的《統計期刊》上，對 1749 到 1883 年間瑞典的結婚率與收成進行了一個比較。他發現，收成好壞要到該年的結婚總數確定後才會知悉；而收成的好壞，在一定程度上可以由糧食儲存而調節；因此個別收成的數字與結婚率並不完全相符。但是，當連續發生若干次的豐收或歉收時，對提高或降低結婚率的影響就非常明顯了。

跌到只有 14.9 人 。[39]

　　從蘇格蘭和愛爾蘭的人口歷史中，可以學到很多東西。在蘇格蘭低地，教育水準高、礦產資源的開發以及較富裕的鄰國英格蘭之間的密切聯繫，這些因素結合起來，使人口迅速增加，同時其平均所得也大幅提高。另一方面，愛爾蘭在 1847 年馬鈴薯歉收發生之前，人口的過度成長，以及自此以後穩步減少，將永遠成為經濟史上劃時代的事件。

　　在比較不同國家的習慣之後，[40] 我們發現，在中歐和

蘇格蘭。

愛爾蘭。

國際間的生命統計。

---

[39] 出口統計是商業信用和工業活動波動最便利的指標之一；在前面引用過的那篇文章中，奧格爾（Ogle）曾指出結婚率和每人出口數之間的一致關係。請參照萊維塞爾《法國人口》第二卷頁 12 的圖表，與威爾柯克斯（Willcox）在《政治學季刊》（*Political Science Quarterly*），第八期頁 76-82 所描述的關於麻薩諸塞州的情形。在一篇由胡克（R. H. Hooker）於 1898 年 1 月在曼徹斯特統計學會（Manchester Statistical Society）宣讀的文章中，引申並修正了奧格爾的研究；他指出，如果結婚率上下波動，在結婚率處於上升時，出生率並不與結婚率上升一致，而是與這種情形的前一情形，即結婚率下降時一致；反之亦然。「因此，當結婚率上升時，出生相對於結婚人數的比率下降，而當結婚率下降時，出生對結婚人數的比率上升。一條代表出生與結婚比率的曲線，將與結婚率成反向變動。」他指出，出生相對於結婚比率的下降並不大，而這是由於非婚生子人數迅速下降所致。婚生人數相對於結婚的比率並未明顯的下降。

[40] 以下的說明主要立基於已故的辛娜・保迪歐（Signor Bodio）、

北歐的條頓族（Teutonic）[41]國家，結婚年齡都較晚，部分原因
是成年男子在早年時要服兵役。而在俄國結婚的年齡很早；
在那裡的古老制度下，無論如何，家庭都堅持即使兒子必須
離開妻子一段時間，以便去其他地方賺錢謀生，也要儘早娶
妻幫忙家務。在聯合王國和美國沒有服役的義務，因此男人都
較早婚。在法國，與一般看法相反，男性的早婚並不罕見；
而在女性方面，早婚的現象，除了少於早婚最盛行的斯拉夫
（Slavonic）國家之外，比我們統計的其他任何國家都要多見。

　　幾乎每個國家的結婚率、出生率和死亡率都在下降。
但是在出生率高的地方，一般死亡率也高。例如，斯拉夫族
（Slavonic）[42]國家的這兩者都很高，而在北歐兩者都很低。澳
大利西亞（Australasia）[43]雖然出生率很低且下降很快，但是死
亡率也很低，因此人口的「自然」成長率相當高。事實上，
1881 到 1901 年間，澳大利西亞各州的出生率下降幅度在 23%

萊維塞爾《法國人口》及英格蘭戶籍總長 1907 年的報告當中所整理
的統計資料。

[41] 譯者註：條頓族是指使用日耳曼語言的任何一個民族。日耳曼人是一
些語言、文化和習俗近似的民族之總稱。這些民族在西元前四世紀
時，大致分布在易北河下游的沿海地帶。

[42] 譯者註：是指使用斯拉夫語言的諸多民族，斯拉夫人的分布範圍主要
在歐洲東部和東南部，少數居住地則跨越亞洲北部，遠達太平洋地
區。

[43] 譯者註：澳洲、紐西蘭及附近南太平洋諸島的統稱。

至 30% 之間。[44]

——————————

[44] 1909 年由地方政府委員會所發布的《公共衛生和社會條件有
關的統計備忘錄和圖表》（*Statistical Memoranda and Charts
relating to Public Health and Social Conditions*）中，包含了與本
章主題相關的很多有啓發性和暗示性的資料。

第五章

人口的健康與強壯

第1節

產業效率的
基礎。

　　我們接下來要研究決定身體、精神及道德等各方面健康和強壯的條件。這些條件是產業效率的基礎，而物質財富的生產則又取決於產業效率；反過來說，物質財富最重要之處在於若將之使用得當的話，可以提高人類身體、精神和道德的健康及強壯。

身體上的操
勞

　　在許多職業當中，產業效率除了需要體力之外，幾乎不需要其他的東西，而所謂體力是指肌力（muscular strength）、強壯的體魄和奮發不懈的習慣。在估計肌力或其他用於產業生產的任何種類之力量時，我們必須考慮到這種力量一天當中可以利用的時數、一年之中得以使用的天數、以及一生當中能夠運用的年數。但是，除了上述這種考慮之外，還要想想如果人的肌力直接用於某一工作時，我們可以用他把一磅重量舉起的呎數，換句話說，就是以他進行工作時的「呎磅」（foot pounds）數來衡量這個人的肌力。[1]

---

[1] 這項衡量方法可以直接應用於大多數的鐵路工和搬運工的工作上，也可以間接地應用於很多農業的工作上。在農業大停工後，展開一場關於英格蘭南部和北部（South and North of England）非技術勞動相對效率的爭論，結果發現最可靠的衡量標準是一個人一天內搬入到運貨車內的物資噸數。其他的衡量方法，包括收割的畝數，或收穫穀物的蒲式耳數等來測量，但這些方法都不令人滿意，尤其是比較不同的農業條件更是如此；由於使用的農

　　儘管維持巨大肌肉勞動的力量，似乎要依賴體格力量及其他的身體狀況，然而也要依靠意志力以及堅強的性格。這種精力也許可以稱為是人的力量，以別於他身體的力量，這種精力與其說是物質層面的，還不如說是精神層面的，但仍取決於神經力量的身體條件。人本身的這種力量、這種決心、精力和自制，或者簡而言之這種「活力」，是一切進步的泉源；這種活力表現於偉大的行為、偉大的思想和真正的宗教情感能力上。[2]

> 需要神經力量，也需要肌肉力量。

　　具、作物的性質及工作的方法差異都很大。因此，除非我們找到方法以考慮農業方法變化的影響，否則幾乎所有立基於收穫、除草等工資，對中世紀和現代工作工資所進行的比較，都是毫無價值的。比如，以手工收穫 100 蒲式耳穀物，因為現在使用的工具比以前要好，所花的勞動成本也就要低很多；但現在收割一英畝穀物所需的勞動可能不會較少，因為現在作物種植比以前要密得多了。

在落後國家，特別是那些未使用太多的馬匹或其他馱畜的地方，男性和女性的大部分工作，可能要以他們所使用的肌力，才能進行適當的衡量。但在英格蘭，目前從事這種工作的人，不到工業階層的六分之一；而蒸汽機單獨產生的力量，是任何一位英格蘭人肌力所產生力量的 20 倍以上。

[2] 這必須要與神經過敏區別開來，神經過敏通常表現為一般神經缺乏力量；儘管有時是因為神經容易受刺激或缺乏平衡造成的。一個在某些方面神經力量（nervous strength）很強的人，在其他方面卻可能很弱，特別是藝術家的氣質，往往犧牲其他類的神經力量，而只發展出某一類的神經力量；但這是因為一些神經的

活力以多種形式發揮作用，以致於沒有任何一種簡單的方法可以衡量。但我們所有的人都不斷在估計活力，認為某一個人比另一個人更有「骨氣」（backbone），更有「素質」（stuff），或者「更強壯」（stronger）。即使不同行業的商人，或甚至在大學參與不同研究的人，也都非常仔細地估計著彼此的力量。如果在一項研究中所付出的力量，比另一項研究所付出的要小，就可以達到「第一流」（first class）的成果，那麼很快就會人人皆知了。

第2節

氣候與人種的影響。

在討論人口的成長時，偶爾會提到決定生命週期長短的原因，但這些原因主要與決定體格的力量和活力的原因大體上是一樣的，因此在本章中我們將再次關注這些原因。

脆弱，不是由於其他神經的強健而導致神經過敏。最完美藝術家的氣質，似乎並不是神經過敏，達文西（Leonardo da Vinci）和莎士比亞就是例子。恩格爾把效率要素區別為：(a) 身體、(b) 理性和 (c) 感情三類，而「神經力量」這個用詞，在某種程度上相當於其中的感情。他把活動按照下列的排列分類：a、ab、ac、abc、acb；b、ba、bc、bca、bac；c、ca、cb、cab、cba。字母的順序是按照其相對重要性而排列的，且在某一個要素只起很小作用的地方，其相應的字母就省略掉了。

在 1870 年的戰爭中，柏林大學（Berlin University）的學生，看來似乎比普通士兵還要衰弱，但卻發現較能承受疲勞。

　　這些因素當中的第一個是氣候。我們發現在氣候溫暖的國家，都有早婚和高出生率的現象，且因此而較不重視人類的生命；這可能是大多數高死亡率的原因，這種高死亡率通常都歸因於是氣候不利於健康所致。③

　　活力部分取決於種族的素質，但是如果要解釋這些素質的話，似乎主要還是由於氣候所致。④

---

③ 溫暖的氣候會損害活力。這種氣候對高智商者和藝術家的工作並不完全有害，但卻使人無法長期從事非常艱辛的工作。人們在較冷的溫帶這部分的地區，比其他地方都更能持續辛勤的工作；最能持續工作的地方是像英格蘭和與英格蘭氣候極相像的紐西蘭這樣的地方，海風幾乎使溫度保持在一致的狀態。在歐洲和美國許多地方，雖然平均氣溫適中，但夏熱多寒，致使一年的工作時間縮短了兩個月左右。極端和持續的寒冷使人感覺變得遲鈍，這部分原因可能是這種寒冷導致人把大部分的時間花在密不通風且狹小的住屋當中，北極地區的居民通常無法長期持續劇烈地勞動。在英格蘭，一般流行的看法是：「溫暖的聖誕節會使很多人死掉」；但統計資料毫無疑問地證明了相反的結果，亦即平均死亡率在一年最冷的季節中是最高的，而在寒冷的冬季又比溫暖的冬季高。

④ 對於經濟學家來說，人種史的研究是迷人的，但卻是令人失望的學科。因為戰勝的種族通常都與被征服種族的女性通婚；他們在遷徙期間，經常都帶著許多男、女奴隸，而奴隸在戰爭中被殺或入修道院生活，比自由人要少。因此，幾乎每一種族中都有很多奴隸的血統，那就是混血；而因為在工業階層中，奴隸的血統成分最大，所以似乎不可能有工業習性的人種史。

第3節

在生活必需品的決定上，氣候也居於很重要的地位，其中第一項生活必需品是食物。食物適當的搭配很重要，一位老練的家庭主婦每週花 10 先令在食物上，往往會比花 20 先令的不老練家庭主婦，對家人健康和體力的貢獻較大。窮人中嬰兒的死亡率之所以很高，主要是由於食物搭配的不謹慎和缺乏判斷力；那些缺乏母親照顧的人即使能倖存下來，長大後體格往往還是很衰弱。

除了現代以外，在世界所有的時代裡，食物的缺乏已經造成大批人的死亡。即使在十七和十八世紀的倫敦，死亡率在穀物昂貴的年代比便宜的年代要高出8%。[5]但是逐漸地，幾乎全世界的人都感受到財富增加和交通工具改進的效果，即使在印度這樣的國家，饑荒的嚴重程度也減輕了；而在歐洲和新大陸，人們都未聽聞饑荒了。在英格蘭，現在食物的缺乏幾乎不再是直接的死亡原因了，但是食物的缺乏仍然是使整個身體脆弱，無法抵抗疾病的原因，而這也是使工業無效率的一個主要原因。

我們已經得知提高工作效率的必需品是隨著工作性質的不同而不同，但我們現在必須更仔細檢視這個問題。

一個人所有的食物供給與其可用的力量之間，有著密切的關係，尤其是對於體力勞動的工作更是如此。如果工

---

[5] 法爾利用一個有啓發性的統計方法，消除了各種干擾因素，證明了這一點（《生命統計》，頁 139）。

作是間歇性的，就像一些碼頭工人的工作那樣，便宜而有營養的穀類食物就足夠了。但是，對於從事非常沉重，且有連續壓力的工作者，例如煉鐵工人和最艱辛的挖路工人的工作，所需要的是那種即使在身體非常疲憊時，也可以消化和吸收的食物。高級勞動者的的工作需要承受巨大的神經緊張，食物的品質就更重要了，儘管他們所需的食物數量一般都很少。

繼食物之後，接下來生活和勞動的必需品是衣著、住房和燃料。當缺乏這些物品時，腦筋就會變得遲鈍，最後體格也會受到損害。當衣服非常少時，通常只能日夜都穿同一件衣服，這會讓皮膚包在一層汙垢當中。住房或燃料不足，會導致人生活在健康和活力有害的汙濁空氣當中；而英格蘭人即使在寒冷的天氣裡，室內也保持有通風良好的設備，這是他們所特有的習慣，而這是從煤的廉價當中，所獲得的好處中不算小的一個好處。排水不暢，建造不良的房屋，會引發疾病，這些疾病即使是輕微的，也會以驚人的方式削弱活力。而過度擁擠會導致道德的崩壞，因而減少人口的數量，並降低人的品格。

衣著、住房及燃料。

休息對於精力旺盛人口的成長，與較多的食物、衣服等等物質必需品，同樣都是至關重要的，各種形式的過度工作，都會損及生命力；而焦慮、煩躁和過度的精神緊張，對體質的損害、生育力的損害和降低民族的活力都具有致命的影響。

休息。

第4節

希望、自由
及變化。

接下來便是與活力密切聯繫的三個條件，即希望、自由及變化。所有的歷史都記錄了無數由奴隸制、農奴制及其他形式的公民和政治壓迫與鎮壓所造成的不同程度的無效率。⑥

在所有的時代裡，殖民地在活力和精力上，都容易超過統治他們的國家。這部分是由於豐富的土地，和他們掌握了廉價的必需品；部分原因在於最強壯的人從事冒險生活的自然選擇；還有部分原因是與人種混合的生理原因有關；但所有的原因中，最重要的一個原因也許就在於他們的生活具有希望、自由和變化。⑦

────────────

⑥ 自由和希望不僅增加了人工作的意願，同時也增加了人工作的力量；生理學家告訴我們，一定的工作在快樂的刺激下，而不是在痛苦的刺激下去做的話，對儲存的神經精力消耗得較少，而沒有希望就沒有進取心。人身和財產安全的保障是這種希望和自由的兩個條件；但是安全總是牽涉到對自由的限制，如何獲得作為自由條件之一的安全，而又不太犧牲自由的本身，這是文明最難的問題之一。工作、地點和個人聯繫的變化，會帶來新的思想，喚起對舊方法不完善的注意，刺激一種「神聖的不滿」（divine discontent），並從各方面發展出創造性的能力。

⑦ 旅行者透過與來自不同地方及不同習俗的其他人交往，學會把許多思想或行為的習慣加以試驗，否則他們會一直默認這種習慣，把這種習慣當作是一種自然的法則。此外，地方的遷移會使較強

所謂的自由，迄今一直都被視爲是免於外界束縛的自由。但是，源自於自制而來的更高級的自由，對最高級的工作來說，甚至是更重要的條件。這種取決於提高生活理想的自由，一方面出自於政治和經濟上的原因，另一方面則決定於個人和宗教的影響，其中母親在孩提時代的影響最大。

第5節

身體上和精神上的健康以及體力，都受到職業很大的影響。[8] 在本世紀初，工廠的工作環境對所有人，特別是

　　　職業的影響。

大和較具有創造力頭腦的人得以全面發揮其精力，並升遷到重要的位置；而那些待在家鄉中的人，往往安於原來的位置，這種人很少成爲他們家鄉的先知；對於那些比周遭的人不溫順、較積極的進取者，往往是鄰居和親戚最後才接受他們缺點的人，也是最後才認識他們優點的人。無疑地，主要就是由於這個原因，在英格蘭幾乎每個地方，精力最旺盛且最具進取心者很大一部分都是外來者。

但改變也可能太過了；當人口遷移如此之快，以致於人容易擺脫對自己聲譽的束縛，就會失去一些形成高尚道德品格最好的外部助力。那些遷移到新開發國家的人，極端的充滿希望和不安，會浪費很多的力量，其中一半用於獲取技術上，而另一半用於完成工作，這些技術在轉換到某些新職業時，很快就會棄之而不用。

[8] 在神職人員和老師、農業階層，以及諸如造車工人、造船工人和煤礦工人等這些行業，死亡率都很低。在鉛和錫開採業、銼

對於年幼的兒童來說，都是不必要的不健康和殘酷。但是〈工廠和教育法〉（*Factory and Education Acts*）已經把這些弊端中最壞的從工廠中移除了，儘管這些弊端當中的許多，仍然持續留存在家庭工業和小型工廠中。

城市居民的工資較高，智力較高，醫療設施較好，嬰兒死亡率也就應該比鄉村地區要低得多。但事實上卻比鄉村地區要高，尤其是在有許多母親爲了賺取貨幣工資而忽視家庭責任的地方更是如此。

第6節

城市生活的
影響。

幾乎在所有的國家都有人口不斷向城市移居的趨勢。[9]

刀製造業和陶器製造業，死亡率則都很高。但是這些行業和其他任何正規行業的死亡率，都沒有倫敦普通勞動者和沿街叫賣的小商販的死亡率那麼高。而死亡率最高的則是旅館的侍者，這種職業雖然並不直接傷害健康，但卻吸引那些身體和性格脆弱的人，鼓勵他們養成不規律的習慣。在戶籍總長第 45（1885年）次年度報告補編的頁 25-63 中，針對職業對死亡率的影響作了詳細的說明。另見法爾的《生命統計》頁 392-411，漢佛雷斯（Humphreys）1887 年 6 月發表於《統計期刊》中關於〈階級死亡率統計〉（Class Mortality Statistics）一文以及一般關於〈工廠法〉的文獻當中。

[9] 戴夫南特（《貿易的平衡》〔*Balance of Trade*〕，1699，頁 20）繼格雷戈里・金之後，根據官方的數據證明了，倫敦每年的死亡人數超過出生人數 2,000，但移入人數爲 5,000 人。後一數字等

於他按照一個頗爲冒險的方法，計算出來的全國人口眞正淨成長的一半以上。他估計有 53 萬人居住在倫敦，其他城市和城鎮有 87 萬人，而住在鄉村和小村莊的則有 410 萬人。把這些數字與 1901 年英格蘭和威爾斯的人口普查進行比較，我們發現倫敦人口超過 450 萬；還有 5 個以上的城市平均人口超過 50 萬；人口超過 5 萬的有 66 個，其平均人口則超過 10 萬。不只這些，許多人口未算在內的郊區，往往實際上是大城市的一部分；在某些情況下，幾個相鄰城市的郊區相互交織在一起，使他們全部合起來成爲一個巨大的，雖然相當分散的城市。曼徹斯特的郊區被視爲是一個有 22 萬居民的大城市；倫敦郊區西漢姆（West Ham）也是如此，有 27.5 萬人。一些大城市的邊界，每隔不定的時間就會延伸到把這樣的郊區包括進去；因此，一個大城市的眞正人口可能成長很快，但名義上卻成長緩慢，或甚至是減少的，然後突然又躍升。例如利物浦名義上的人口，1881 年爲 55.2 萬，1891 年爲 51.8 萬，而 1901 年則爲 68.5 萬。

其他地方也發生了類似的變化。例如，巴黎人口在十九世紀的增長速度是法國的 12 倍。德國城市的人口成長了，但卻使鄉村人口每年減少 0.5%。在美國，1800 年沒有任何一個城市人口超過 7.5 萬；在 1905 年，有 3 個城市合計人口超過 700 萬，而有 11 個城市，每個都超過 30 萬人。澳大利亞的維多利亞（Victoria）有超過三分之一的人口集中在墨爾本（Melbourne）。

必須要記住的是，隨著一個城市及其郊區的每次擴大，城市生活的特色在善的一面和惡的一面都會加深其程度一次。新鮮的鄉村空氣在接觸到一般倫敦人之前，比接觸到一個小鎮的普通居民之前，須先經過更多惡臭煙霧的來源地。倫敦人通常要走很遠的路，才能接觸到鄉村的優閒、寧靜和景點。因此，擁有 450 萬居民的倫敦，使英格蘭人生

大城市，特別是倫敦，從英格蘭所有其他地區，吸收了血統最好的人；最有進取精神、最具天賦、體魄最強、性格最堅韌的人，到那裡去尋找發揮能力的機會。那些最有能力且性格最堅韌的人，往郊區遷移者愈來愈多，那裡有良好的排水、供水和照明系統，加上好的學校和戶外活動的機會，在增進活力的條件上，至少與鄉村一樣；雖然現在仍有很多城市地區，對活力傷害的程度比不久前的大城市只是略微少了一點，但總體而言，人口密度不斷的增加，成為目前危險的來源似乎日益減少了。近年來，對於住在遠離主要工商業中心者提供生活便利的趨勢迅速成長，這種趨勢遲早會緩慢下來。但是，工業遷移到郊區，甚至遷移到新的花園城市，以尋求和招募精力充沛的工人，似乎沒有任何趨緩的跡象。

統計平均數的確過於有利於都市的情況，其中部分原因是許多降低城市活力的力量，對死亡率的影響不大；部分原因是大多數移入城市的居民，都是充滿活力的青年，他們的精力和勇氣都高於平均水準；而父母住在鄉村地區的青年，通常會在重病時又回到家鄉。⑩

活的都市特質，遠遠超過了一個只有 45,000 居民城市的 100 倍以上。
⑩ 出於這種理由，威爾頓（Welton）（請參見 1897 年的《統計期刊》）提出了一個極端的建議，即在比較不同城市的死亡率時，要刪去 15 至 35 歲之間的人，主要是因為 15 至 35 歲之間的倫敦女性，死亡率異常低這樣的理由。然而，如果一個城市的人口處於不增不減的狀態，那麼其生命統計數據就比較容易解釋。高爾頓（Galton）以考文垂（Coventry，譯者註：英格蘭中部的城市）作為典型的城市，計算

公私資金沒有比用在下列途徑更好的：用在大城市，以提供公園和運動場所；與鐵路公司簽訂契約，以增加由工人經營的工人列車數量；幫助那些願意離開大城市的工人階級，讓他們能夠離開，並把他們的工業也一起遷走。⑪

第7節

還有其他令人焦慮的原因。在文明早期階段，由於鬥爭和競爭的選擇，致使那些最強壯和最具生命力的人才能繁衍出最多的後代；而在促成人類進步上，這個因素比任何其他單一因素的作用都要大，但是這種選擇的影響已受

自然本身傾向於淘汰弱者，但是人類卻對這種傾向加以阻擋。

出城市居民中，技術工的成年子女，其數量是生活在健康鄉村地區勞動者成年子女的一半多一點而已。當一個地方在衰敗時，年輕而強壯的人會離開該地，留下一些老弱者，因此出生率通常會較低。另一方面，一個吸引人的工業中心可能有很高的出生率，因為該地擁有特別多充滿活力的人。煤業和鋼鐵業城市的情況尤其如此，部分原因是因為這些城市不像紡織城市那樣，受到男性不足之害；而部分原因是礦工為早婚的階層。在礦工的一些人當中，雖然死亡率很高，但出生率卻超過死亡率千分之二十以上。一般說來，二級城市的死亡率最高，主要是因為他們的衛生設施還不如最大城市那麼好。

⑪ 參見本書作者在 1884 年 2 月的《當代評論》（*Contemporary Review*）中，發表的一篇題為〈倫敦窮人何所歸〉（Where to House the London Poor）的文章。

到部分的抑制了。在文明較後期的階段，長期以來的法則的確是上層階級較晚婚，結果他們的子女比工人階級的子女要少；但這個法則卻受到另一個事實所抵銷，即在工人階級自身中，舊規則仍然存在著；因此上層階級趨於衰減的活力，由下層階級不斷湧現的新力量所抵補。但是，在法國很長一段時間以來——最近在美國和英格蘭也一樣——工人階級中一些較幹練和較聰明的人，都已顯現出不願意擁有大家庭的跡象，這是危機的來源。⑫

因此，有以下的種種理由令人擔憂，即雖然醫學和衛生的進步，從死神手中挽救過來身心衰弱者的孩童愈來愈多，但是許多最有思想與最富幹勁、事業心和自制力的人，往往推遲結婚，並以其他方式限制他們子女留下的數量。這個動機可能是自私的，但那些困苦和輕浮的人，若能少留下他們自己那種形態的後代，這也許是最好的。然而，更常見的情況，是希望為自己的子女確保良好的社會地位。這種願望包含了許多不符合人類目標最高理想的因素，且在某些情況下，有些因素甚至還是很卑鄙的；但畢竟這是進步的主要因素之一，受這種願望影

---

⑫ 在美國南部各州（Southern States of America），體力勞動對白人來說是不光彩的，所以如果他自己沒有奴隸的話，就會過著沒有價值的墮落生活，且很少結婚。其次，在太平洋沿邊（Pacific Slope）的各州，一度有充分的理由令人擔心，除了高技術的工作之外，所有的工作都留給中國人來做；白人會過著一種無所事事的生活，使一個家庭變成一個巨大的消耗。在這種情況下，中國人將會取代美國人，人種的平均素質會降低。

響的人當中，有許多人其子女可能是那些最好和最強的種群。

必須要記住的是，大家庭中的成員之間會互相教育，他們在各方面通常都比一個小家庭的成員更親切更聰明，且精力更旺盛。毫無疑問的是，這部分是因為大家庭的父母都異常的活躍，並且出於同樣的理由，輪到他們自己時，可能也會擁有精力旺盛的大家庭。人種的進步歸功於幾個特大而精力旺盛家庭的後代的程度，遠遠超出了乍看起來那麼大。

國家從有健康子女的大家庭中受益良多。

但毫無疑問地，在另一方面，父母對一個小家庭的照顧，在很多方面往往比一個大家庭要周到。在其他條件不變的情況下，嬰兒死亡數量會隨著出生子女數量的增加而上升，這純粹是一種罪惡。由於缺乏照顧及缺乏足夠的財力而夭折的嬰兒，其出生對母親來說是一種有害的壓力，而對家庭其他人也是一種傷害。[13]

嬰兒夭折的罪惡。

---

[13] 由於可預防的原因，所引起嬰兒死亡的程度，可以從以下的事實上推斷出來，亦即在城市地區，1 歲以下嬰兒的死亡相對於出生的百分比，通常約高於農村地區三分之一；但是在有富裕居民的許多城市地區，這個比例低於全國平均水準（《戶籍總長 1905 年的報告》〔*Registrar-General's Report for* 1905〕，頁 42-45）。幾年前發現，貴族家庭 5 歲以下小孩的年死亡率只有約 2%，比整個上層階級的 3% 要少；全英格蘭這個比例則在 6 到 7% 之間。另一方面，李洛伊·比阿琉（Leroy Beaulieu）教授說，在法國，只有一、兩個子女的父母很容易溺愛孩子，並對

第8節

實際的結
論。

　　還有其他應該要考慮的因素，但就本章所討論的要點
而言，下面的論點初步（*primâ facie*）看起來好像是可
取的，即人們應該要有把握讓子女接受的身心教育至少與
自己一樣好時才生小孩；如果有足夠的自制力，使其家庭
保持在必要的範圍之內，在不違反道德的情況下，最好才
儘早結婚。普遍遵循這些行為的原則，再加上為城市居民
提供充足的新鮮空氣和健康的娛樂，很難不使人的體力和
活力得到改善。如果人的體力和活力提高的話，那麼我們
現在就可以有理由相信，人口的增加不會在很長一段時間
內，導致人們平均實質所得的減少。

好與壞的因
素來回擺
盪。

　　如此，知識的進步，特別是醫療科學的進步，政府在
處理與健康有關的一切事務的活動和智慧日益增長，以及
物質財富的增加，所有這些因素都降低了死亡率，且增進
健康和增強體力，並延長了壽命。另一方面，由於城市生
活步調的迅速加快，家世較好的人口比家世較差的人口晚
婚，而生的小孩又較少，這些都使人口的生命力降低，死
亡率上升。如果只是前一組因素單獨發揮作用，則只要加
以控制，以避免人口過多的危險，那麼人類可能很快就會
在身心等方面均超越世界任何已知的時期；而如果是後一
組因素發揮作用，若不加抑制的話，人類可能就會迅速地

　　子女過於關心，因而損害他們的勇氣、進取心和耐心（參見《統
　　計期刊》第 54 卷，頁 378-379）。

退化。

事實上，這兩組因素幾乎彼此相互保持平衡，前者略
居優勢。儘管英格蘭的人口成長速度幾乎與以往一樣快，
但那些身心不健康的人，確實整體上並未增加；其他的人
衣、食則都要好得多，除了過度擁擠的工業區之外，一般
人的體力也都在增強。多年來，男性和女性的平均壽命也
都已經在穩定上升。

前面的一組
因素略勝一
籌。

第六章

產業訓練

第1節

自然活力所表現的形式，主要取決於訓練。

在討論了決定人口數量和有活力人口成長的原因之後，接下來我們要探究提升人口的產業效率所需要的訓練。

讓一個人在任何一種追求中都能獲得偉大成功的自然活力，通常幾乎在任何其他方面也都會對他有益。但也有例外的。例如，有些人從一出生就適合從事藝術工作，不適合其他的工作，我們偶爾也會發現一個實際上具有天賦的人，卻幾乎沒有任何藝術的鑑賞力。但是，具有神經力量極爲強大的種族，在有利的條件下，幾乎在幾代人之間就能夠發展出任何一種特別受到重視的能力。一個在戰爭或較初級的產業形態中獲得活力的人種，有時會很快地獲得很高的智力和藝術力量，且幾乎每一個古代和中世紀時代的文學和藝術的新紀元，都歸功於一個有著強大神經力量的民族，他們在養成對舒適品和奢侈品的極大喜好之前，就已經受到高尚思想的洗禮了。

我們這個時代的缺點容易爲人所高估。

在我們這個時代，這種喜好的增長已經使我們無法充分利用大量增加的資源所帶來的機會，因此無法把這個民族大部分最高的能力，用到最高的目標上。但是，也許由於科學研究的發展，這個時代的智慧活力似乎比實際有的要少。因爲在藝術和文學上，當天才還有令人著迷的青春外表時，就常常已經取得成功；但是在現代科學中，原創性需要如此多的知識，以致於一個學者得以在世界上留下自己的聲名之前，往往就已經江郎才盡了；而且其研

究成果的真正價值，一般不如一幅畫作或詩作那麼為大眾所知悉。[1] 同樣地，現在操作機器的技術工所具有的堅實技能，被評價得比中世紀手工藝人那種微不足道的長處還不如。這部分是因為我們容易把自己這個時代常見的那些優點視為司空見慣，且忽略了「非技術勞工」（unskilled labourer）一詞的意義不斷變化此一事實。

第2節

非常落後的民族無法長時間持續做任何工作，甚至我們認為一種最簡單的非技術性工作，對他們來說，相較之下，還是技術性的工作；因為他們缺乏必不可少的勤勉，他們唯有透過長期的訓練，才能獲得這種勤勉。但是，在教育普及的地方，雖然一種職業需要具備閱讀和書寫的知

技術性與非技術性勞動。

---

[1] 在這方面，值得注意的是，一個劃時代觀念的全部重要性，通常不會在這種觀念出現的那一代就為人所知悉；這種觀念在新的軌道上啟動這個世界的思想，但是要到過了轉折點之後，改變的方向才會明顯。同樣地，相對於早期的那些機械發明，人都容易低估自己身處的時代的機械發明。這是因為一項新的發明要能完全發揮實用的效力，必須要在許多微小的改進和輔助發明圍繞著這個新發明出現以後；一個劃時代的發明，通常要比該發明所創造的時代早一代就已出現。因此，每一代似乎主要都致力於發展前一代的思想；而自己這一代思想的全部重要性尚無法清楚地看出來。

對於我們所
熟悉的技
術，我們通
常不認爲是
技術。

識，但卻可能歸類爲非技術性。同樣地，在製造業長期落
腳的地區，處理昂貴的機械及原料的責任、謹愼和迅速的
習慣，成爲所有人共同的特質；因此，大部分操作機器的
工作都被說成是完全機械化、無技術的，且無法激發出
任何值得尊敬的才能。但事實上，現有世界上的人口當
中，具備這種工作所需要的智力和道德才能、理解力和自
制力的人，可能不到十分之一；即使經過兩代的培訓，而
能勝任這種工作的人，恐怕也不到世界人口的一半。即使
是在製造業人口當中，也只有一小部分人能夠勝任許多乍
看之下似乎完全單調的工作。例如，看起來好像很簡單的
機器織布工作，可以分爲較高級和較低級的；大多數從事
較低級工作的人，都沒有織多種顏色所需的那種「才能」
（stuff）。這種差異在那些從事硬質原料、木材、金屬或
陶瓷的行業中甚至更大。

相對於一般
的智力和活
力，僅僅只
有手工的技
術正在失去
其重要性。

　　某些類型的手工作業需要長時間持續反覆練習一組操
作，但這些情況並不常見，而且是愈來愈少見了；因爲機
器不斷取代這種需要手工技術的工作。能夠把一個人的手
運用自如，是決定產業效率的一個非常重要的因素，這的
確是個事實；但這主要是因爲神經強大和自制的結果。這
當然是經過訓練而發展出來的，但其中大部分可能都屬於
一般性質的，而不是特殊職業所專有的；就像一個好的板
球運動員很快學會打網球一樣，一個熟練的技術工經常可
以轉入其他行業，而不會有任何重大而持續的效率損失。
　　如此專業化的，以致於無法完全從一個職業轉移到另
一個職業的手工技術，在生產中變得愈來愈不重要了。暫

時把藝術感知和藝術創作的能力擱在一邊，我們可以說，使一個職業高於另一個職業的原因，使一個城市或國家的工人比另一個城市或國家的工人更有效率，一般說來，主要是由於他們有優越的智力和精力，而這種優越的智力和精力並非只是任何一個職業所專有的。

要在一個時間裡，能夠記住許多事情；在需要什麼時就已經都準備就緒了；在出現任何差錯時，得以迅速採取行動，並想出對策；當所做工作的細節發生變化時，能夠快速適應；當緊急情況出現時，能夠保持沉著、穩定並受到信賴；並且始終儲備一種力量，以應對這種情況，所有這些都是造就偉大產業民族的特質。這些特質不是任何職業所特有的，而是所有的職業都需要具備的。如果這些特質不能一直都很容易地從一個行業轉移到其他同類的行業，那麼主要原因是需要一些原料的知識和熟悉特殊的生產方法來補充到這些特質上。

那麼，我們可以使用一般的能力（*general ability*）這個名詞，來表示那些所有較高級行業在不同程度上所共有的才能、一般性的知識和智慧；同時把對個別行業所需要的那種特殊用途的手工技術以及對特殊原料和生產方法的熟悉，都歸類為「專門的能力」（*specialized ability*）。

> 一般的與專門的能力。

第3節

一般的能力主要取決於童年和青年時期的環境。在

> 決定一般能力供給的因素。

家庭。

這方面，最早也最強大的影響是母親，[2] 接下來是父親、其他孩子的影響，以及在某些情況下是僕人的影響。[3] 隨著歲月的流逝，工人的子女從他周圍所看到和聽到的一些事情當中，學習到很多的東西。當我們要探究富裕階層的子女相對於技術工的子女，以及技術工的子女相對於非技術勞動者的子女，剛踏入社會開始獨立生活時的優勢之處時，我們不得不更詳細討論家庭的這些影響。但目前，我們要轉而討論較為普遍的學校教育的影響。

學校。

對於普通教育不需多說了；雖然普通教育對產業效率的影響大於表面上所顯現的那樣。的確，工人階級的子

---

[2] 根據高爾頓的說法，所有偉人都有偉大的母親，這個說法言過其實；這種說法只表示了母親的影響並不超過所有其他人的影響，而不表示說母親的影響不比任何一個其他人的影響大。他說，在神學家和科學家身上，最容易追溯到母親的影響，因為一位熱切的母親會引導她的孩子深切地了解到偉大的事物，且一個有思想的母親不會壓抑，而是鼓勵孩子的好奇心，這種好奇心是科學思考習慣的元素。

[3] 在家庭僕人中有很多優良的品質，但是那些生活在非常富裕家庭的僕人，容易染上放縱的習慣，把財富的重要性評價得過高，且通常會把生活中較低的目的置於較高的目的之上，而這種作為在獨立勞動人民之中並不常見。大部分時間與最好家庭小孩來往的友伴，未必比與一般家庭小孩來往的友伴要高尚。然而，就在這些家庭當中，沒有特別資格的僕人，連一隻小獵犬或一匹小馬都不許照管。

女在他們只學習了閱讀、書寫、算術和繪畫等這些初步的東西後，往往就必須離開學校，且有時有人認為，若能把花在這些科目上的一小部分時間，挪來用在實際工作上會更好。但學校教育所帶來的進步，其重要性不僅在於進步的本身，更在於學校教育能為未來取得進步的力量。一門真正的普通文科教育可以教導人把頭腦用在日常工作上，以施展出最好的才能，並將日常工作的本身，作為增加文化的手段；儘管文科教育與特定行業的細節無關，特定行業的細節要由技術教育來負責。④

④ 對工人階級的子女缺乏周到的普通教育對產業進步的害處，與中產階級舊式的文法學校（grammar-school，譯者註：英格蘭的語法學校，十六世紀以前以教拉丁文為主，後來變為中學，教授語言、歷史和自然科學等。）教育的狹隘範圍的害處，幾乎是相等的。直到最近，的確，文法教育是老師可以啟發學生使用他們的心智於任何東西，而不是只吸收知識的唯一教育。因此，把這種文法教育稱為文科教育是正確的，因為這是我們所有的最好的教育。但這種教育卻無法達成使公民熟悉古代偉大思想的目的；一旦畢業之後，人通常會忘記所學的東西；同時這種教育也引起了企業與文化之間的有害對抗。然而，現在知識的進步使我們能夠利用科學和藝術，來補充文法學校的課程，且為那些能夠上得起學的人，提供發展他們最好才能的教育，並為他們往後的生活開啟能夠激發他們心智較高活動的思路。學習拼寫所花費的時間幾乎大部分是浪費的，如果拼寫和發音能與英語調和的話，就像大多數其他國家的語言一樣，那麼大約在有效的學校教育加入一年的時間就可以了，而無須任何的額外費用。

第4節

技術教育。　　　技術教育近年來同樣提高了其目標。技術教育過去意味著只不過是比傳授手工技巧以及機械與生產方法的基本知識略多一點而已，而這些技巧及知識，一個聰明的年輕人在工作開始時，很快就能自己學會；雖然如果他事先已經學會了這些，會比他事先完全不會的情況下，可以多賺幾個錢而已。但這種所謂的教育不僅不能發展才能，反而會妨礙才能的發展。一個自己學得這種知識的少年人教育了自己，而他在未來所得到的進步，可能會比在這種老式的學校受教育所得到的還要多。然而，技術教育的發展已使其逐漸超脫這種錯誤了，其目標首先是教導人如何使用眼睛和手指（雖然有跡象顯示這種工作正在由普通教育所取代，而且這種工作屬於普通教育也是合適的）；其次是傳授工藝技術和知識以及研究方法，這些在特定職業中都很有用，但卻很少能在實際工作中完全獲得。然而，要記住的是，自動機械的準確性和多功能性的每一個進步，都縮小了需要手和眼那些高習藝費的手工勞動範圍，因此那些最好的普通教育方式所培訓出來的才能，變得愈來愈重要了。⑤

---

⑤ 正如納西米斯（Nasmyth）所說的，如果一個年輕人在桌子上隨意丟下兩顆豌豆，可以很容易地將第三顆豌豆放在這兩顆豌豆中間的一條線上，他就在成為一名優秀機械工的道路上了。在英格蘭一般的遊戲中，獲得運用眼睛和手的能力，不亞於在幼稚園的

根據英格蘭人最好的觀點，對於較高的行業所設的技術教育，應該幾乎要像普通教育那樣，始終以發展才能為目標。這種技術教育應該與完善的普通教育立於相同的基礎上，但應繼續詳細教導專門的知識，以便有利於特定的行業。[6] 我們的目的應該是在於把西歐國家領先於我們的科學訓練加入到那種勇敢和求變的精力及那些重實踐的本能當中，除非讓最好的青春歲月在工廠度過，否則這種精力和本能很少能發展出來。總而言之，要經常想到，一個青少年透過在一個管理良好的工廠，從直接的經驗中自己學習到的，比在技術學校的老師用模具教導他，可以學習到的更多，同時也可以激發他更多的腦力活動。[7]

遊戲工作中所得到的。繪畫一直是處於工作和遊戲之間的一種才能。

[6] 技術教育最大的弱點之一在於，無法教育出比例感和簡化細節的能力。英格蘭人及甚至更大範圍上的美國人，已經從實際工作中獲得一種才能，以拒絕機械和生產中那種得不償失的錯綜複雜，而這種實際的本領使他們能夠在與受到教育較好的歐洲大陸對手競爭中取得成功。

[7] 一個好的辦法是在離開學校之後，花幾年冬季的 6 個月在大學學習科學，並在幾年夏季的 6 個月在大型工廠中當學徒。本書作者大約在 40 年前在布里斯托爾的大學學院（University College, Bristol，現為布里斯托爾大學〔University of Bristol〕）引進了此一辦法。但該計畫有實際的困難，只有在大公司負責人與學院當局有誠摯和大量的合作才能克服。另一個出色的辦法為曼徹斯

學徒制。　　　　舊的學徒制度並不完全適合於現代的環境，同時也已棄而不用了，但需要一個替代這種制度的方法。在最近的幾年裡，許多最能幹的製造商已經開始著手，讓他們的子女先後參與每個階段工作的這種方法，因為這個事業是他們的子女最終必須要管理的，但只有少數人才能得到這麼棒的教育。任何現代大企業的分支部門都如此繁多，且也各異，雇主不可能像過去那樣，保證每一個受到他們照顧的年輕人都會學習到所有這一切。的確，一個具有普通能力的年輕人，會對這種照顧感到迷惑，但如果要以一種修正的形式恢復學徒制度，似乎並非不可行。⑧

特的美薩斯馬薩爾和披拉特（Messrs Mather and Platt）工廠的附屬學校中所採用的，「在學校的製圖工作就是在工廠實際的繪圖工作。有一天，老師給了必要的解釋和計算，第二天，學生所看到的，就像是準備中的那樣，就是老師所講的那個東西。」

⑧ 雇主有義務在工廠中，把他行業中一個重要部門所有分支部門中的工作都徹底教導學徒，而不是像現在經常發生的那樣，只教學徒那些分支部門中一個工作。這樣，學徒的訓練往往就會像幾代以前那樣廣泛，教導他整個行業所有的工作，且可用在一個技術教育所獲得的理論知識，來補充該行業所有部門的這種訓練。最近，一些類似於舊學徒制度的東西，在想學習在一個新開發國家的特殊條件下，經營農業的那些年輕英格蘭人中流行起來了，有些跡象顯示了該辦法可能會擴展到這個國家的農業經營上。這種制度在許多方面都很適用，但是仍然有很多適合農民和農場工人的教育，最好還是在農業大學和乳酪學校中授與。

　　工業方面劃時代的偉大發明，直到最近幾乎全都來自於英格蘭。但現在其他國家也都正在加入此一競爭了。美國人的普通學校教育的優異，生活的多彩多姿，不同種族之間的思想交流以及農業的獨特條件，都產生了一種無止境的探究精神；而技術教育現在也正在全力的推進當中。另一方面，德國科學知識在中產階級，甚至在工人階級的傳播，加上對現代語言的熟悉程度以及遊學的習慣，使他們能夠迎頭趕上英、美的機械學，而在把許多化學應用到企業當中，也都處於領先的地位。⑨

英格蘭和其他國家的發明。

第5節

　　的確有很多種工作若由未受過教育的工人來做，和

高等教育是間接，而非直接提升較低級產業的效率。

同時，許多大型的成人技術教育機構正在迅速發展，例如公開展覽會、職業工會和協會，以及行業刊物等。他們都有各自的工作要做。在農業和其他若干行業中，對進步有最大幫助的，也許是公開展覽會。但是，那些比較先進且掌握在認真者手中的行業，更要歸功於行業刊物所傳播的實際和科學的知識。這些刊物在產業方法及產業社會狀況變化的協助之下，正在不斷打破行業的祕密，以幫助財力小的人與富裕競爭對手的競爭。

⑨ 歐洲大陸幾乎所有進步公司的負責人，都仔細研究過國外的製造方法和機械。英格蘭人是優秀的旅行者，但可能部分因為不懂其他的語言，他們似乎很少明智的利用旅行來獲得足夠大量技術教育的知識。

受過教育的工人來做，一樣有效率；因此除了對於雇主和工頭和相對較少的技術工之外，高等教育部門幾乎沒有什麼直接的用途。但是，良好的教育即使是對普通的工人，也會帶來很大的間接利益。這種教育能刺激工人智力的活動；養成一種好鑽研的習慣；使他在日常工作中更聰明、更敏捷、更可靠；提升他在工作時間之內和工作時間之外生活的格調。因此，這種教育是生產物質財富的重要手段；與此同時，若將其本身視為目的來看，也絕不遜於任何能夠幫助物質財富生產的教育。

然而，我們必須從另一個方向來看，一個國家能夠從改進大眾的普通及技術教育，得到直接經濟利益的一部分，或許是更大一部分。我們對於那些從出身卑微的階級躍升到較高級的技術工，到成為工頭或雇主，再到推進科學領域的人，或者可能是到增加國家藝術和文學財富階級的關心，應該多於那些留在工人階級職位的人。

在這個國家有許多具有最高天賦能力者，出生在工人階級當中，現在經常變成浪費。

決定天才誕生的法則是難以理解的。工人階級子女當中，具有最高天賦能力者的百分比，可能不如在社會上已獲得或繼承較高地位者子女的百分比那麼大。但是，由於體力勞動階級的數量，是所有其他階級者合起來的 4 到 5 倍，因此出生在英格蘭最優異天才的一大半極有可能都屬於這一階級。而在這些天才當中，一大部分因為缺乏機會，而不能獲取好的成就。沒有任何一種浪費，比疏忽出生於卑微家庭的天才，任其在平庸的工作中消耗自己，更不利於國家財富的成長。沒有任何一種變革會像我們學校的改良，特別是中等學校的改良，對物質財富的快速成長

產生如此大的作用，如果這種改良能與廣泛的獎學金制度相結合，這將使一個聰明的工人子女從小學逐步躍升到更高的教育階段，直到他擁有這個年代所能給他的最好的理論和實務教育爲止。

中世紀自由城市和近年來蘇格蘭的成功，大部分可以歸因於工人階級子女的能力。即使在英格蘭本身，也有同樣的教訓可以學習；在該國那些工業領袖中工人子女占最大比例的地區，是進步最爲迅速的地區。例如，在製造業劃時代開始時，英格蘭南方社會比北方社會，地位的劃分較明顯，也較牢固。在南方，有一種社會等級世襲的精神，阻礙了工人和他們的子女晉升到領導地位；而那些古老的家庭一直缺乏那種有彈性又有新點子的頭腦，這些都不是任何社會優勢的地位所能提供，而只能來自大自然的恩賜。這種社會等級世襲的精神，以及工業領導者之間新血液的缺乏，彼此相互支撐；在英格蘭南部，有不少城市記憶猶新的衰敗，在很大程度上可以歸咎於這個原因。

第6節

藝術教育與認眞思考的教育，立足點多少是不同的，雖然後者總能強化性格，但前者往往做不到這一點；然而，一個民族藝術才能的發展，本身就是最重要的目的，並且正在變成促進產業效率的一個主要因素。

藝術教育。

我們在這裡所關注的幾乎只是那些吸引視覺的藝術學科。因爲儘管文學和音樂對生活的豐富性作出了愈來愈大

的貢獻，但這些學科的發展並不會直接影響，也不決定於商業方法、製造過程和技術工的技能。

在那些社會與產業變遷緩慢的地方，藝術為成熟的本能所引導，

中世紀的歐洲以及現在東方國家的技術工，深受好評的獨創性可能比他真正擁有的要大。舉例來說，東方的地毯充滿了富麗的概念，但是如果從任何一個地方幾個世紀的作品中挑選出來的藝術樣品加以研究，我們往往會發現他們的基本思想差異很少。但是在現代快速變化的時代，有些變化由時尚所引起，而有些由工業和社會進步的有利運動所引起，無論在哪種變化之下，人人都可以自由創造出新的局面，每個人都必須依靠他自己的能力，沒有慢慢成熟的輿論來指導他。⑩

且吸引了很大一部分的人才。

然而，這不是我們這個時代藝術設計唯一的，也許也不是主要的不利之處。沒有十足的理由讓我們相信，中

---

⑩ 事實上，每個設計師在早年時都受制於先例，只有非常大膽的人才能超脫這個束縛，甚至他們也未脫離先例很遠；他們的創新也受到經驗的考驗，從長遠來看，這種考驗是不會有錯的。因為儘管藝術和文學中最粗糙和最荒謬的樣式，在社會上層的召喚之下，還是會被人接受一段時間，但是只有真正優秀的藝術才能使一首歌謠或一首曲子、一種服裝的款式或一種家具的樣式，在整個國家的連續幾代中維持其不墜的人氣。於是，那些與真正藝術精神不調和的創新就會被抑制下來，而那些走在正確路途上的創新會保留下來，並成為進一步發展的起點；因此，傳統的本能在保存東方國家工業藝術的純潔方面發揮了重要作用，而在中世紀的歐洲也是如此，只不過程度較小而已。

世紀普通工人的子女比今天那些鄉村的普通木匠或鐵匠的子女擁有較大的藝術原創力量，但如果一萬人中恰好有一個是天才，那麼他就會在作品中顯露這種天才，並受到行會及其他方式競爭所鼓舞。但現代技術工很容易忙於機械的管理，雖然他所發展的才能可能更加堅實，且從長遠來看可能比他中世紀前輩的品味和幻想更有助於人類的最高進步，但這些才能並沒有對藝術的進步產生直接的貢獻。如果他發現到自己的能力比其他的同事要高，他可能會努力在工會或一些其他社會團體的管理中取得一個領導的地位，或者聚集少量的資本，並從他接受教育的那種職業中脫穎而出。這些都不是卑鄙的目的，但如果他留在他的舊行業中，並努力創作那些在他離世後，仍然留存下來的美麗作品，那麼他的抱負也許更高尚，也更有益於這個世界。

　　但必須承認的是，他在創作這個作品時，會遇到很大的困難。我們只能在短時間內，容許裝飾藝術的弊害與這些變化傳播到世界廣大區域的害處不相上下。因此，這就迫使他始終要關注世界對藝術作品供給和需要的變動，導致設計師倉促和草率的工作，進一步分散他的注意力。這對於一個用自己的雙手工作的技術工來說，不是一個合適的工作；因此，現在普通技術工也發現最好是遵循前人的步伐，而不是領導別人。即使是里昂（Lyons）織工的最高超技術，現在也幾乎完全只表現在遺傳下來的精緻操作和對優美色彩的感覺而已，使他只能完全執行專業設計師的想法。

但是現代，設計幾乎都只限於一個很狹窄的職業圈中，

這迫使人們
追求時尚。

隨著財富的增加，使人得以購買各種各樣的東西，以符合自己的喜好，但這些物品是否耐磨卻是次要的；因此，各種衣著和家具的銷售，愈來愈決定於其樣式。受到已故威廉‧莫里斯（William Morris）[11]和其他人的影響，加上許多英格蘭的設計師從東方人的，特別是波斯人和印度人的色彩大師那裡獲得的指導，使法國人自己都承認某些英格蘭的織品及裝飾品已經達到一流的等級。但在其他方面，法國的物品仍然是一流的。據說，儘管有些英格蘭製造商在世界上仍有自己的地位，但是如果他們仍然保持英格蘭的樣式，那麼就會被逐出市場。這部分是由於巴黎在女性服裝的欣賞力上，向來都獨具慧眼，使巴黎在時尚方面處於領先地位，巴黎的設計很可能都與即將到來的時尚相調和，且比來自其他地方有同等內在價值的設計銷售要好。[12]

---

[11] 譯者註：十九世紀英國的設計師、詩人及畫家。他設計的家具、紡織品、壁紙以及其他各類裝飾品，改變了維多利亞以來的流行品味。

[12] 法國的設計師認爲最好是住在巴黎，如果他們長時間不接觸時尚中心的活動似乎就落伍了。他們中的大多數接受的教育，都是要成爲藝術家，但雄心壯志卻消退了。只有在特殊情況下，例如在塞夫爾（Sèvres）瓷器上（譯者註：塞夫爾爲一種精緻的法國瓷器。），那些成功的藝術家才會覺得值得他們去設計。然而，英格蘭人在爲東方市場設計時卻可以堅持自己的立場，且有證據顯示，英格蘭人在原創性方面，至少與法國人相當，儘管他們在領

　　因此，技術教育雖然不能直接增加多少藝術天才的供給，也不會比其在科學或商業方面增加較多的藝術天才的供給，但是卻可以避免很多藝術天才的浪費；且因爲舊式手工藝所提供的訓練，已永遠無法大規模的恢復，所以就更需要技術教育的訓練了。⑬

第7節

　　那麼我們可以得出下面的結論，即把公共和私人資金用於教育是否明智，不能僅僅憑其直接成果來衡量。僅僅把教育當成一項投資，帶給人民大眾可以利用的機會比一

教育是一項國家的投資，

　　會如何把形式和顏色組合起來，以便獲得有效的結果上居於劣勢（參見《技術教育報告》〔*Report on Technical Education*〕，第一卷，頁 256、261、324、325 和第三卷，頁 151、152、202、203、211，及該報告其他各處。）現代設計師這項職業，還沒能提升到可以保有的最好地位。因爲這項職業不成比例地受到一個國家的影響，而每個國家的最高藝術作品，本來就很少能移植的。這些作品的確在當時經常爲其他國家所稱讚和模仿，但這些作品很少爲後代的最佳作品敲定一個主要的方針來。

⑬ 畫家本身在肖像畫廊上，已經紀錄了這樣一個事實，即在中世紀時期，甚至後來，他們的藝術吸引了比現在要多的才華最出眾的人。而當年輕人的雄心爲現代企業的刺激所吸引時，當其追求不朽成就的這種熱忱，在現代科學發明中找到出路時，且最後，當大量的優秀人才藉由爲期刊隨便寫一些不成熟的文章就可以獲得報酬時，現在已經在不知不覺中改變了崇高的目標。

般情況下要多，這也是有利可圖的。因為透過這種方式，許多原本會默默無聞而老去的人，就能夠獲得一個啟動他們潛在能力的起點。而一個偉大的產業天才的經濟價值，足以抵補整個城市的教育費用；因為一個新的想法，如貝賽麥（Bessemer）⑭的主要發明，對英格蘭生產力的增加，與十萬勞動的生產力相當。較不直接但一樣重要的是，像金納（Jenner）⑮或巴斯德（Pasteur）⑯等醫學的發現，為生產提供的協助，增加了我們的健康和工作能力；再諸如數學或生物學等科學研究的工作，也一樣會帶來相同的效果，儘管這些工作所帶來的較大的物質福利果實，也許要經過許多世代才能見到。如果多年來為大眾高等教育所花的費用，能再培養出一個牛頓或達爾文、莎士比亞或貝多芬，就都值得了。

很少有實際的問題比國家和父母之間應該如何分擔子女教育費用這個原則的問題，讓經濟學家更有直接的興趣了。但是，我們現在必須要探究的是，無論分擔的費用是多少，決定父母分擔他們費用的能力與意願的條件究竟是什麼。

大多數父母都願意儘量為子女做他們父母為他們自己所做

---

⑭ 譯者註：十九世紀英國冶金學家，20歲就發明郵票印刷的新方法，後來又首創大量產鋼的方法，使世界進入了鋼鐵時代。

⑮ 譯者註：生於1749-1823年，是英國的醫生，首創接種牛痘以防止天花而聞名。

⑯ 譯者註：生於1822-1895年，是法國的一個化學家、細菌學家，也是微生物學的奠基人之一，為第一個發明狂犬病和炭疽病疫苗的科學家。

的事；且如果發現自己的鄰居碰巧有更高的標準，他們甚至可能會做得略微超過這個標準。但是若要求父母做到超過這個標準，則除了可能並不罕見的無私的道德品質和熱烈的情感之外，還要有尚不常見的某種思考習慣。這種思考習慣要求要能明確地知道未來，把遙遠的未來視爲似乎與近在眼前的事件同等重要的習慣（以很低利率對未來折現）；這種習慣既是文明的主要產物，也是文明的主要原因，且除了在較爲文明國家的中、上層階級外，很少得到充分的發展。

也是父母的責任。

第8節

父母一般把子女教養爲從事他們自己那個等級的職業，因此在某一代中任何等級勞動的總供給量，在很大程度上取決於上一代該等級的人數，然而在同一個等級內，本身就有較大的流動性。如果在一個等級之內，任何一種職業的優勢超過平均水準，那麼同一個等級之內的年輕人就會迅速從其他職業中湧入該職業。從一個等級到另一個等級的垂直移動，速度較慢，規模也不大；但是，當一個等級的有利之處相對於其所要求工作的難度提升時，則有許多青年或是成年人都會開始流向該等級；雖然這種流動中也許沒有任何一股是非常大的，但這種流動加在一起，不久之後就會有足夠的量來滿足該等級勞動需要的增加。

在等級之間和在等級之內的流動。

我們必須到後面再來全面討論以下這個問題，即對於任何地方和時間的任何條件，阻礙勞動自由流動的因素，

暫時性的結論。

以及促使任何人改變職業或培養子女從事與自己不同職業的誘因是什麼。但就我們所理解的就已經足以得出以下的結論，即在其他條件不變之下，勞動報酬的增加會提高勞動的成長率；或換句話說，勞動需要價格的上漲會增加其供給量。如果知識、倫理、社會和家庭習慣的狀態不變，那麼即使不是人口的總數，光是全體人民的活力以及任何特別行業的人數和活力，可以說就在以下這個意義上都有供給價格，即若有某一個水準的需要價格，把人口總數及活力保持於固定，則某個較高的價格會使人口總數及活力增加，而某個較低的價格將使之減少。因此，經濟因素在決定整個人口的增加以及任何特定等級的勞動供給方面發揮著一定的作用。但經濟因素對整個人口數量的影響大都是間接且是透過倫理、社會和家庭生活習慣而發揮作用。因為這些習慣本身受到經濟因素的影響雖然速度緩慢，但卻是深刻的，且其中一些習慣的影響方式難以描繪，也無法預測。[17]

---

[17] 密爾對一個父母想把自己的子女培養成與他自己的職業在性質上大不相同的職業所遭遇的困難，有深刻的印象，他說（《政治經濟學原理》第二篇第十四章第 2 節）：「的確，迄今為止，在不同等級的勞工之間，其分隔是如此的徹底、分界線是如此的顯著，以致於幾乎相當於世襲階級的劃分了。各種職業所僱用的人主要都是從以下的管道中招募而來的：(1) 由已經在該職業工作者的子女挑選出來；(2) 由在社會評斷上，與該職業屬於同等級別者的子女來補充；(3) 由原本屬於較低級別，但是經由他們自己的努力，而成功地提高自己級別者的子女來填補。自由職業主要由自由職業者的子女或有閒階級的子女來補充；

較高級的技術性勞動的職業，是由技術工的子女或與他們地位相等的商人階層子女來填補；較低級別的技術工的職業也是類似的情況；而非技術性勞工除了偶爾的例外，父親與子女仍然保持著原來的情況。結果迄今每個級別的工資都受到自己這個級別人口的增加所控制，而不是受到整個國家人口的增加所控制。」但他繼續說：「然而，現在習慣和觀念變化如此迅速，正在削弱所有這些劃分。」

他的先見之明已為他著書以來進展中的演變所證實。他指出的廣泛分界線幾乎為許多因素的迅速作用所消除掉了，這些因素正如我們在本章前面所看到的那樣，正在減少某些職業的技術和能力的需要量，而增加其他職業技術和能力的需要量。我們不能再把不同的職業看作是分布在四個大的類別了，但是我們或許可以把不同的職業視為類似於一個寬度不同的長梯，其中有些梯子如此寬，以致於作為連接樓梯頂端之用。或者甚至更好的是，我們可能會想到兩個梯子，一個代表「重手工業」（hard-handed industries，譯者註：所謂重手工業類似於藍領階級的業別，例如採礦、某些部門的交通、建築及農業。），另一個代表「輕手工業」（soft-handed industries，譯者註：所謂輕手工業類似於白領階級的業別，例如政府部門的勞務及一般商店、辦公室工作的業別。）；因為這兩個級別之間的縱向劃分與橫向劃分，實際上是一樣寬廣與顯著的。

當卡尼斯採用密爾的分類時，這種分類就失去了很大一部分價值（《政治經濟學的一些主要原理新論》〔*Some Leading Principles of Political Economy Newly Expounded*〕，頁 72）；基定斯（Giddings）（《政治科學季刊》，第二卷，頁 69-71）提出了一個較適合我們現有條件的分類。他的分類曾遭到反對，因為他在大自然沒有明顯的分界線之處，劃了明顯的分界線，但這個分類與把任何產業劃分為四個

級別可能一樣好；他劃分的級別是：(1) 自動的體力勞動，包括普通勞動者和照看機器者；(2) 可以負起責任的體力勞動，包括那些可以託付一定責任和自我指導的勞動；(3) 自動腦力的勞動者，如簿記員，以及 (4) 能負起責任的腦力勞動者，包括管理者和董事。

下面在第六篇的第四、五及七等三章，將更全面研究人口從一個級別到另一個級別的大規模和不斷上下移動的條件和方法。

對於供差遣和做其他沒有教育價值工作的男孩，不斷增加的需要會擴大父母把兒子送到將來沒有良好就業前景地方的危險；公家機構，更多的是非正式協會中的男、女，都在奉獻和努力，在這方面做一些事情，以警告人們不要去做這種「死胡同」（blind alley）似的職業，並協助年輕人為技術工作做準備。這些努力對整個國家來說，也許具有很大的價值，但必須要注意的是，這種指導和幫助不僅要提供給出身較低的工人階級，在必要時也同樣要提供給出身較高的工人階級，以免這個民族的退化。

第七章

財富的成長

第1節

在本章中，沒有必要區分財富應該視爲消費對象的觀點和看做是生產要素的觀點，我們所關注的只是財富的成長，也沒有必要強調財富作爲資本的各種用途。

野蠻民族的
財富形式。

最早的財富形式也許是漁獵的工具以及個人的裝飾品，還有在寒冷國家的衣著和茅舍。① 在這個階段，人開始馴養動物了，但起初動物之所以爲人喜愛，可能主要是因爲動物本身的緣故，因爲這些動物很漂亮，擁有動物令人感到很愉快；就像個人裝飾品一樣，人之所以想要動物，是因爲從擁有動物可以得到直接的滿足，而不是爲了儲備以應未來的需要。② 逐漸地，馴養的動物增加了；而在游牧時代，動物既是令擁有者快樂和驕傲，也是擁有者社會地位的外在象徵，同時也成爲最重要的一種財富的儲

---

① 在泰勒（Tylor）的《人類學》（*Anthropology*）一書中，對古代形式的財富成長及生活藝術有一個簡短但卻具啓發性的研究。

② 白芝浩（《經濟研究》〔*Economic Studies*〕頁 163-165）在引用高爾頓蒐集的關於野蠻種族養寵物的證據後，曾指出找到了關於以下事實的一個很好的實例，亦即無論一個野蠻種族如何不關心未來，也無法避免要爲未來作一些準備。一把弓、一個漁網，將使該種族很容易獲得今天所需的食物，而在未來的許多日子裡也可以使用；今天可以輕易地載一個人的一匹馬或一艘獨木舟，必定也是未來許多享受的儲備來源。最不節儉的野蠻暴君，可能會建造一大堆房屋，因爲這是他目前財富和權力最明顯的象徵。

備，累積起來以應未來的需要。

隨著人口變得稠密和人定居下來從事農業，耕地成
為最重要的財富；由於各種改良（其中水井居於顯著的地
位）而來的那部分土地的價值，從資本的狹義上來看，這
就是資本的主要成份。第二重要的是房屋、家畜，以及有
些地方的大、小船隻；但是生產的工具，無論是用於農
業，還是用於家庭製造，在很長的時間裡，價值都很小。
然而，在有些地方，各種形式的寶石和貴金屬，早就成
為人們想要的主要對象，也是公認的儲藏財富的手段，更
不用說君主的宮殿了，而在許多相對原始的文明中，很大
一部分社會財富主要用於宗教性的公共建築物、道路和橋
梁，以及運河和灌溉工程等這些形式。

文明初期階段的財富形式。

以上這些東西幾千年來一直都是累積財富的主要形
式。在城鎮中，房屋和家具的確居於財富的首位，較昂貴
的原料也組成了財富的很大一部分；但是，雖然城鎮居民
的人均財富往往高於鄉村居民，但他們的總人數卻很少，
因此他們的總財富遠遠低於鄉村居民的總財富。在整個這
段時間裡，唯一使用非常昂貴工具的行業，是水上運輸
業，而諸如織工的織布機、農夫的犁和鐵匠的鐵砧等都是
構造簡單，與商船相比，幾乎不用考慮其價值。但在十八
世紀，英格蘭開啟了昂貴工具的新時代。

直到最近，昂貴形式的輔助資本都沒什麼用途。

英格蘭農民的工具，在一段很長的時期裡，價值上
漲都很緩慢，但是在十八世紀，增長速度加快了。不久之
後，首先使用水力，然後使用蒸汽力，促使昂貴的機器在
生產部門中，一個接一個相繼迅速取代了廉價的手工工

但在最近幾年來，這些資本增長得非常快速。

具。與此前一樣，最昂貴的工具是船舶，以及在某些情況下，為了航行和灌溉的運河，現在以下這些東西的運轉工具也是最昂貴的工具；鐵道和電車道、運河、碼頭和船舶、電報和電話系統以及自來水廠；即使是煤氣廠也屬於這一類，因為這些工廠大部分都用來配送煤氣。在這些之後是礦場、鐵廠、化學工廠、造船廠、印刷廠以及其他充滿昂貴機械的大型工廠。

　　無論從哪一方面來看，我們都可以發現知識的進步和擴散，不斷導致新生產方法和新機械的使用，以節省人類的努力，前提是要花很長時間的努力後，才能達到最終的目的。要準確衡量這一進展並不容易，因為許多現代的產業在古代還未出現。但是，我們可以比較產品的一般特徵並未改變的四大產業——即農業、建築業、織布業和運輸業，其過去和現在的情況。在這些產業中，前兩者手工製作仍居於重要的地位，但即使在這兩種產業中，昂貴機械也有很大的發展。比如讓我們拿今天印度農夫（Indian Ryot）所使用的粗糙工具，與今天進步的蘇格蘭低地③農民所使用的設備相比，④並考慮現代建築商所

---

③ 譯者註：是指位於蘇格蘭中部相對較低的地帶，這與蘇格蘭北部的高地是相對的。雖然被稱為低地，但並不意味著該地的海拔高度就一定很低。

④ 包括 6 到 7 個成年男子的第一流印度農夫家庭的農具，主要是幾付木製的輕犁和鋤頭，總價值約為 13 盧比（菲爾爵士〔Sir G. Phear〕，《雅利安人的村莊》〔*Aryan Village*〕，頁 233），或相當於他們一個月的勞動；而在一個設備良好的現代大型耕地農場上，所使用的機器的價值相當於每英畝 3 英鎊（由莫登〔J.C.Morton〕編著的《農場的

使用的製磚機、製灰漿機、鋸切機、刨物機、作模機和開槽機、動力起重機和電燈。如果我們轉而討論紡織業，或者至少轉而討論那些生產較簡單產品的紡織業，我們發現早期的每個操作員對於使用的工具都是滿意的，這些工具的成本只相當於他幾個月勞動的成本；而在現代，單在設備當中所用的資本，以所僱用的每個男工、女工及童工來估計的話，就超過 200 英鎊，或相當於五年的勞動成本。再如，一艘汽船的成本也許相當於在該船上工作 15 年或更長時間勞動的成本；而投資在英格蘭和威爾斯鐵路的 10 億英鎊資本，相當於該鐵路所僱用的 30 萬工人二十多年工作的成本。

第2節

隨著文明的進步，人類一直在發展新的欲望，以及新　　　　而且還可能會繼續增長。

設備》〔*Equipment of the Farm*〕），或說相當於農場僱用的每個人一年的勞動。這些設備包括蒸汽機、開溝犁、挖土犁和普通犁，其中有些是以蒸汽機操作，有些則是以馬匹力量操作；各種挖掘機、耙草機、碾壓機、碎土機、播種機和施肥機、馬拉的鋤具、耙地機、乾草機、割草機和收割機、蒸汽或馬拉打穀機、乾草切割機、切菜機，乾草壓製機和許多其他的機器。與此同時，使用愈來愈多的地窖和有屋頂的庭院，不斷改良的製酪場和其他農場建築的設備。從長遠來看，所有這些都可以節省大量的人力，但仍然需要花費較大一部分的人力，為農民栽種農作物做準備。

的和更花錢的方式來滿足這些欲望。進步的速度有時很慢，偶爾甚至也會出現很大的倒退；但是現在我們正快速的前進，且一年比一年成長要快；我們無法猜測這種進步會停在哪裡。在每一方面，肯定都會進一步出現機會，所有這些機會都將改變我們社會和產業生活的性質，並使我們能夠轉而仰賴所儲存的大量資本，來提供新的滿足方式，並為遙遠未來的欲望，提供節約人力的新方法。似乎沒有充分的理由讓人相信，我們已處在任何接近於停滯狀態的地方了。在這個停滯狀態之下，沒有新的重要欲望待滿足，也沒有更多有利於目前投資的空間以備未來之需，且財富的累積也不再有任何的報酬。整個人類的歷史表明了，人的欲望隨其財富和知識的成長而擴大。⑤

---

⑤ 舉例來說，最近在美國一些城市進行的改良說明了，透過足夠資本的支出，就能有效地提供每個房屋所需要的東西，且可以較有效地擺脫所不需要的東西，從而能讓很大一部分人口居住在城市，但卻免除了許多城市生活的弊端。第一步就是在所有街道下面鋪設大型的坑道，把許多管道和電線並排放置其中，若有故障時可以進行修理，不會妨礙一般的交通，也不需要巨額的花費。然後可以在離城市很遠的地方（在某些情況下，在煤礦區中）發出動力，甚至可以產生熱力，裝設在任何需要的地方。軟水（譯者註：所謂軟水是指硬度低於 8 度的水。軟水中含有的可溶性鈣、鎂等化合物較少。）和泉水，甚至是海水和含臭氧的空氣，都幾乎可以裝在不同的管道中，送到所有的房屋；冬天可以用蒸汽管送暖氣，而夏天則可經由壓縮空氣來降低熱氣；或者，由裝在特殊管子裡的很大熱力的煤氣來供應熱能燈，光則來自特別適用於發光的煤氣和電力；而每棟房子都可能與城市的其他

　　隨著資本投資機會的增長，生產超過必需品的剩餘不斷地擴增，從而產生了儲蓄的力量。當生產技術還很粗糙時，幾乎沒有任何生產的剩餘，除非在一個有強大的統治族群，使隸屬的民眾以維生水準的必需品努力工作的地方，而那些地方的氣候又如此溫暖，以致於生活必需品不多且容易獲得，才會有例外。但是，生產技術以及為協助和支持勞動，從事未來生產，而累積的資本每一次的增加都增加了生產剩餘，而從這些生產剩餘累積了更多的財富。經過一段時間之後，在溫帶甚至寒冷的氣候中，文明便可能出現；只有在不削弱工人精力，且在沒有破壞文明所依賴的基礎的情況下，才可能增加物質財富。[6] 因此，財富和知識逐步不斷成長，且每向前一步，儲蓄財富和擴展知識的力量也隨之增長了。

與此同時，累積的力量已經有，而且未來或許也會同樣的增長。

地方進行電信溝通，包括那些仍在使用的家庭爐火，釋放出的所有不健康的煤煙，都可以經由長管道，用強大的氣流送走，並通過大型爐子進行過濾淨化，然後再通過巨大的煙囪，排放到高空中。要在英格蘭的城市中實施這樣的計畫，所需要的資本支出遠比我們的鐵路所要用的還要多。這種關於城市改善的最終過程的推測，可能離事實太遠了，但這種推測卻指出了許多方式當中的一個，在這其中，過去的經驗預示著投資於目前的努力，提供滿足我們未來欲望手段的廣大機會。

[6] 請參見附錄一。

第3節

在人類歷史發展的過程中，明確認識到未來，並為未來做準備的習慣緩慢且斷斷續續的發展。旅行家告訴我們，有些部落可以在不增加總勞動的情況下，只要能夠預先使用一點他們的力量和知識所及的手段，就能使他們的資源和享受倍增，例如，圍起他們小塊的菜園，以抵禦野生動物的入侵。

但是若與我們自己國家現在所看到的某些階級的浪費相比，甚至這種對儲蓄漠不關心也不足為奇。有些人時而每週賺兩到三英鎊，時而淪落到飢餓邊緣，這種情況並不罕見；當他們就業時一先令的效用低於失業時一便士的效用，即便如此，他們卻從不儲蓄，以備需要時之用。[⑦] 在相反的極端例子當中，卻有些守財奴，他們中的一些人對於儲蓄熱衷，已接近於瘋狂的邊緣了；即使在小土地所有者和其他某些階級之間，我們也經常遇到一些人，節儉到甚至連他們自己的必需品都捨不得花用，因而削弱了他們未來工作的力量。這樣，他們損失了各方面 —— 他們從未真正享受過生活；如果他們把物質形式所累積的財富投資於自己身上的話，則提升他們賺錢的能力所獲得的所得，要大過於他們儲存財富所帶來的所得。

在印度及在較小程度的愛爾蘭，我們發現了那些確實

---

⑦ 他們每年以百分之好幾千的利率「折現」未來的利益（請參見第三篇第五章第 3 節）。

放棄了目前的享受，並以極大的自我犧牲而儲蓄了大量資金，但卻都用在婚喪喜慶上的人。他們也爲不久的將來做斷斷續續的儲備，但幾乎對遙遠的未來不作任何永久性的儲備；重大工程已經大幅增加他們的生產資源，但這些工程主要都是來自不那麼克己的英格蘭人的出資而做的。

這樣，控制財富累積的因素，在不同國家和不同時代都有很大的差異。這些因素在任何兩個民族當中也不盡相同，甚至在同一民族當中的任何兩個社會階級中可能也都不一樣。這些因素在很大程度上決定於社會和宗教的認可；且值得注意的是，當習俗的約束力稍微寬鬆時，個人性格上的差異將導致在相同環境下長大的鄰居，在浪費或節儉的習慣上，彼此的差異幾乎比在任何其他方面的差異都更大，也更常見。

第4節

早期之所以不講究節儉，主要是因爲那些爲未來儲蓄的人缺乏使其享受到這種儲蓄的保障，只有那些已經很富有的人，才有足夠的力量去保有他們的儲蓄；勤勞和克己的農民累積著一點點的財富，卻只能眼睜睜地看著這點財富被強有力者奪走，這一直警告著他的鄰居，只要能夠，就要盡情享受愉快和安逸。在英格蘭和蘇格蘭之間的邊境地帶，只要劫掠不斷，就無法累積什麼儲蓄；十八世紀的法國農民只能假裝貧窮來逃避收稅者的掠奪，甚至在 40 年前，許多在莊園耕種的愛爾蘭小佃農，也都被迫用相同

安全是儲蓄的一個條件。

的方法來避免地主索取過高的地租。

　　這一類的不安全幾乎已經從文明世界中消失了。但是，我們在英格蘭仍為上個世紀初制定的〈濟貧法〉的影響所害，該法律為工人階級帶來了一種新形式的不安全感。因為該法律規定了工人工資的一部分，事實上要以貧窮救濟金的形式拿出來；而這種救濟金的分配，與他們的勤勞、節儉和預知未來的能力成反比，因此使許多人都認為為未來做好儲備是愚蠢的。甚至直到現在，由這種有害的經驗所培養出來的傳統和本能，仍是工人階級進步的一大障礙；而至少在名義上，現行〈濟貧法〉基礎的這個原則，即國家只考慮貧困，而根本不考慮功勞的做法，儘管影響力較小，但仍有相同的影響。

　　這類不安全也正在減弱。關於國家和個人對貧民的責任的開明觀點正在增長，使人們更加認識到那些自助者與努力為自己的未來做儲備者，比懶散和自私者更能得到社會較好照顧。但是這方面的進展仍然很慢，還有很多事要做。

第5節

貨幣經濟的
發展提供奢
侈新的誘惑
力，

　　貨幣經濟和現代企業習慣的成長，對於那些喜愛奢侈生活的人，提供了新的誘惑，因而阻礙了財富的累積。在古代，如果一個人想要住一間好的房子，他必須自己去建造，現在他發現很多好房子用租金就可獲得。以前，如果他想要好啤酒，他必須有一個好的釀酒坊，現在他可以買

到比自己釀造的既便宜又好的酒。現在他可以從圖書館借到書籍，不用去買；甚至於他可以先裝修他的房子，而不用先花錢去買家具。因此，在許多方面，現代買賣和借貸制度，再加上新欲望的成長，導致了新的奢侈方式，並使未來的利益置於現在利益之下。

但在另一方面，貨幣經濟使一個人可以把未來支出分配到各種用途。一個處於原始社會狀態的人，儲備了一些未來需要的東西，可能會發現他所儲存的那些東西，畢竟不像其他未儲存的東西需要那麼多；而有很多未來的欲望是不可能透過儲存貨物來直接滿足的。但是，他從儲存的資本獲得的貨幣所得，在他需要什麼時，就可以買什麼來滿足他的需要。[8]

但是也提供了一個新的確定性——儲蓄可以儲未來之需。

另外，現代的企業方法，也帶來了很多安全投資的機會，以便為沒有好機會從事任何企業的人產生收入，甚至在農業方面沒有機會的人，在某些條件下，也能為他們產生收入。土地的作用就好像一間值得信賴的儲蓄銀行一樣。這些新的機會已經促使一些人為自己的晚年儲備一些東西，如果沒有這些新機會的話，他們就無法這樣做。而且，對財富的成長有更大影響的是，貨幣經濟可使一個人在他去世後，更容易為其妻子兒女提供安全的所得，畢竟家庭情感是儲蓄的主要動機。

同時貨幣經濟也使得無經營能力的人，可以得到儲蓄充分的成果。

---

[8] 請參照第三篇第五章第 2 節。

第6節

　　的確，有些人看到他們手中積攢的財富在增加，就感到強烈的快樂，而且幾乎不曾想過從他們自己或他人使用的財富中可以獲得快樂。這部分是受到以下這些因素激勵，即追逐的本能、超越競爭對手的願望、獲得財富的能力，以及擁有財富以獲得權力和社會地位的雄心。有時由於一種反射作用，致使在眞正需要貨幣時，開始出現的習慣力量使他們在爲了累積財富而積累財富時，產生了一種人爲的且不合理的快樂。但是，如果不是因爲家庭的情感，許多現在努力工作並且小心儲蓄的人，不會爲獲得一個超過舒適生活的年金而努力工作。他們要麼是向保險公司購買保險，要麼是他們爲退休後每年花費的資本和其他所得的一部分做安排。在前一種情況下，他們在身後不會留下任何的東西；而在後一種情況之下，他們只留下因過早死亡，而沒用到原本爲晚年所作的儲備。人爲了家庭，而不是爲自己而勞動和儲蓄，可從一個事實當中看出來，即他們在退休後的花費，很少超過從儲蓄中獲得的所得，而寧願把他們儲存的財富，原封不動地留給他們的家人；而在這個國家，每年光以保險費的形式儲蓄的錢，就有 2,000 萬英鎊，只有在投保的人去世之後才能動用。

　　要刺激一個人的精力和進取心，沒有比提高生活水準的願望更強烈了，也沒有比讓他的家人比他自己開始時的社會地位高的願望更強烈了。這種願望甚至可以給他一種過度的熱情，使他把追求安逸和所有普通快樂的欲望減到

無足輕重的程度，有時甚至破壞了他內心更美好的感覺和
更高尚的抱負，也在所不惜。但是，正如現代美國財富的
驚人成長所顯示的那樣，這種願望使一個人成爲強大的財
富生產者和累積者，除非他的確非常急於攫取財富所給予
他的社會地位；因爲這時他的雄心可能會使他走上一條極
度奢侈的路，而這與由一種浪費和自我放縱的習性所造成
的一樣大。

　　最大的儲蓄是從那些在貧窮中長大，從事艱苦工作，
儘管在事業上很成功，但卻仍然保持著簡樸的習慣，蔑視
炫耀的花費，並渴望在逝世後，人們會發現他們比想像中
的還要富有的人中來的。在古老但充滿活力的國家當中，
較爲樸實的地區，經常見到這種性格，且在對法大戰和隨
之而來的重稅之後，英格蘭農村地區的中產階級，這種情
況已經持續一代以上了。

第7節

　　接下來，要討論累積的來源。儲蓄的能力取決於所
得超過必要支出的餘額，這個數額在富人中最大。在英格
蘭，大部分大額的所得主要來自於資本，但小額的所得只
有小部分來自於資本。而且在本世紀初，英格蘭的商業階
級比鄉紳階級或工人階級較有儲蓄的習慣。這些原因聯合
起來，使得上一世紀英格蘭的經濟學家，都認爲儲蓄幾乎
全部來自於資本的利潤。

　　但是即使是在現代的英格蘭，地租、自由職業人員

累積的來源
是剩餘的所
得；不管是
否是從資本
而來，

或是從地租以及自由職業者及受僱工人的酬勞而來的。

和受僱工人的收入也都是累積的重要來源；這些在所有早期階段的文明，都是累積的主要來源。⑨此外，中產階級，特別是自由職業階級，爲了把很多資金投資到子女的教育中，他們自己總是很刻苦；而工人階級很大一部分的工資都投入到子女的身體健康和強壯上。較早期的經濟學家很少考慮到人類的才能與任何其他資本一樣都是生產工具這一事實；我們可以得出與他們相反的下列結論：財富分配上的任何變化，只要使工資收入者得到較多的財富，而資本家得到較少的財富，在其他條件不變的情況下，都可能促使物質生產的增加，從而不會明顯地阻礙物質財富的儲存。當然，如果改變是經由激烈方法達成的，造成公共安全強烈的衝擊，那麼其他條件就不會不變了。但是，只要是在平穩且沒有干擾的情況下對物質財富進行的抑制，並爲人民大眾提供較好的機會，提升他們的效率，並在他們內心中發展出自尊的習慣，以便下一代培養出更有效率的生產者，則即使從純粹經濟的角度來看，對物質財富的累積進行輕微和暫時的抑制也不一定是有害的。因爲在此時，這種抑制比大量增加我們的工廠和蒸汽機存量，對促進長期內物質財富的成長有更多的貢獻。

民主國家公共財富的累積。

合作。

　　在一個財富分配得當且人民都有雄心壯志的民族，就會累積大量的公共財產；一些富裕的民主國家在我們這一代從其先輩那裡繼承來的絕大部分財產中，單以這種形式

---

⑨ 請參照理查・瓊斯（Richard Jones）的《政治經濟學原理》（*Principles of Political Economy*）。

所達成的儲蓄就構成了很重要的一部分。各種形式的合作
運動、建設協會、友誼協會、工會、工人的儲蓄銀行等等
的發展都顯示了，就物質財富的直接累積而言，即使該國
的資源都用於支付工資，也不會如過去的經濟學家所假設
的那樣，這些資源會完全損失掉。⑩

第8節

在研究了儲蓄方法和財富累積的發展之後，現在我
們可以轉而對現在的滿足和延遲的滿足之間的關係進行分
析，在我們研究需要時，就已經從另一個角度開始這種分
析了。⑪

在研究需要時，我們得知任何一個有某種商品可用
於多種用途的人，都會努力把這種商品在這些用途之間進
行分配，以便獲取最大的滿足。如果他認為把這種商品的
某些部分，從一種用途轉移到另一種用途，可以獲得較多
的滿足，那麼他就會這樣做。因此，如果他正確地進行分
配，則他對每一種用途的分配，就會停止在從每一種用途
的分配中，都獲得了相同數量好處的這麼一點上；換句話

我們必須轉
而分析一種
商品在現在
用途與延遲
用途之間的
分配。

---

⑩ 然而，必須要承認的是，有些所謂的公共財產通常只不過是以未
　來的公共收入作為抵押，而借入的私人財富。例如，市政當局的
　煤氣廠通常並非是公眾財富累積的結果。這些工程是為了公共利
　益，借入私人儲蓄的財富而建造的。
⑪ 請見前面第三篇第五章。

說，他在不同的用途之間進行分配，以使該商品在每種用途中都具有相同的邊際效用。

我們還知道，無論所有的用途都是現在的，或者某些用途是現在的，某些是延遲的，原則都相同；但在後一種情況下，要加入一些新的考慮，其中最主要的首先是，一個延遲的滿足，在未來是否可以享受到，在這點上必然會存有一些不確定性；第二，當考慮到人性的構成時，現在的滿足總是優先於預期未來可得到的且大小相等的滿足，儘管並非總是如此，但通常是如此。

一個人雖然喜歡目前的滿足勝過於未來的滿足，且雖然不願以等待來增加他的財富，他仍可儲蓄。

一個謹慎的人認為在他生命的各個階段，可以從相等的財富當中獲得同等的滿足，也許會努力在他的一生中把他的財富均等地分配；如果他認為未來某一天他賺取所得的能力有耗盡的危險時，他必然會為將來的時日儲蓄一些財富。不只是如果他認為儲蓄會在他手邊增加，即使他認為儲蓄會減少，他也會這麼做。他會在多天存放一些水果和雞蛋以備所需，因為到那時這些東西會變少，儘管保存這些東西並不會變得更好。如果他不懂得把自己的收入投資於商業或貸款上，以便從此獲得利息或利潤，那麼他將仿效一些我們自己祖先的做法，這些祖先累積小額的基尼，當他們從忙碌的生活中退休之後，把這些基尼帶到鄉下去。他們認為，當錢快速進入時，多花幾個基尼所獲取的額外滿足，會小於在晚年時，同樣的那些基尼為他們的購買所提供的舒適。對基尼的看管給他們帶來很大的麻煩；無疑地，他們會願意支付一些小額的費用，給任何一個能夠免除這種麻煩且不會帶來任何風險的人。

因此，我們可以想像出一種狀態，即儲存的財富只有很少的良好用途。許多人都想為自己的未來儲備，雖然他們之中有人想借用財貨，但是很少人能夠提供良好的安全保證，以在未來的某個時日裡，還回這些財貨或同等的財貨。在這樣的狀態下，延遲享受和等待享受將會招致懲罰而不是獲得報酬的行為；透過把他的財富移交給另一個人去看管，一個人得到的承諾是，還回的東西比他借出的東西更少，而不是更多；因此這個利率就是負的。⑫

因此，即使利息是負的，仍可以想像會有一些儲蓄；

這樣一種情況是可以想像得到的。但也可以想像出另一種情況，且那種情況幾乎同樣可能會出現，即人可能非常渴望工作，以致於他們寧願受到一些懲罰，作為獲得工作的條件。因為，就像一個謹慎的人為了自身的緣故，而願意推遲消費他財富的一部分一樣，做一些工作也是一個健康的人為自身的緣故而願意做的。例如，允許一個政治犯做一點工作，通常他會將其視為是一種恩惠。按照人類的本性來說，我們有理由把對資本所付的利息，說成是對等待物質資源的享受所做的犧牲的報酬，因為很少有人會在沒有報酬之下多儲蓄；正如我們所說的工資是勞動的報酬一樣，因為很少有人會在沒有報酬的情況下努力工作。

但是下面這個事情也同樣是正確的，那就是即使對工作有懲罰，有些工作還是會做。

因此我們可以把利息稱為等待的報酬；

---

⑫ 福克斯威爾（Foxwell）在 1886 年 1 月銀行家協會（Bankers' Institute）的一篇關於〈銀行業的若干社會面〉（Some Social Aspects of Banking）的論文中，對於利率在想像中可能成為負數的想法，提出了討論。

而不是節欲
的報酬。

　　為了未來的快樂，而犧牲目前的快樂，經濟學家稱之為節欲（*abstinence*）。但是這個詞已遭到誤解了；因為最大的財富累積者都是非常富有的人，其中有一些人生活得很奢侈，當然不會依這個名詞可轉換的節制（abstemiousness）這個意義去進行節欲。經濟學家的意思是，當一個人為了增加將來財力的目的，而放棄消費他有能力消費的任何東西時，他對這種個別消費行為的禁欲，就會增加財富的累積。然而，由於這個詞容易遭到誤解，我們最好還是避免使用之，而把財富的累積一般說成是推遲享受或「等待」（*waiting*）享受的結果。⑬或者，換句話說，財富的累積取決於人的「前瞻性」（*prospectiveness*）；也就是說，他看清未來的能力。

　　累積財富的「需要價格」（demand price），即一個人的環境使其能夠為未來而工作和等待，所獲得未來的快樂，有多種表現形式，但其大意總是相同的。一個建造擋風雨小屋的農民，當雪飄到那些花較少的勞動來建造他們小屋的鄰居家中時，得自於該小屋好處的額外快樂，就是

---

⑬ 卡爾・馬克思（Karl Marx）和他的追隨者，研究巴倫・羅斯柴爾德（Baron Rothschild）男爵以節欲來累積財富，發現了一些有趣的事，他們把這種節欲與每週七先令七口之家的勞工的奢侈對比，後者把其所有的所得都用完，完全無經濟上的節欲。麥克萬（Macvane）在 1887 年 7 月的《哈佛經濟學期刊》中提出了，利息是等待的報酬，而非節欲的報酬，以及等待而非節欲是一個生產要素的論點。

該農夫工作和等待所獲得的價格。與從衝動的掌握所獲得的直接滿足而產生的快樂相比，該種額外的快樂代表了對抗遙遠的禍害或為了滿足未來的欲望，而做的聰明的努力，所獲得的額外生產力。因此，這個快樂的增加，在所有的基本方面，都類似於退休醫生借給工廠或礦場資本，讓這些借錢者能夠改良機器，從中所獲得的利息；並且由於利息可用明確的數字形式來表示，我們可以把這種利息視為代表其他形式財富利息的一個類型。

一個人等待享受的能力無論是他直接經由幾乎所有享受原始來源的勞動獲得的，或是經由交換或繼承、合法交易或不擇手段的投機、搶劫或欺詐，從別人那裡獲得的，都與我們討論的目的無關；我們現在所唯一關注的要點是，財富的成長通常都與一個人在當下所能支配的（正當或不正當的）愉快，有意去等待以後再享受有關，以及他之所以願意這樣等待，乃是取決於他明確認清未來和為未來儲備的習慣。

第9節

讓我們再更仔細檢視這樣的說法，即正如人性的構成那樣，一個人對現有的犧牲可確保的未來快樂若增加，則人通常願意增加當前的犧牲。例如，假設村民必須從森林中獲取建造小屋的木材，這個森林距離遠見，則每天獲取木材的工作所帶來的未來舒適程度的報酬就愈小，那麼他們從每天工作所累積的財富中所獲得的未來利得就愈少；

從目前的犧牲所獲得的利益愈大，則儲蓄也愈大，

以目前的犧牲所得到報酬的未來快樂很小，往往會阻止他們增加小屋的面積，從而可能也會減少他們用來獲取木材的總勞動量。但這條法則並非毫無例外。因為，如果社會習俗使他們只熟悉於一種樣式的小屋的話，則他們離樹林愈遠，及從每天勞動所產生的利益愈小，他們的工作日數就愈多。

但並非總是如此。

同樣地，如果一個人預計不自己使用財富，而是借出以獲取利息，則利率愈高，他的儲蓄報酬就愈高。如果穩當的投資利率為 4%，他目前放棄了價值 100 英鎊的享受，他可以預期每年獲得價值 4 英鎊的利息，但如果利率是 3%，他只能預期得到 3 英鎊的價值。而利率下跌一般會降低這樣的邊際，在這個邊際上，一個人覺得以儲蓄一些他的財富，放棄目前的快樂，所能獲得的未來快樂會減少，所以放棄目前的快樂是不值得的。因此，這通常會使人現在多消費一些，且減少為將來的享受做儲備。但這條法則並非毫無例外。

因此，作為一個法則是，利率愈高，儲蓄也愈大，

但是對於這一法則，有例外。

約西亞·蔡爾德（Josiah Child）爵士在兩個多世紀前曾說過，在利率高的國家，商人「當獲得巨額財富時，就不會務商了」，而把錢借出以生息，「由此而獲取的利益很容易、很確定且很大；而在其他利率較低的國家，他們會繼續代代營商，既為自己，也為國家充實財富。」而現在，就像以前那樣，許多人在他們幾乎還是年輕力壯，且對人和事物的了解使他們比以往能更有效地經營企業時就退休。再有，正如薩金特（Sargant）所指出的那樣，如果一個人已經決定繼續工作和儲蓄，直到他為晚年或為

去世後的家人提供一定數量的所得爲止，他會發現，如果利率低時他必須儲蓄較多，利率高時可以儲蓄較少。例如，假如他希望，在退休後，每年能有 400 英鎊的所得，或在他去世後，爲妻子和孩子確保每年能有 400 英鎊而投保；如果目前的利率爲 5%，他只需要儲存 8,000 英鎊，或者投保 8,000 英鎊的壽險；但如果是 4%，他必須儲蓄 1 萬英鎊，或者投保 10,000 英鎊的壽險。

那麼，利率的持續下滑，可能伴隨著世界資本每年不斷的增加。但是爲了未來而工作和等待，所能獲得的遙遠未來利益會下滑，因此整體上說來，確實會減少人爲未來所做的儲備；或以較現代的詞彙說，利率的下降會抑制財富的累積，這也是正確的。因爲雖然隨著人類對於自然資源支配力愈來愈大，即使在利率很低時，人可能還是會繼續儲蓄很多；然而只要人性仍然和現在一樣的話，則每次利率的下滑，都會使更多人儲蓄得比利率未下降時要少。[14]

> 儘管有這些例外，但是利率下滑傾向於使儲蓄小於利率不下滑。

第10節

決定財富累積及其與利率關係的原因，與經濟學的各個部分都有很大的相關之處，無法輕易把對這些原因的探

> 暫時性的結論。

---

[14] 另請參見第六篇第六章。然而，這裡有一點值得注意的是，資本的成長有賴於對「未來財貨」的高度評價，似乎爲以前的學者高估了，而不是像龐巴衛克（Böhm-Bawerk）教授所認爲的是低估。

究都匯集在我們研究的一部分當中。雖然在本篇中，我們主要討論的是供給面，但似乎有必要在這裡先指出資本需要和供給之間的一般關係。我們已經知道：

財富的累積受到各式各樣的原因所支配；風俗、自制和對未來認知的習慣，其中最重要的是家庭情感的力量。安全是財富累積的必要條件，而知識和智力的進步在很多方面進一步促進了財富的累積。

付給資本的利率，即儲蓄的需要價格上升時，往往會增加儲蓄量。因為儘管少數人決定為自己或家人獲得一定數額的固定所得時，在利率較高時儲蓄會比利率較低時少，但是利率的上升會提升儲蓄的意願，這是一個通則；利率的提高也會增加儲蓄的能力，或者更確切地說，這顯示了我們生產資源的效率也會提高；但是以前的經濟學家建議以犧牲工資為代價而提高利息（或利潤），總會提升儲蓄的能力，這也未免說得太過了。他們忘記了從國家的角度來看，對工人子女投資財富與對馬匹或機器的投資一樣都富有生產性。

然而，必須要記住，每年投資的財富只不過是現有財富存量的一小部分，因此，即使每年儲蓄的利率大幅上漲，任何一年的財富存量也不會顯著地增加。

關於財富成長統計的註解

第11節

財富成長的統計史料非常少，而且還會誤導。這部分是因

為試圖對財富提供適用於不同時地的數字衡量，存在著固有的困難，而部分原因是缺乏有系統蒐集必要事實的嘗試。美國政府的確要求每個人申報其財產，儘管由此而獲得的結果並不令人滿意，但這些結果也許是我們所擁有的最好的。

對於其他國家財富的估計，幾乎完全必需要立基於所得的估計，這些估計是按不同年數的各種收益進行資本化而估算出來的；這個年數的選擇是參考以下的原則而做成的：(1) 當時所流行的一般利率；(2) 從使用任何一種形式的財富，而獲得所得有多大程度是由於 (a) 財富本身產生永久所得的能力；(b) 使用財富所花費的勞動，或資本本身。最後這一個項目對於鐵廠這種折舊快的情況特別重要，對於可能迅速耗盡的礦場，情況更是如此；這兩者都必須以很少年數的收益來進行資本化。另一方面，土地產生所得的能力可能會增加，因此在這種情況下，土地所獲取的所得，必須以很大年數的收益進行資本化（這可視為是第 2 點 b 項的負面情況）。

土地、房屋和牲畜這三種形式的財富，無論在何時何地都居於最重要的地位。但土地與其他東西的不同之處在於，其價值的增加通常主要是由於其稀少性的增加所致，因此，土地價值的上升，與其說是一種滿足欲望手段增多的衡量，還不如說是一種欲望增長的衡量。因此，1880年美國土地價值與聯合王國土地價值大致上相等，且約為法國的一半。美國土地的貨幣價值，在一百年前微不足道；如果此後兩、三百年的人口密度，在美國與聯合王國

幾乎相同，那麼美國的土地價值至少是聯合王國的 20 倍。

　　在中世紀早期，英格蘭土地的全部價值，遠遠低於冬季在土地上餓死的骨瘦如柴的少數動物的價值；現在，雖然大部分最好的土地，都是歸入房屋與鐵路用地等這些項下；雖然現在牲畜總重量可能是以前的十倍以上且品質更好；雖然現在有當時還不爲人所知的豐富農業資本種類；然而，現在農業用地的價值是農業資本的三倍以上。法國大戰幾年的壓力，幾乎使英格蘭土地的名目價值增加了一倍。從那時起，自由貿易、運輸的改良、新開發國家的開放，以及其他種種原因，降低了農業土地的名目價值。而且，這些原因已經使得英格蘭以商品計算的貨幣購買力相對於歐洲大陸上漲了。在上世紀初，法國和德國 25 法郎所能買到的東西，尤其是工人階級所需要的東西，比英格蘭的 1 英鎊所能買到的還要多。但現在這種優勢卻反過來了，這導致法國和德國近期財富的成長相對於英格蘭，表面上比實際上的要多。

　　當考慮到這一類的事實以及利率的下降，增加了任何所得進行資本化年數的收益，從而增加產生一定所得的財產的價值這一事實，我們就會知道，即使國民財富的估計，是立基於準確無誤的所得統計數據，這種估計仍然極爲容易產生誤解。但這種估計並非完全沒有價值。

　　季芬爵士的《資本的成長》（*Growth of Capital*）和奇奧薩‧曼尼（Chiozza Money）先生的《財富與貧困》（*Riches and Poverty*）對下表中許多數字，提出了啓發性的討論。但是他們的分歧也正顯示了，所有這樣的估計都有很大的含糊之處。曼尼先生可能低估了有農業建築的農業用地的價值。季芬

國家與估計者	土地（百萬鎊）	房屋（百萬鎊）	農業資本（百萬鎊）	其他財富（百萬鎊）	總財富（百萬鎊）	每人財富（鎊）
英格蘭：						
1679（佩帝）	144	30	36	40	250	42
1690（格雷戈里・金）	180	45	25	70	320	58
1812（科爾洪，Colquhoun）	750	300	143	653	1,846	180
1885（季芬）	1,333	1,700	382	3,012	6,427	315
聯合王國：						
1812（科爾洪）	1,200	400	228	908	2,736	160
1885（愛德史東，Edleston）	1,700	550	472	1,048	3,760	130
1865（季芬）	1,864	1,031	620	2,598	6,113	200
1875-	2,007	1,420	668	4,453	8,548	260
1885-	1,691	1,927	522	5,897	10,037	270
1905（曼尼）	966	2,827	285	7,326	11,413	265
美國：						
1880（普查）	2,040	2,000	480	4,208	8,728	175
1890-					13,200	208
1900-					18,860	247
法國：1892（蒂福維爾，de Foville）	3,000	2,000	400	4,000	9,400	247
義大利：1884（潘塔列奧尼）	1,160	360			1,920	65

爵士估計公共財產的價值爲 5 億英鎊；他省略了在國內所舉
的公共債務，理由是這些債務的登錄會彼此相互抵消，因爲在
公共財產下記入借方的數額，會與私人財產上計入貸方的數額
相等。但曼尼先生估計公共道路、公園、建築物、橋梁、下水
道、照明和水廠、電車等的總價值爲 16.5 億英鎊；並且，從
這個金額中扣除 12 億英鎊的公共債務，他得到了 4.5 億英鎊
公共財產的淨值；這樣，他就可以在私人財產項下自由計算國
內所持有的公共債務。他估計在聯合王國所持有的外國證券交
易所的證券和其他外國財產的價值爲 18.21 億英鎊。這些財富
的估計主要立基於對所得的估計；而且，就所得統計而言，可
以把注意力轉向鮑利（Bowley）先生在《從 1882 年以來國家
的進步》（*National progress since 1882*）一書，和在 1904 年
9 月的《經濟期刊》中具有啓發性的分析。

　　季芬爵士估計 1903 年大英帝國的財富（《統計期刊》，
第 66 期，頁 584）如下：

聯合王國	150 億英鎊
加拿大	13.5 億英鎊
澳大利亞	11 億英鎊
印度	30 億英鎊
南非	6 億英鎊
帝國的其他地區	12 億英鎊

　　羅傑斯從若干郡爲課稅而進行的評估中，已經推演出英
格蘭不同地區相對財富初步的演變史。勒維孔特・迪艾維納

（Le Vicomte d'Avenel）的大作《1200-1800年的財產經濟史》
（*L'Histoire Économique de la Propriété & c. 1200–1800*）
內有豐富的法國資料；萊維塞爾、勒羅伊比尤利、奈馬克
（Neymarck）和帝福維爾曾對法國和其他國家的財富成長進
行了比較研究。

　　克拉蒙德（Crammond）先生1919年3月在銀行家協會
（Institute of Bankers）的演講中，估計聯合王國的國民財富
為240億英鎊，國民所得為36億英鎊。他估計該國外國投資
的淨值，已跌至16億英鎊，最近賣出的證券達16億英鎊，
另外又借入14億英鎊。兩相抵的結果，該國似乎有26億英鎊
的債權；但這個數額很大的一部分，並不能看作是有足夠的擔
保。

第八章

產業組織

第1節

組織提升效
率是一個舊
的學說。

　　從柏拉圖時代以來的社會科學家，都很喜歡強調組織
提高勞動的效率這個主張。但在這一點上，正如在其他情
況下一樣，亞當・史密斯以縝密的哲學來闡述，並以實際
的知識來作說明，賦予了這個舊學說新的及更大的意義。
在堅持分工的利益，並指出這些利益如何讓更多的人在有
限的土地過舒適的生活之後，他認為人口對生存資源的壓
力，往往會淘汰那些由於缺乏組織或其他原因，而無法把
他們所居住地區的優勢作最好利用的種族。

生物學家與
經濟學家都
已經研究了
生存競爭對
組 織 的 影
響。

　　在很多人還沒讀到亞當・史密斯的著作之前，生物學
家對於高等動物與低等動物組織差別的真實性質的了解，
已經開始取得了很大的進展；在不到兩代的時間，馬爾薩
斯對於人類生存競爭的歷史敘述，開啓了達爾文對於動、
植物世界生存競爭結果的研究，而這使得他發現了物競天
擇不斷地發揮了淘汰作用的現象。從那時起，生物學所付
出的就超過他所得的；同時，經濟學家在社會及特別是產
業組織與在高等動物身體組織之間，發現了許多奧妙的相
似，因而受益良多。在少數的情況下，有些明顯的相似之
處，在更密切的研究後的確不見了；但有許多乍看之下似
乎是最為空想的，已逐漸得到其他類似之處所補充，最終
才能說明物質世界和精神世界中各種自然法則作用的基本
統一性。這個主要的統一性除了少數例外之外，可用下面
這個一般通則來闡明，即無論是社會的，還是自然的有機
體的發展，一方面增加了各個部分之間功能的分工，另一

方面促進各個部分之間更密切的聯繫。^① 對於各個部分愈
來愈不能自給自足，其自身的福利愈來愈仰賴於其他部
分，因此在高度發展的有機體任何部分的任何失調都會影
響其他部分。

　　這種功能細分的增加，或者稱爲「分化」
（differentiation），在工業方面的表現是分工、專門技
能、知識和機械的發展等這些方式；而產業有機體各個部
分之間聯繫的日益緊密和堅固的「整合」（integration），
就表現在商業信用的保障，以及使用海路和陸路、鐵路和電
報、郵政和印刷機等交通工具和習慣的增加等各種形式上。

　　從我們剛剛使用這句話的意義來說，那些最發達的有
機體就是那些最有可能在生存競爭中生存下來的有機體的
這個學說，其本身正處於發展的過程中。這個學說與生物
學或經濟學的關係，尚未完全解釋清楚。但是，我們可以
略過這一點，而去研究生存競爭導致那些最適於從環境中
獲益的這些有機體繁殖的法則，在經濟學的主要意義。

　　這個法則需要很仔細的解釋，因爲一個對其環境是有
益的東西，未必能保證其本身在物質世界或精神世界中得
以生存。「適者生存」（survival of the fittest）的法則陳
述了那些最善於爲自己的目的，而利用環境的有機體易於

分化與整合。

生存競爭的法則需要仔細的解釋。

---

① 請參見海克爾（Häckel）一篇標題爲〈人類和動物生活中的分
　工〉（Arbeitstheilung in Menschen-und Thierleben）的精彩文
　章，以及沙夫爾（Schäffle）的《社會團體的結構和生活》（*Bau
　und Leben des socialen Körpers.*）一書。

生存。那些最能利用環境的人，往往是最有利於他們周圍環境的人，但有時卻是有害的。

反過來說，生存競爭未必能使非常有利的有機體得以生存；在經濟世界中，對任何產業安排的需要未必一定會引起供給，除非這種需要不僅含有比欲望或需要更多的東西在內。這種需要必須是一種有效需要；也就是說，這種需要必須要對那些供給者提供足夠的支付或其他一些利益才能奏效。[2]單單只是員工想要參與管理他們工作的工廠，以分享利潤的願望，或者聰明的青年有接受良好技術教育的需要，此處所說的需要並不是一般所指的供給自然且肯定地隨需要而來的那種需要。這似乎是一個難以接受的事實；但是因為在未強索直接補償的情況下，相互提供服務那些種族的成員，不僅是在當時最有可能蓬勃發展，而且也最有可能在培育繼承他們良好習慣的大量後代這一事實，減弱該難以接受的真理中一些最嚴酷的特徵。

其最嚴酷的特徵可以由遺傳法則而減弱。

第2節

父母的照顧對於人類生存的影響。

即使在植物的世界中，一種不顧其種子好壞的植物，無論其生長如何旺盛，很快就會在地球上消失。在動物

---

[2] 像所有其他同類的學說一樣，這需要根據以下事實來解釋，即購買者的有效需要取決於他的財富以及他的欲望；對於左右這個世界的企業安排來說，富人的一個很小的欲望往往會較窮人的一個很大的欲望更有效。

界，家庭和種族責任的標準往往很高；即使是那些我們習慣上認爲是殘忍的，肆無忌憚地利用環境，而做任何事情都不計報酬的肉食性動物，作爲個體而言，也必定願意爲了後代的利益而努力。而從家庭的狹隘利益進到種族的利益時，我們發現在諸如蜜蜂和螞蟻這樣的群居動物中，那些種族得以生存是因爲在爲社會執行各種任務時，每一個體都盡自己最大的精力，而不計自身的直接利益。

但是，當我們說到有理性和能言語的人類時，在影響強化種族的種族責任感方面，有更多不同的形式。的確，在人類生活較未開化的階段，個人對他人提供的許多勞務，都因爲遺傳的習慣和無理性的衝動，幾乎就像蜜蜂和螞蟻一樣。但是慎思，因而是道德、自我犧牲，很快就會顯現出來；這是由先知、祭司及立法者的遠見引導所促成的，並爲寓言和傳說的灌輸而出現的。漸漸地，較低級的動物中所存在的那種無理性的同情，擴展爲人類有意行爲的基礎；種族的情感從不高於一群狼或一群土匪的水準開始，逐漸發展爲一種高尚的愛國主義，宗教的理想也提升並淨化了。在其他條件相同的情況下，這些特質最發達的種族在戰爭和在對抗饑荒和疾病時，確定都比其他種族要強大，因而最終得以繁衍下去。因此，從長遠來看，那些最願意爲了周圍人的利益而犧牲自己，因而最會集體利用其環境的這些種族，生存的競爭使他們得以存活下來。

然而不幸的是，並非所有使一個種族勝過另一個種族的特質，都能有利於整個的人類。毫無疑問地，過度強調以下這樣一個事實是錯誤的，即好戰的習性，常常能使

在人類中，自我犧牲是有意的，同時也是一個種族強大的基礎。

但是好和壞卻混合在一起，

半野蠻的種族得以征服其他那些在和平美德上都優於他們的種族，因為這樣的征服已經逐漸增強了人類旺盛的精力，及承擔偉大事物的能力，最終可能利超過弊。但是，一個種族不以靠著另一種族而得的繁榮，來主張該得到世界的回饋，此一宣稱是沒有根據的。因為，雖然生物學和社會科學都指出，寄生的種族有時會以意想不到的方式有益於其所寄生的種族；但在許多情況下，寄生的種族為了自己的利益，而充分利用所寄生的那個種族的特性，但卻沒有給所寄生者任何好的回報。在東歐和亞洲，對於猶太人和亞美尼亞人放高利貸的勞務，或加利福尼亞州對於中國勞工的勞務，都有經濟上的需要這一事實本身，並不能證明，甚至也不能讓人強有力地相信，這樣的安排提高了整個人類生活的品質。因為，儘管完全依賴自己資源的種族，除非有最重要的社會美德，否則幾乎無法繁榮起來；然而，一個沒有這些美德，也不具備獨立偉大的種族，也許也能夠依賴與另一種族的關係，而得到茁壯成長。但總的來說，除了重大的例外之外，那些最優良的特質發展最強烈的種族就能生存和占優勢。

> 特別是在寄生種族中，情況更是如此。

第3節

> 社會階級制度在當時是有用的，但也並非毫無缺點。

這種遺傳的影響在社會組織上表現最為顯著。因為社會組織必然是緩慢成長的，是許多代人的產物；這必須建立在一大群人民那些無法快速改變的風俗和習慣之上。在古代，當宗教、儀式、政治、軍事和產業組織還密切相

關，且的確是同一事物的不同面時，幾乎所有那些領導世界進步的國家，都一致地採用了或多或少嚴格的社會階級制度；此一事實本身證明了社會階級的區分非常適合其環境的需要，而且總的來說，使採用該制度的種族或國家強大了。因為既然該制度是控制生活的因素，如果該制度不會帶來重大利益的話，則採用該制度的國家一般就不會勝過其他國家。這些國家的優越並不證明了該制度沒有缺陷，而是證明了相對於特定的進步階級，該制度的優點超過了其缺點。

　　再者，我們知道，一種動物或植物可能因其具有兩種特性，而與其競爭對手不同，其中之一對其很有利，而另一種則不重要，甚至也許稍微有害。儘管有後者的存在，但這種動物或植物得以成功生存，主要還是前一特性所致；後一種特性的存在，無法證明其是有益的。同樣地，生存競爭的存在使人類保留了許多不利的特性和習慣，但卻與那些強大力量來源的特性和習慣，或多或少永久聯繫在一起了。在那些主要由於軍事勝利而獲得進步的國家中，存在著那種傲慢舉止及藐視勤奮的傾向；同樣地，在那些商業國家中，有把財富看得太重，或把財富用來炫耀的傾向，這都是例子。但是最引人注目的例子還是在組織問題當中；儘管社會階級制度有很大的缺點，但其中最主要的缺點還是在於其僵硬性，以及為了社會利益，或者為某些特殊的社會緊急情況而犧牲個人的利益，但社會階級制度與其特殊的功能極為適應，因而使其能夠盛行一時。

　　若不考慮中間的階段，而直接討論西方世界的現代組織，我們發現其與社會階級制度形成了鮮明的對比，且也同樣具有驚人的相似之處。一方面，變通性已經取代了僵硬性，從前一

在現代西方
世界，不同
產業階級之
間的關係也
是如此。

成不變的產業方法現在變化快得令人眼花撩亂；階級的社
會關係以及個人在他的階級當中的地位，從前依照傳統規
則而固定不變，現在則完全是可變的，且是隨著當時不斷
變化的環境而改變其形式。但另一方面，爲了物質財富的
生產，個人爲社會的急需而做的犧牲，在某些方面似乎是
一種返回到祖先時代的現象，回復到遙遠社會階級時代統
治的情況。因爲產業中不同等級之間的分工，以及同一等
級不同個體之間的分工如此徹底和不協調，以致於生產者
爲了提高他工作所帶來的物質財富總產量的增加，有時反
而陷入了犧牲其眞正利益的危險之中。

第4節

亞當‧史
密斯是謹愼
的，但他的
追隨者卻誇
大了自然組
織的學說。

　　亞當‧史密斯雖然堅持在他那個時代以空前速度發
展的細微分工和精細產業組織的一般利益，但也謹愼地指
出該制度在許多方面是失敗的，並有許多伴隨而來的弊
端。③ 但他的許多追隨者的哲學洞察力較差，而且在某些
情況下，對世界眞正的認知也較少，因而大膽地主張說，
無論如何這一切都是對的。例如，他們認爲如果一個人有
經營企業的才能，他肯定會利用這些才能來造福人類；他
爲了追求自己的利益，因此會促使其他人爲他提供可以利
用的資本，因爲他可以作最佳的使用；同時他爲了自己的
利益，也會如此安排所僱用的那些人，讓每個人都能做他

---

③ 請參閱第一篇第四章第 8 節及後面的附錄二第 3 及 6 節。

能夠做的最高級的工作，而不是做其他的事情；且他會購買和使用所有機器和其他有助於生產的東西，這些東西在他手中可能做出的貢獻超過這些東西供給世界需要所花的成本。

這種自然組織的學說所包含的對人性最重要的真理，幾乎多過於任何其他同樣可能為那些在沒有充分研究的情況下，就討論重大社會問題的人所不理解的學說，這種其他的學說對誠摯且深思的頭腦格外具有魅力。但對這種學說的誇大其實危害很深，尤其是對那些最喜歡該學說的人來說，危害更深。因為這種學說會讓這些人看不到，也無法消除周圍正在發生的變化中與優點交織在一起的弊端。這種學說也阻礙了他們去探究甚至現代工業的許多更廣泛的特徵，是否可能不是過渡性的，這些特徵在他們那個時代的確運作得很好，就好像當時的社會階級制度一樣；但是，就像社會階級制度一樣，主要是為了有助於引導出一個更幸福的時代，並為其安排一條較好的路。如果這種學說是為了反駁其誇大的反應而鋪路，則的確就是有害的。

第5節

更有甚者，該學說沒有考慮到器官因使用而變得強壯的事實。赫伯特・史賓賽曾力主一個法則，即如果任何身體或精神上的使用都能帶來快樂，並因此而經常使用的話，那麼那些使用到的身體或精神器官就會迅速發育。在較低級的動物中，這條法則的作用的確與適者生存如此密

他們對於最能發展才能的條件，關注的太少了。

切交織在一起，以致於不需要經常強調兩者之間的區別。因為
這可能是先驗上可以猜測出來的，透過觀察似乎也能證明，在
生存的競爭之下，往往會使動物不太樂於使用那些無助於促進
其福祉的官能。

　　但是，一個擁有堅強個性的人，具有較大的自由。他喜
歡為了使用才能而使用他的才能；有時無論是隨意地為了重要
的目標而奮鬥，或是在審慎和堅定的控制之下，高貴地使用這
些才能；有時則像嗜酒的病態發展一樣，不體面地使用這些才
能。工業進步所依賴的宗教、道德、知識和技藝等各種才能之
所以得以發展出來，不僅僅是因為這些才能可以獲得的報酬，
而是因為這些才能本身帶來的快樂和幸福而加以運用的結果；
同樣地，經濟繁榮的更重要因素，即一個秩序井然的國家組
織，是無數種類動機的產物，其中許多的動機與國家財富追求
沒有直接關聯。④

　　毫無疑問地，父母在其一生中所獲得的身體特徵，即使
有，也很少會遺傳給他們的子孫。但似乎沒有一個決定性的例
子可以說明，那些在身體上和精神上都過著健康生活的人，所
生的子女所具有的體質，不會比那些在不健康的影響下，身心
素質都受到削弱的父母，所生的子女那樣強壯。不過，可以確
定的是，前一種情況較後一種情況，子女出生後可能會得到較
好的營養及受到較好的訓練，會獲得較健全的本能，並較尊敬

---

④ 人類有許多動機，可以使他有意地促進自己某一種特性的發展，也同
　樣可以有意地遏制自己另一個特性的發展；中世紀進步緩慢，部分是
　人們有意地憎惡學習所致。

別人也較有自尊，這些都是人類進步的主要動力 。[5]

那麼需要努力地探究當前的產業組織，是否不可能如此有利地進行修改，以便在使用潛在的智能，在從這些智能的使用中獲得快樂，且在透過使用這些智能，加強這些智能等方面，增加那些低級產業的機會，而得到好處；既然如果這種改變是有益的，那麼生存競爭早就已經促成這種改變了的這種論點，必須視爲無用而丟棄。透過預測未來並爲下一步做好準備，人類對自然發展控制的擴展，雖然是有限的，但卻能有效的控制。

因此，透過以下的方式可以加速進步，即藉著思想和工作、藉著把優生學原理應用到以較高的，而非較低的血統來改良種族，以及藉著對兩性的才能，進行適當的教育；但是無論如何加速，都必須是漸進的，且相對緩慢的。相對於人類對技術和對大自然支配力量不斷的增加，這種進步必定是緩慢的；這種支配愈來愈需要勇氣和謹慎、需要機智和堅決、需要銳利的洞察力和遠大的眼光。

> 產業結構的改變有賴於人類的發展，因此必然要麼是漸進的，要麼就是不穩定的。

---

[5] 請參閱數學附錄註 11。這類的考慮很少能適用到諸如老鼠這種動物的發育，也根本完全無法適用到豌豆和其他植物的生長。因此，與這種情況的有關的遺傳，所得出的奇妙的算術結果，無論是否爲暫時性的，對社會科學學者所關注的整個遺傳問題幾乎毫無影響。而傑出的孟德爾學派學者（Mendelians）對這一主題的一些否定的說法，似乎缺乏適當的斟酌。關於這個主題的優異評述，可見諸於庇古教授的《財富和福利》（*Wealth and Welfare*），第一部分第四章。

而且進步必然非常緩慢，以致於不可能在新的基礎上迅速跟上社會改組的建議。事實上，我們對大自然的新支配，一方面爲較大系統的產業組織敞開了大門，這種組織系統遠較在不久之前，在物質上可能做到的還要大，另一方面也對那些倡導社會和產業結構新發展的人，加諸了更大的責任。因爲，雖然制度可以迅速改變；然而，如果制度要能持久，則必須要適合於人類。如果制度的變化比人類的變化快得多，制度就無法保持穩定。因此，進步本身增強了下面這個警告的緊迫性，即在經濟世界中，自然界絕無大躍進（*Natura non facit saltum*）。[6]

　　進步必定是緩慢的；但即使僅僅從物質的角度來看，也要記住的是，如果改變能讓人類爲一種組織做好準備，也能使人類適合於這種組織，而該種組織對於財富生產比較有效，且對於財富的分配也比較平均的話，則即使這種改變只是增加一點點生產上的直接效率，這種組織也是值得採用的；每一個讓低等級產業中高級才能浪費的制度，都會招致嚴重的質疑。

---

[6] 參見附錄一第 16 節。

第九章

產業組織：分工、機械的影響

第1節

　　有效率產業組織的第一個條件是，應該要讓每個受僱者所從事的工作都是他的能力和訓練所最適宜做的工作，並且應該要為他配備最好的機器和其他工具。我們目前暫時先把執行生產細節的那些人與做一般管理工作，並承擔風險的人之間的分工問題放一邊，而只研究不同等級工人之間的分工，特別是要探究機械的影響。在下一章中，我們將討論分工和產業地區化的相互影響；再下一章，我們將探討分工的利益決定於大量資本集中在個人或個別廠商手中的程度有多大，或者如通常所說的，取決於大規模生產的程度有多大；最後，我們將檢視企業管理工作日益專業化的情形。

　　每個人都熟悉「熟能生巧」（practice makes perfect）這樣一個事實，這使得起初看似很難的一項工作，在經過一段時間後，就能以較少的力量，做出比以前

要好得多的成果，生理學在某種程度上解釋了這個事實。因為生理學提出的各種理由，讓人相信這種變化是由於多少有點「反射」（reflex）或自動作用的新習慣，逐漸養成所致。就如同睡眠中的呼吸這種完全反射的作用，是由局部神經中樞負責執行的，與負責思維能力的最高中樞神經無關，而這種中樞神經應該是位於大腦中。但所有有意識的舉動，都需要主要中樞神經的注意；中樞神經從神經中樞或局部神經，在某些情況下，可能直接從知覺神經得到訊息，並向局部神經，或者在某些情況下，直接向肌肉

神經發送詳細而複雜的指示，以協調他們的行動，從而達到所
要求的結果。①

---

① 例如，一個人第一次嘗試溜冰時，他必須全神貫注於保持平衡，他的
大腦必須要直接控制每一個動作，因此沒有太多的精力去做其他的事
情。但經過大量的練習之後，動作就變得半自動了，局部神經中樞就
可以承擔幾乎所有調節肌肉的工作，大腦就放鬆了，人就可以不斷地
進行獨立的思考了，他甚至可以改變方向，以避免在途中遇到障礙，
或者在受到輕微不平衡的干擾時，可以恢復平衡，同時也不會打斷思
路。在位於大腦中思維力的直接指揮下，神經力量的運用似乎已經逐
漸在神經和中樞神經之間建立起一套可能還包含有明顯身體變化的聯
繫；而這些新的聯繫可以視爲是一種神經力量的中心。局部神經中樞
可能有些類似於有組織的官僚機構；骨髓，脊椎骨軸和較大的神經節
通常扮演省級機構的角色，並且能夠在一段時間後，對區和村政府機
構進行調節，而不必麻煩到中央政府。他們很可能會發送正在發生事
情的有關消息，但如果沒有礙事的事情發生的話，那麼這些消息就很
少受到關注。然而，當必須完成一項新的動作時，例如學習向後溜，
整個思維力量就需要立即動用起來，借助於在平常溜冰時已經建立起
神經和神經中樞的特殊溜冰系統，思維力量現在可以做到沒有這些幫
助根本不可能做到的事情。

以下再舉一個較高層的例子，當一個藝術家盡全力在作畫時，他的大
腦完全貫注於他的畫作上；他的整個精神力量都投入於其中，因爲太
緊張了，以致於無法持續太久。在幾個小時快樂的靈感中，他可能發
表出對後代人的性格產生明顯影響的思想，但他的表達能力是透過無
數個小時的辛苦工作而得來的，在這些工作中，他逐漸建立了眼和手
之間的緊密聯繫，足以使他即使正在進行一場全神貫注的談話，且幾

知識及智
能。

　　我們還不十分清楚純粹的腦力勞動的生理基礎；但
是，我們對大腦結構的成長確實知道的那一點知識，似乎
表明了任何一種思維的練習都會發展出大腦不同部分之間
的新聯繫。無論如何，我們知道一個事實，就是能夠使一
個人在沒有付出多大的努力之下，就能快速解決即使在不
久之前盡最大的努力，也無法完善解決的問題。商人、律
師、醫生和科學家的頭腦，逐漸儲存了豐富的知識和直覺
的才能，這種知識與才能的獲得，除了一個強而有力的思
想家多年以來盡最大努力，持續不斷應用到一個多少有點
狹小的問題之外，別無他法可以獲得。當然，這個大腦無
法每天都朝著一個方向努力工作很多時間；一個勤勞的人
有時會在不屬於他事業的工作中找到快樂，但對於一個一
整天都要做此工作的人來說，這將讓他感到疲憊。

改變活動通
常是一種放
鬆的方式。

　　一些社會改革者的確認為，那些做最重要的腦力工
作的人，也可以做相當一部分的體力工作，而不會減弱他
們獲取知識或思考難題的能力。但是，經驗似乎指出，減
輕過度緊張的最佳辦法，在於致力於適合於當下情緒的工
作，當情緒一過便停止下來，也就是說，以通俗的直覺來
歸類，就是屬於「放鬆」（relaxation）這一類的事情。
任何一種有條不紊的工作都必須要透過意志力強迫自己努
力繼續做下去，這種工作就會用到他的神經力量，就不完

乎沒有意識到手裡拿著一支筆時，就能對他極為熟悉的東西，畫
出好的粗略草圖來。

全是消遣了；因此從社會的觀點來看，這是不經濟的，除
非其價值超過對其主要工作所造成的巨大損害。②

第2節

在最高級的工作部門中，應該進行多大程度的專業
化，這是一個困難且尚未解決的問題。在科學方面，青年
時期研究的領域應該是廣泛的，而隨著年歲的增長，應該
要逐漸縮小，這似乎是一個合理的法則。一個總是把注意
力集中在某一類疾病上的醫生，即使就他的專業所提供的
建議，也許還不如另一個人，後者透過更廣泛的經驗，而
想到那些與一般健康相關的疾病，逐漸愈來愈集中對這些
疾病的研究，因而累積了大量的特殊經歷和微妙的直覺。
但毫無疑問地，透過對那些僅需要手工技術的職業進行分
工，可以大大提高效率。

亞當・史密斯指出，一個一生只做釘子的人，他的工

> 在較高級別
> 的工作中，
> 極端的專業
> 化並非總是
> 提高效率。

> 但是在一個
> 狹窄的工作
> 範圍之內，
> 容易獲得高
> 度的手工技
> 術。

---

② 密爾甚至認為他在印度辦事處（India Office）的工作，並未妨
礙到自己的哲學研究。但是，他可能不知道自己分散最旺盛的精
力，對自己最好的思維品質降低的程度有多大；雖然這種精力的
分散可能只不過稍微減少了他對自己那個時代顯著的貢獻，但卻
大大影響了他做那種會影響後代思維方式的工作力量。達爾文之
所以能做出如此多的那一類工作，是因為他謹慎使用每一份微小
的體力；而如要一個社會改革者把達爾文的休閒時間榨乾，即使
用於有益的工作上，那對社會也無異是做了一件非常糟糕的事。

作速度比一個只偶爾製造釘子的一流鐵匠要快兩倍。任何一個必須日復一日地在完全相同種類工作上，進行一組完全相同工作的人，逐漸就可學會按照他們想要的方式移動手指，幾乎都是自動的動作，且比如果每次動作都必須要審慎等待大腦發出指示才去做的人要快很多。在一個棉紡廠所看到的孩子纏紗，就是一個為人所熟知的例子。同樣地，在服裝或靴子廠中，無論是手工還是機械縫製，只在一塊相同尺寸的皮革或布料上，時復一時、日復一日地做相同的接縫工作的人，要比一個眼和手的速度都較快，並具有較高級別的普通技術，且習慣於製作整個外套或整個靴子的人，來得更省力，且更快速 。③

---

③ 最好和最貴的衣服是由高技術和報酬高的裁縫縫製的，他們每一個人都縫製完一件，然後再縫製另一件衣服；而最便宜和最差的衣服則是由極低工資的無技術婦女縫製的，他們把布料拿回自己家裡，且每一部分都由一己之手縫製。但是，品質居中的衣服是在小工作場所或工廠製作的，只要工作人數的多寡許可的話，就一再進行分工；而且這種方法很快就勝過其他的競爭方法，迅速在最好與最差衣服的製作當中崛起了。勞德代爾勳爵（《研究集》，頁 282）引用了聖諾芬（Xenophon）的論點說，當每個人都把自己限定於做某個簡單的工作時，才能完成最好的工作，就像一個人專製男鞋，另一個人專製女鞋；或者更好的是，一個人只縫鞋或縫衣服時，另一個人只負責裁剪，這樣就可做出最好的工作；國王的烹飪之所以比其他任何人的烹飪都要好得多，是因為他有一個只負責煮東西的廚師，另一個只負責烤肉的廚師；一個只煮魚的人，另一個只煎魚的人；沒有任何一個人要製作各種麵包，而是一個專人負責一種專門特質的麵包。

　　此外，在木材和金屬工業中，如果一個人必須在同一塊材料上一遍又一遍地進行完全相同的工作，他就養成了按照所想要的方式處理材料，並把他必須操作的工具和其他東西放在一個位置上，使這些工具等彼此配合，好讓他能夠在自己身體移動時，盡可能減少時間和力量等這些習慣。習慣了這些東西總是在同一個位置，並按照相同的順序使用之，他的手彼此之間幾乎就能夠自動相互協調運用；且隨著不斷練習，他的神經力量的消耗，甚至比他的肌肉力量的消耗減少得更快。

在木材和金屬行業中，許多生產工作是很單調一致的。

　　但是，當這個動作已經減少到固定的一套時，幾乎就已達到可以為機器取代的階段了。主要要克服的困難就是如何使機器能把材料固定在確切的位置上，使機器能夠正好朝向材料，並且不會浪費太多時間來握住材料。但是，這要是值得花一些勞力和費用去設計的話，通常是可以設計出來的；那麼整個的操作通常就可以由一個工人來控制，工人坐在一部機器前，用左手從一堆木頭或金屬取出一片，並將其放在一個置物槽中，而用右手拉下一個控制桿，或以某種其他方式，讓機器工具工作，最後用他的左手把經過一定方式切割過、打孔過、鑽過，或刨平過的材料扔到另一堆裡。特別是在這些產業中，我們發現現代工會的報告充滿了抱怨，抱怨過去需要訓練有素的機械師的技術和判斷才能做的工作，但是現在由於機器的改進和分工細微程度不斷的增加，這些工作已經成為一套簡單的固定動作，因而那些非技術的工人，甚至他們妻子兒女，也都在從事這些工作了。

手工勞動及機器的範圍。

第3節

分工與機器
發展的關
係。

　　這樣，我們可以推得一個一般的法則，其作用在某些製造業部門比另一些部門顯著，但卻可適用於所有的部門。也就是說，這個法則是指任何可以化約為一致的製造操作，以致於可以用相同的方式，反覆完成同樣的事情，肯定遲早會被機器取代。可能會有一些耽擱和困難，但是如果要用機器完成的工作規模夠大的話，那麼就會不吝嗇地把金錢和發明的能力用在這些工作上，直到達到機械化為止。④

----

④ 據傳，有某位大發明家花了 30 萬英鎊，用於紡織機械的實驗，據說他的支出已經獲得豐厚的報酬了。在他的發明中，有些是只有天才才能夠做出的；無論需要有多大，這些發明都必須等到合適的人出現才能做出來。他為每臺梳毛機收取了還算合理的 1,000 英鎊作為專利權使用費；一個毛線製造商，在工作滿滿的情況下，發現在專利權到期前 6 個月，支付額外費用，多購買一臺機器仍是值得的。但是這種情況是例外的；通常，專利機器並非很貴。在某些情況下，把這些專利機器全部都集中在一個地方，由特殊的機械來生產，其經濟如此之大，以致於專利權人發現以低於所取代的劣質機器的舊價格，出售這些專利機器，對他仍是有利的；因為舊價格給了他如此高的利潤，以致於為了讓新機器用於新的目的和新的市場，他甚至還會進一步降低價格。在幾乎所有的行業中，許多事情還是由手工完成的，儘管眾所周知的，這些事情只要透過一些已經在那個行業或其他行業中使用的機器加以改裝，就可以很容易用機器來做，而這些機器之所以還

　　這樣，機械的改良和不斷增加的分工這兩個運動已經同時並進了，且在某種程度上是相互聯繫的。但這種聯繫並不像人一般所認為的那麼緊密。由於市場的擴大，對大量同類物品需要的增加，以及在某些情況下，對極為精密製造的東西需要的增加，導致了進一步的分工；機械改良的主要作用是使那些無論如何都要分工的工作，變得更加便宜，且產品變得更為精密。例如，「在組織蘇荷區（Soho）⑤ 的工廠時，布爾登（Boulton）⑥ 和瓦特（Watt）發現必須要讓分工達到實際可達到的那一點。那時還沒有像現在這種幾乎可以使建築機械達到精確無誤的滑動車床、刨床或鑽孔工具。一切都取決於個別機械工的手和眼的準確性；然而那時的機械工的技術遠不如現在的機械工。布爾登和瓦特設法解決這個困難的方法，就是限制他們的工人專門從事某個特定類別的工作，盡可能讓他們成為某類工作的專家。透過不斷操作相同的工具和製造相同的東西，因此他們的工人每個人都變得十分熟練」。⑦ 這樣，機械不斷取代純手工的技術，並使手工技術變得沒有

機器取代了純手工勞動的技術；

因此減少一些分工的優勢；但卻擴大了分工的範圍。

　　未製造出來，只是因為到目前為止，還沒有足夠的使用量，來抵補製造改裝這些機器的麻煩和費用而已。

⑤ 譯者註：位於英國倫敦西部的次級行政區西敏市境內。

⑥ 譯者註：英國的製造商和工程師，1762 年因創辦蘇荷區工廠需要動力，因此認識了瓦特。

⑦ 請參閱史邁爾斯（Smiles）所著（《布爾登與瓦特》（*Boulton and Watt*）一書，頁 170-171。

必要了，即使到了亞當・史密斯的時代，這種純手工技術的獲得，也還是分工的主要利得。但是這種影響擴大了製造業的規模，使製造業更加複雜；並因此而增加各種分工的機會，特別是在企業管理方面，這種分工的機會更遠遠超過了上述這種影響。

第4節

以機器製造
機器開啓了
互換零件的
新紀元。

對於那些需要高精確度，無法用手完成而須由機械力量做的工作，也許最容易在某些金屬工業部門中看出來，在這些部門當中，互換零件的制度正在快速的發展。只有經過長時間的訓練，且投入相當多的注意與勞動，手才能把一片金屬準確地製造成與另一片金屬相似或與另一片金屬相互配合；這種精確度終究還是不夠完美。而這剛好就是一臺製作精良的機器，最容易做出來的且做得最完美的。舉例來說，如果播種機和收割機必須要用手來製造，這些機器一開始的成本將非常高；且當這些機器的任何一個零件故障時，只有付出巨大的代價，把機器送回原製造商那裡，或者把高技術的機械工請來，才能修好。但事實上，現在的製造商都儲存許多與故障零件一模一樣的零件，這些零件都是由相同機器所製造的，因此可以與故障的零件交換使用。在美國西北部的一位農民，可能距離任何一家好的機械匠商店有一百英里，但仍然可以滿懷信心地使用複雜的機器；因爲他知道透過電報告知機器的號碼和他弄壞的任何零件的號碼，在下一班火車他就可以得到

一個自己可以裝上去的新零件。這種可互換零件原理的重要性，直到最近才爲人所理解；然而，有許多跡象顯示，這個原理比任何其他原理更能把機器製造的機械的使用，擴展到甚至包括家庭和農業工作在內的每個生產部門。⑧

　　機械對現代工業性質所加諸的影響，可以用手錶製造業來做很好的說明。幾年前，這個行業的主要所在地是在靠近法國東部的瑞士；在這個地方，雖然大部分製錶的工作是由多少有些散居的人口來做的，但分工卻達到了極致。這個行業大約有 50 個不同的部門，每一個部門都只做一小部分的工作。幾乎所有的這些部門都需要高度專業化的手工技術，但卻不太需要判斷力，報酬一般都很低，因爲這個行業建立已很久了，以致於其中的任何人都無法獨占，並且要培養任何有普通知識的小孩從事這個行業，都沒有任何的困難。但是，該行業現在已經逐漸讓位給美國的機器製造手錶業了，機器製造手錶不太需要專業的手工技術。實際上，機器變得日益自動化，也愈來愈不需要人手的幫助。但是機器的力量愈精細，對於那些照管機器的人所需要的判斷力和細心度就愈大。舉例來說，一臺精美的機器，從一端送入鋼絲，而從另一端送出精緻形狀的小螺絲；這機器取代了許多確實已有非常高且專業手工技

得自製錶業歷史的實例。

複雜的機器增加了對判斷力及一般智力的需要；

---

⑧ 該制度在很大程度上起源於約瑟夫·懷特沃斯爵士（Sir Joseph Whitworth）先生的標準儀表；而在美國又以最大事業心和最徹底的精神發展出來。標準化對於與其他東西在一起，製造成複雜的機器、建築物、橋梁等各方面的東西是最有用的。

術的工人，但是這些工人都過著久坐不動的生活，透過顯微鏡使勁地使用他們的視力，在他們的工作中，除了支配他們手指的使用之外，很少有發揮他們才能的機會。但是機器錯綜複雜，且成本高昂，而那個照管機器的人所必須具備的智慧和責任感，都有助於塑造良好的性格；雖然這些良好的性格比過去更常見，但其稀少的程度卻使其仍能獲得很高的工資。毫無疑問，這是一個極端的例子；而在鐘錶工廠完成的大部分工作要簡單得多。但其中大部分的工作需要的才能，要比舊制度高，而那些從事機器製錶工作的人平均工資也較高；與此同時，機器製錶已經把一個可用手錶的價格，降低到社區最貧困階級也可以買得起的範圍以內，並且機器製錶也顯示了人很快就能完成最高級的工作。⑨

且在某些情況下，沖淡了不同行業之間的分界線。

那些完成並組裝一只手錶不同零件的人，必須始終具備高度專業化的技術；但在製錶工廠使用的大多數機器，與其他任何專業度較低的金屬行業所使用的機器，在一般的特性上並無差異；事實上，其中許多只不過是所有工程

---

⑨ 機械已經達到了完美程度這一點可以從以下這一事實看出來：1885 年在倫敦舉行的發明展覽會（Inventions Exhibition）上，一位美國製錶廠的代表，在使用舊製造方法的一些英格蘭代表面前，把 50 只手錶拆開來，然後把不同的零件丟進不同堆裡，請這些英格蘭代表為他從每堆中，接續選出一個零件；接著，他把這些零件組裝在其中一個錶殼中，就交給這些代表一只完好的手錶。

行業裡常見的車床、開槽機、打洞機、鑽孔機、刨床、成型機、銑床機和其他一些機器的改良而已。這是以下這個事實的一個很好的例證，即雖然勞動的分工愈來愈細，但名義上不同的行業之間的許多分界線正變得愈來愈模糊，且愈來愈容易逾越。在過去對錶需要減少而受苦的那些製錶工人，碰巧聽到製槍業需要額外的人手時，只會感到很小的安慰；但現在如果手錶工廠的大多數工作人員不小心走入製槍工廠、縫紉機工廠、或製造紡織機械的工廠的話，將會發現那裡的機器與他們熟悉的機器非常相似。一間手錶工廠與那些在其中工作的人，可以不費吹灰之力就能轉換成一間縫紉機工廠；唯一的條件是，在新工廠裡，不應該讓一個已習慣於某種工作的人，去做一般需要較高智力的工作。

第5節

印刷業提供了另一個例證，即機器的改良和產量的增加，導致精細的分工。每個人都熟悉美國新移民區先驅報紙的編輯，他邊撰寫文章時就邊排活字；然後在一個男孩的幫助下印出來，並分發給散居的鄰居。然而，當印刷還是個神祕的技術時，印刷者必須要自己完成所有這些工作，且除此之外，還要會製造自己所需的所有設備。[10] 所有這些現在都可分別透過「輔助」（subsidiary）

得自印刷業的實例。

---

[10]「鉛字工人可能是第一個脫離印刷公司的人；然後印刷者把印刷

行業來提供，即使是偏遠地區的印刷工，也都可從這些行業中獲得他想要使用的所有東西。但是，儘管可以從外面獲得協助，一個大型印刷廠仍然需要許多不同類別的工人。除了那些組織和監督企業的人，那些辦公及照管物品者，那些校正「校樣」（proofs）上可能出現錯誤的熟練「校對人員」（readers），那些印刷機的工程師及維修員，那些鑄造、改正並準備鉛字版者、倉庫管理員和幫助這些管理員的男孩和女孩，以及其他幾個較不重要的各類工人之外，還要有兩類人，一類是活字的排版工人，另一類是進行印刷的機械工人和印刷工人。這兩類工人中的每一類又分成許多較小的類別，特別是在印刷業的大型中心地區更是如此。比如說，在倫敦，一個習慣於照管某一類機器的人，或習慣於某一類工作的排字工人，如果失業的話，不會甘心於放棄他專業技術的此一優勢，退到只以他這一行業的一般知識，去尋求照管另一種機器，或做另一類工作。[11] 這些行業極細小分工的障礙，強而有力地描繪

現代工業的
分工界線很
不清楚的例
子，

機的製造委請他人；再來是油墨和滾筒也分開來由製造商來製造；同時也產生了諸如打印機的鐵匠，印刷機的木匠和印刷機的工程師等，這些人雖然都屬於其他行業，但卻專門製造各種印刷工具」（請參見邵斯沃華德〔Southward〕先生在《大英百科全書》〔*Encyclopædia Britannica*〕中的〈印刷術〉〔Typography〕一文）。

[11] 比如說，邵斯沃華德先生告訴我們說：「一個機器看管人可能只了解書的印刷機或只了解報紙印刷機；他可能知道所有關於平面

了工業專業化的許多現代傾向；且在某種程度上，這種描述是正確的，因爲雖然其中的許多障礙是如此輕微，以致於在一個細小分工部門失去工作的人，在沒有任何效率損失的情況下，可以轉到另一個相近的部門去工作，但是他要在本行花一點時間尋找工作未果之後，才會轉到另一個相近的部門去工作；因此，就每週這個行業的輕微波動而言，這些障礙與較強大的障礙一樣有效。但是這些障礙與那些劃分中世紀的手藝工匠那種深刻且寬廣的劃分線完全不同，後者使得手工紡織者離開他們的行業之後，將終生受苦。⑫

要越過這些界線，不會有太大的困難。

印刷機或滾筒印刷機的事情；或者他只知道滾筒印刷機當中的一種而已。完全新穎的機器，會創造出一群新的技術工。有些人完全能勝任一臺華爾特（Walter）印刷機的管理，但他們卻不了解如何使用雙色印刷機或精美書籍印刷機。在排字部門中，分工的程度更加精細。對於一個老式的印刷工人來說，印製一個招牌、印一張標題頁，或印一本書樣樣都得做。在目前，我們有散工、書籍工人和報紙工人，『工人』這個詞暗示著這個企業具有工廠一類的性質。散工專排招貼的標語，書籍工人包括那些編排標題者和編排書籍正文者。而在這些人當中，後者又分爲一個人排字，另一個『排版工人』則編排頁面。」

⑫ 讓我們更進一步探究機械在某些方面取代手工勞動，並爲其他方面的就業開闢新機會的進展。讓我們看一下發行大量報紙的大報社，在幾個小時之內就排好，並印好一份報紙的過程。首先，很大一部分排字工作本身就常用機器來做，但無論如何，活字一開

機器造成了
對高級才能
需要增加的
例子。

　　如同在製錶業那樣，在印刷業我們也看到了機械和科學工具，取得了沒有這些工具就不可能取得的成果；同時，這些工具持續不斷取代了過去需要手工技術和靈巧，但不需要多少判斷力的工作；他們把所有那些確實需要運用判斷力的部分留給手工去做，並開闢各種需要判斷力的新職業。印刷工具每一次改良和成本的降低，都會增加對下列各種技術的需要，即校對人的判斷力和辨別力以及文學知識；知道如何設定好扉頁，知道如何準備好在紙張上排版以付印，以便正確分配明、暗度這種技術和審美力。

始是排在平板上，平板印刷不可能印得很快。因此，下一步是把活字印成紙板，並把紙板捲入一個圓筒上用作模具，鑄造成一塊新的金屬板，裝到印刷機的圓筒。把金屬板裝到圓筒上後，這塊金屬板就來回對著油墨的圓筒和紙張旋轉著。一大疊的紙張放在機器底部，並自動展開，首先是朝向潮濕的圓筒，然後朝向印刷機的圓筒旋轉，其中第一個圓筒印好紙的一面，第二個圓筒印好另一面；從那裡再轉到切紙的滾筒，把紙張切割成相同的長度，最後再轉到折紙機上，折好準備出售。

最近，鑄造活字也已經採用新的方法了。排字工人像在打字機的鍵盤上那樣按鍵，相應字母的字模就一行行地排出來了；然後在分隔好距離之後，把熔化的鉛倒到一行行的字模上，因此凝固的字模就做成了。並且在進一步的發展當中，每個字母的鑄造都與其字模分開；機器計算出字母占用的空間，當有足夠的字母排成一行時就停止了，把空白之處平均分配到字與字之間所需要的很小的空間；最後就鑄造成一行行的字模。據稱，一個排字工人可以在遙遠的城市，通過電流同時操作幾臺這樣的機器。

這種工具的改良與成本的降低，也增加了對那些在木、石和金屬上，繪畫或雕刻的天才和受過高度訓練的藝術家，並增加那些知道如何在 10 分鐘之內，對 10 行演講稿內容做出準確報導者的需要，後者是一種需要知識的本領，因爲這種本領如此頻繁地使用，所以我們常低估其難度。而且，這種工具的改良與成本的降低，往往也會增加攝影師、電版工人和鉛版工人、印刷機製造工人，以及許多其他人的需要，這些人從工作中獲取的訓練和所得，較堆放紙張、取出紙張及摺報紙的工人要高，後者的工作已被機器所取代了。

第6節

我們現在可以轉而探究，機器在減輕肌肉過度緊張的效果，即使在像英格蘭這樣的國家，在幾代以前，這種肌肉的過度緊張是大半工人共同的命運。機械動力最奇妙的例子可在大型鐵工廠，尤其是那些製造甲板的工廠中見到，在那種工廠中，使用的力量是如此之大，以致於人的體力算不上什麼，且在那種工廠中，無論是水平的還是垂直的，每一種移動都必須透過水力或蒸汽力來完成，而人只是站在一旁管理機器，清除灰燼，或執行一些類似的次要工作而已。

這類機器已經增加了我們支配大自然的力量，但是卻沒有直接改變太多人類工作的性質，因爲如果沒有這類機器的話，人類根本就無法完成工作了。但是在其他行業，

機器減輕了人類肌肉緊張的程度。

機器已經減輕了人類的勞動。例如，家庭木匠使用少於過去很多的勞力，卻製造出與我們祖先所使用同類的東西。他們現在主要只讓自己從事最愉快和最有趣的那部分工作；而在每個鄉鎮和幾乎每個村莊，都發現使用鋸、刨和模具的蒸汽工廠，可以減輕在不久之前使這些木匠未老先衰的極嚴重的疲勞。[13]

機器遲早會取代製造業中所有單調的工作。 剛剛發明的新機器，在使用上通常需要極為小心及注意。但看管機器者的工作經常被篩分出來，那些劃一且單調的工作逐漸為機器所取代，從而變得愈來愈自動化；直到最後，除了按時供給材料，並在完成後取走產品之外，沒有任何需要人手來做的工作。不過，人還有查看機器是否良好、運轉是否順利的責任；但是，即使是這項工作，也因為引入一種自動運轉機器，而變得輕鬆，這種機器可以讓機器在出任何差錯時，立即停止。

來自紡織業的實例。 沒有工作比過去紡織無花紋布匹者的工作更狹隘或單調。但是現在一個女工可以管理 4 架或更多的織布機，每架織布機在一天中的產量是老式織布機的許多倍；這個織布女工工作的單調程度遠不及以往，需要的判斷力則遠大

---

[13] 這種用來刨平地板以及其他用途大木板的大刨子，過去常常造成心臟病，使得木匠通常在 40 歲時就變成如同老人般衰弱。亞當·史密斯告訴我們說：「當工人獲得豐厚的工資時，就很容易過度勞累，且在幾年內損害他們的健康和體質。在倫敦和其他某些地方的木匠，一般認為無法維持最高精力超過 8 年。……幾乎每一類的技術工都是因過度使用其精力於特定的工作上，而患上某種特殊的疾病。」請見《原富》（國富論），第一篇第七章。

於以前織布的男人。因此，織出來的每一百碼布料當中，人類所做的純粹單調的工作，可能不及過去的二十分之一。⑭

　　這類的事實可以在最近許多行業史中找到。當我們在探討現代工業組織如何縮小了每個人的工作範圍，進而造成工作的單調時，這些事實非常重要。因為在那些分工最細的行業當中，就是那些最確定會為機械所取代的過度使用體力的行業；這樣，單調工作的主要害處就大大地減少了。正如羅舍爾所說的，生活的單調遠比工作的單調更可怕，工作的單調只有在引起生活的單調時，才是最可怕的。現在，當一個人的工作需要很大的體力勞動時，他在工作之後就無法做什麼了；除非他在工作需要用到智力，否則這些智力幾乎就沒有發展的機會了。但是，在一個工廠的普通工作當中，神經力量的耗費並不多，不管怎樣，在沒有過多噪音，以及勞動時間不會太長的情況下是如此。工廠生活的社會環境刺激了工作時間以內及以外的智力活動，那些職業看起來似乎是最單調的工廠工人，有很多人都有相當大的智力和智謀。⑮

因此，機器阻止了單調工作涉及的單調生活。

⑭ 在近 70 年當中，織布的勞動效率提高了 12 倍，紡紗的勞動效率則提高了 6 倍。而在其前的 70 年裡，紡紗的改進已經使勞動效率提高 200 倍了（參見艾里森〔Ellison〕的《大不列顛的棉花貿易》〔*Cotton Trade of Great Britain*〕，第四章和第五章）。

⑮ 也許紡織業提供了過去手工完成，而現在由機械完成工作的最佳例子。紡織業在英格蘭尤為突出，那裡的紡織業提供了近 50 萬

　　的確，美國農民是很能幹的，他們的子女可以在世界上迅速崛起。但是，部分是因爲土地豐富，且他們通常都有自己耕種的土地，他們的社會條件比英格蘭的農民要好，他們必須總是爲自己打算，且長久以來已經會使用和修理複雜的機器。英格蘭的農業勞動者需要與許多重大的不利因素搏鬥。直到最近，英格蘭的農業勞動者幾乎沒有受過什麼教育；在很大的程度上，處於半封建的統治下，這雖然不無好處，但是卻抑制了

　　男性和超過 50 萬女性的就業機會，或者說占那些有獨立收入人口中的十分之一以上。即使在處理那些柔軟的材料時，也可用這樣一個事實來顯示人類肌肉緊張的消除，即在這百萬個工人當中的每一個，都使用大約一馬力的蒸汽，也就是說如果他們都是強壯的人，每個人所用的蒸氣力約等於他可出力氣的十倍左右；而這些產業的歷史，有助於提醒我們，那些在製造業擔任比較單調部分工作的許多人，通常都不是從較高級別降到這種工作的技術工人，而是那些上升到這種工作的非技術工人。在蘭開夏（Lancashire）棉紡織廠工作的人，許多都是來自愛爾蘭極貧困的地區，而另外的一些人則是貧民和體弱者的後裔，他們都是在上世紀初從最貧窮農業區中，最悲慘的生活環境中大量來到那裡的，這些勞動者在那些農業區的吃及住，幾乎比他們所飼養的動物還要差。再者，當我們對新英格蘭棉紡織廠的工人沒有一個世紀以前盛行的文化那麼高表示遺憾時，我們必須要記住，這些工廠工人的後裔已經上升到位置較高，且責任也較高的職位上了，包括許多最有能力和最富有的美國公民。那些取代他們的人，其地位也正在提高當中；他們主要是法裔的加拿大人和愛爾蘭人，雖然他們在新居住區可能學到一些文明的惡習，但比他們在舊的家鄉，生活狀況要好得多，並且總體上有更好的機會來發展他們自己和子女較高的才能。

進取心，甚至在某種程度上抑制了自尊心。這些不利的因素已經逐漸消除了。現在英格蘭的農民在青年時期就能受到良好的教育。他們學會操作各種機器，也較不依賴某個鄉紳或農民群體的善意了；而由於工作比最低等級城市工作更多樣化且更能培養智力，因此他們的地位也就絕對地和相對地提升了。

第7節

我們現在必須要著手探討在哪些條件之下，最能得到來自於分工所產生的生產經濟。很顯然地，專業化的機械或專業化的技術效率只是其經濟使用的一個條件；另一個條件是應該找到足夠的工作，使這種機械或技術能充分地使用。正如巴貝奇（Babbage）所指出的那樣，在一家大型工廠中，「廠主透過把所要做的工作分成不同的工序，每個工序都需要不同程度的技術或能力，因而他可以取得每個工序所需之技術及能力的數據；而如果整個工作由一個工人來做，則那個人必須要具備足夠的技術，以完成這個工作最困難的部分，且要有足夠的能力，來完成這個工作最費力的部分。」生產的經濟不僅要求每個人都要在狹小的工作範圍內不斷工作，同時也要他在承擔不同的工作時，每項這種工作都應該要盡可能發揮他的技術和能力。同樣地，當專門為一類工作而安置一架強大的車床時，機械的經濟要求這架車床要盡可能長期用在這項工作上；如果需要用在其他工作上時，則這個工作應該要值得使用這架車床，

專業化的技術及機器的經濟利用，要求這些技術及機器要充分地使用。

而不是用一架小得多的機器，就同樣可以做得好的工作。

那麼，在這裡就生產上的經濟而言，人類與機器站在同一個立足點上；但機器僅僅是一個生產的工具，而人類的福利也是生產的最終目的。我們已經討論過這樣一個問題，即把工作的專業化推展到極致，讓所有最困難的工作都由少數人來做，是否整個人類都會獲益；但是對於這個問題，我們現在必須要特別從企業管理工作來討論。接下來三章的主要內容，要探究什麼原因導致不同方式的企業管理，最能從其環境中獲利，且最有可能勝過其他方式；但同時我們也應該要記住，這些方式各自有利於其環境的程度如何這個問題。

那些在大型企業才能接觸到的專業技術和機器的經濟當中，有許多並不取決於個別工廠的大小，而是取決於種類近似的總生產量；另外一些經濟，尤其是那些與知識成長和技術進步有關的經濟，主要取決於整個文明世界的總產量。在這裡我們可以介紹兩個專有名詞。

我們可以把來自於任何一類財貨生產規模的擴大，所產生的經濟分為兩類。第一類是那些有賴於工業總體發展的經濟；第二類是那些有賴於從事該工業的各個企業的資源、組織和管理效率的經濟。我們可以把前者稱為「外部經濟」（*external economies*），後者稱為「內部經濟」（*internal economies*）。在本章中，我們主要討論的是內部經濟，但我們現在要繼續研究那些非常重要的外部經濟，這些經濟通常可以透過把許多具有類似性質的小企業集中在特定地區；或者，就像一般所說的，透過工業區域化而取得。

第十章

產業組織：把專門的產業集中在特定的地方

第1節

即使在文明
的早期階
段，一些較
輕的且較有
價值貨物的
生產，也已
經地區化
了。

在文明的早期階段，每個地方都必須依靠本地的資源，來製造所消費的大部分笨重物品；除非該地的確有特別便利的水運條件。但是，需要和風俗緩慢地變化；這使得生產者能夠很容易地滿足那些即使與他們幾乎沒有交往的消費者的欲望；這也讓較貧窮的人，能夠從遠方購買一些昂貴的物品，這些昂貴的物品可以確保他們在一生中，或甚至是兩三代中，增加一些節日和假期的快樂。因此，衣服和個人裝飾品等較輕且較昂貴的物品，連同所有階層者所使用的香料和各種金屬工具，以及許多為富人專門使用的其他物品，往往都來自十分遙遠的地方。這些物品當中的一些，只在少數地方生產，或甚至只在一個地方生產，卻能夠傳佈到整個歐洲，這部分是因為展覽會①和專業販賣者的幫助，部分是經由生產者自己，徒步旅行數千英里，以銷售他們的商品，並觀看世界，來修改他們的產品。這些堅強的旅行者承擔著他們小買賣的風險；他們使某些類別財貨的生產能夠滿足遠方購買者的需要；且他們也在展覽會或自己的家裡，陳列來自遠處的新產品，從而

---

① 例如，在劍橋附近舉辦的史陶爾布里奇商品展覽會（Stourbridge Fair）的記錄中，我們發現來自東方和地中海沿岸的古老文明所在地的各種各樣輕巧和貴重的物品，有些由義大利船隻運來，有些則是經由陸路一直運到北海（譯者註：北海是英國與西歐之間的海）的岸邊。

在消費者當中創造了新的欲望。一個集中在某些地區的產業，通常稱為地區性的產業，雖然可能不太準確。②

　　這種產業的初步地區化，逐漸為機械技術和企業管理工作中許多分工的現代發展鋪了路。即使到現在，我們仍然可以在中歐偏僻的村莊中看到原始形式的地區化產業，並把他們簡單的產品甚至運送到現代產業中最繁盛的地方去。在俄國，把一個家族圈擴展到一個村莊，往往是地區化產業的起因，且有很多的村莊，其中每個都只從事一個生產部門，或甚至只是一個生產部門當中的一部分。③

―――――――――――

② 在不久之前，到奧地利蒂羅爾（Tyrol）西部旅行的人，在一個名為伊姆斯特（Imst）的村莊可以看到一種奇怪而獨特的遺風。村民獲得一種飼養金絲雀的特殊技術；他們的年輕人每個人都在肩膀上挑著一根桿子，上面掛著大約五十個小籠子，步行到遙遠的歐洲地區去出售金絲雀，直到全部賣完為止。

③ 例如，有 500 多個村莊從事各種木製品的製造，一個村莊只專製造輪輻，另一個只專製造車身等等；在東方文明歷史和歐洲中世紀歷史中，都可以找到類似的情況。例如，我們閱讀到一本約在 1250 年寫的法學家手冊（羅傑斯的《六個世紀以來的工作與工資》，第四章），其中記載了林肯（Lincoln）地區的紅布、布萊（Bligh）的毯子、貝弗利（Beverley）的地榆（譯者註：是一種多年生的草本植物，也是一種中藥的藥草）、科爾切斯特（Colchester）的土布、沙夫茨伯里（Shaftesbury）、路易士（Lewes）和艾爾舍姆（Aylsham）的亞麻布、沃里克（Warwick）和布里德波特（Bridport）的細繩、馬斯帝德（Marstead）的刀子、威爾頓（Wilton）的針、萊斯特（Leicester）的刮鬍刀、考文垂（Coventry）的肥皂、唐卡斯特（Doncaster）的馬

第2節

許多不同的原因導致了產業的地區化，但是主要的原因是自然條件；例如氣候和土壤的性質，附近地區是否有礦山和採石場，或是否有便利的水陸交通。因此，金屬工業通常在礦區附近或在燃料便宜的地方。英格蘭的煉鐵工業首先出現在那些木炭豐富的地區，然後移到煤礦區附近。④斯塔福德郡（Staffordshire）⑤製作各種陶器，所有的原料都從遠處進口；但該地有廉價的煤炭和優質的粘土，用於製作笨重的燒窯箱（Segars），以便在烘燒時，把陶器置入其中。貝德福郡（Bedfordshire）的主要產業是麥

肚帶、切斯特（Chester）和什魯斯伯里（Shrewsbury）的皮革和皮毛等。

帝佛（Defoe）在《英格蘭商業計畫》（*Plan of English Commerce*）一書，頁 85-87 和《英格蘭商人》（*English Tradesman*）第二章，頁 282-283 中，描述了十八世紀初英格蘭各行業的地區化。

④ 後來，煉鐵工業又從威爾斯、斯塔福德郡（Staffordshire，譯者註：簡稱爲 Staffs，中文譯爲斯塔德福郡或史丹佛郡，是英國英格蘭西米德蘭茲的一個郡。）和什羅普郡（Shropshire），移到蘇格蘭和英格蘭北部，這些在洛西恩貝爾（Lowthian Bell）爵士最近提交給貿易和工業大蕭條委員會（Commission on the Depression of Trade and Industry）的表格中，都很詳細的說明了。請參見他們第二篇報告，第一部分，頁 320。

⑤ 譯者註：位於英國西北部，在米德蘭平原的一個內陸郡。

稈編織，在那裡麥稈所含的矽酸比例恰當，可以增加麥稈的強度而不易斷裂；白金漢郡（Buckinghamshire）的山毛櫸主要為威康貝（Wycombe）製造的椅子提供材料；謝菲爾德刀具業主要歸功於製造磨刀石的優質粗砂。

另一個主要原因是宮廷的獎勵。在那裡聚集的有錢人，需要品質特別高的物品，而這吸引了從遠處前來的技術工人，且教導了當地的人。當一個東方的君主改變了他的居所時，這部分是出於衛生的原因，經常需要遷居，因此荒廢的城市往往就得依靠一個專門工業的發展，這種工業的起源歸功於宮廷曾存在於此，但更常見的是統治者經常有意地邀請遠方的技術工，並把他們聚集在一起。因此，蘭開郡人的機械才能，據說就是受到諾曼鐵匠的影響；這些鐵匠是在征服者威廉（William the Conqueror）⑥時代，被雨果・德・盧普斯（Hugo de Lupus）安頓在沃靈頓（Warrington）。在棉紡織業和蒸汽機時代之前，大部分英格蘭的製造業，都是由弗萊明斯（Flemish）人及其他居住區的技術工所指導的；其中許多居住區是在金雀花（Plantagenet）⑦和都鐸王朝國王的直接指揮下建立的。這些移民教導我們如何編織羊毛和絨線布料，雖然很長一段時間，我們把布料送到荷蘭，進行漂洗和染色。他們也教

宮廷的獎勵；

統治者有意的邀請。

⑥ 譯者註：是威廉一世，為第一位諾曼英格蘭國王，在 1066-1087 年間統治英格蘭。

⑦ 譯者註：該王朝由 1154 年亨利二世即位，至 1399 年理查二世去世為止，共有 8 位正式的君主。

我們如何醃製鯡魚，如何製絲，如何製花邊、玻璃和紙張，並滿足我們許多其他的需要。⑧

國家的產業
發展要等待
機會，且要
依靠某些特
質。

　　但這些移民如何學習到他們的技術呢？他們的祖先毫無疑問地受益於地中海沿岸和遠東地區早期文明的傳統技術；因為幾乎所有重要的知識都有很深遠的根，可以追溯到很遙遠以前的時代。這些根分布如此之廣，隨時可長出充滿活力的嫩芽，以致於如果這些技術的成長是受惠於人民的性格以及他們的社會和政治制度的話，或許很久以前可能就會有很多美好和高度技術的產業，在舊大陸的每一個地方繁榮起來了。這個或者那個偶然的因素，可能決定了任何特定產業是否能在一個地方繁榮起來，甚至整個國家產業的性質可能在很大程度上也受到該國的土地和礦山是否豐富，以及商業是否便利所影響。這種天然的優勢本

---

⑧ 福勒（Fuller）曾說，弗萊明斯（Flemings）人開始在諾里奇（Norwich）生產布料和粗斜紋布，在薩德伯里（Sudbury）生產粗呢，在科爾切斯特和湯頓（Taunton）生產嗶嘰呢，在肯特郡、格洛斯特郡（Gloucestershire）、伍斯特郡（Worcestershire）、威斯特摩蘭郡（Westmorland）、約克郡（Yorkshire）、漢斯（Hants）、伯克斯（Berks）和蘇塞克斯（Sussex）生產布料，在德文郡（Devonshire）開始生產粗絨布，以及在蘭開夏郡生產東方各國的棉紡織品。請參見史邁爾斯《在英格蘭和愛爾蘭的胡格諾派教徒》（*Huguenots in England and Ireland*），頁 109；也請參見萊基（Lecky）《十八世紀英格蘭的歷史》（*History of England in the eighteenth century*）第二章。

身，就可以刺激自由產業和企業的發展；但就是最後所說的自由產業和企業的發展，無論是以何種方式促進的，都是高尚生活藝術方式發展的最高條件。在勾勒自由產業和企業的歷史時，我們已經對世界產業領導權為何時而集中在這個國家，時而集中在那個國家，附帶地探索出一個概要了。我們已經知道自然的性質如何影響人類的精力，人類如何受到爽快氣候所刺激，以及如何受到為其工作所開闢機會的鼓勵，而大膽去冒險；但我們也知道他在利用這些優勢時，是如何取決於他的生活理想，我們也知道世界歷史的宗教、政治和經濟線索，是如何交織在一起的；同時，也知道這些線索又如何受到重大的政治事件，以及個人堅強的個性所影響，時而彎向這邊，時而彎向那邊。

決定國家經濟進步的原因，屬於國際貿易的研究，因此不在我們目前的討論之內。但就目前而言，我們必須避開工業地區化的這些更廣泛的發展，轉而探究那些集中在一個製造業城市狹窄範圍之內，或人口密集的工業區的各類技術工人的命運。

第3節

這樣，當一種產業為自己選擇了一個地點時，很可能會長期留在那裡；人們待在相同的技術行業，彼此從鄰近地區所獲得的好處很大。這個行業的祕密不再是祕密了，就好像在空氣中那樣，孩子都可以在不知不覺中學到很多。良好的工作得到了恰當的讚賞，在機器、在製造方

地區性產業
的優勢；傳
承的技術；

法，和在企業的一般組織，有發明和改進出現時，其優點
都會及時受到討論；如果一個人出現一個新的想法，這個
想法就會爲別人採納，並與他們自己的意見結合起來，因
輔助行業的　此而成爲進一步新思想的泉源。同時，輔助行業立即就在
成長；　　　附近成長起來，爲其提供工具和原料，組織交通設備，並
在許多方面促進其原料的經濟。

高度專業化　　其次，在一個同類產品的總產量很大的地區，即使該
機器的使　地區在該行業個人資本並不多，昂貴的機器有時也可能獲
用；　　　得很高程度的經濟使用。因爲那些輔助工業各自致力於一
個生產過程中的一小部分工作，並爲周邊的許多工業提供
工作，能夠使最具專業性質的機器持續使用，雖然這些機
器的原始成本可能很高，且折舊速度也非常快，但仍是划
算的。

專門技術的　　再其次，除了在最初階段之外，在經濟發展的所有
地方市場。　階段，地區化的工業因爲不斷爲技術提供市場，而獲得了
巨大的利益。雇主只要能夠在任何地方，挑選到具有他們
所需的特殊技術的工人，就會到那個地方去；而尋找工作
的人，自然而然地也會去許多雇主需要他們這種技術的地
方，因此很可能在那裡這種技術就會有好的市場。一個孤
立工廠的所有者，即使他能夠獲得大量的一般勞動，但由
於缺乏一些特殊的技術勞動，往往會陷入很大的困境；
一個有技術的工人，當他失去工作時，也不易找到安身之
處。在這裡，社會力量與經濟力量相互配合；雇主和受僱
者之間往往有很強的友誼，但是如果雙方發生任何令人不
愉快的事件，他們都不願意彼此繼續相互摩擦下去；如果

雙方變得令人厭煩時，雙方可能都很容易中止這種的夥伴關係。對於任何需要特殊技術的企業，但鄰近地區卻沒有其他像這樣的，這些困難仍是任何企業成功的一個巨大障礙；然而，這些困難卻因鐵路、印刷業和電報的發展而逐漸減少了。

　　另一方面，如果地區性產業所做的工作主要只有一種，例如只有由強壯的男性來做的工作，那麼地區性產業作為勞動市場就會有一些缺點。在那些沒有紡織工廠或其他工廠可為婦女和兒童提供就業的鑄鐵區，工資會很高，雇主的勞動成本也就很高，但每個家庭的平均貨幣收入卻都很低。但是，這種弊端有顯而易見的補救措施，只要在鄰近地區建立具有補充性質的產業就可以找到補救措施了。因此，時常會發現紡織工業聚集在採礦業和工程產業附近，在某些情況下，這些工業幾乎在不知不覺中就被吸引過去了；在另一些情況下，例如在貝羅（Barrow）這樣一個以前對婦女和兒童的工作幾乎沒有需要的地方，則是有意大規模地建立產業，以提供各種各樣的就業。

　　在有些製造業的城市裡，就業機會多樣化的優勢與地區性產業的優勢結合起來，這是這些城市持續發展的主要原因。但另一方面，大城市的中心地帶所具有的商業用途，其價值比用來作為工廠的地面租金要高，即使把以上兩種優勢合起來考慮也是如此，商行的員工和工廠的工人之間對於住宅地點也有類似的競爭。結果是工廠現在都聚集在大城市的郊區，和在這些郊區鄰近地區的製造業地

然而，有時一個地區性產業對於某一類的勞動需要太過於廣大。

區，而不是在城市之內。⑨

同一個臨近
地區的不同
工業減輕了
彼此之間的
蕭條。

主要依賴於一種工業的地區，如果對這種工業產品的需要下降，或者其所使用的原料無法得到供給的話，很容易陷入極度的蕭條。這些弊端在若干工業都強有力發展的大城市或大工業區裡，很大程度上就可免除。如果其中一種工業一時陷入蕭條的話，其他工業可能會間接地支持該工業，使當地的零售商能夠繼續幫助這些工業的工作人員。

商店的地區
化。

到目前為止，我們已經從生產經濟的角度討論了地區化的問題，但也應該要考慮顧客的便利。顧客為了購買少許的東西，會到最近的商店，但是對於重要的購買，他會不厭其煩地到城市的任何地方，找到可以滿足他目的的特別好的商店。因此，那些經營昂貴和上等物品的商店，往往都聚集在一起，而那些提供日常家庭需要的商店則不必聚在一起。⑩

---

⑨ 這種形態的移動在紡織業特別顯著。曼徹斯特、利茲和里昂仍然是棉織業、毛織業和絲綢業的中心，但現在並未生產許多以此聞名的產品。另一方面，倫敦和巴黎仍然是世界上兩個最大的製造業城市，費城（Philadelphia）排名第三。霍布森（Hobson）在《資本主義的演變》（*Evolution of Capital*）一書中，充分討論了工業地區化、城市和城市生活習慣的發展以及機器發展之間的相互影響。

⑩ 請參見霍布森，《資本主義的演變》，頁 114。

第4節

　　每一次交通工具的降價、每一種供遙遠地方之間自由交換想法的新便利設施，都會改變工業地區化力量的作用。一般說來，降低貨物的關稅或運輸費用，往往都會使每個地區從遙遠的地方購買更多所需要的東西，因此，往往會把特定工業集中在特殊的地區。但另一方面，所有促使人從一個地方迅速遷移到另一個地方的事情，往往都會使技術工向靠近購買他們商品的消費者那裡，兜售他們的工藝品。最近英格蘭人的歷史，為這兩種相反的傾向提供了最好的說明。

交通工具的改善對於工業地理分布的影響。

　　一方面，運費的持續下降，從美國和印度農業區到沿海鐵路的開通，以及英格蘭所採取的自由貿易政策，都促成英格蘭農產品進口大幅增加。但另一方面，愈來愈便宜、快速和舒適的外國旅行，正在促使英格蘭訓練有素的企業家和技術嫻熟的技術工到其他國家開拓新的工業，幫助這些國家為自己製造他們過去一直都從英格蘭購買的東西；英格蘭的機械師也幾乎到世界各地去教導人們如何使用英格蘭的機器，甚至教他們如何製造類似的機器；英格蘭的礦工也到國外去開採礦石，這都減少了國外對英格蘭許多產品的需要。

得自英格蘭近代史的實例。

　　歷史記錄顯示，近年來英格蘭非農業人口的迅速增加，正是一個國家的工業趨向於專業化最引人注目的例證之一。然而，這種變化的確切性質容易受到曲解；這是因為這種變化的本身，同時也是因為這種變化所提供前一章

以及本章討論過的一般原理的例證，其意義是如此之大，因此我們在這裡暫停下來，略作討論，可能是有利的。

英格蘭農業
人口的減少
比乍看之下
要少。

首先，英格蘭農業人口的真正減少並不像乍看之下那麼大。的確，在中世紀，四分之三的人都計入農民；而在上一次的人口普查報告，只有九分之一的人從事農業，並且在接下來的那一次口普查報告中，歸入到從事農業的人口也許不會超過十二分之一。但必須要記住的是，所謂的中世紀農業人口並非完全從事農業；他們自己做了很大一部分現在由釀酒者和麵包師、紡織工、瓦匠和木匠、男女服飾的裁縫師以及許多其他行業工人所做的工作。這些自給自足的習慣慢慢消失了，到了十九世紀初，其中的大多數已經消失殆盡。此時在土地上所用的勞動，在英格蘭整個產業所占的比例，可能不會比中世紀少太多；因為儘管英格蘭停止出口羊毛和小麥，但從其土地上所增加的農產品如此之大，以致於其農民技術改進的快速，幾乎都無法遏制報酬遞減法則的作用。但是逐漸地，大量的勞動開始從田地轉移到製造農業用的昂貴機器上。只要這些機器是由馬匹來拉，這種變化就不會對農民的數量產生充分的影響，因為照料並餵養這些馬匹的工作也算是農業人口。但近年來，農田中使用蒸汽動力的快速成長，與農產品進口的增加同時發生。為這些蒸汽機提供燃料的煤礦工人，以及製造這些蒸汽機，並在田間操作這些蒸氣機的機械匠並不算作是農民，儘管他們勞動的最終目的還是在促進土地的耕種。因此，英格蘭農業人口的真正減少，並不像乍看之下那麼大，但農業勞動的分配卻發生了變化。曾經由農

業勞動者完成的許多工作，現在都由專業的工人來做，這些工人被歸類為建築業、築路業，或運輸業等等。而且，部分由於這個原因，儘管從事農業的人數迅速減少，但居住在純農業區的人數很少快速地減少，甚至還經常是增加的。

人們已經注意到農產品進口對各種土地相對價值的改變所產生的影響；那些價值下跌最大的土地主要是種植小麥作物，儘管這些地可以透過昂貴的栽培方法，也能有相當好的收穫，但這些都不是天然肥沃的地。這一類土地居優勢的地區，其農業勞動者遷移到大城市的份額特別大，因此，英格蘭工業的地理分布已經進一步改變了。在英格蘭偏遠地區的牧區，可以看到新運輸工具影響的一個顯著的例子，這些地區用特快列車，把乳製品運到倫敦和其他大城市，同時從大西洋甚至太平洋遙遠的海岸，運回自己所需的小麥。

英格蘭國內農業人口分布的變化。

其次，近年來的種種變化，並不像乍看起來那樣增加英格蘭人從事製造業人口的比例。現在英格蘭製造業的產量的確是十九世紀中葉的很多倍，雖然那些製造英格蘭農業機械和工具的人，增加了製造業的人數，但是從事各種製造業的人數占總人口的比例，在 1851 年與 1901 年卻一樣大。

那些從農業釋放出來的人口並未流到製造業去，

這一結果的主要解釋在於，近年來機器力量驚人的增加。這使我們能夠生產出不斷增加的所有類型的製造品，以供本國使用和出口，而不需要大量增加照管機器的人數。因此，我們能夠把從農業中釋放出來的勞動，主要

而主要是流到那些勞動效率並未大幅提升的工業去。

用於在機器改良中，得到很少幫助的那些需要上；機器效率阻止了英格蘭地區性的工業變得像這些工業在相反的情況下，會出現的那樣的完全機械化。在英格蘭從 1851 年以來，以犧牲農業為代價，迅速竄升的職業中，除了採礦業、建築業、貿易和鐵、公路運輸業之外，突出的還有中央和地方政府的服務、各級別的教育、醫療服務、音樂、戲劇和其他娛樂事業。在這些職業中，沒有一個是從新發明中獲得直接的幫助；現在人類勞動的效率並不比一個世紀前高很多；因此，如果這些職業提供的需要與我們的總財富成比例增加的話，那麼這些職業所吸收的就業人口的比例會不斷地成長，這是預料中的事。家庭僕人若干年來迅速的增加，而同時落到他們身上的工作總量比以往任何時候也都增加得要快。但現在其中大部分的工作，都是在機械的幫助下，由各種服裝商、旅館經營者、糖果商那些人來做，甚至是由來自雜貨店、魚販及其他行業取得非透過電話訂單的不同送貨員來做，這些變化往往會增加工業的專業化和地區化。

轉到下一章的主題。 　　結束現代力量對工業地理分布的影響這一說明之後，我們要恢復以下問題的探討，即集中大量類似的小企業於同一個地區，可以獲得多大程度的分工經濟；把國家大部分企業集中到相對少數的富有和強大的公司手中，或者如通常所說的大規模生產，可以得到多大程度的分工經濟；或者換句話說，大規模的生產經濟在多大程度上必須是「內部的」（internal），而在多大程度上可以是「外部

的」（*external*）。⑪

---

⑪ 英國紡織業人口所占的比例，從 1881 年的 3.13% 下降到 1901
年的 2.43%。一部分是因爲他們所做的大部分工作，由於使用半
自動機械而變得如此簡單，以致於在工業環境相對落後的民族也
可以做得相當好；另一部分原因是主要的紡織品仍然保持了 30
年前，甚至 3000 年前那樣簡單的性質。另一方面，鋼鐵製造業
（包括造船業）的複雜性和產量都大幅增加，因此這些行業的人
口所占的比例，從 1881 年的 2.39% 上升到 1901 年的 3.01%；
雖然這些行業所使用的機械和方法，比紡織業的進步更大。其餘
的製造業僱用人口所占的比例，1901 年與 1801 年約略相同。同
一段時間當中，從英國港口出港的英國船隻噸數增加了一半，而
碼頭工人的數目則增加了 1 倍，但海員的數目卻略微減少了。這
些事實可以由以下的事情來解釋，即一部分是船隻及與之相關的
所有工具建造的巨大改良，而部分則是透過轉移幾乎所有與裝卸
貨物有關的工作給碼頭工人，這些工作當中甚至有些直到最近都
還是由船員來做。另一個顯著的變化是製造業中婦女的總僱用量
增加了，雖然已婚婦女的僱用量似乎有所下降，而童工則大幅減
少了。

1915 年發表的《1911 年人口普查彙整表》（*The Summery Tables
of the Census of 1911*）顯示，從 1901 年以來的分類已經發生了
如此大的變化，以致於無法對最新的發展有把握地提出一般性的
觀察。但該報告的表 64 和卡拉道格・瓊斯（Caradog Jones）教
授於 1914 年 12 月在皇家統計學會（Royal Statistical Society）
上宣讀的論文都指出，1901 到 1911 年的發展，與之前的發展的
不同在於細節，而不在於一般性質。

第十一章

產業組織：大規模生產

第1節

對我們現在
主要目的來
說，最典型
的產業是那
些從事製造
的產業。

　　大規模生產的利益在製造業中最能體現出來。我們可以將所有把原料製成各種適合於在遠方市場銷售的企業，都納入製造業之中。使得製造業提供大規模生產利益最佳例證的特性，是其能夠自由選擇工作的所在地。因此，一方面製造業與農業和地理分布由大自然所決定的其他採掘業（礦業、採石業、漁業等）不同；另一方面，也與滿足個別消費者特殊需要的製造或修理物品的行業不同，這些行業若遠離有特殊需要的這些消費者，在任何情況下都會受到很大的損失。[1]

原料的經
濟。

　　大規模生產的主要利益在於技術的經濟、機械的經濟和原料的經濟；但最後一個相對於其他兩個，正在迅速失去其重要性。的確，一個孤立的工人經常扔掉一些小東西，這些東西在工廠可以聚集起來，然後轉變為有價值的東西；[2]但這種浪費幾乎不會發生在地區化的製造業中，即使這個製造業是在小企業家手中；除了農業和家庭的烹飪之外，現代英格蘭的任何產業部門這種浪費已很少見

---

[1] 「製造業」（Manufacture）這個名詞長期以來，已經與其原始用途沒有任何關聯了；現在是指那些使用機器，而非手工為主的生產部門。羅舍爾試圖將其應用於家庭工業，而非工廠工業，使其更接近其舊用途；但現在要做到這一點為時已晚了。

[2] 請參閱巴貝奇在《製造業的經濟》（*Economy of Manufactures*），第二十二章所舉的喇叭製造業例子。

了。毫無疑問，近年來許多最重要的進步都是利用廢物而得到的，但這一般都是由於一種化學的，或是物理的獨特發明。的確，這類發明的使用，是透過細微的分工而促成的，但並不直接依賴於這種分工。[3]

其次，當 100 套家具或衣服，必須按完全相同的樣式裁切時，的確值得花很大的注意力於如何裁切木板或布料才不會浪費太多，而這就是一種技術的經濟；製作一種樣式就足以為許多工作所用，因此可以仔細做好。我們接著要轉而討論機械的經濟。

第2節

雖然在同一行業部門的許多小型工業聚集的某個鄰近地區，有許多輔助工業可以提供其協助，[4] 但由於機器種類繁多且價格昂貴，這些小型工業仍然處於極大的劣勢。因為在大型的企業，通常有許多昂貴的機器，每種機器專門用於一個小的用途。這些昂貴機器中的每一部，都需要在光線好的空間，因此工廠就需要支付相當大的租金和一般費用；並且除了利息和維修的費用之外，因為這部機器可能在不久之後會改良，還必須納入很大的折舊

大型工廠的優勢在於專業化機器的使用。

---

[3] 這類例子有棉花、羊毛、絲綢和其他紡織原料廢物的利用，以及冶金業、蘇打和煤氣製造業與美國礦物油和肉類包裝工業中副產品的利用。

[4] 請參閱第十章第 3 節。

費。⑤ 因此，儘管一個小型製造商知道如何使用特殊的機械，以便把這些東西都做得更好、更便宜，但是有許多事情還是必須用手或用不完善的機器來做，只要他能不斷的使用這部不夠好的機器。

關於改良機器的發明的優勢。

其次，一個小型製造商可能並不總是熟悉最適合他目的的最好的機器。的確，如果他所從事的工業早已建立了大規模生產，那麼只要他有能力購買到市場上最好的機器，則他的機器就能完全達到標準。比如，在農業和棉紡織工業中，機械的改進幾乎專門由機器製造商設計；任何人只要支付專利權使用費，就都可以買得到這種機器。但是，在尚處於發展初期或正在迅速改變其形態的工業，諸如化學工業、製錶業和麻織與絲織製造業的一些部門，以及為滿足某種新的需要，或為開發一些新原料，而不斷湧現的許多行業，情況並非如此。

小的製造商經常不能支付試驗的費用。

在所有這些行業中，大部分的新機器和新製造方法，都是製造商為了自己要使用而設計的。每個新的突破都是一個可能失敗的試驗，而那些成功的試驗必須要為自己之前，同時也要為其他失敗的試驗付出費用；雖然一個小製

---

⑤ 在許多行業中，一部機器報廢以前所使用的年限平均不超過 15 年，而在有些行業中只有 10 年，甚至更短。除非一部機器每年所賺的錢達其成本的 20%，否則使用該機器經常會有虧損；當由這部花費 500 英鎊的機器所完成的工作，只增加這部機器使用的原料價值的 1% 而已時，則除非使用這部機器每年至少能夠生產 10,000 英鎊的財貨，否則將會有虧損。

造商可能知道改良的方法，但他必須要考慮到這項嘗試性的改良要付出極大的風險和費用才能成功，且會大大妨礙到他其他的工作；即使他能夠完成這個改良，該改良也未必能夠充分利用。例如，他可能設計出一個新的特殊物，如果可以讓大眾都注意到這個特殊物，就會有很大的銷售量；但為了要這樣做，也許要花費好幾千英鎊，而如果要這樣做的話，他可能就不得不放棄這個試驗。因為對他來說，幾乎不可能完成羅舍爾所稱的現代製造商的特殊工作，這個工作就是向人展示他們以前從未想過的東西，而一旦向他們提出這個概念之後，他們馬上就想要擁有這些東西，進而創造新的欲望；舉例來說，在陶器業中，小製造商除了進行一種極為嘗試性的試驗之外，甚至毫無力量自行負擔在新樣式和新設計上的試驗。對於一種已有很大銷路的物品加以改良，機會將會較大。但即使如此，除非他得到專利，並出售發明的使用權；或借入資本，以擴展其業務；或者最後改變他企業的性質，並將他的資本用於他改良的那個物品的特殊製造階段，否則他仍然無法獲得發明的全部利益。但所有這些畢竟都是例外的情況；機器種類的增加和昂貴，對各地的小製造商都是一種沉重的壓力；而這種情況已經把小製造商完全逐出某些行業，並正在迅速把小製造商逐出其他行業。⑥

---

⑥ 在許多企業中，只有一小部分的改良獲得專利權。這些改良都是許多小步驟所構成的，不值得一次申請一個小步驟的專利權。或者這些改良的主要重點在於指出應該要做某一件事；給予做這件事某一種方法的專利權，只是讓其他人努力找出做該事的其他方法，對於這其他的

但是在一些行業中，中等規模的工廠能夠有最好的機器。

　　然而，有些行業一旦達到中等規模之後，一個大工廠從機器的經濟中獲得的利益就消失殆盡了。比如，在棉紡紗業和印花布織造業當中，一個較小的工廠就可以保有自己的地位，並可以在每個生產過程，都使用最好的機器，而不斷的運作；因此，一家大工廠只不過是與若干同一目的的小工廠在同一個屋頂之下。的確，一些棉紡紗廠在擴大工廠時，都會想到最好加上一個織布部門。在這些情況之下，大企業從機械的經濟上，很少或沒有得到任何的利益；即便是這樣，通常也可以在建築物，尤其是在煙囪的建築、在蒸汽動力以及發動機和機器的管理與維修方面，

方法，專利權是無法保護的。如果取得一項專利權，通常需要藉由達到相同結果的其他方法，獲得另一項專利權，才能「封鎖」（block）前項專利權，則這就是必要的了；專利權人並非自己想要使用這些方法，而只是想要阻止別人使用這些方法。所有這些都涉及到煩惱以及時間和金錢的損失，因此大製造商都寧願把改良留為己用，從中獲得他能夠獲得的利益。如果小製造商取得一項專利權，他可能會受到他人侵權的不斷騷擾；即使他可以付出「代價」（with costs）後得到勝利，而保護自己，但這些代價如果太高的話，他肯定會因此而破產。即使一項改良已經獲得了專利權，而為了公眾利益也應該要公布；但是，如果這種改良是在英格蘭取得專利權，而未在其他國家取得，就好像經常的情況那樣，那麼英格蘭製造商即使在獲得專利權之前，正要為自己做出該項改良，也許也不會使用，而外國製造商知道了所有相關的信息，卻可以隨意使用該項改良。